Studien zur Morphologie und Syntax
der festlandskandinavischen Personalpronomina

T0145895

Ved Byerne forekommer nu ogsaa en deelvis Brug af "meg" (mei) for eg, og "deg" (dei) for du, f. Ex. "Er det dei"; – "Det var mei, som gjorde det". Men dette er kun en Efter-abelse af en nymodens dansk Taleskik, som maaske skal være en Efterligning af Fransk, men som forresten kun seer ud til at være opfundet for Løiers Skyld.

Ivar Aasen: *Norsk Grammatik* § 313 (1864)

Studien zur Morphologie und Syntax der festlandskandinavischen Personalpronomina

mit besonderer Berücksichtigung des Dänischen

Henrik Jørgensen

Acta Jutlandica LXXV:2
Humanities Series 73

AARHUS UNIVERSITY PRESS

ISBN 87 7288 881 4
ISSN 0065 1354 (Acta Jutlandica)
ISSN 0106 0556 (Humanities Series)

Published with financial support from the
Danish Research Council for the Humanities and
the Aarhus University Research Foundation

AARHUS UNIVERSITY PRESS
Langelandsgade 177
DK-8200 Aarhus N
Fax (+ 45) 8942 5380

73 Lime Walk
Headington, Oxford OX3 7AD
Fax (+ 44) 1865 750 079

Box 511
Oakville, CT 06779
Fax (+ 1) 860 945 9468

www.unipress.dk

Inhaltsverzeichnis

Kapitel 3

Vorwort

Wer eine Arbeit wie diese vorlegen kann, war während der Arbeit von der Unterstützung vieler Kräfte abhängig. In erster Linie bin ich jenen Institutionen zu Dank verpflichtet, die mir Unterstützung geleistet haben: Statens Humanistiske Forskningsråd bezahlte eine Studienreise nach Umeå; das Ludvig Wimmers Legat hat mir ebenfalls Unterstützung gewährt, und mein damaliger Arbeitgeber, das Institut für Dänisch, Fremdsprachen und Religion an Danmarks Lærerhøjskole (Vorstand Steffen Johannessen), bezahlte nicht nur einen Forschungsaufenthalt nach Helsinki, sondern zeigte auch viel Verständnis und Hilfsbereitschaft. Für die Drucklegung gewährten Statens Humanistiske Forskningsråd und Aarhus Universitets Forskningsfond eine großzügige Unterstützung, ohne die das Buch nicht erschienen wäre.

Det Lærde Selskab i Aarhus hat mir die Ehre erwiesen, das Buch in die Serie *Acta Jutlandica* aufzunehmen. Dankbarkeit hege ich auch gegenüber der königlichen Bibliothek in Kopenhagen, wo man mir ein Semester lang einen festen Platz zur Verfügung gestellt hat. Ich weiß, dass ich nicht der Erste bin, der stark von der Hilfsbereitschaft und Freundlichkeit der vorbildlichen Aufsichtsbeamten im Lesesaal profitiert hat.

An dieser Stelle seien die vielen Gesprächspartner erwähnt, mit denen ich die Probleme der Arbeit besprochen habe; ihnen allen möchte ich meinen besten Dank aussprechen. Mein Dank gilt vor allem den beiden Forschern, die sich in erster Linie für meine wissenschaftliche Entwicklung interessiert haben: Prof. Erik Hansen, Universität Kopenhagen, und Prof. Per Aage Brandt, Universität Aarhus. So sehr verschieden die beiden auch sind – auf der einen Seite der empirische Syntaktiker Hansen, auf der anderen Seite der theoretisch ausgerichtete Semiotiker Brandt: Ich hoffe, dass beide gleichermaßen deutliche Spuren ihrer Lehren in dieser Arbeit erkennen werden. Mein Dank gilt auch Frederik Stjernfelt, Universität Kopenhagen, dem immer diskutierfreudigen Freund, mit dem ich entscheidende theoretische Ansätze, vor allem im Bereich der Katastrophentheorie und der Kopenhagener Schule, gemeinsam aufgearbeitet habe. Sehr wesentlich für diese Arbeit waren für mich die Diskussionen zur Frage eines gesamtskandinavischen Sprachsystems mit Doz. Péter Ács, Universität Budapest; ihm verdanke ich auch zentrale Anregungen zur Gestaltung der allgemeinen Sprachtheorie. An Doz. Birger Liljestrand, Umeå und Wien, und an seine Frau Anna geht mein Dank für viel Interesse, viel Hilfsbereitschaft und ihre liebenswürdige Gastfreundschaft.

Wenn ein Synchronlinguist und Semiotiker sich in den Bereich der Dialektologie wagt, braucht er Unterstützung; die habe ich auch reich bemessen gefunden. Die Mitarbeiter am Dialektarchiv Umeå, vor allem der Leiter Åke Hanssen und Doz. Jan Nilsson, sowie die Mitarbeiter am Dialektarchiv der Svenska Litteratursällskapet in Helsingfors, Gunilla Harling-Kranck und Caroline Sandström, seien alle herzlichst bedankt für ihre Bemühungen um meine sonderbaren Fragen. Auch hege ich große Dankbarkeit allen Mitarbeitern des "Fiskars Museum" gegenüber, die mir während eines Studienaufenthaltes vielseitige Unterstützung geboten haben. Karen Margrethe Pedersen, am Institut for dansk dialektforskning an der Universität Kopenhagen, hat mir sehr viel Hilfe und sehr viele Anregungen in Verbindung mit den dänischen Dialekten geleistet.

Besondere Dankbarkeit empfinde ich allen jenen Informanten und anderen Helfern gegenüber, die sich für meine Arbeit mit den Mundarten in Norrland und Västra Nyland zur Verfügung gestellt haben. Was ich hier an Improvisierfreude, Gastfreundlichkeit und Hilfsbereitschaft erlebt habe, hat mich stark beeindruckt und hat in allen Fällen meine Hoffnungen weit übertroffen. Alle diese Begegnungen werden mir teure Erinnerungen bleiben.

Auch möchte ich einen ganz besonderen Dank an Fr. Ruth Horak, Wien, aussprechen. Die ganze Zeit war sie unermüdlicher Ansporn und Inspirationsquelle sowie eine zu tiefst interessierte und kompetente Diskussionspartnerin. Ich verdanke ihr auch unzählige Verbesserungen der deutschen Sprachform; eine mühevolle Kleinarbeit, die sie mit viel Energie und Einsicht ausgeführt hat. Herrn Lektor Dr. Volkmar Engerer, Universität Aarhus, hat noch vor der endgültigen Drucklegung den Text nochmals sorgfältig überprüft; was immer noch im Text steht, bleibt meine Verantwortung.

Meinen Eltern bin ich sehr viel Dank schuldig. Aufopferungsbereit haben sie sich um die verschiedensten Probleme gekümmert, wenn ich selber keinen Ausweg mehr wusste. Herzlich und tatkräftig waren sie die ganze Zeit für mich da, bis in die letzte Stunde der mühevollen Überarbeitung vor der Drucklegung.

Aarhus, am 25.1.2000   *Henrik Jørgensen*

Einleitung

In der hier vorliegenden Arbeit werden die syntaktischen und morphologischen Verhältnisse der festlandskandinavischen Personalpronomina systematisch dargestellt. Die systematischen Tatsachen werden dann noch im Licht der Semantik und Pragmatik behandelt. Dadurch wird versucht, die kommunikativen Konsequenzen der formalen Verhältnisse festzuhalten.

Kern der Arbeit ist die Darstellung der Beziehungen der dänischen Personalpronomina im Bereich der Morphologie und Syntax. Davon ausgehend werden die entsprechenden Verhältnisse in den anderen festlandskandinavischen Sprachen mit einbezogen, sowie auch einige Aspekte anderer nordwesteuropäischer Sprachen, allen voran das Französische und Englische. Ergänzend werden auch Entwicklungen in gewissen skandinavischen Non-standard-Varianten behandelt, sofern sie das Thema erhellen können. Eine vollständige Behandlung dieses Themas ist aber nicht Ziel der Arbeit. Auch muss man befürchten, dass die philologisch gesicherte Grundlage für eine solche Untersuchung kaum mehr aufgearbeitet werden kann. Auf die methodologischen und praktischen Schwierigkeiten bei der Aufarbeitung dieser Untersuchung wird später eingegangen.

Die Hauptthese dieser Arbeit ist, dass die Kasusflexion der Personalpronomina in den skandinavischen Sprachen nicht – wie in der traditionellen Grammatik häufig behauptet – als ein Überrest der ursprünglichen Kasusflexion anzusehen ist. Vielmehr liegt hier ein an der Oberfläche ganz andersartig strukturiertes System vor, das seine eigenen semantischen Eigenschaften aufweist und in mancher Hinsicht stark von den klassischen nominalen Flexionsverhältnissen abweicht. Es soll gezeigt werden, dass die Veränderungen ursprünglich grammatische Distinktionen in semantische oder pragmatische Distinktionen umwandeln; gleichzeitig wird auf verschiedene semantische und diskursive Muster aufmerksam gemacht, die mit ziemlicher Wahrscheinlichkeit als Prinzip hinter dem neuen Gebrauch der Formen stecken. Der Charakter dieser Abweichungen ist in den hier behandelten Normen und Subnormen des festlandskandinavischen Raumes sehr verschieden, aber allen Abweichungen gemeinsam ist, dass die Neigung zur pragmatischen Bestimmung sehr stark ist, und dass die Verbindung zur Kongruenz allmählich schwächer wird.

Um den Charakter der Pronominalflexion genau darstellen zu können, muss der Unterschied zum nominalen Kasussystem der Sprachen klargemacht werden. Seit dem Untergang der nominalen Kasusflexion bedienen sich die skandinavischen Sprachen, was die Darstellung der Kasusverhältnisse betrifft, der Reihenfolge der nominalen Glieder; man kann mit einem – für heutige Vorstellungen etwas merkwürdig aussehenden – Begriff aus der dänischen Sprachwissenschaft der 30er Jahre von "Reihenfolgemorphemen"[1] sprechen. Es soll gezeigt werden:

1° dass die nominalen Glieder, wenn man von verschiedenen idiomatischen Ausdrücken absieht, nach einem solchen Reihenfolgesystem gegliedert sind;

2° dass die pronominalen Glieder unter Umständen nach demselben System gegliedert sind, häufig aber abweichen, indem sie hinsichtlich der Wortstellung andere Plätze einnehmen; und

3° dass die noch vorhandene Pronominalflexion in den heutigen skandinavischen Sprachen deutliche Tendenzen zeigt, in genau definierten syntaktischen Positionen die Pronominalflexion aufzugeben oder umzufunktionieren, und zwar so, dass die eingangs erwähnte These dadurch bestätigt wird.

Der theoretische Rahmen dieser Arbeit basiert auf einer kritischen Auseinandersetzung mit der strukturalistischen Theorie, so wie sie von verschiedenen dänischen Sprachwissenschaftlern ausgearbeitet worden ist. Eine solche Kritik muss jedoch ziemlich tiefgehend sein. Ein geeigneter Ausgangspunkt für eine syntaktische Arbeit über die skandinavischen Sprachen wäre ganz a priori das sehr beliebte Satzschema Paul Diderichsens: ein Schema der Gliedstellung in den skandinavischen Sprachen. Dass ausgerechnet Diderichsen hier wieder zur Geltung gelangen soll, geschieht nicht aus verkappten patriotischen Gründen, sondern weil sein syntaktisches Denken, wie wir zeigen werden, viele Möglichkeiten für eine Öffnung der analytischen Perspektive in Richtung Semantik und Diskursanalyse in sich trägt. Eine solche Öffnung der Syntax ist essentiell, wenn die Unterschiede zwischen den verschiedenen Kasussystemen innerhalb der festlandskandinavischen Sprachen festgehalten werden sollen. Freilich sind diese Öffnungen bei Diderichsen nicht immer berücksichtigt worden; hoffentlich kann unsere Darstellung seines Denkens diese Behauptungen rechtfertigen. Da aber die bisherige Behandlung des Satzschemas die Beziehungen zur Morphologie im weitesten Sinne des Wortes eher vernachlässigt

---

1. Die Bezeichnung stammt von L.L. Hammerich (1935 S. 21, 28 et passim), vgl. Diderichsen 1941 S. 12; eine theoretische Rechtfertigung des Begriffes findet sich in Hjelmslev 1972a S. 68-70. Der Begriff wird hier ähnlich verwendet wie bei Hjelmslev.

hat, soll hier versucht werden, das Satzschema in enger Beziehung sowohl zur Flexion als auch zur Wortklassenlehre darzustellen.

Ein solcher Versuch wäre in erster Linie sehr auf die Dogmen Louis Hjelmslevs zugeschnitten, die seiner 'Glossematik' zugrunde liegen; ferner ist er auch durch die X-bar-syntax der generativen Grammatik geprägt. So attraktiv diese Dogmen auf den ersten Blick erscheinen mögen – sie sind eng mit einer sprachphilosophischen Auffassung der Begriffe Sprachsystem und Sprachgebrauch verbunden, die sich in einer gewissen Disharmonie mit jenen Tatsachen befinden, die hier beschrieben werden sollen. Es ist – wie schon gesagt – so, dass die deutlichsten Tendenzen in Richtung Aufgabe oder Umfunktionierung der Pronominalflexion sich in den non-standard-Varianten der skandinavischen Sprachen zeigen: entweder in Mundarten oder in soziolektalen Varianten, die eben nicht als Normsprache oder gehobene Sprache gelten.

Hier taucht ein Bündel von Problemen auf, die zu berücksichtigen sind:

1° Wenn auch die klassische dänische Glossematik gerade in der Beschreibung der Mundarten glänzte, scheint es, als ob die Beziehung zwischen Mundart und Standardsprache niemals als Problem aufgefasst worden ist. Wenn nämlich die Mundart als eigenständiges System beschrieben wird, woher kommt es dann, dass sie nicht als eine eigene Sprache aufgefaßt wird, sondern eben als Mundart? Die übliche Charakterisierung einer Mundart, dass sie zu einer bestimmten Sprache gehört, sofern sie von anderen Sprechern mit anderen Mundarten in einer Semikommunikation brauchbar ist, müsste wohl dazu führen, dass die Mundart aus dem System der Sprache als solche abzuleiten wäre; aber gerade eine solche Ableitung ist, wie wir zeigen werden, für die Oberflächensysteme sinnlos. Weinreich 1954 hat schon versucht, dieses Problem durch die Einführung des Begriffes 'Diasystem' zu lösen, aber dadurch verschiebt sich das Problem nur. Die Frage bleibt nämlich, wodurch ein Diasystem – an sich und in bezug auf die einzelnen Systeme, die darin begriffen werden – gekennzeichnet ist und wie die Träger der Diasysteme überhaupt miteinander kommunizieren können. Gibt es überhaupt eine theoretische Annäherung an diese heikle Frage, die ja auch die Intersubjektivität des Sprachsystems mit einbezieht?

2° Es soll gezeigt werden, dass die Mundarten der festlandskandinavischen Sprachen in typologischer Hinsicht relativ verschieden sind, dass sie also systematisch stark voneinander abweichen. Gleichzeitig sind sie aber auch durchgehend in einer Semikommunikation verwendbar; das ist eine empirisch nachweisbare Tatsache. Es wäre denkbar, um dieses Paradox aufzulösen, vorauszusetzen, dass gewisse typologische Unterschiede stark kommunikationsstörend wirken, während andere erheblich weniger störend sind. Eine solche Tatsache müsste unter Umständen auch in der systematischen Beschreibung berücksichtigt werden.

Es ist daher auch eine wichtige Aufgabe dieser Arbeit, den Begriff System so zu formulieren, dass einerseits den soziolinguistischen Tatsachen Rechnung getragen wird, andererseits der Begriff 'Sprachform' noch sinnvoll bleibt.

Im *ersten Kapitel* wird eine gründliche Darstellung des Satzschemas als Ausgangspunkt der Untersuchung vorgenommen. Im *zweiten Kapitel* folgt eine Auseinandersetzung mit der Kopenhagener Schule, in welcher die Begriffe - Realismus und Empirie zentral sind; darauf folgt dann eine Darstellung der Grundlage einer 'realistischen Grammatik', worin die meines Erachtens notwendigen Voraussetzungen einer Revision der strukturellen Sprachwissenschaft beschrieben werden. *Kapitel 3* gibt eine theoretische Darstellung der Kasusverhältnisse für nominale Glieder in den festlandskandinavischen Sprachen, und *Kapitel 4* bringt anschließend einen Überblick über die syntaktischen und prosodischen Verhältnisse der Personalpronomina. *Kapitel 5* gibt einen Überblick über die syntaktischen Positionen, in denen die Personalpronomina neutralisiert werden oder inkongruent auftreten; daneben wird auch die Grundlage einer semantischen Theorie zur Erklärung dieser Verhältnisse skizziert. *Kapitel 6* enthält eine Darstellung der morphologischen Verhältnisse der Personalpronomina in den skandinavischen Normsprachen, sowie auch in verschiedenen Dialekten. In den *Kapiteln 7* bis *9* folgt dann die empirische Beschreibung der syntaktischen Verhältnisse der Personalpronomina in den festlandskandinavischen Sprachen; je ein Kapitel wird jedem Land zuteil. Das abschließende *Kapitel 10* ist der Darstellung der theoretischen Schlussfolgerungen gewidmet. Hier soll dann versucht werden, die empirischen Tatsachen und theoretischen Probleme miteinander in Verbindung zu bringen.

Die Übersetzungen der skandinavischen Beispiele ins Deutsche sind Annäherungen, die dazu dienen, die Struktur der Sätze durchsichtig zu machen.

KAPITEL 1

Die Grundlage des syntaktischen Denkens bei Paul Diderichsen

In diesem Kapitel werden die zentralen Gedanken zum Aufbau der Syntax bei Paul Diderichsen als Grundlage der Analytik dieser Arbeit erörtert. Wichtig in diesem Zusammenhang ist es, seine Grundbegriffe auf dem Hintergrund seiner theoretischen Überlegungen darzustellen. Auf diese Weise wird versucht, die semantischen und pragmatischen Aspekte seiner syntaktischen Auffassung herauszustreichen. "Dieser" Diderichsen ist mit Sicherheit den meisten Lesern seiner großen dänischen Grammatik von 1946 unbekannt; nichtsdestoweniger ist er sehr deutlich vorhanden, wenn man versucht, die genaueren Implikationen seiner Darstellung in seinen anderen Werken zu verfolgen.

Es ist wichtig, in diesem Zusammenhang zu betonen, dass unsere Darstellung zwar häufig auf Diderichsens theoretische Quellen – vor allem Brøndal und Hjelmslev – zurückgreift, dass damit aber keineswegs die Absicht verbunden ist, eine vollständige historische Analyse der Einflüsse auf Diderichsen zu geben. Solche Darstellungen findet man bei Carol Henriksen (1986) und Frans Gregersen (1986, 1991). Vielmehr ist wichtig, gerade solche Aspekte des Theoriebaus hervorzuheben, die in Verbindung mit dieser Arbeit zentral erscheinen.

1.1. Zur Entwicklung der Sprachtheorie bei Paul Diderichsen

Paul Diderichsen (1905-64; von 1949 bis zu seinem Tod Professor der modernen dänischen Sprache an der Universität Kopenhagen) ist in vielerlei Hinsicht eine sehr bedeutsame Figur in der Kopenhagener Schule der Linguistik der 30er und 40er Jahre. Ursprünglich als nordischer Philologe ausgebildet, wandte er sich, nachdem er angefangen hatte, an der Methodik der Literaturwissenschaft als solcher und seinen eigenen Fähigkeiten als Literaturwissenschaftler zu zweifeln,[1] der Sprachwissenschaft zu. Er arbeitete einerseits

---

1. Fischer-Jørgensen 1966b S. 11.

mit traditionellen philologischen Themen; zu nennen wären beispielsweise seine Mitarbeit am großen dänischen Wörterbuch (27 Bände; 1918-56 ersch.) oder die Edition mittelalterlicher Handschriften; andererseits gehörte er in den frühen 30er Jahren zum Kreis um den bekannten Romanisten Viggo Brøndal, zu dem er in einer sehr engen Beziehung stand.[2] Seine Bewunderung für Brøndals Persönlichkeit ist seinen Nekrologen nach Brøndals frühem Tod 1942 deutlich abzulesen.[3]

Die 40er Jahre bedeuteten für Diderichsen einen großen Wandel in seiner Arbeitsgrundlage. War er bis Brøndals Tod dessen Methoden verpflichtet, wiewohl auch nicht ohne eine gewisse Distanz Brøndals Gedanken gegenüber, wenn es um die Syntax ging,[4] versuchte er Mitte der 40er Jahre eine Annäherung an Louis Hjelmslev, dem er bis dahin sehr distanziert gegenübergestanden war.[5] Deutliche Zeichen für diese Annäherung sieht man in seinen in jenen Jahren geschriebenen Arbeiten zur dänischen Morphologie in Diderichsen 1966. Schon in der großen dänischen Grammatik von 1946[6] spürt man gewisse Einflüsse von Hjelmslev; in Kap. 3 werden wir sehen, wie Diderichsens Detailauffassung zwischen Traditionalismus und hjelmslevianischem Radikalismus hin und her schwankte.[7] Nach 1949 gab er aber die Glossematik wieder auf und arbeitete weiterhin auf seiner eigenen Grundlage, so wie sie in der großen dänischen Grammatik von 1946 entworfen ist. Gleichzeitig fing er an, mit der Geschichte der Sprachwissenschaft und mit allgemein wissenschaftstheoretischen Themen zu arbeiten. Sein wichtigstes Projekt in den

2. Diderichsen 1965 S. 192-5.
3. Diderichsen 1943 a,b; vgl. auch Gregersen 1991 II S. 138.
4. Dieser Zweifel kommt in den gedruckten Werken nur gelegentlich zum Vorschein, z.B. Diderichsen 1941 S. 2; noch in Diderichsen 1965 (posthum erschienen) ist Brøndal einfach *der* große Meister, wenn auch Diderichsen selbst gesteht, nicht alles verstanden zu haben, vgl. 1965 S. 200. Frans Gregersen (1991 II S. 135ff) stellt anhand des Briefwechsels zwischen Brøndal und Diderichsen die Ereignisse gründlich dar.
5. Bekannt sind z.B. seine Kommentare zum Hauptwerk Hjelmslevs, "Prolegomena zu einer Sprachtheorie" (Hjelmslev 1943, dt. Übersetzung 1974), die in den Akten der Gesellschaft für nordische Philologie (1944-5) erschienen.
6. Da es hier und da für die Darstellung wichtig ist, welche Ausgabe von Diderichsens *Elementær dansk Grammatik* – 1946 oder 1962 – man benutzt, wird konsequent aus der Erstausgabe zitiert, deren Paginierung mit den späteren Ausgaben übereinstimmt. Abweichungen gibt es nur dort, wo Diderichsen umfassendere Änderungen in den photomechanisch reproduzierten Text hineingezwungen hat. Wenn eine Stelle nur in den späteren Ausgaben vorhanden ist, wird die spätere Ausgabe zitiert; wenn eine Stelle in den späteren Ausgaben geändert wurde, wird darauf aufmerksam gemacht.
7. Vgl. hierzu auch Diderichsens eigene Bemerkungen im Vorwort (1946 S. VI; 3. Ausg. 1962 S. V).

letzten Jahren war eine vollständige Geschichte der dänischen Prosa, von der einige Kapitel von ihm und einige von Schülern in vorläufiger Form vorlagen, als er 1964 starb. Eine Weiterführung wäre wohl möglich gewesen, aber dafür bestand nach den großen Umwälzungen im universitären Leben Ende der 60er Jahre keine Basis.

1.2. Die spezifische Entwicklung der diderichsenschen Syntax

1.2.1. Die erste Fassung 1935

Diderichsens erste Arbeit zur dänischen Syntax erschien 1936, ein knapp formuliertes Resumée eines Vortrages, den er 1935 bei einer Konferenz für nordische Philologie gehalten hatte. Der Vortrag zeigt ganz deutlich, wer die Helden des jungen Syntaktikers sind: vor allem H. G. Wiwel und John Ries werden hervorgehoben als die Denkgrundlage schlechthin. Brøndal wird eher beiläufig erwähnt, spielt aber eine nicht verkennbare Rolle für einige entscheidende Begriffe Diderichsens. Nur ganz kurz – unter den verschiedenen Vorgängern der dänischen Prosabeschreibung – kommt Aage Hansen zum Vorschein, dem Diderichsen fast genau 30 Jahre später eine entscheidende Rolle für die Entwicklung des Satzschemas zugeteilt hat.[8] Diderichsen war als ein sehr höflicher Mensch bekannt; aber gerade mit Aage Hansen, der in sehr vieler Hinsicht ein Antipode Diderichsens war (und noch dazu ständig mit ihm um die sehr wenigen Stellen im Bereich der Gegenwartssprache wetteiferte), hat er immer Schwierigkeiten gehabt.[9] Wie wir sehen werden, hat Aage Hansen sicher eine etwas größere Rolle gespielt, als es Diderichsen 1936 zugeben wollte; gleichzeitig wird aber in diesem Zusammenhang auch nicht der Name Viggo Brøndals erwähnt, den man mit Recht, wie wir zeigen möchten, hier hätte erwarten können. Man kann sich dazu Verschiedenes denken; die Hauptaufgabe ist hier, die tatsächlichen fachlich-inhaltlichen Einflüsse auf Diderichsens Arbeit nachzuweisen.[10]

---

8. Diderichsen 1966 S. 364.
9. Siehe Diderichsens ab und zu sehr bissigen Betrachtungen zu Aage Hansens Leistungen in Diderichsen 1965 S. 175-190, bes. S. 189. Vgl. zur Geschichte des Faches Neudänische Grammatik und der beiden Forscher teils Diderichsen 1965 S. 198, teils Gregersen 1986, bes. S. 207, und 1991 passim. Aage Hansen wird zwar überall erwähnt, wann immer Diderichsen Rechenschaft über Inspirationsquellen ablegt (Diderichsen 1941 S. 2; 1946 S. VI; 3. Ausg. 1962 S. V); erst der letzte große Aufsatz Diderichsens (1966) ist Hansen gegenüber sehr viel freundlicher als vorher.
10. Es wird hier und für das Folgende auf die umfassendere Darstellung der gleichen Problemstellung in Henriksen 1986 hingewiesen.

Tabelle 1.1

Indlederled	v.fin.	Subjekt	Omfangsled	V.infin.	Indholdsled: Underled – Situationsled
F	v	s	a	V	(Später S u. A, s. unten)

(Vgl. auch Henriksen 1986 S. 218)

Diderichsens Darstellung gliedert den Satz in drei Bereiche, die durch die festen Stellen der Verbalformen voneinander abgegrenzt werden. Diese topologische Gliederung wird in seiner kurzen Darstellung mit eher pragmatisch ausgerichteten Betrachtungen darüber verbunden, wie die Beziehung des Satzes zur Realität der Kommunikationssituation eben durch die Wortstellung hergestellt wird. Diderichsen unterscheidet drei Positionen: einen Bereich vor dem finiten Verb, zwischen den Verbalformen und nach dem infiniten Verb. Seine Darstellung unterscheidet sorgfältig zwischen der relationellen und der topologischen Gliederung des Satzes, indem besonders auf die Effekte der Umstellungen ins Vorfeld (s. 'Indlederled' unten im Schema) aufmerksam gemacht wird. Wir können versuchen, seinen ersten Entwurf graphisch festzuhalten, indem wir der späteren Terminologie die Bezeichnungen **v** und **V** (für finite bzw. infinite Verbalposition) entnehmen; wir versuchen gleichzeitig seine spätere Terminologie aus der klassischen Darstellung in Diderichsen 1946 vergleichsweise zu ergänzen (Tabelle 1.1.).

Die Termini, die hier festgehalten wurden, sind unsere Wahl; viele andere Synonyme werden aber ebenfalls verwendet. Hier seien Übersetzungen zu den dänischen Termini im obigen Schemas ergänzt:

Indlederled: Einleitungsglied
Omfangsled: Umfangsglied
Indholdsled: Inhaltsglied
Underled: Unterglied
Situationsled: Situationsglied

Auf die Bedeutung der einzelnen, nicht immer ganz leicht deutbaren Termini wird im Haupttext unten eingegangen.

Es ist sicher sinnvoll, auch die Feldbezeichnungen bei Diderichsen hier aufzulösen: **v** und **V** sind Felder für finites bzw. infinites Verbal, **a** und **A** sind

Felder für adverbiale Glieder, darunter Präpositionalverbindungen, und **s** und **S** sind Felder für nominale Glieder (Subjekt und Objekte, samt Prädikative). Später (1964) änderte Diderichsen selber die Bezeichnungen **s** und **S** in **n** und **N**, um auch terminologisch darauf hinzuweisen, dass die Prädikative stellungsmäßig mit den Objekten zusammengehören, während sie auf der anderen Seite morphologisch nominal, aber offensichtlich nicht substantivisch sind.[11] Diese Änderung hat sich eingebürgert und wird auch später in dieser Arbeit befolgt.

Wesentlich hier sind vor allem die pragmatisch orientierten Betrachtungen, die die Satzglieder in zwei große Gruppen unterteilen: diejenigen, die mit der Aktualisierung des Satzes zusammenhängen, und diejenigen, die dem Satzinhalt verpflichtet sind. Das Zentrum, worum sich der ganze Satz bewegt, ist das Verbalglied, welches in den festlandskandinavischen Sprachen ja in Hauptsätzen auch positionell aufgegliedert ist. Das Verb trägt den "Vorstellungsinhalt"[12] des Satzes; Diderichsen setzt hier eine Art Valenztheorie der Verbalbedeutung voraus, ohne sie aber im Detail darzustellen.[13] Entscheidend für die "Beziehung des Vorstellungsinhalts zur Wirklichkeit" sind dann die beiden zentralen Glieder: das Subjekt und das 'Umfangsglied' oder 'Situationsglied', wie es auch genannt wird.

Die andere Seite des Satzes, die sozusagen pragmatische, verknüpft sich hier mit dem Begriff 'Aktualisierung'. Diderichsen benutzt sehr viele Begriffe, um dieses Problem deutlich darzustellen; dabei sind einige, wie z.B. 'Rahmen' oder 'Situs', von Brøndal übernommen, während andere, z.B. die Beschreibung des 'Einleitergliedes', Aage Hansen (1933) verpflichtet sind. Hansen (1933) leistet eine theoretische Beschreibung der dänischen Satzstellung mit besonderer Berücksichtigung dessen, was später bei Diderichsen 'Fundamentfelt' (und noch später 'Forfelt') genannt wurde. Seine Arbeit nähert sich stark dem, was später von der Prager Schule der Linguistik als 'Funktionale Satzperspektive' aufgearbeitet wurde[14] und z.B. unter Linguisten des vorigen Jahrhunderts als

---

11. Diderichsen 1966 S. 369. Lars Heltoft (1992a S. 76-80) hat später nachgewiesen, dass man im Dänischen mit zwei topologisch und relationell verschiedenen Arten von Prädikativen rechnen muss: Beschreiberprädikativ und Identitätsprädikativ; davon steht nur das Identitätsprädikativ auf dem **N**-Platz. Insofern ist die Grundlage für die Änderung hinfällig; wir bleiben aber aus Gründen der Einheitlichkeit dabei.
12. Diderichsen 1936 S. 44.
13. Vgl. unten (Abschn. 1.2.3.) zur weiteren Geschichte dieses Themas bei Diderichsen.
14. [Korrekturnote] Als Urheber im tschechischen Kontext gilt Vílem Mathesius (vgl. Mathesius 1975 S. 79-85); mit Daneš (Hrsg.) 1974 und Sgall et al. 1973 wurde die Forschung der neueren tschechischen Schule international bekannt.

'psychologisches Subjekt' oder 'logisches Subjekt' behandelt wurde.[15] Wie wir an anderer Stelle zusammen mit Fr. Stjernfelt nachgewiesen haben,[16] beruhen die Begriffe, die in diesem Bereich auftauchen, auf einer untergeschobenen Vorstellung von der *énonciation*; d.h. der Aufbau eines Satzes wird auf diese Weise direkt mit seiner kommunikativen Funktion, ganz allgemein gesehen, verbunden. Diderichsens Termini, wie 'Aktualisierung' oder 'Situs' (nach Brøndal), tragen somit der Tatsache Rechnung, dass ein Satz, um kommunikativ zur Geltung gebracht zu werden, einen **Inhalt** haben muss, der dem (vorausgesetzten) Kommunikationspartner *idealiter* unbekannt sein muss, eine **Fundierung (Situs)** im kommunikativen Raum (in den angenommenen gemeinsamen Voraussetzungen) und eine **Aktualität** (einen deiktischen Bezug) hinsichtlich der Kommunikationssituation. Auch wenn diese Begriffe nie deutlich ausgesprochen werden, lassen sie sich doch durch die häufigen Hinweise auf die funktionelle Seite im Text klar herausarbeiten.

Schon bei der ersten Darstellung dieser Syntaxtheorie hat Eli Fischer-Jørgensen, damals eine 22-jährige Studentin, später eine sehr bedeutende Sprachwissenschaftlerin, zwei sehr wesentliche Punkte an Diderichsens Konzeption kritisiert: Einerseits wirft sie ihm mit Recht vor, in Anlehnung an John Ries die Syntax unentschieden in einem Sowohl-als-Auch zwischen 'langue' und 'parole' zu belassen; andererseits weist sie darauf hin, dass seine Darstellung nicht zwischen Reihenfolgephänomenen unterscheidet, die sich von der Norm der Sprache herleiten, wie z.B. der Subjekt-Objekt-Unterschied im Dänischen, und Reihenfolgephänomenen, die stilistischen Zwecken dienen. Diese sehr berechtigte Kritik blieb im Grunde während der ganzen Zeit seiner Forschungsarbeit unberücksichtigt, obwohl spätere Änderungen möglicherweise die hier aufgeworfenen Probleme lösen sollten. Diderichsen hat auch in seinem eigenen Überblick über seine theoretische Entwicklung das Zentrale an Eli Fischer-Jørgensens Fragen anerkannt – ein deutliches Zeichen dafür, dass sie als Denkanstöße bei der späteren Umgestaltung der Theorie gegolten haben.[17] Die beiden Fragen gehören eindeutig zusammen und können im Idealfall gleichzeitig beantwortet werden; denn gerade die in der zweiten Frage geforderte Trennung von Reihenfolgephänomenen, die im Sprachsystem enthalten sind, von Reihenfolgephänomenen, die stilistisch motiviert sind, beinhaltet ja auch die Möglichkeit, den herkömmlichen Begriff der Syntax aufzulösen und die jeweiligen Teile dem richtigen Bereich zuzuordnen. Die von Lars Heltoft

---

15. v. d. Gabelentz 2. Aufl. 1901 S. 365-373, Paul 2. Aufl. 1886 S. 100-107, Wegener 1885.
16. Stjernfelt & Jørgensen 1987, 1989 (bes. S. 121ff).
17. Diderichsen 1965 S. 194.

vorgeschlagene Auflistung von semantischen Hintergründen der topologischen Phänomene im Dänischen[18] führt schon sehr weit in die Richtung einer
Neuorganisation der Satztopologie gemäß Eli Fischer-Jørgensens Fragen.

1.2.2. Die späteren Werke

In Diderichsens Habilschrift über den Satzbau in einem mittelalterlichen
dänischen Gesetzbuch (Diderichsen 1941) wurde dann das Satzschema als
Denkgrundlage verwendet, doch ohne jemals in graphischer Form zum Vorschein zu kommen. Diese Arbeit leistet, wie schon angedeutet, einen großen
Beitrag zur semantischen und pragmatischen Deutung des Satzbaus in den
skandinavischen Sprachen; es ist daher ungerechtfertigt, wenn sie in den theoretischen Auseinandersetzungen um Diderichsen normalerweise kaum berücksichtigt wird.

   In Diderichsen 1941 ist Brøndals Anteil an dem Gedankengut mit Sicherheit
wesentlich höher als es sonst der Fall ist. Brøndals theoretisches Glossar taucht
überall auf, und seine Begriffe bieten den Hintergrund für die Lösung mancher
Schwierigkeiten.[19] Wesentlich für die Auffassung von Diderichsen als Struktu-
ralisten sind die vielen Hinweise auf Husserl und Bühler, sowie auf die
Gestalttheorie;[20] gerade dadurch zeigt er sich als eindeutiger Brøndal-Schüler,
während z.B. Hjelmslevs Anlehnung an den logischen Positivismus ihm eher
fern sein dürfte. Das später von Lars Heltoft so deutlich hervorgehobene
Prinzip der maximalen Ausfüllung[21] wird von Diderichsen selbst direkt als
Inspiration durch Brøndal bezeichnet.[22] Letzten Endes ist es auch wesentlich,
dass Diderichsen den Satzaufbau sehr konsequent im Rahmen einer textlinguistischen Auffassung sieht. In Ansätzen lässt sich schon die später von Lars
Heltoft konsequent vertretene Auffassung der Satztopologie als Ausdrucks-
system[23] vorausahnen.

   1943 schrieb Diderichsen eine (leider erst posthum veröffentlichte) Studie,
worin das Satzschema für andere germanische Sprachen aufgestellt wird.[24]

---

18. Vgl. Heltoft 1992a S. 68; 1992b S. 15ff.
19. So z.B. die semantischen Implikationen des Fundamentfelts in Diderichsen 1941 S. 50ff;
    die Analyse des finiten und der infiniten Verbformen als *ein* Glied, ebd. S. 90; das Ver-
    hältnis zwischen appositionellem Pronomen und Relativsatz, ebd. S. 150f.
20. Diderichsen 1941 S. 64f, wo die Koordination im Sinne einer Gestalttheorie interpretiert
    wird.
21. Vgl. Heltoft 1986b S. 50ff; 1992a S. 68; 1992b S. 21.
22. Diderichsen 1965 S. 195.
23. Heltoft 1992a S. 67 et passim; 1992b S. 15.
24. Diderichsen 1966 S. 52-63.

Diese Arbeit ist am ehesten von technischem Interesse und bietet wenig in Bezug auf transsyntaktische Verhältnisse.

1946 erschien seine dänische Grammatik, in der die Darstellung der Syntax auf das Satzschema aufgebaut ist. Dieses Buch ist natürlich sehr ergiebig, was die Details seiner Analyse betrifft, zeigt aber auch schon die ersten Anzeichen eines Rückzugs von seinen früheren Positionen. Z.T. aufgegeben werden die semantischen und pragmatischen Bezüge in der Satzanalyse; außerdem ringt er mit gewissen Schwierigkeiten in der Auffassung von verschiedenen Satzgliedtypen. Besonders in Kap. 3 werden wir sehen, wie groß die Schwierigkeiten waren.

Die letzte wichtige Arbeit zu dem Thema von seiner Hand – abgesehen von verschiedenen resümierenden oder pädagogischen Arbeiten – ist eine kleine Studie aus dem Jahr 1964,[25] in welcher verschiedene Beobachtungen eingearbeitet werden, vor allem aus dem Bereich der Satzprosodie. Nicht ganz ohne Grund hat man gemeint, dass Diderichsen mit dieser Arbeit sein Schema so stark überladen hat, dass es fast nicht mehr zu gebrauchen ist. Deutlich ist auch, dass Diderichsen in dieser Arbeit sich viel weniger mit textlinguistischen und pragmatischen Problemen auseinandersetzt; vielmehr ist es, als ob er sich ständig gegen Forderungen einer "Dolmetschergrammatik"[26] oder einer pädagogischen Zurechtstutzung des Strukturalismus verteidigt; letzteres Moment ist besonders deutlich an jener Stelle, wo die inhaltlich bezogenen Termini für die drei Satzfelder aufgegeben werden.[27]

Diderichsens Satzschema ist in seiner klassischen Form – gleichsam monolithisch – stehengeblieben. Nicht ohne Grund hat Erik Hansen einmal recht ärgerlich bemerkt, dass die wichtigste Verwendung für das Satzschema eben ist, das Satzschema einzuführen; eigentliche Syntaxforschung wurde damit jahrelang nicht betrieben.[28] Es ist sicherlich typisch für die Situation, dass zum 50. Jahr der Erscheinung der Erstfassung eine Festschrift entstehen konnte, in der recht wenige empirische Beobachtungen, dafür sehr viele Observationen zur Historik und zum wissenschaftstheoretischen Status des Satzschemas gemacht wurden.[29] Diderichsen war ein unantastbarer Pol der dänischen Sprachbeschreibung geworden.

---

25. Diderichsen 1966 S. 364-379; schon 1964 in der Festschrift für Aage Hansen veröffentlicht.
26. Diderichsen 1966 S. 374. Vgl. auch Diderichsen 1965 S. 199, wo die Bezeichnung ohne genauere Angabe Hjelmslev zugeschrieben wird.
27. Diderichsen 1966 S. 369f.
28. Hansen 1970 S. 116 – eben eine von den sehr wenigen relevanten weiterführenden Arbeiten.
29. Andersen & Heltoft (Hrsg.) 1986.

Erst in den letzten Jahren haben verschiedene jüngere Forscher versucht, neue Momente an Diderichsen aufzuarbeiten. Hier ist vor allem Lars Heltoft zu erwähnen, dessen Arbeit schon zitiert worden ist und weiterhin auch Inspiration und Denkgrundlage für diese Arbeit bietet. Ferner soll auf etliche entscheidende Arbeiten von Søren Brandt zur Verbalsyntax und auf Hans Götzsches Reformulierung des Satzschemas im Rahmen einer Universalpragmatik hingewiesen werden. Diese Arbeit verdankt diesen Forschern starke Impulse zu einer Reformulierung von manchen Problemen.

1.2.3. Was blieb von Diderichsens Valenzvorstellungen?

Interessant am Entwurf von 1935, obwohl später aufgegeben, ist die Aufgliederung des Inhaltsfeldes in Unterglieder und Situationsglieder. Einerseits ist nämlich deutlich, dass die sog. 'Unterglieder', im Sinne der Valenztheorie, wie sie später im Anschluss an die Arbeit Tesnières entwickelt wurde, unmittelbar abhängige, sicherlich als obligatorisch anzusehende Verbkomplemente ausmachen. Andererseits sind die Situationsglieder durch die positionelle Möglichkeit, dem infiniten Verb vorangestellt werden zu können, gekennzeichnet. Das heißt dann auch, dass eine Gleichsetzung mit den späteren Termini **S** und **A** nicht ganz richtig wäre. Ein Teil der späteren **A**-Glieder, die valenzgebundenen, würde aus heutiger Sicht zu den Untergliedern gehören, während nur eine Untergruppe, die späteren 'freien Adverbiale', tatsächlich als Situationsglieder zu bezeichnen wären.

Andeutungen des Valenzdenkens in den späteren Arbeiten findet man in der Bezeichnung 'Relationsbasis' für die Ermöglichung des Vorhandenseins verschiedener Satzglieder durch das Verb;[30] ferner in den semantischen Betrachtungen zur Verbalhandlung.[31] Zwitterartig zwischen beiden Möglichkeiten steht eine Passage, wo eine deutlich valenzmäßige Unterscheidung zwischen 'unmittelbaren' und 'mittelbaren' Gliedern direkt mit dem Vorhandensein oder nicht-Vorhandensein eines Konjunktionals als Kennzeichnung der Gliedfunktion verknüpft wird.[32] Diderichsen hat offensichtlich an der Idee festgehalten, obwohl er sie nicht konsequent verfolgt. Interessant ist auch, dass er in einer Diskussion der Etymologie der Konjunktion "om" [dt. 'um'] auf Verben wie *spørge* 'fragen', *tvivle* 'zweifeln', *strides* 'sich streiten' und *kappes* 'wetteifern' hinweist, die laut seiner Darstellung

30. Vgl. Diderichsen 1941 S. 15.
31. Vgl. Diderichsen 1946 S. 164.
32. Vgl. Diderichsen 1946 S. 150.

[...] styrer [...] deres "Objekt" ved Hjælp af Præp. *om* [...][33]
'[...] ihr "Objekt" [...] mittels der Präposition *om* regieren [...]'

"Objekt" im Sinne der unten zitierten Stelle in Diderichsen 1946 sind die Regimen der Präposition ja eben nicht; daher die Anführungszeichen. Nichtsdestoweniger deutet die Bezeichnung an, dass Diderichsen schon das Sinnvolle an einer Darstellung solcher Glieder als Objekte eingesehen hat und somit auch weiterhin von valenzartigen Vorstellungen ausgeht.

An sich kann man schon diese frühe Distinktion als aus semantischer Sicht sinnvoller ansehen als die spätere Häufung verschiedener Adverbialgruppen auf dem Platz **A**, der fast wie ein Mülleimer funktioniert: als Abladeplatz für alle solchen Glieder, die aus formeller Sicht keine eindeutige Nominalglieder sind. Das Ende des Valenzdenkens markiert folgendes Zitat:

Genstandsbetegnelser, der knyttes til Verbalet ved Hjælp af et Konjunktional (§91 Till. 5) regnes for Adverbialer[34]

Gegenstandsbezeichnungen, die durch ein Konjunktional an das Verb geknüpft werden [Hinweis auf §91 Till. 5], werden zu den Adverbialen gerechnet.

Da Diderichsens Analyse des **A**-Platzes, wie von Lars Heltoft nachgewiesen,[35] unvollständig ist, kann man in der Tat wesentliche Teile der verlorengegangenen valenzmäßigen Distinktionen wiedereinführen; ein sehr interessantes Thema, auf dessen Ausführung wir in diesem Zusammenhang leider verzichten müssen.

Man kann nur darüber rätseln, warum Diderichsen diese valenzmäßige Unterscheidung nicht weiter verfolgt hat. Es ist am ehesten denkbar, dass Diderichsen auf ein analytisches Problem gestoßen ist, das die Beibehaltung dieses Denkmusters innerhalb seiner Analyseprinzipien stark erschwerte. Als Konsequenz hat er dann an der formal-ausdrucksmäßigen Unterscheidung festgehalten und die Bedeutungsebene aufgegeben.

Man kann in der Tat auf ein solches Problem hinweisen: Gewisse Präpositionalverbindungen im Dänischen, die deutlich Komplemente sind, können nach Präpositionalverbindungen, wie Zeit- und Ortsangaben, die eindeutig keine Komplemente sind, vorkommen. Es gibt im Dänischen eine Reihe von Verben, die wahlweise direktes und präpositionales Objekt haben, wie z.B.

33. Diderichsen 1941 S. 127f.
34. Diderichsen 1946 S. 169f; unverändert 1962.
35. Heltoft 1992a S. 76ff; 1992b S. 33ff.

"gribe (efter)" 'greifen', "male (på)" 'malen'.[36] Es zeigt sich nun, dass das Prä-positionalobjekt dieser Verben sehr wohl nach einer anderen Präpositio-nalverbindung oder einem Adverbial vorkommen kann, d.h., dass ein obliga-torisches Komplement nach einem nicht-obligatorischen Komplement folgen kann:

(1)   Ebbe har grebet meget klodset efter bolden.
       'Ebbe hat sehr ungeschickt versucht, nach dem Ball zu greifen'
(2)   Ole har malet hele aftenen på et billede af Habermas.
       'Ole hat den ganzen Abend an einem Bild von Habermas gemalt'

Aus diesem Grund lässt sich keine saubere positionelle Grenze zwischen obli-gatorischen und nicht-obligatorischen Komplementen behaupten. Da aber eine solche Tatsache mit Diderichsens Denken nicht gut übereinstimmen würde,[37] wäre dieses Problem gut geeignet, sein Valenzdenken zu Fall zu bringen.

Es muss noch erwähnt werden, dass solche Präpositionalobjekte, vorausge-setzt, dass sie mit dem Verb eine intonatorische Einheit bilden [dän 'tryktabs-forbindelse'], vor allen anderen **A**-Gliedern stehen müssen:

(3)   *Ole har spillet hele aftenen på violin.
       Ole har spillet på violin hele aftenen.
       'Ole hat den ganzen Abend Geige gespielt'

Vgl. auch dieses Beispiel, wo die Einheitsbetonung weggefallen ist:

(4)   Ole har spillet hele aftenen på violinen.

Ob Diderichsen sich allerdings aller dieser Verhältnisse bewußt war, lässt sich leider nicht sagen; das muss reine Vermutung bleiben.

(Die "imponderabile Nuance",[38] die hier die Unterscheidung 'unmittelbare Anknüpfung vs. mittelbare Anknüpfung' durchkreuzt hat, ist die Topik-Fokus-

36. Für eine gründliche Beschreibung dieser Konstruktion s. Durst Andersen & Herslund 1993; die Darstellung in Jørgensen 1989 muss jetzt als überholt gelten.
37. Vgl. hier die Ausführungen zu den Positionen der mittelbaren und unmittelbaren Glieder in Diderichsen 1941 S. 43f. Bemerkenswert ist, dass die Valenzideen auch hier mitspielen; denn ein valenzgebundenes Glied ist ja in gewisser Hinsicht schon durch die Verbalbedeutung hinsichtlich Rolle und Form vorgeprägt, während ein freies Glied zwar innerhalb des Satzrahmens möglich, aber informationsmäßig viel weniger vorher-sagbar ist.
38. Diderichsen 1941 S. 11.

Struktur[39], die diskursiv-rhetorische Artikulation des Satzes, die Diderichsen zwar in ihren Ausmaßen erkannt hat, aber begrifflich nicht fassen konnte, da die Terminologie ja erst später entwickelt wurde. Wenn das Präpositionalobjekt zuletzt steht, ist es Fokus und die Zeitangabe eine beiläufige, schon bekannte Information; wir wissen, dass Ole tätig war, aber nicht, was er machte. Bei der umgekehrten Wortstellung verhalten sich die beiden Glieder auch ebenso "umgekehrt", was die Fokus-Qualität betrifft. Diderichsen hat zwar den Terminus Topik in verschiedenen Varianten gekannt ("Psychologisches Subjekt", "hypokeimenon", "A-Glied"; vgl. oben), aber den Terminus Fokus eben nicht.)

1.3. Das Spezifische an Diderichsens Syntaxauffassung

Wir wollen hier kurz festhalten, was das Spezifische an Diderichsens Syntaxauffassung ist, und gleichzeitig besprechen, in welchem Ausmaß seine Auffassung auch noch heute Bestand hat.

Zunächst sind die großen Trennlinien in der Theorie wichtig: erstens die Trennung der Morphologie von der Syntax, zweitens die Trennung der topologischen Gliederung von der inhaltmäßigen. Diese beiden Grundvoraussetzungen sind für sein Denken konstitutiv, aber, wie wir sehen werden, sie stehen z.T. einer konsequenten Entwicklung der Syntax sowie der Klärung der Frage entgegen, wo die Syntax ihren Platz hat: 'langue' oder 'parole'?

Diderichsen selbst hat, wie wir wissen, nicht so recht gewusst, was er auf diese letzte Frage antworten sollte. Freilich ist auch Brøndal, zumindest in *Morphologi og Syntax* (Brøndal 1932), der für Diderichsens Konzeption der Syntax die Gedankenmuster geliefert hat, nicht besonders eindeutig; einerseits sieht er schon eine systematische Grundlage für die Syntax in der Zeit (*la rhytme*) und in ihrer analytischen Entfaltung des Diskurses,[40] andererseits verweist er mit Saussure die Syntax in die *parole*. Brøndal hat später[41] *parole* und Syntax getrennt, indem er dem Diskurs – und damit der Syntax als Ausdruck des diskursiven Ablaufs – eine Eigenständigkeit gegenüber der Sprachausübung und der Morphologie zuspricht.[42] Brøndals Pointe ist hier, dass die Syntax Ausdruck für *ratio* ist, während *parole* empirisch gegeben ist. Diese Behauptung wird wohl kaum auf Widerspruch stoßen; aber sie verändert in der Tat die Grund-

---

39. Vgl. unten Kap. 5.
40. Brøndal 1932 S. 55ff; vgl. Stjernfelt & Jørgensen 1987 S. 82.
41. In Brøndal 1937, eine Arbeit, die Diderichsen sicherlich gekannt, aber vermutlich nicht benutzt hat.
42. Vgl. Stjernfelt & Jørgensen 1987 S. 83f.

lage für die klassische Saussuresche Konzeption der Sprachwissenschaft erheblich, weil die Syntax dadurch einen ganz anderen Status bekommt.

Auf der anderen Seite wird Diderichsen mit den z.T. stark herablassenden Bemerkungen Hjelmslevs zur Syntax konfrontiert. Laut einer vielzitierten Bemerkung Hjelmslevs gehört alles, was der Normalgrammatiker der 30er Jahre über die Syntax schreibt, in die Morphologie; und was nicht dorthin gehört, gehört der Stilistik an[43] (oder schlimmstenfalls – laut einer mündlichen Überlieferung – der Theologie). Die Frage, die man sich angesichts dieser beiden theoretischen Behauptungen stellen kann, ist, in welchem Ausmaß sie in Einklang gebracht werden können; das ist ja auch, was Eli Fischer-Jørgensen versucht hat. Wir werden in Kap. 3 zeigen, in welche Richtung eine Antwort zu gehen hat. Ganz allgemein kann man sagen, dass die Antwort darauf eingehen muss, was schon von Lars Heltoft[44] stark hervorgehoben worden ist, nämlich, dass im festlandskandinavischen Satzgefüge als komplexem semiotischem System mehrere Inhaltselemente zum Ausdruck gebracht werden:

* Realität und illokutionärer Wert
* Grammatische Funktionen (oder Relationen)
* Topik-Fokus-Artikulation
* Quantorhierarchisierung[45]

Diderichsen hat in der Tat so viele von diesen selbständigen Parametern in der festlandskandinavischen Syntax intuitiv festgehalten, dass er mit ziemlicher Wahrscheinlichkeit selber die vollen Konsequenzen für seine topologische Analyse hätte ziehen können, wenn die damalige sprachwissenschaftliche Dogmatik der Syntax den systematischen Charakter nicht aberkannt hätte. Diderichsen war wahrscheinlich zu vorsichtig, um sich einfach über die damalige Dogmatik hinwegzusetzen;[46] aber gerade im Licht der letzten 50 Jahre und der Neubewertung und Umdeutung vieler damals etablierter Dogmen in den Bereichen der Syntax, Semantik und Pragmatik ist der Anlass zu seinen damaligen Ängsten nicht mehr gegeben. Es dürfte somit recht unproblematisch sein, Diderichsens Arbeit weiterzuführen, indem man die vielen

---

43. Hjelmslev 1972b S. 57.
44. Heltoft 1992 a,b.
45. Heltoft 1992a S. 68; 1992b S. 15.
46. Eine genaue Lektüre von Diderichsen 1941 S. 10-14 zeigt deutlich diese Vorsichtigkeit. Diderichsen formuliert hier sorgfältig, dass die regelmäßig wiederkehrenden syntaktischen Muster keinen direkten Zeichenwert haben, sondern auf Analogien mit noch tieferen Bedeutungsstrukturen beruhen.

vorsichtigen Bemerkungen zu den "imponderablen Nuancen"[47] in der Syntax
übergeht und die Ansätze zu einer systemischen Interpretation der relevanten
Teile der Syntax fortsetzt, sowie andere, wie eben die diskursive Artikulation
des Satzes in Topik und Fokus, als semantisch-pragmatische Phänomene fest-
hält. Der Preis ist aber, dass die Beziehungen zwischen Topologie, Relationa-
lität und Morphologie als systemische Ressourcen der Sprache festgelegt werden müssen.

Noch eine konstitutive Idee von Diderichsen muss im gleichen Zug in
Frage gestellt werden, nämlich die drei Felder, die für seine topologische Syntax grundlegend sind.

Hier ist das Problem nicht so sehr, dass sie widersprüchlich sind. Vielmehr
möchten wir behaupten, dass sie ganz zentrale Intuitionen zur bedeutungs-
mäßigen Seite der Syntax festhalten, wie noch in Kap. 3 nachgewiesen wird.
Das Problem an ihnen ist, dass sie in der jetzigen Ausformung topologische
Schnitte festlegen, die wahrscheinlich nicht relevant sind. Der Grund, warum
die berühmten Felder (die in der praktischen Analyse eine erstaunlich kleine
Rolle spielen) auf diese Weise scheitern, ist, dass Diderichsen mit ihnen topologische Gebiete festlegt, die sich in semantischer Hinsicht überschneiden. Die
wesentlichsten Schwierigkeiten zeigen sich in Bezug auf Subjekt und finites
Verb, die sowohl der "Aktualisierung" als auch dem Inhaltsbereich angehören.
Auf diese Weise kommt eine topologische Gliederung einfach ins Schleudern,
denn in topologischer Hinsicht muss beiden Begriffen ein Platz zugewiesen
werden, was aber die semantische Doppelnatur dieser Glieder verletzen
würde. Lars Heltoft hat aus diesem Anlass vorgeschlagen, dass das Inhaltsfeld
einfach um Subjekt und finites Verb erweitert wird und dann unter der Bezeichnung "Nukleusfeld" weitergeführt wird.[48] In Kap. 3 werden wir für eine
ähnliche Bildung den Begriff "Kernmorphem" vorschlagen, allerdings aus
etwas anderen Überlegungen heraus.

Diderichsens Vorstellungen von 'Feld' wären an sich ein vorzüglicher
Gegenstand einer philosophischen Untersuchung. Man ahnt, dass sich starke
Neigungen zum brøndalschen Strukturalismus und dahinter zur Gestalttheorie und Phänomenologie darin verstecken. Da aber eine solche wissenschafts-
historische oder philosophische Untersuchung jenseits unseres Themas liegt,
müssen wir in diesem Zusammenhang diese Frage unberücksichtigt lassen.

47. Vgl. oben Fußnote 37.
48. Heltoft 1992b S. 31.

1.4. Folgerungen

Man kann somit mit Recht fragen, was eigentlich von Diderichsens Feldtheorie stehen bleiben soll, wenn sowohl seine theoretische Grundlage wie auch viele der grundlegenden Annahmen zur Natur des Topischen auf diese Weise obsolet geworden sind. Ist es überhaupt noch seine Theorie?

Obwohl die Vorankündigungen in diesem Abschnitt sehr radikal sind, werden die Endergebnisse sicherlich nicht so revolutionär ausfallen. Das reorganisierte Satzschema trägt seine Vergangenheit in sich, sowohl im Aussehen als auch in der Nomenklatur. Es lässt sich natürlich darüber streiten, woran das liegt; ob nun Diderichsens Arbeit wirklich so dauerhaft ist, dass sich eine festlandskandinavische Syntax ohne weiteres darauf aufbauen lässt, auch wenn die theoretische Grundlage umgestaltet wird, oder ob einfach das topologische Gefüge des festlandskandinavischen Satzes eine solche Konstanz hat, dass jeder Versuch, ihn schematisch zu beschreiben, und sei es von ganz konträren wissenschaftstheoretischen Positionen aus, im Großen und Ganzen gleich ausfallen würde.

Die Antwort muss aber sein, dass unsere Darstellung nicht nur die äußere Form des Satzschemas von Diderichsen hat, sondern auch eine lange Reihe von syntaktischen, semantischen und diskursanalytischen Problemen mit sich bringt, die von ihm angegangen, aber eben häufig nicht gelöst wurden. Das Ziel dieser Abhandlung ist es, gerade diese weiterführenden Fragen bei Diderichsen aufzugreifen und so weit zu beantworten, wie es nach dem heutigen Stand möglich ist. In diesem Sinne bleibt diese Arbeit durch und durch der diderichsenschen Tradition verpflichtet.

KAPITEL 2

Die erkenntnistheoretischen Kontroversen in der Kopenhagener Schule der Linguistik

Dieses Kapitel bringt eine Auseinandersetzung mit einigen wichtigen erkenntnistheoretischen Problemen der Kopenhagener Schule der Linguistik.[1] Der Grund für diese Auseinandersetzung ist zunächst einmal ein historischer: Wer sich mit dem Satzschema Paul Diderichsens befassen will, muss auch den sprachtheoretischen Hintergrund berücksichtigen. Außerdem erscheint uns die sprachtheoretische Klärung hier wichtig, die darauf abzielt, den Kopenhagener Strukturalismus nach Möglichkeit in eine realistische Richtung umzuwandeln. Insofern dient der Abschnitt auch der Darstellung der eigenen Grundlage.

2.1. Das Gerüst der Sprachtheorie

Es mag vereinfachend oder überflüssig klingen, wenn man behauptet, dass Sprachwissenschaft – im Gegensatz zu einer rein philosophischen Darstellung – voraussetzen muss, dass es ein Jenseits der Theorie gibt, eine "Umwelt" (vgl. dieses Kapitel, Abschn. 2.5.3.), über die man allerdings höchstens sagen kann, dass sie von der Sprache als solcher verschieden ist. Deswegen ist es nicht sinnvoll, Aussagen über den Charakter oder die Anzahl solcher Umwelten zu machen. So einfach diese Behauptung sein mag, kann man doch daraus zwei zentrale Problemfelder ableiten, die beide für eine Sprachtheorie äußerst wichtig sind:

1° Die Sprache bezieht sich auf eine Umwelt, einerseits durch die Kommunikation, andererseits durch die Referenz. Wir können dieses Problemfeld als das **Realismus-Problem** bezeichnen.

---

1. Diese Auseinandersetzung beruht auf einer Arbeit zum gleichen Thema, die in Zusammenarbeit mit Frederik Stjernfelt, Kopenhagen, entstanden ist, einer Arbeit, die in drei größeren Aufsätzen, Jørgensen & Stjernfelt 1987, 1989 und Jørgensen 1988b, vorliegt. Die gegenwärtige Formulierung der Problematik ist neu.

2° Die Sprache selbst ist ein Stück Umwelt für die theoretische Betrachtung. Insofern muss der wissenschaftliche Diskurs Rücksicht auf diese Umwelt nehmen, d.h. ein empirisches Verfahren muss verfügbar sein. Nun steht dem aber der Skeptizismus im Wege; die Wirklichkeit lässt sich nicht durch die Sprache einfach abbilden; sie ist nicht einfach im Text vertreten, ohne dass spekulative Probleme auftauchen würden. Wir können dieses Problemfeld als das **Empirismus-Problem** bezeichnen.

In dieser Darstellung wird zunächst das Realismus-Problem in der Kopenhagener Schule behandelt; hier sollen die drei zentralen Namen – Brøndal, Hjelmslev und Uldall – behandelt werden. Anschließend wenden wir uns dann dem Empirismus-Problem zu, indem die verschiedenen Positionen bei Hjelmslev und Brøndal zur Sprache kommen.

2.2. Über die realistischen Aspekte der Theorien der Kopenhagener Schule

In diesem Abschnitt soll gezeigt werden, dass alle Theoretiker dieser Schule – so sehr sie auch vom Skeptizismus beeinflusst sind – Realismus in irgendeiner Form nicht vermeiden können. Die nächste Frage wird dann sein, ob der Realismus in dieser Version der Sprachtheorie sinnvoll angebracht ist.

2.2.1. Kommunikation und Realismus bei Brøndal

Bei *Viggo Brøndal* liegt der Realismus in der Kommunikation; Brøndal selbst fasst den Bezug auf eine Realität in dem von Duns Scotus entlehnten Begriff "intentum" zusammen,[2] indem seine Theorie zwei große Hauptgebiete der Sprachtheorie umfasst: einerseits die kategorialen Begriffe, andererseits die Relationsarten.[3] Mit denselben kategorialen Begriffen, die auf die philosophischen Kategorien bei Aristoteles und Kant zurückgreifen,[4] teilt Brøndal sowohl die Morphologie als auch die Syntax ein. Die Relationsarten beschreiben innerhalb der einzelnen morphologischen Klassen die Semantik.[5] In diesem Zusammenhang beschränken wir uns auf die kategorialen Begriffe.

Es sind deren vier, **D**escriptum, **r**elator, **d**escriptor und **R**elatum, die Brøndal in Anlehnung an die Philosophie auch mit Quantität, Relation, Qualität

---

2. Vgl. Jørgensen & Stjernfelt 1989 S. 121.
3. Brøndal 1940 S. 121-124; Vgl. auch Jørgensen & Stjernfelt 1989.
4. Brøndal 1928 S. 64ff.
5. Brøndal 1940 S. 116ff.

und Substanz bezeichnet.[6] Er benutzt aber durchgehend ein Formelsystem, wonach die vier genannten Begriffe durch die Buchstaben **D**, **r**, **d** und **R** vertreten werden.[7] Diese Begriffe werden direkt auf den Verlauf des Diskurses bezogen.

Die **Quantität** (**D**) ist laut Brøndal ein "Rahmen",[8] das mögliche Feld einer Aussage.[9] Die Quantität ist unbestimmt oder offen für Bestimmung,[10] was nicht morphologisch, sondern diskursiv zu verstehen ist: Die Quantität als Rahmen oder Ausgangspunkt des Satzes wird laut Brøndal durch den diskursiven Zusammenhang durch das Prädikat bestimmt; dass die Quantität wegen der engen Verwandtschaft mit dem topologischen Begriff Topik häufig diskursiv bestimmt ist, ist in Brøndals eigenem Zusammenhang nicht wichtig, wohl aber für unsere Interpretation von Diderichsen. Mit dem Begriff der Quantität werden in der Morphologie die Zahlwörter beschrieben;[11] in der Syntax sind es vorläufige Subjekte, wie franz. *il*, dt. *es*.[12]

Die **Relation** (**r**) stellt die Verbindung der Elemente dar.[13] In der Morphologie beschreibt der Begriff die Präpositionen,[14] in der Syntax die französischen proklitischen Objekte.[15]

Die **Qualität** (**d**) beschreibt die Umstände der Prädikation und die Unterschiede der Sachverhalte überhaupt;[16] folglich steht das Symbol für echte Adverbien in der Morphologie[17] und in der Syntax für enklitische Subjekte.[18]

Die **Substanz** (**R**) ist der Gegenstand, der bei Brøndal als Doppelheit festgehalten wird: einerseits ist der Gegenstand insofern ein Produkt des Diskurses, als sein Vorhandensein in der Kommunikation nur durch die diskursive Bewegung zustandekommt; er bildet "eine noch nicht analysierte Welt".[19] Durch den Diskurs kommt eben dann diese Analyse zustande, und zwar dadurch, dass **R** aus dem einen Satz **D** im nächsten bildet; diese Denkweise

---

6. Brøndal 1928 S. 65-68.
7. Brøndal 1928 S. 72.
8. Brøndal 1932 S. 19, vgl. Jørgensen & Stjernfelt 1987 S. 86.
9. Brøndal 1928 S. 72.
10. Brøndal 1928 S. 71.
11. Brøndal 1928 S. 85.
12. Brøndal 1932 S. 71f.
13. Brøndal 1928 S. 67.
14. Brøndal 1928 S. 78ff, 1940 S. 11.
15. Brøndal 1932 S. 72.
16. Brøndal 1928 S. 67.
17. Brøndal 1928 S. 90.
18. Brøndal 1932 S. 73.
19. Brøndal 1928 S. 70 et passim.

ähnelt, wie man sieht, der einer Topik-Fokus-Theorie, wie sie z.B. von den tschechoslowakischen Funktionalisten von Mathesius bis Sgall entwickelt worden ist. Andererseits ist der Gegenstand auch transzendental: es gibt ihn, auch unabhängig vom Diskurs. Brøndal betont zwar, dass seine Ausführungen die Wissenschaft auf keine Annahmen bezüglich der Natur des Gegenstandes festlegen,[20] nur muss man vermuten, dass der Gegenstand in einem vordiskursiven Raum vorhanden sein muss, da es sonst ja keinen Sinn ergeben würde, dass der Diskurs mit ihm "operiert".[21] Gerade hier sieht man das Problem der Referenz auftauchen. In der Morphologie steht der Begriff Substanz (**R**) für die Eigennamen,[22] in der Syntax für enklitische Objekte.[23]

Mit den hier gegebenen Begriffen werden nun Formeln für alle möglichen Klassen morphologischer Typen und syntaktischer Glieder gebildet, indem z.B. ein Substantiv aus der Kombination von Qualität und Substanz (**dR**) gebildet wird.[24] Ebenso ist das Symbol für Subjekt eine Kombination aus Quantität und Qualität (**D:d**).[25] Der Doppelpunkt bezeichnet hier eine syntaktische Konstellation; Kombinationen ohne Doppelpunkt sind Kombinationen der Morphologie. Ferner können auch drei Begriffe einen Typus bilden; alle vier Begriffe auf einmal ergeben laut Brøndal eine Interjektion, sowohl morphologisch[26] als auch syntaktisch.[27] In Tabelle 2.1. ist eine Übersicht angeführt, die Brøndal 1932 S. 109 entnommen ist.

Während die Reihenfolge der Begriffe in der Morphologie willkürlich ist, besteht in der Syntax eine feste Reihenfolge, und zwar der Art, dass der Verlauf immer **Dr:dR** sein soll.[28] Das heißt, dass jeder Satz mit dem leeren Rahmen anfängt und die Funktion hat, einen Gegenstand in den Diskurs zu binden.[29] Wir interpretieren dies so, dass die Formel im Grunde genommen einen kommunikativen Akt darstellt, bei dem der leere Rahmen mit einem deiktischen, psychologischen Subjekt wie in Topik-Fokus-Theorien zu identifizieren ist,

20. Vgl. Brøndal 1928 S. 69.
21. Vgl. die häufig verwendeten Metaphern dieser Art: Brøndal 1928 S. 69f.
22. Brøndal 1928 S. 81.
23. Brøndal 1932 S. 74.
24. Brøndal 1928 S. 74 und 76.
25. Brøndal 1932 S. 58f.
26. Brøndal 1928 S. 155ff.
27. Brøndal 1932 S. 55f.
28. Brøndal 1932 S. 57.
29. Vgl. die Beschreibung der beiden Gegenstands-Begriffe in Brøndal 1928 S. 69-72; vgl. auch Jørgensen & Stjernfelt 1987 S. 86.

Tabelle 2.1.

Symbolkombination	Wortklassen	Syntaktische Glieder
D - D: r - r: d - d: D - D:	Zahlwörter Präpositionen Adverbien Eigennamen	Proklitisches Subjekt Proklitisches Objekt Enklitisches Subjekt Enklitisches Objekt
Dr - Dr: Dd - D:d rd - r:d DR - D:R rR - r:R dR - :dR	Konjunktionen Reflexiva[30] Verben Pronomina[31] Possessiva Nomina	Introduktor[32] Subjekt Prädikat Extensivum[33] Objekt Attribut[34]
Drd - Dr:d DrR - Dr:R DdR - D:dR rdR - r:dR	Konjunktion + d Pronomen + r Nomen + D Verbum + R	Subjekt + r Objekt + D Subjekt + R Objekt + d
DrdR - Dr:dR	Interjektion	Totales Glied

während der Gegenstand den Kern der Kommunikation ausmacht.[35] Insofern dreht Brøndal die aus der Antike überlieferte Auffassung der Substanz als der Grundlage der Kommunikation schlechthin um.[36] Während es bekanntlich bei

30. Damit sind die rhythmisch leichten persönlichen und reflexiven Pronomina gemeint, vgl. Brøndal 1928 S. 129-134, 1932 S. 34f.
31. Unter diesem Begriff fasst Brøndal hauptsächlich demonstrative und unbestimmte Pronomina zusammen, während eine lange Reihe von anderen Pronomina, wie schon angedeutet, anderswo untergebracht ist. Brøndals Analyse der unterschiedlichen Pronominalklassen, wo z.B. prosodische und syntaktische Merkmale vorgeschlagen werden, ist leider weitgehend unbeachtet geblieben.
32. Damit meint Brøndal mehrere syntaktische Funktionen zugleich, wie z.B. bei- und unterordnende Konjunktionen.
33. Hiermit sind (modale) Satzadverbiale gemeint, vgl. Brøndal 1932 S. 66f.
34. Gemeint sind Prädikative zum Subjekt und Objekt, vgl. Brøndal 1932 S. 69f.
35. Zilberberg 1989 meint in einer Auseinandersetzung mit Jørgensen & Stjernfelt 1987, dass es zwar berechtigt sei, die syntaktischen Figuren bei Brøndal als Aktanten darzustellen, dass aber diese Interpretation nicht die beste sei. Wir möchten dazu bemerken, dass hier nicht im strengsten Sinne des Wortes die Rede von (greimasianischen) Aktanten ist, sondern eher von einer diskursiven Interpretation. In welchem Ausmaß *énonciation* und *énoncé* aufeinander zurückgeführt werden können, z.B. durch eine lokalistische Kasustheorie, muss in einem anderen Zusammenhang geklärt werden.
36. Vgl. Larsen 1972 S. 14ff.

Aristoteles so war, dass die Substanz vorhanden sein muss, um überhaupt eine Prädikation zu ermöglichen,[37] muss bei Brøndal außer dem Diskurs nichts vorhanden sein. Einzig die Tatsache, dass der Diskurs stattfindet und sich dadurch auf eine noch nicht analysierte Umwelt bezieht, ist notwendig. In dieser Hinsicht bildet *l'énonciation* (der Äußerungsakt)[38] den Kern in Brøndals Theorie: Die Theorie setzt eine 1. Person und eine 2. Person voraus und dazwischen eine Welt, die erst durch den Äußerungsakt von diesen beiden Personen "geteilt" wird.[39] Bis dahin ergibt sich der leere Rahmen für die Aussage aus der Distinktheit der beiden Personen, und der Gegenstand steht, wie schon gesagt, in einer zwiespältigen Beziehung zum Diskurs. Hierdurch wird es Brøndal ermöglicht, die skeptizistische Tendenz der neueren Sprachphilosophie aufzunehmen, aber nicht zu übernehmen.

Brøndals Realismus ist somit kein Gegenstandsfetischismus. Das Realistische an seiner Theorie liegt darin, dass es überhaupt Kommunikation gibt; aus dieser Tatsache lassen sich dann gewisse Grundbegriffe ableiten, die sowohl der Grammatik als auch der Kommunikationstheorie zugrunde liegen können: es gibt zwei Parteien, die sprachlich miteinander verkehren; zwischen ihnen gibt es einerseits ein Spannungsfeld, durch den leeren Rahmen markiert, in welchem eine Aussage ermöglicht ist, andererseits einen Gegenstand, durch dessen Einbezogenwerden die Aussage vollzogen werden kann. Von diesen Begriffen ausgehend kann Brøndal dann seine Sprachtheorie systematisch entfalten, d.h. sie entfaltet sich rein kombinatorisch-deduktiv und ohne weitere substantielle Grundannahmen.[40]

2.2.2. Referenz und Realismus bei Hjelmslev

Während der Realismus Brøndals in der Kommunikation liegt, findet sich der Realismus in Hjelmslevs Arbeit in der Referenz-Relation untergebracht. Die Referenz-Relation tritt bei Hjelmslev hervor, einerseits in der Kommutationsprobe, andererseits in seinem Begriff "Sinn-Inhalt" (dän. *indholdsmeningen*).

Es ist häufig hervorgehoben worden, dass in Hjelmslevs Theorie die Kommutationsprobe einen Fremdkörper in der Gesamttheorie ausmache.[41] Wenn

37. Aristoteles 1963 S. 6: "So if the primary substances did not exist it would be impossible for any of the other things to exist."
38. [Korrekturnote:] Im Sinne von der französischen semiotischen Tradition von Roman Jakobson bis zur Greimas-Schule.
39. Vgl. die ausführlichere Darstellung in Jørgensen & Stjernfelt 1989 S. 121ff.
40. Vgl. Brøndals Ausführungen zum Systembegriff: Brøndal 1928 S. 74-77.
41. Eli Fischer-Jørgensen 1956, 1966a, J. Hermann 1967; vgl. Jørgensen & Stjernfelt 1987 S. 91.

nämlich die Frage auftaucht, ob der Unterschied zwischen zwei Lauten bedeutungsvoll ist oder nicht, muss man auf eine gewisse vorgegebene Bedeutung zurückgreifen. Gleichzeitig ist die Substanz hier unabhängig von der
Form, wie Hjelmslev und Uldall in ihrem ersten Entwurf für die Glossematik
(im Gegensatz zu später) festgestellt haben.[42] Es dürfte bekannt sein, wie
Hjelmslev sonst der Substanz eine totale Unterordnung in Bezug auf die Form
verordnet.[43] Sollte das stimmen, wäre es unmöglich, auch nur die Frage zu
stellen, ob ein Unterschied in einer Substanz eine Kommutation wäre oder
nicht. Der Unterschied wäre durch die Form vorgegeben und somit schon festgelegt; aber gerade die Kommutationsprobe dient ja dazu, solche Unterschiede
zu erforschen, und sie können daher nicht von vornherein festgelegt sein.

Hier irrte sich also Hjelmslev, zumindest in der bekanntesten Phase seiner
theoretischen Arbeit. Durch die weitere Arbeit mit der Theorie und durch die
Auseinandersetzungen vor allem mit Eli Fischer-Jørgensen und Hans Jørgen
Uldall hat er später[44] die Auffassung der Substanz so geändert, dass die Substanz nicht mehr als ein absoluter Begriff aufzufassen sei. Form und Substanz
werden als relative Begriffe aufgefasst, so dass dasjenige, was in einem Zusammenhang als Substanz zu begreifen wäre, im Laufe der weiteren Analyse selbst
als Form aufgefasst werden könnte.[45] Im Endeffekt bleibt das Problem aber so
heikel wie bisher; denn auch nach dieser Auffassung wäre die Substanz immer
in der Form enthalten und kann daher nirgendwo selbständig agieren. Gerade
das wäre aber notwendig, wenn die Kommutationsprobe einen Sinn haben
soll. Eli Fischer-Jørgensen hat darauf aufmerksam gemacht, dass Hjelmslev
vermutlich selbst – zumindest in den Jahren bis 1941 – ein rein mechanisches
Verfahren beabsichtigte, wo technisch bearbeitete Tonbandaufnahmen die
Grundlage der Phonemanalyse bilden sollten.[46] Aber auch hier bleibt die Ab-
hängigkeit des Vorverständnisses bestehen, denn ohne einen native speaker als

42. Hjelmslev & Uldall 1936, zit. in Hjelmslev 1974a S. 5f.
43. Hjelmslev 1943 S. 46: "... substansen afhænger i den grad af formen, at den lever
    udelukkende af dens naade og ikke i nogen mening kan siges af have selvstændig exi-
    stens." ['... dass die Substanz in dem Grad von der Form abhängt, dass sie aus-
    schließlich dank ihrer lebt, und dass man in keinem Sinne sagen kann, dass sie selb-
    ständige Existenz hat.' Hjelmslev 1974b S. 54] – Anders bei Uldall, der eher den Unter-
    schied so aufzufassen scheint, dass die Sprachform nur vom rein formellen sprachlichen
    Gesichtspunkt studiert werden kann, während die Substanz auch auf andere Weise zu
    behandeln ist (Uldall 1957 S. 26).
44. V.a. durch Hjelmslev 1954 bezeugt.
45. Hjelmslev 1974a S. 86f.
46. Fischer-Jørgensen 1966a S. 14f.

Beleg dafür, dass hier in der Tat ein Unterschied vorhanden ist, würde die Probe nicht funktionieren.[47]

In anderer Hinsicht baut Hjelmslev schon in relevanterer Form den Bezug auf das Außersprachliche ein. Wir möchten uns hier dem Sinn-Inhalt zuwenden.

Auf ein paar vielzitierten Seiten aus "Omkring sprogteoriens grundlæggelse"[48] beschreibt Hjelmslev einerseits das Verhältnis zwischen dänischen und walisischen Farbadjektiven, andererseits die Beziehungen zwischen den Wörtern für Holz und Wälder im Dänischen, Englischen und Deutschen.[49] Die Pointe ist in beiden Fällen, dass es an und für sich nichts gibt, das die Beziehung zwischen diesen Wörtern von der einen Sprache zur anderen herstellen könnte. Die Wörter – so müssen wir annehmen – machen in der jeweiligen Sprache ein System aus, und erst die Erfahrung, dass sie sich auch zwischensprachlich aufeinander beziehen können, macht ein tertium comparationis notwendig.[50] Denn irgendwo muss ja festgelegt werden, dass die dänischen Farbadjektive dasselbe Gebiet decken wie die walisischen. Hjelmslev nähert sich diesem außersprachlichen Gebiet auf zwei Wegen: einerseits erreicht man den Sinn-Inhalt dadurch, dass man aus einem Vergleich zwischen Sprachen immer das extrahiert, was das Gemeinsame ausmacht;[51] andererseits muss das Gemeinsame ja auch schon vorgegeben sein, denn sonst wäre der Vergleich ja ohne Sinn. Insofern versucht Hjelmslev durch den doppelten Weg den Einbruch des Realismus bis zum letzten Augenblick hinauszuzögern, ohne ihn auf der anderen Seite wirklich vermeiden zu können.

Hjelmslev benutzt selbst die Bezeichnung *"matière"* – also 'Materie' – für den Begriff Sinn-Inhalt.[52] Diese Materie ist nicht etwa ein Gegenstand, in welchen man problemlos Einsicht gewinnt. Sie ist semiotisch ungeformt, unanalysiert und wird häufig mit einer amorphen Masse gleichgesetzt.[53] Ihr Status ist aber in einiger Hinsicht ungeklärt. Mit Recht hat Eli Fischer-Jørgensen darauf hingewiesen, dass z.B. die Farbskala, die dem Beispiel der dänischen

---

47. Neuformulierungen der Kommutationsprobe, wie man sie z.B. bei Šaumjan findet, lassen dieses Problem ebenso unberücksichtigt. Irgendein Proband muss die Wörter verstanden haben; sonst lassen sich Laut und Phonem nicht unterscheiden.
48. [Korrekturnote:] Hjelmslev 1943, dt. Hjelmslev 1974b.
49. Hjelmslev 1943 S. 49f; dt. Hjelmslev 1974b S. 56ff.
50. Vgl. Hjelmslev 1943 S. 46ff; dt. Hjelmslev 1974b S. 54ff.
51. Hjelmslev 1943 S. 46; dt. Hjelmslev 1974b S. 54.
52. Hjelmslev 1974a S. 89.
53. So schon bei Hjelmslev selbst: 1943 S. 47, dt. Hjelmslev 1974b S. 55. Siehe auch Fischer-Jørgensen 1966a S. 7.

und walisischen Farbadjektive zugrunde liegt, *an sich* in einer Hinsicht
analysiert worden ist, nämlich insofern, als man überhaupt erkannt hat, dass
es sich hier um ein Kontinuum handelt.[54]

Es ist sicherlich so, dass der analytische Blick sich per definitionem nicht
der Materie nähern kann, ohne gleichzeitig die Unberührtheit der Materie
aufzuheben. Hjelmslevs Auffassung der Materie soll hier auch nicht ange-
prangert werden; im Gegenteil. In anderen Zusammenhängen haben wir darauf hingewiesen, dass gerade solche zweideutige oder in sich widersprüch-
liche Begriffe, die schon aus der dekonstruktionistischen Philosophie bekannt
sind (Derridas Aporien, Gianni Vattimos Oxymorone), für die Formulierung
der Grundlagen einer Pragmatik notwendig sind.[55] Hjelmslevs Begriff fügt sich
in diese Reihe gut ein. Es muss aber gleichzeitig gesagt werden, dass solche Begriffe nur in beschränktem Ausmaß eingeführt werden dürfen, wenn nicht der
ganze Aufbau der Wissenschaft chaotisch werden soll.

Obwohl Uldall sich nie stark dafür eingesetzt hat, findet man bei ihm
gewisse Andeutungen, dass die Unterscheidung Form/Substanz in der Glossematik eigentlich als überflüssig gelten könne.[56] Dieser Gedanke wird gerade
durch die Aufteilung der Substanz in Substanz und Materie gestärkt. Wenn
man Uldalls Definition der Identität als Identität der funktionalen Zusammenhänge[57] auf das Paar Form/Substanz anwenden würde, müsste man zu dem
Ergebnis kommen, dass die Substanz – weil sie eben semiotisch geformt ist –
durchgehend funktionsgleich mit der Form wäre und daher mit ihr identisch.
Durch die Relativierung des Unterschieds Form/Substanz in den späteren
Werken Hjelmslevs wird diese Möglichkeit auch nahegelegt. Es bliebe somit
nur der Unterschied Form/Materie; daraus würden jedoch zwei neue Probleme entstehen:

---

54. Fischer-Jørgensen 1966a S. 8.
55. Jørgensen 1988a.
56. Vgl. Uldall 1957 S. 26: "By analogy this view is extended to the content substance. This
    is the most mysterious of the four [strata] because the most *mal étudie*. Is it properly a
    psychological objekt? – surely no more than the other three: Sapir and Trubetzkoy as
    well as Saussure and Baudouin de Courtenay have taught us that the expression, too,
    has a psychological aspect. Well, what then? – philosophical? psychological again (struc-
    ture of the brain)? or doesn't it exist at all?"In Fischer-Jørgensen 1967 S. XI wird be-
    hauptet, dass Uldall diese Begriffe wegräumen möchte. Auch Hjelmslevs Formulierung
    1943 S. 46 (dt. Hjelmslev 1974b S. 54) ließe vermuten, dass die Substanz an und für sich
    überflüssig wäre, was nicht ganz mit der oben erwähnten Stelle bei Fischer-Jørgensen
    übereinstimmt.
57. Uldall 1957 S. 52f und 88.

1° Das schon erwähnte Problem des Vorverständnisses in der Kommutations-probe wäre nicht beseitigt, sondern eher verschärft, da jetzt der kommutierende Unterschied in die Materie verlegt würde. Denn gerade dadurch müsste man ja in der Materie ein gewisses Ausmaß an Analyse voraussetzen, was wiederum widersprüchlich wäre. Es bliebe nur die Möglichkeit, die auch in Hjelmslev & Uldall 1936 und Uldall 1957 vorgezeichnet wird, die Glossematik nicht als eine statische Theorie aufzufassen, sondern im Grunde als eine theoretische Reflexion über die linguistische Entdeckungsarbeit. Dadurch würden alle Qualen (relativierte Begriffe, der ungeklärte Status gewisser Begriffe) auf die zeitliche Folge in der Untersuchung zurückgeführt werden können, und die Theorie würde daher keine Probleme mehr bereiten, die dadurch entstehen, dass sie sich selbst als eine statische Theorie begreift.

2° Gleichzeitig wäre die glossematische Theorie aber auch grundlegend verändert; sie wäre keine statische Theorie mehr und würde somit auch keinen ontologischen Anspruch erheben. Es wäre somit grundlegend unklar, ob man überhaupt weitergehende Schlussfolgerungen aus der Theorie ziehen könnte, z.B. mit Hinblick auf die semiotische Theorie im allgemeinen, denn eine solche allgemeine semiotische Theorie müsste sich mit den ontologischen Problemen auseinandersetzen.

Während also Hjelmslev einen Realismus im Bereich der Relationen signifié – Referent unterbringt (und nach Möglichkeit verdrängt), gibt es bei Brøndal offensichtlich einen Realismus in der Diskursivität, und zwar so, dass die Grundlagen der Kommunikation realistisch aufgefasst werden. Dass die Theorien hier nicht völlig getrennte Wege gehen müssen, geht aus Uldalls Beschreibung der Inhalt-Substanz hervor:

My own feeling, on this level, is that a strong case can be made out for describing the content substance as a sort of ethnic philosophy, a *Weltanschauung*, a 'climate of opinion', a set of hypotheses or attitudes or beliefs about epistemology, ethics, economics, religion, manners, politics, geography, history, mathematics, the sciences, music, art – the whole of the area which used to be the preserve of philosophy.[58]

Was Uldall hier zum Ausdruck bringt, ähnelt dem Diskurs-Begriff, wie wir ihm später bei Michel Foucault begegnen, so sehr, dass man berechtigt wäre, die Diskurstheorie dieses Philosophen schon hier vorgezeichnet zu sehen; Uldall greift hier nicht auf die Substanz selbst zurück, sondern befasst sich damit, was

---

58. Uldall 1957 S. 26f.

über die Substanz gesagt wird, was mit der Substanz getan wird etc.[59] Gleichzeitig ist eine Annäherung an Brøndals Auffassung deutlich, insofern, als auch
hier dem kommunikativen Handeln eine große Bedeutung beigemessen wird.
Endlich muss noch beachtet werden, dass die Substanz hierdurch eine weit
größere Rolle spielen würde als in so manchen anderen glossematischen Formulierungen.

2.3. Das Empirismus-Problem in der Kopenhagener Schule

Wie schon vorher erwähnt, sind die Auffassungen in diesem Punkt sehr unterschiedlich. Wir werden kurz die Positionen darstellen.

2.3.1. Brøndals Empirismus

Brøndals Arbeitsweise lässt sich kurz als eine Bewegung von der Empirie zur
Struktur und zurück zusammenfassen.[60] Diese Arbeitsweise liegt allen Bü-
chern von Brøndal zugrunde, von "Ordklasserne" bis "Præpositionernes Theori". Die Empirie ist aber nichts Einheitliches in der theoretischen Arbeit. Den
Ausgangspunkt nimmt Brøndal in der Behandlung des Stoffes in der bisherigen Wissenschaft. Die ersten rund 70 Seiten von "Ordklasserne" sind einer
genauen Analyse der schon in der grammatischen Literatur benutzten Krite-

---

59. Vgl. Foucault 1966 S. 62f: "Les relations discursives, on le voit, ne sont pas internes au
    discours: elles ne relient pas entre eux les concepts ou les mots; elles n'établissent pas
    entre les phrases ou les propositions une architecture déductive ou rhétorique. Mais ce
    ne sont pas pourtant des rélations extérieures au discours qui le limiteraient, ou lui
    imposeraient certaines formes, ou le contraindraient, dans certaines circonstances, à
    énoncer certaines choses. Elles sont en quelque sorte à la limite du discours: elles lui
    offrent les objets dont il peut parler, ou plutôt (car cette image de l'offre suppose que les
    objets sont formés d'un coté et le discours de l'autre), elles déterminent le faisceau de
    rapports que le discours doit effectuer pour pouvoir parler de tels et tels objets, pour
    pouvoir les traiter, les nommer, les analyser les classer, les expliquer, etc. Ces relations
    caractérisent non pas la langue qu'utilise le discours, non pas les circonstances dans
    lesquelles il se déploie, mais le discours lui-même en tant que pratique."
    Was hier den Vergleich herausfordert, ist die Position dieser Subjektivität zwischen
    "Gegenstand" und "Text" und ihre Bezogenheit auf eine praktische Handlungsebene.
    Diese Zwischenposition ist sowohl Foucaults Diskursbegriff als auch der Inhaltsubstanz
    bei Hjelmslev und Uldall gemeinsam, auch wenn der Diskurs bei Foucault die Grund-
    lage für die aktive Sprachausübung ausmacht, im Gegensatz zum statischen Begriff der
    Inhaltsubstanz.
60. Brøndals methodische Selbstdarstellung ist im Werk verstreut; vgl. Jørgensen & Stjern-
    felt 1987 S. 90f.

rien der Wortklassen-Einteilung gewidmet; und erst am Ende dieser Analyse werden dann die analytischen Begriffe dargestellt, auf die die weitere Arbeit aufbaut. Brøndal fordert somit keine neue Grundlage für die Sprachwissenschaft, sondern eher eine Neueinrichtung.[61] Es kann in der Folge dann sehr leicht passieren, dass eine bisher stark etablierte Wortklasse unterteilt wird, wie z.B. die Pronomina (vgl. oben Fußnote 29).

Brøndals Arbeitsweise kann in gewisser Hinsicht unbekümmert erscheinen. Die entscheidenden Argumente für die Weiterverwendung eines Begriffes sind einerseits quantitativ: Ein Begriff ist gut, wenn er so-und-so häufig wiederkehrt.[62] Und sie sind andererseits qualitativ: Die Begriffe sollten nach Möglichkeit in Einklang mit der Philosophie (und Brøndals eigener Intuition!) stehen.[63] Wenn man dann nach der Deduktion wieder zu den Einzelproblemen zurückkehrt, wird die Heterogenität der Klasse der Pronomina allerdings nicht besonders sorgfältig dargestellt, und sprachinterne Kriterien (wie z.B. die Kommutationsprobe) werden nur angedeutet. Das heißt nicht, dass die Behauptungen betreffend der Pronomina meines Erachtens falsch sind; nur sind sie nicht gründlich genug dargestellt. Svend-Erik Larsen sagt mit Recht:

Sans que Brøndal le dise explicitement, il semblerait qu'une opposition nette entre vérification et invalidation ne l'interesse pas (Brøndal 1943: 8) [...] Car la réalité n'est pas, pour Brøndal, 'un monde donné une fois pour toutes' (Brøndal 1948a: 35). C'est pour cette raison qu'il doit dériver ses concepts fondementeaux de l'experience organisée de manière discursive.[64]

Insofern wird Brøndals Theorie eher einer Sprachphilosophie ähnlich, und Hjelmslev tadelt vielleicht nicht ganz zu Unrecht diese philosophierende Seite Brøndals.[65] Es darf auf der anderen Seite nicht vergessen werden, dass Brøndal für sich selbst die Forderung aufstellt, sowohl sprachwissenschaftlich als auch philosophisch adäquat zu sein.[66] Daraus müsste wohl folgen, dass ein gewisses Maß an deskriptiver Präzision zu erwarten wäre; wenn Brøndal in seiner

---

61. Die Auffassung von Brøndal als Traditionalisten scheint auf Hjelmslev zurückzugehen, vgl. unten; vgl. auch Larsen 1972 S. 1f.
62. Brøndal 1928 S. 63.
63. Ibid. Vgl. auch Brøndal 1928 S. 24, 26, 29.
64. Larsen 1987 S. 99. Larsen verweist hier auf Brøndal: *Essais de linguistique générale*, Copenhague: Munksgaard 1943 und auf die frz. Übersetzung von "Ordklasserne": *Les parties du discours*. Copenhague: Munksgaard 1948.
65. Vgl. Hjelmslev 1972b S. 49-50 (1934 geschrieben). Daneben gibt es bei Hjelmslev zahlreiche Stellen, die vermutlich als negative Anspielungen auf Brøndals Arbeit aufzufassen sind, vgl. Rasmussen 1987 S. 48-51, der wohl nur eine Auswahl erwähnt.
66. So z.B. muss die Intention im ersten Absatz in Brøndal 1928 S. 63 verstanden werden.

Analyse der deutschen Kasusrektion[67] die Rektion von *ab* falsch anführt, verfehlt die Theorie aber einfache Forderungen an Genauigkeit.[68]

Brøndals Theorie zielt eigentlich auf die Beantwortung ganz anderer Fragen als rein sprachwissenschaftlicher ab. Wie Svend-Erik Larsen schon 1972[69] nachgewiesen hat, kann seine Theorie mit Recht als ein philosophischer Vorläufer des Dekonstruktionismus bezeichnet werden. Gleichzeitig ist sie aber nicht nur das; sie baut auf einer rationalistischen Tradition weiter, wo die begriffliche Aneignung der Umwelt ein durchaus mögliches Projekt ist und wo die figurative Bedeutung schon strukturiert ist.[70] Gerade durch diese Mischung stellt Brøndal von der heutigen Situation aus betrachtet ein interessantes Novum dar.

2.3.2. Das Empirismus-Problem bei Hjelmslev

Wie schon oben mehrmals angesprochen, gibt es für Hjelmslev nur durch die Kommutationsprobe einen Zugang zur materiellen Wirklichkeit. Die Verifikation seiner Ergebnisse erfolgt daher auch nicht durch eine direkte Kontrolle an der Empirie. Vielmehr ist seine Theorie durchwegs deduktiv aufgebaut, und die empirischen Tatsachen müssen sich durch die Theorie formen lassen. Eine positive Verifikation gibt es nicht.[71]

Als deduktive Theorie setzt die Glossematik einzelne nicht-definierte Begriffe voraus, aus welchen die sonstigen, in der Sprachtheorie zu benutzenden Begriffe abzuleiten sind.[72] Welche diese Voraussetzungen sind und wieviele, ist hier weniger interessant. Es muss aber erwähnt werden, dass Hjelmslev noch zum Teil nicht-deduktive Elemente der Theorie mit einbezieht. Das gilt z.B. für seine Lehre von den sprachlichen Oppositionen,[73] die er nur als empirische

---

67. Brøndal 1940 S. 82f.
68. Wir verweisen auf die Analyse der verschiedenen Schwierigkeiten in diesem Beispiel in Jørgensen & Stjernfelt 1989 S. 130-133.
69. Larsen 1972 S. 2ff und 7.
70. Jørgensen & Stjernfelt 1989 S. 126f.
71. Vgl. Hjelmslev 1943 S. 17f: "Sprogteorien lader sig ikke verificere, bekræfte eller afkræfte ved at afbildes paa disse forelagte texter og sprog. Den lader sig kun kontrollere ved at efterprøve om kalkylen er modsigelsesfri og udtømmende." 'Die Sprachtheorie kann nicht verifiziert, bestätigt oder geschwächt werden, indem man sie auf diese vorliegenden Texte und Sprachen abbildet. Sie lässt sich nur kontrollieren, indem man überprüft, ob der Kalkül widerspruchsfrei und erschöpfend ist.' (Hjelmslev 1974b S. 23).
72. Hjelmslev 1943 S. 15 & 27.
73. Die Oppositionen wurden anhand einer kritischen Diskussion, vor allem von Karčewski und Jakobson, 1933 entworfen (s. Hjelmslev 1973); später werden sie in Hjelmslev

Hypothese aufgefasst hat.[74] Die Lösung des Empirie-Problems ist bei Hjelmslev dann das bekannte Empirie-Prinzip, dem zufolge die Sprachtheorie widerspruchsfrei, erschöpfend und so einfach wie möglich sein soll. Die Forderung auf Widerspruchsfreiheit ist der Forderung nach erschöpfender Darstellung übergeordnet, diese wiederum dem Anspruch auf Einfachheit.[75]

Beide Theorien sind deduktiv aufgebaut; der entscheidende Unterschied liegt darin, dass Brøndals Theorie immer versucht, sich mit der Vergangenheit der Sprachwissenschaft auseinanderzusetzen, während Hjelmslevs erklärtes Ziel war, eine Theorie neu aufzubauen und schon vorhandene Sprachtheorien so weit wie möglich zu umgehen. Das zeigt sich deutlich am Ausgangspunkt der Deduktionen.

2.4. Folgerungen der theoretischen Darstellung der Kopenhagener Schule

Die Kopenhagener Schule – oder eigentlich vielmehr die Kopenhagener Schu*len*, denn die Unterschiede zwischen den Hauptfiguren waren erheblich[76] – wird hier nicht nur aus rein geschichtlichen Gründen zum Gegenstand unserer Untersuchung gemacht. Aus unserer Perspektive heraus handelt es sich um Probleme, die sich noch heute in uneingeschränktem Ausmaß für eine moderne Sprachwissenschaft stellen. Zwar haben die syntaktische und die pragmatische Revolution in der Sprachwissenschaft den hauptsächlich an paradigmatischen Relationen interessierten Hjelmslev als einen höchst unmodernen Forscher erscheinen lassen und Brøndal ist – auch in Dänemark – weitgehend in Vergessenheit geraten; aber gerade die Fragen, um welche die erkenntnistheoretischen Auseinandersetzungen der Kopenhagener Schulen tobten, nämlich die Frage nach dem Verhältnis zwischen Materie und Sprachtheorie und die Frage nach Zusammenhang und Form der Sprachtheorie, werden in den Kopenhagener Schulen interessant beantwortet. Viele Linguisten sind heute angesichts solcher Probleme ziemlich gleichgültig.

1972a und 1972b erwähnt. In anderen Werken werden sie überhaupt nicht behandelt, mit Ausnahme der 1941 verfassten, aber erst 1975 erschienenen Sprachtheorie, die Hjelmslev 1943 zugrunde liegt. Uldall bemüht sich, sprachliche Oppositionen in sein Werk einzubauen, aber erreicht u. E. nicht das raffinierte Hjelmslevsche System.

74. Fischer-Jørgensen 1967 S. XXI. Siehe auch die Fußnote hierzu; warum Hjelmslev, der im Entwurf einer Sprachtheorie von 1941 (Hjelmslev 1975) versuchte, die Oppositionslehre aus der ohnehin notwendigen Relationslehre abzuleiten, später diesen sehr aufwendigen Versuch aufgab, ist nicht klar.

75. Hjelmslev 1943 S. 11f; dt. Hjelmslev 1974b S. 15.

76. Vgl. Jørgensen & Stjernfelt 1987 S. 79; auch ein eingehender Kenner der Kopenhagener Traditionen wie Frans Gregersen stimmt dem zu, vgl. Gregersen 1991 II S. 100f.

Man hat häufig die Kopenhagener Linguistik kritisiert, indem man ihr den Vorwurf machte, sie habe keinen Begriff von Syntax und Pragmatik.[77] Es ist wahr, dass diese Schule niemals eine bloß annäherungsweise brauchbare Analytik dieser Phänomene entwickelt hat; aber es ist nicht wahr, dass sie nie versucht hat, einen Platz für gerade diese Phänomene in der Metatheorie bereitzustellen. Wir hoffen, dass die kurzen Bemerkungen zu dem Thema gezeigt haben, dass solche Ansätze tatsächlich vorhanden waren.

Andererseits soll auch nicht verleugnet werden, dass diese Abhandlung keineswegs versucht, klassische Kopenhagener Linguistik zu sein. Bei allen Möglichkeiten, die durch die Kopenhagener Schulen eröffnet wurden, kommt man nicht umhin, auf die vielen extremen und wenig fruchtbaren Dogmen der beiden Schulbildungen aufmerksam zu machen. Es ist von besonderer Wichtigkeit, die semantikfeindlichen Seiten an Hjelmslev herauszustreichen, die ab und zu ins Maßlose ausufern; gleichzeitig soll aber auch gesagt werden, dass eben der junge Hjelmslev in seinen Werken aus den 30er Jahren deutliche semantische Ansätze zeigt, die auch hier benutzt werden.

Besonders schwierig im Kontext der Kopenhagener Schule ist es, Elemente und Ansätze der Sprachtypologie zu verwenden, wie wir es später machen werden. Hier kommen einerseits stark semantisch gefärbte Ideen zum Vorschein, andererseits eröffnet die comriesche Linguistik die Verwendung von Prototypen, besonders im syntaktischen und semantischen Bereich. Gerade mit den Prototypen überschreiten wir jedoch den Bannkreis der klassischen strukturellen Semantik, die in der Sprache keine Essenzen, sondern nur Unterschiede sehen will. An ehesten ist diese andere Denkweise mit Brøndals Arbeit zu verbinden; auch wenn Brøndal kaum mit Prototypen gearbeitet hat, spiegeln seine abstrakt-semantisch orientierten Begriffsbildungen wohl nicht so sehr notwendige Bedingungen wider, die bei allen Mitgliedern einer Klasse vorhanden sein müssen, als eben typische Eigenschaften, die in größerem oder geringerem Umfang vorhanden sein können. Wenn Brøndal den Unterschied zwischen Substantiv und Adjektiv in der Betonung des Gegenständlichen (**R**) bzw. des Deskriptiven (**d**) sieht, entfernt auch er sich von der klassischen strukturalistischen Grundlage.

In Verbindung mit Diderichsen soll dieser Abschnitt aufzeigen, wie es möglich ist, innerhalb der beiden sprachtheoretischen Richtungen, denen Diderichsen verpflichtet war, sowohl formal als auch pragmatisch zu denken. Dieser doppelte Zugang wird sich als notwendig erweisen, wenn wir später den Begriff der Syntax sowohl formal als auch funktional behandeln werden.

---

77. So z.B. Paul Ricœur.

2.5. Bemerkungen zum Begriff der realistischen Grammatik

In unserem Überblick über die Positionen der Kopenhagener Schule haben wir einerseits den Begriff Realismus, andererseits den Begriff Empirismus als Träger der Darstellung benutzt. Zur Ergänzung der theoretischen Darstellung ist es angebracht, diese beiden Begriffe noch etwas zu vertiefen.

Dass eine Grammatik "realistisch" sein will, darf natürlich nicht allzu konkrete Vorstellungen mit sich führen; das wäre letzten Endes eine ontologische Unmöglichkeit, von der physikalischen ganz zu schweigen (nach wie vor kann die Grammatik nicht aus neuro-physiologischen Verhältnissen abgeleitet werden). Vielmehr geht es darum, eine genau austarierte Balance zwischen den verschiedenen Forderungen an die Grammatik zu finden.

Solche Forderungen aufzustellen ist die Aufgabe dieses Kapitels. Die Überlegungen verteilen sich auf drei Themengruppen: die Rolle des Äußerungsaktes, den internen Aufbau der Grammatik und das Verhältnis zu den sogenannten Umweltwissenschaften.

2.5.1. Die Rolle des Äußerungsaktes

Was nun die Rolle des Äußerungsaktes betrifft, nehmen wir an, dass die Sprache – und ebenso die die Sprache beschreibende Grammatik – im konkreten Sprachgebrauch fundiert ist. Wir folgen insofern Brøndal, wenn er den Äußerungsakt als Kern seines strukturalen Netzes setzt.

Das heißt, dass wir ohne weiteres gewisse Begriffe voraussetzen, die dann die Grundlage für den Äußerungsakt bilden müssen: es gibt einen Sprecher und einen Empfänger, genauso einen Raum und eine Zeit, worin erstere Bezug aufeinander nehmen können. Des weiteren führen diese Grundannahmen auch andere Annahmen mit sich: z.B. die bekannte Linearität des Signifikants, die direkt aus der Grundvoraussetzung der Zeit hervorgeht.

Kontroversieller ist vielleicht die Rolle, die wir mit Brøndals indirekter Unterstützung der althergebrachten Prädikation – allerdings im neuen Gewand der Formel **DrdR** – zukommen lassen. Der Prädikation wird ansonsten in der Semiotik mit großem Verdacht begegnet. Hierzu ist allerdings zu bemerken, dass Brøndal gerade durch die Teilung der Substanz und die Umbildung dieses Begriffes in einen intern–diskursiven im Grunde genommen eine Erneuerung des Begriffes ermöglicht hat, die wir uns auch hier zunutze machen können. Einerseits ist die Umbildung des Substanzbegriffes zugleich eine Umbildung der prädikativen Grundformel, und zwar dahingehend, dass die Grundform des Satzes jetzt nicht mehr von einer Substanz ausgeht, sondern von einem Ort: vom schon erwähnten "leeren Rahmen", vom deiktischen Hinweis in den Raum des Äußerungsaktes. Es ist daher eigentlich falsch, wenn wir oben die brøndalsche syntaktische Grundformel als eine Prädikation beschrieben haben. Es handelt sich vielmehr um einen Existenzsatz mit einer lokalen Komponente, die dann die Situierung des Satzes bestimmt. Das Entscheidende ist dann eben, dass auch das herkömmliche Subjekt der Prädikation als Teil der Situierung aufzufassen ist.

Was dadurch gewonnen wird, ist einerseits die Abkoppelung des herkömmlichen Subjektsbegriffes. Diese Abkoppelung erscheint uns – was noch genauer zu besprechen ist (s. Kap. 3) – notwendig, da das Subjekt in dieser Form eine Vermischung diskursiver, relationeller und substantieller Bestimmungen mit sich führt, die nur als Prototyp oder Idealfall gelten kann. Andererseits gewinnt die Semiotik eine Grundformel des Satzes, wovon weitere Satzformen abgeleitet werden können. Andererseits hebt – wie schon angedeutet – die Umbildung sehr viele metaphysische Komplikationen der Prädikation auf. Das entscheidende Problem im herkömmlichen Subjektsbegriff war eben, dass er einen ungebührlichen Realismus voraussetzte, und zwar dahingehend, dass das Subjekt sowohl einen Verweis auf eine Substanz als auch eine intern-satzmäßige Funktion ausüben musste. Ein Subjekt, welches nicht mehr an die Substanz gebunden ist, setzt daher auch nicht mehr den von Aristoteles behaupteten Vorrang der Substanz voraus.

Dieses heißt nicht, dass das Subjekt nicht mehr über den Satz hinaus deiktisch hinweist; es heißt nur, dass dieser Hinweis sich nicht weiter als auf den Diskurs ausdehnen muss; er verweist nicht automatisch auf etwas Gegenständliches. Die Notwendigkeit, diese Gegenständlichkeit als fixe Endstation des Hinweises des Subjekts zu vermeiden, ergibt sich aus der Tatsache, dass wir keine 1:1-Beziehung zwischen diskursiver Welt und wirklicher Welt voraussetzen wollen. Vielmehr ist es wohl eben ein charakteristisches Merkmal der menschlichen Kommunikation, wie schon von Umberto Eco bemerkt, dass die Sprecher lügen können. Um der potentiellen Diskrepanz zwischen gesprochener Welt und "Wirklichkeit"[78] genügend Spielraum einzuräumen, verzichten wir auf die althergebrachte Formulierung des Subjekts. Man bemerke die vielleicht etwas überspitzte Pointe: Um eine realistische Sprachwissenschaft aufstellen zu können, muss man auf einen allzu naiven Realismus verzichten.

Endlich ist die Umbildung der Grundformel in eine lokalistische Richtung eng verwandt mit den lokalistischen Bemühungen eines Hjelmslev oder eines

---

78. Dieser heikle Begriff wird hier in einer recht naiven Bedeutung als "intersubjektiv anerkannte Tatsache" benutzt.

John Anderson, die – wie schon gesagt – auch zu unserem theoretischen Fundus gehören.

2.5.2. Der interne Aufbau der Grammatik

Realistische Sprachwissenschaft in unserem Sinne setzt auch einen systematischen Aufbau der Grammatik voraus. Gerade weil die Grammatik in der berühmten "black box" anzusiedeln ist, muss man bei der Simulation von ökonomischen und formalen Prinzipien ausgehen. Das heißt dann wiederum, dass die berühmten hjelmslevschen Formulierungen seiner strukturellen Sprachwissenschaft auch uneingeschränkt für eine realistische Sprachwissenschaft gültig sind.

Diese Tatsache mag paradox erscheinen, wird aber von einfachen epistemologischen Gründen bedingt. Denn eben aufgrund der "black box" ist die Sprachwissenschaft, sobald sie versuchen will, ihre Ergebnisse zu verifizieren, auf rein systeminterne Maßnahmen oder transzendente Argumente angewiesen. Außerdem scheint es, als ob die verschiedenen Umweltwissenschaften (vgl. unten 2.5.3.), die ja meistens mit relativ beschränkten Speicher- und Präsenzkapazitäten im menschlichen Bewußtsein arbeiten, der Sprachwissenschaft ebenfalls ähnliche Beschränkungen auferlegen würden, was die Anzahl und Heterogenität der sprachlichen Elemente betrifft.

Es wird sicher vonnöten sein, etwas genauer auf den spezifischen Aufbau der Grammatik einzugehen. Wir stellen uns eine semantisch orientierte Sprachtheorie vor, die im Kern auf einer Valenztheorie aufbaut. Auch hier nehmen wir, wie man sieht, ein Stück des theoretischen Gutes aus Diderichsens Erbe wieder auf. Kern einer solchen Beschreibung könnten beide z.B. die vom französischen Mathematiker und Philosophen René Thom aufgestellten phrastischen Archetypen sein, die den Bedeutungskern der Verben definieren und sich mittels verschiedener semantischer Vorgänge, wie z.B. der Ergänzung von Aktanten, Konversibilität, Ergativität und Aktionsart, auf die tatsächlich vorhandenen Verben projizieren lassen. Wir setzen insofern voraus, dass die tatsächliche Anzahl an Verben in den Sprachen beschränkt ist. Das trifft vielleicht auf den ersten Blick nicht zu; es muss aber noch bemerkt werden, dass sich sehr viele Verben nur durch spezifische Anwendungsbedingungen unterscheiden. Man denke an die vielen Wörter für geräuscherzeugenden Luftauslass aus den Lungen: *schnauben, husten* usw. Allen solchen Verben kann problemlos ein und derselbe semantische Archetyp zugrunde gelegt werden; nur die Art und Weise, wie nun eben geschnaubt und gehustet wird, unterscheidet im Grunde genommen alle diese Aktivitäten.

Die durch solche Abstraktionen von den konkreten Verben gebildeten syntaktischen Muster lassen sich dann auch verschiedentlich gestalten, was das syntaktische Verhalten betrifft. In diesem Bereich sind vor allem Begriffe wie Diathese, Topikalisierung und Fokussierung wichtig, weil sie entscheidend bei der pragmatischen Gestaltung des Satzes mitwirken.

Zuletzt noch eine wichtige methodische Bemerkung: Dass wir uns eine Konzeption der Semantik und deren Beziehungen zur Syntax vorstellen, die wie die thomsche Semantik eher transzendent aufgebaut ist und nicht etwa aus den Konstellationen der jeweiligen Sprachen gefolgert wird, hängt mit einer prinzipiellen Auffassung eben dieser Beziehung Semantik-Syntax zusammen, wonach semantische Tatsachen nicht aus syntaktischen Konstellationen abgeleitet werden können. Eine solche Ableitung könnte aus einer vollständigen Erfassung aller Sprachen und aller darin angelegten syntaktischen Möglichkeiten resultieren. Diese Möglichkeit halten wir aber aus zweierlei Gründen für ausgeschlossen: einerseits, weil ein nur oberflächlicher Blick auf die syntaktischen Möglichkeiten einen in der Vorstellung bestärken wird, dass die schon genutzten Möglichkeiten kaum miteinander vereinbar sind, andererseits, weil eine solche immense Zusammenfassung als Arbeitsaufgabe nicht zu bewältigen wäre. Meistens wird die Ableitung aber derart durchgeführt, dass man deutlich ahnen kann, dass eine bestimmte theoretische Absicht dahintersteckt; so z.B. bei John Anderson. Diese Lösung wäre im Prinzip nicht abzulehnen; nur wäre es dann eine natürliche Forderung an die Theorie, dass das verfolgte Ziel auch unabhängig von der syntaktischen Brauchbarkeit sinnvoll sei. Aus diesen Gründen betrachten wir die Semantik als ein transzendentales Bedeutungsgebiet, auf welchem die behaupteten Strukturen einen Sinn sui generis haben müssen.

Diese prinzipielle Einstellung führt dann z.B. auch dazu, dass wir für die zugrundeliegende Inhaltsrelation des Satzes, nämlich die zwischen Verb, Subjekt und Objekten, eine semantische Handlungssyntax behaupten wollen, die der eigentlichen Syntax als semantische Grundlage vorausgeht. Das heißt dann wiederum, dass die tatsächliche Form der Semantik vorzugsweise – zumindest im Idealfall – von Perzeptionstheorien und psychologischen Strukturen abgeleitet werden soll, im Gegensatz zur generativen Semantik, die auf einer logisch formulierten Basis aufbaute. Inwieweit eine solche transzendente Semantik wirklich möglich ist, kann hier nicht genauer untersucht werden; selbstverständlich taucht eine lange Reihe hermeneutischer Probleme auf, vor allem hervorgerufen durch skeptizistisches Denken von der Art der Dekonstruktionisten und deren Vorläufer, die die Forschung in die unangenehme Lage bringen, ständig sich selbst fragen zu müssen, inwieweit die jetzt als angeblich transzendent postulierten semantischen Strukturen doch in Wirklichkeit im Hinblick auf die zu beschreibenden syntaktischen Strukturen aufgestellt worden sind.

2.5.3. Die Sprachwissenschaft und die Umweltwissenschaften

Zuletzt wollen wir noch etwas ausführlicher auf ein schon angeschnittenes Thema eingehen. Prinzipiell muss man davon ausgehen, dass die Sprachwissenschaft einen Teil der "Umweltwissenschaften" ausmacht und dass sie sich daher in Einklang mit den Ergebnissen der anderen Wissenschaften befinden sollte.

Unter "Umweltwissenschaften" verstehen wir hier (mehr oder weniger in Anlehnung an Jacob von Uexküll) Wissenschaften, die sich mit dem Menschen und seiner Umwelt befassen. Wir reden hier von Fachbereichen wie Biologie, Psychologie und Soziologie. Dass die Sprachwissenschaft schon von Saussure als Teil der Semiotik und der allgemeinen Psychologie aufgefasst wurde, ist bekannt. Dass diese Integration kaum Folgen hatte, dürfte ebenso bekannt sein. Schließlich galt es ja, die Linguistik als Fach zu etablieren, indem sie eine eigene Methodik und eigene Wege entwickelte. Es dürfte schwierig sein, quasi aus dem Nichts heraus ein Fach zu etablieren und es gleichzeitig anderen Fächern gegenüber zu öffnen.

Einen Einklang anstreben heißt nicht, um jeden Preis die Ergebnisse an die anderen Wissenschaften anpassen; das wäre kein Einklang. Wer so verfahren würde, würde ja gleichzeitig die Eigenständigkeit der Linguistik zunichte machen. Wichtig ist, dass die Eigenständigkeit der Linguistik heutzutage so gut etabliert ist, dass interdisziplinäres Denken möglich wird, ohne gleichzeitig den eigenen Denkrahmen zu gefährden.

In dieser Arbeit, die sich einerseits mit der systematischen Interpretation der Syntax der festlandsskandinavischen Sprachen befasst, andererseits mit der konfrontativen Beschreibung der sprachlichen Variation innerhalb eines Sprachgebietes, sieht man, dass eine Untersuchung kaum Erfolg haben kann, wenn nicht Ergebnisse der Nachbarwissenschaften in die Untersuchung mit einbezogen werden. Hier müssen kulturgeographische, geschichtliche und soziologische Verhältnisse berücksichtigt werden.

Man sieht also, dass wir geradezu zu Ketzereien auffordern. Einerseits setzen wir direkt voraus, dass der systematische hjelmslevische Aufbau der Sprachwissenschaft mit Brøndals Fundierung der Sprache in der (abstrakten) Sprachgebrauchssituation vereinbar ist. Dieses Vorhaben ist natürlich auch nicht ohne Abstriche auf beiden Seiten machbar. Andererseits treten wir nicht für die sonst übliche Trennung der Sprachwissenschaft von den Nachbarwissenschaften ein und sind daher höchst direkt dem hjelmslevischen Vorwurf aus dem Jenseits ausgesetzt, dass wir uns mit Psychologismus und anderen Widerwärtigkeiten einlassen.

Eine solche Ketzerei muss aber nicht direkt auf den Scheiterhaufen führen. Die Erfahrungen, die die Sprachwissenschaft mit ihrem Gegenstand gewonnen hat, sind von einer solchen Natur, dass die rigidesten Formulierungen des klassischen Strukturalismus erwiesenermaßen am Gegenstand Sprache vorbeigehen, indem sie versuchen, den Kern selber im systemischen Aufbau zu finden. Der klassische Strukturalismus erkennt sicherlich eine Seite der Sprache, nämlich die Systematik, richtig, verliert hingegen die Beziehung der Sprache auf die Umwelt vollständig aus den Augen. Wenn man diese Beziehung Sprache-Umwelt betrachten will, muss man sagen, dass die Sprache sich zweifelsohne sowohl systematisch-klassifizierend als auch mimetisch zur Umwelt verhält. Von der systematisch-klassifizierenden Seite könnte man als einfaches Beispiel den Begriff der Handlung erwähnen. Wenn die meisten Sprachen Handlungen als Ereignisse darstellen, die von einem Agens ausgehen und einen Gegenstand mit einbeziehen, beruht das wohl nicht so sehr auf metaphysischen Eigenschaften der Handlung. Vielmehr dürfte es sich um eine klassifikatorische Maßnahme handeln, die die Sprachwissenschaft allen Sprachen "unterschiebt", und die wahrscheinlich auch einer psychologischen Realität entspricht, die wir aber kaum jemals werden erkennen können. Eine Vorstellung von dem Wesen der Handlung, das einfach durch die Sprache nachgeahmt werden würde, wäre aber ziemlich unvorsichtig und kaum zu begründen. Aus der Sicht der Sprachwissenschaft liegt eine systematische Erkenntnis näher als eine materielle. Auf der anderen Seite bezeichnet die Sprache die vielen Gegenstände und tatsächlichen materiellen Phänomene der Welt mit Einzelbezeichnungen. Wer z.B. hinter unseren Haustierbezeichnungen ein strukturelles System erkennen wollte, würde vielleicht auf den ersten Blick als nicht bei Troste erscheinen, und dennoch kommt man kaum umhin, in der üblichen Gegenüberstellung von *Hund* und *Katze* ein semiotisches System mit starken Implikationen für die Auffassung der Umwelt in unserer Kultur zu sehen. Freilich wäre es schwieriger, ein semiotisches System hinter den Bezeichnungen für die vielen, auf Anhieb kaum unterscheidbaren Kleinnagetiere zu finden, die in diesen Jahren auf den Markt gebracht werden.

In diesem Sinne halten wir einerseits an vielen strukturalistischen Dogmen fest, ohne uns auf der anderen Seite auf sämtliche Lehrsätze dieser linguistischen Richtungen verpflichten zu wollen – oder zu können.

KAPITEL 3

Kasus in den festlandskandinavischen Sprachen

3.1. Vorbemerkungen

Es gehört zu den Axiomen des jungen Hjelmslev, dass keine Sprache den Kasus entbehren kann.[1] Dieser Satz mag widersprüchlich klingen, wenn man die tatsächliche Lage in den festlandskandinavischen Sprachen (d.h. Norwegisch,[2] Schwedisch und Dänisch) betrachtet, wo – abgesehen von der noch zu besprechenden Pronominalflexion – keinerlei morphologische Verhältnisse auf ein Vorhandensein dieser Kategorie hindeuten.[3] Hjelmslev war jedoch der Meinung, dass die Reihenfolgephänomene durchaus die morphologischen Kasus ersetzen können.[4] Auch dieses Axiom ist neuerdings durch die Untersuchungen der südostasiatischen Sprache Mlabri von Jørgen Rischel angefochten worden. In dieser Sprache sind – so die Ergebnisse Rischels – weder Reihenfolgesyntax noch Flexion deutlich vorhanden, obwohl eine vage SVO-Syntax nachgewiesen werden konnte.

Allerdings scheint es kaum möglich, dass eine Sprache keine Mittel besitzen sollte, um Transitivität – und damit auch Kasus – auszudrücken. Insofern

---

1. Hjelmslev 1972b S. 107 (geschrieben 1934): "I intet sprog mangler der dærfor kasus." 'In keiner Sprache fehlt deshalb Kasus.'
2. Unter "Norwegisch" wird – wenn nichts anderes bemerkt wird – ein gemeinsamer (wenn auch etwas fiktiver) Nenner des Norwegischen verstanden. Bei den komplizierten Normierungsverhältnissen in Norwegen ist es aber schwierig, immer genau das Richtige zu treffen; hoffentlich haben wir dennoch den Balanceakt geschafft.
3. Ein mögliches Beispiel wären jedoch die statischen und dynamischen Formen gewisser Richtungsadverbien (e.g. *op/oppe* <hinauf/oben>; *ned/nede* <hinunter/unten>; *hjem/ hjemme* <nach Hause/zu Hause>, die durch Hjelmslev – vermutlich in Analogie zum Deutschen – als Kasus interpretiert wurden. Da wir uns hier hauptsächlich mit den Beziehungen zwischen Kasus und Transitivität befassen werden, werden wir nicht näher auf diese Formen und ihre Interpretation eingehen.
4. Hjelmslev 1972a S. 68, wo Wundt als Urheber der Observation genannt wird. Wie schon angedeutet, kann L. L. Hammerichs Begriff "Reihenfolgemorphem" (Hammerich 1935; vgl. Kap. 1) auch eine Rolle gespielt haben.

erscheint es berechtigt, weiterhin von der Annahme auszugehen, dass Reihenfolgephänomene und morphologische Kasus funktional äquivalent sind. Um
den Fall Mlabri und ähnliche Fälle zu berücksichtigen, muss man anerkennen,
dass das Phänomen Kasus sich noch auf andere Weisen ausdrücken kann.[5] In
Kap. 5 werden wir genauer auf verschiedene alternative Ausdrucksweisen
eingehen, die bei semiotisch unklaren Verhältnissen Kasus ausdrücken können.

Bevor wir mit der Untersuchung weiterschreiten, ist es notwendig, sich mit
der Terminologie im Bereich des Kasus auseinanderzusetzen. Es ist nämlich so,
dass dieser Begriff seit Mitte der 60er Jahre ziemlich mehrdeutig geworden ist;
ein Beispiel für diese Mehrdeutigkeit bietet ein sonst sehr empfehlenswerter
Aufsatz von Werner Welte.[6] Es soll hier versucht werden, die Terminologie
einigermaßen zu klären; dabei liegen in den meisten Fällen die Bestimmungen
in Hjelmslev 1972a zugrunde.

Es muss in den skandinavischen Sprachen zwischen semantisch bestimmten Kasus und syntaktisch bestimmten Kasus unterschieden werden.[7] Zur ersten Gruppe rechnen wir vor allem den skandinavischen Genitiv, dessen
Grundbedeutung – reines Besitzverhältnis – eher der einer Präposition entspricht, obwohl er der Form nach als Morphem kein gewöhnliches semanti-

5. Denkbar wären hier verschiedene Möglichkeiten, wie z.B. dass die Bedeutung der
    Äußerung in den meisten Fällen ohnehin eindeutig wäre. Z.B. könnten differenzierte
    Genussysteme zu einer Vereindeutigung beitragen, so wie es auch aus den indogerma-
    nischen Sprachen bekannt ist, wo deutliche Spuren zeigen, dass in der indogermani-
    schen Grundsprache etwa die Funktionen Subjekt und Objekt bei maskulinen und fe-
    mininen Wörtern formal unterschieden wurden, wogegen Neutra keinen formalen Un-
    terschied aufgewiesen haben. Sonstige Systeme, die gewisse Wörter oder Wortklassen
    als inhärent aktiv und andere als inhärent passiv markieren, wären auch denkbar; wir
    werden in Kap. 5, Abschn. 5.3., etwas derartiges sehen. In den modernen Sprachen sind
    Sätze häufig intransparent, weil die Syntax nicht immer den Unterschied Subjekt/Ob-
    jekt verdeutlicht. Im Dänischen kommen Sätze wie *Osten åd rotten i går* (<Den Käse hat
    die Ratte gestern gefressen>; aufgrund der nichtvorhandenen Kasusmarkierung zwei-
    deutig) vor. Die syntaktischen Relationen, die hier zum Tragen kommen, sind in den an-
    deren festlandskandinavischen Sprachen ebensowohl vorhanden, vgl. Knudsen 1967a
    Bd. I S. 25. Auch in der sonst durch die Kasus so stark differenzierten deutschen Spra-
    che findet man ähnliche Beispiele: "12 Schafe hatten zwei streunende Schäferhunde bei
    verschiedenen Bauernhöfen gerissen. Jetzt wurden sie von ihrem Besitzer erschossen"
    (Zitat aus den "Niederösterreichischen Nachrichten", hier zitiert nach *profil* 46/1992 S.
    98).
6. Welte 1987; in Dirven & Radden 1987.
7. Diese Unterscheidung ist, wiewohl auch mit größter Vorsicht, Hjelmslevs Auseinander-
    setzung mit Wundt (Hjelmslev 1972a S. 66-70) entnommen und mit dem Hinweis auf die
    Valenztheorie ergänzt.

sches Morphem sein kann.[8] Zu dieser Gruppe würde man auch die vielen Lokalkasus des Finnischen hinzuzählen müssen.

Zur zweiten Gruppe rechnen wir die Verwendungen von Kasus, die in direktem Zusammenhang mit der Verbalbedeutung stehen und in diesem Sinne zur verbalen Handlungsdarstellung beitragen. Solche Verwendungen entsprechen den obligatorischen[9] Funktionen der Valenzgrammatik, während die semantisch bestimmten Kasus nur bei bestimmten Verben (etwa *wohnen* mit Lokalkomplement) obligatorisch sein können.

Diese beide Arten von Kasus haben nun verschiedene formale Ausdrucksformen, denen wir uns hier kurz widmen möchten. Zum Begriff 'morphologischer Kasus' rechnen wir zwei Klassen von Ausdruckselementen: einerseits gebundene Morpheme, die durch Flexion oder Agglutination direkt an die Nominalstämme angefügt werden, andererseits kasusmarkierende Artikelformen. In den skandinavischen Sprachen kommt diese Art von Kasus nur mehr im Isländischen und Färöischen (den sogenannten inselskandinavischen Sprachen) vor; der Genitiv hat in allen skandinavischen Sprachen, außer im Dänischen, eine schwindende Stellung und ist überhaupt – wie schon bemerkt – rein semantisch, da er weder als Objekt eines Verbs noch in Verbindung mit einer Präposition verwendet wird. Der Ersatz des Genitivs durch eine Präpositionalverbindung oder andere Arten der syntaktischen Verknüpfung (wie z.B. mit reflexiv-possessiven Pronomina) ist schon – außer bei Personennamen – in den meisten norwegischen Mundarten die Regel.[10] Die festlandskandinavischen Sprachen hatten früher vier morphologische Kasus, nämlich Nominativ, Genitiv, Dativ und Akkusativ, so wie auch noch heute das Deutsche oder die inselskandinavischen Sprachen. Der morphologische Kasus war im Dänischen schon im frühen Mittelalter restlos beseitigt, während sowohl das Norwegische als auch das Schwedische bis in die jüngste Zeit noch deutliche Reste hatten; in etlichen Gebieten ist der Dativ bis heute noch lebendig geblieben.[11] –

8. Dass der Genitiv, der häufig als "Gruppengenitiv" ("Manden i huset**'s** bil" <Das Auto des Mannes im Hause>) auftritt, auch kein richtiges Flexiv sein kann, steht auf einem anderen Blatt. Siehe Jespersen 1934; tückische Ergebnisse hinsichtlich des Gruppengenitivs verzeichnet Aa. Hansen 2. Ausg. 1965 S. 82f.

9. Vgl. zur Frage obligatorisch vs. fakultativ Herslund & Sørensen 1982.

10. Außer in den Mundarten von Agder und Telemarken (vgl. Beito 2. Ausg. 1986 S. 195), samt – mutatis mutandis – bokmål. Siehe auch Sandøy 1987 S. 222f, wo das *s*-Morphem nicht mehr als Flexiv gilt.

11. Das nominale Kasussystem in solchen Mundarten besaß eine gemeinsame Form für Nominativ und Akkusativ und eine zweite Form für den Dativ, allerdings nicht selten so, dass die unbestimmte Form der Substantive keinen Kasusunterschied aufwies und der Dativ nur bei der bestimmten Form erkennbar war, vgl. Aasen 2. Ausg. 1899 S. 132, Reinhammar 1973 S. 28. Dieses auf den ersten Blick seltsame Verhältnis erklärt sich (s.u. Abschn. 3.2.2.1.) durch die semantischen Gegebenheiten des Dativs.

Dass solche Reste in dieser Untersuchung nur am Rande berücksichtigt werden, und zwar in Verbindung mit den norwegischen Mundarten, die noch drei Kasus besitzen, versteht sich von selbst. Auch möchten wir uns hier nicht dem extremen Hjelmslev anschließen, wenn er mit als isolierte Reste deklarierten Details für diese oder jene Struktur argumentiert.[12]

Daneben vermuten wir mit Hjelmslev und Wundt das Vorhandensein von syntaktisch bedingten Kasus, die sich in Reihenfolgephänomenen ausdrücken. Sie sind – allgemein betrachtet – auf einer Ebene mit den morphologischen anzusiedeln, sofern diese auch syntaktisch bedingt sind, und wir nehmen an, dass sie beide durch die Verbvalenz bestimmt werden. Diese letztere These lässt sich für die festlandskandinavischen Sprachen nur indirekt belegen; sie erscheint allerdings ziemlich plausibel, wie schon von Falster Jacobsen & Olsen 1984 nachgewiesen worden ist. In Ermangelung eines Valenzwörterbuches des Dänischen müssen wir bis auf weiteres in den Detailuntersuchungen versuchen, mit vorläufigen Sondierungen auszukommen.

Es ist ein wichtiges Merkmal der festlandskandinavischen Sprachen, dass die syntaktisch bestimmten Kasus, sofern sie mit einem substantivischen Kern besetzt werden, nicht flektiert oder auf andere Weise adpositionell[13] gekennzeichnet[14] sind, d.h. der Verbalstamm und die Reihenfolge sind an und für sich die einzige formale Kennzeichnung dieser Kasus. Daher können wir in diesem Fall eine 1:1-Korrespondenz zwischen Kasus und Funktion ansetzen, was bei flektierten Kasus aufgrund der vielen, nicht an die Verbalbedeutung gebundenen Funktionen dieser Kasus normalerweise nicht möglich ist.[15]

Es ist anzunehmen, dass wir auch vereinzelt im Dänischen (und auch sonst in den festlandskandinavischen Sprachen) mit semantisch bedingten nicht-morphologischen Kasus zu tun haben, was nach Hjelmslevs Darstellung von Wundt nicht möglich sein sollte. Allerdings beschränkt sich dies auf gewisse Arten von Grad-, Orts- und Zeitangaben, die aus semantischen Gründen leicht als solche erkennbar sind. Wir werden unten etwas näher auf dieses Problem eingehen.

Eine Zwischenstellung zwischen den morphologischen und den nicht-mor-

12. Siehe z.B. Hjelmslev 1972a S. 121, wo das Gefüge "Gut Wetter" zumindest heute isoliert steht.
13. Gemeinsame Bezeichnung für prä- und postpositionelle Positionen, vgl. Blake 1994 S. 9. Hierzu auch das Substantiv "Adposition".
14. Die einleuchtenden Ausnahmen, wie indirektes Objekt mit Präposition oder das Agens im Passiv, sind Alternativen, keine alleinstehenden Ausdrucksmöglichkeiten. In diesem Sinne müssen die klassischen drei valenzgebundenen nominalen Satzglieder als ungekennzeichnet beschrieben werden.
15. S. hierzu Comrie 2. Ausg. 1989 S. 70-74.

phologischen Kasus nehmen Kasus ein, die durch Adposition[16] zum Ausdruck kommen. Wie schon angedeutet, sind solche Fälle in den skandinavischen Sprachen mit Sicherheit als alternative Ausdrucksformen für das indirekte Objekt und für das Agens eines passiven Verbs, sowie auch in einer Antipassivkonstruktion vorhanden.[17] Ferner kann auch der *s*-Genitiv hier erwähnt werden. Außer dem Genitiv ist keiner dieser Kasus selbständiger Ausdruck eines Inhalts oder einer Relation, und eine Kategorie der Präpositionalobjekte lässt sich daher aufgrund dieser Formen nicht aufstellen. Ob anderswo im Sprachbau eigentliche Präpositionalobjekte vorhanden sind, kann in diesem Zusammenhang nicht untersucht werden.

Strikt von den morphologischen und syntaktisch bedingten Kasus zu unterscheiden sind die sog. "semantischen Kasus", die sich seit Fillmore 1966, 1968 großer Beliebtheit erfreuen. Mit den semantischen Kasus wird versucht, die Teilnehmer ("Aktanten") der in den Sätzen dargestellten Handlungen zu charakterisieren und deren Verteilung auf die manifesten syntaktischen Glieder zu bestimmen. Das größte Problem in dieser Analyse besteht darin, ein Gleichgewicht zwischen rein semantischer und rein syntaktischer Bestimmung zu finden. Die rein semantische Terminologie droht in vielen Fällen auszuufern, weil man für fast jedes Verb eine andere Abschattierung einer allgemeinen Handlungssyntax annehmen kann. Die semantische Analyse muss daher gewissermaßen "gezügelt" werden, z.B. indem sie strikt an das vorhandene Repertoire von morphologisch und/oder syntaktisch bedingten Kasus angepasst wird.[18] Die semantischen Kasus wären insofern auf eine Funktion beschränkt, wo sie ungefähr dieselbe Funktion wie die ursprünglichen Kernsätze der generativ-transformationellen Grammatik hätten. Ihre Funktion wäre, eine ordentlich eingerichtete Abbildung der Welt, eine Art "Mundus rectus",[19] zu bilden, in der die Handlungen sorgfältig von den vorgesehenen Figuren ausgeführt werden. Man könnte sie auch in einer solchen Version der Theorie als semantische Prototypen der bekannten syntaktischen Glieder auffassen. Eine derart ausgearbeitete Theorie ist uns nicht bekannt, aber ein interessanter Linguist wie Comrie kommt schon in mancher Hinsicht dem hier skizzierten Bild nahe.

16. Vgl. Fußnote 13.
17. Durst Andersen und Herslund 1993, vgl. Kap. 1, Abschn. 1.2.3.
18. In einer ähnlichen Kritik an der semantischen Kasustheorie schlägt B. Comrie vor (2. Ausg. 1989 S. 59), dass ein mögliches Kriterium für die Anerkennung eines semantischen Kasus wäre, dass er in mindestens einer natürlichen Sprache grammatikalisiert vorkommen sollte. Auch wenn dies ein sympathischer Vorschlag ist, haben wir doch starke Zweifel an seiner praktischen Durchführbarkeit.
19. Analog der Bezeichnung "casus rectus".

Einen solchen "Mundus rectus" zu behaupten, verlangt aber nach einer Rechtfertigung; denn nur aufgrund interner Zusammenhänge in den Sprachen lässt sich vermutlich nichts Stichhaltiges behaupten.[20] Eine solche Rechtfertigung liefert nur die Annahme gewisser realistischer Grundsätze, die als Grundpostulate sozusagen der Grammatik vorangestellt sind. Wir haben oben (Kap. 2) dieses Thema ausführlich behandelt.

Eine Möglichkeit, einen solchen "Mundus rectus" zu behaupten, liegt in der sogenannten lokalistischen Kasustheorie, der wir uns aus prinzipiellen Erwägungen schon oben (Kap. 2) angeschlossen haben. Allerdings muss gesagt werden, dass wichtige Vertreter dieser Schule, wie z.B. John Anderson, ihre Ergebnisse durch Methoden erreichen, die wir hier nicht gutheißen wollen. Denn auch John Anderson ist dermaßen im generativistischen Paradigma verstrickt, dass er versucht, seine Ergebnisse mit ähnlichen Methoden zu erreichen; d.h. er versucht, durch Analogien und Synkretismen tiefere Strukturen aufzustellen, die dann lokalistischer Art sein sollen. Wie Östen Dahl (1987) nachgewiesen hat, ist diese Methode prinzipiell unzulässig, weil die für die Aufstellung der Theorie ausgewählten Analogien und Synkretismen in anderen Sprachen andere sind und somit ganz andersartige Tiefenstrukturen zulassen würden. Es gibt bei der Aufstellung der Theorie immer ein lokalistisches Ziel, das die Auswahl der Argumente bestimmt. Man darf sich von der Argumentation nicht bestechen lassen, auch wenn das Ziel vernünftig erscheint.

Wir stellen uns somit stark kritisch allen semantischen Kasussystemen gegenüber, insofern sie weder realistisch noch lokalistisch sind; dennoch wollen wir nicht darauf verzichten, Begriffe aus den semantischen Kasustheorien informell und vortheoretisch zu benutzen, wenn sie zur Klärung eines Problems beitragen können. Auf die mit semantischen Kasustheorien erreichten Ergebnisse in der Textlinguistik können wir hier nicht genauer eingehen; wir nehmen an (was selbstverständlich nur als eine sehr vorläufige Bemerkung aufzufassen ist), dass sich alle diese Ergebnisse einer lokalistischen Theorie einverleiben lassen. Etwas Ähnliches gilt für die Brauchbarkeit geschlossener semantischer Systeme, wie z.B. das Aktantenmodell von A.J. Greimas; zu dieser Theorie ist noch zu bemerken, dass sie nach den katastrophentheoretischen Interpretationen durch Jean Petitot auch als lokalistisch aufgefasst werden kann. Wie dem auch sei: Für die hier durchzuführende Analyse sind diese beiden Theorienkomplexe von nur untergeordneter Bedeutung.

20. Man denke an das bekannte Gödelsche Theorem, das besagt, dass die Wahrheit gewisser Sätze nicht innerhalb desselben Formelsystems nachgewiesen werden kann. Die Wahrheit des behaupteten "Mundus rectus" aus der Sprache herzuleiten, entspricht dem, eine zentrale Wahrheit aus demselben Formelsystem abzuleiten. Diese grundlegende Verwirrung ist den neueren Schulen der Grammatik nicht unbekannt.

3.2. Diderichsens Argumentation gegen Reihenfolgemorpheme[21]

Der Terminus "Reihenfolgemorphem" wird von Diderichsen in Anlehnung an L.L. Hammerich selber vorgeschlagen, allerdings ohne dass er ihn selbst konsequent benutzt.[22] So wie das Wort "Morphem" heute benutzt wird, nämlich als Bezeichnung für die kleinste bedeutungtragende Einheit, die durch Segmentierung isoliert werden kann, muss der Terminus "Reihenfolgemorphem" fast parodistisch erscheinen; er entspricht aber einem älteren Sprachgebrauch im europäischen Strukturalismus, nach dem "Morphem" ganz spezifisch ein Ausdruck grammatischer Relationen war. So verwendete z.B. auch der junge Hjelmslev das Wort in diesem Sinne.[23] Der Übergang zur Verwendung des Wortes für alle formalen Ausdrucksweisen für grammatische Relationen, einschließlich Reihenfolgephänomenen, liegt so gesehen nahe.

Eine strikte Morphemtheorie moderner Art, die immer die Grundlage für die grammatischen Relationen in den Morphemen suchen will, muss aber in Bezug auf Sprachen wie den festlandskandinavischen ohne viel Flexion entweder auf eine Analyse verzichten oder die Grundlage für die Relationen auch in den Reihenfolgekonstellationen suchen; auf diese Weise würde auch ein solcher Strukturalismus in die Nähe des Begriffes "Reihenfolgemorphem" gebracht werden. Dass man mit unseren Bemerkungen zur Verbvalenz als Hintergrund noch fragen könnte, ob nicht der Verbalstamm an sich und die an ihn gebundene Valenz ein ähnliches "Pseudo-Morphem" ausmachen könnte, steht auf einem anderen Blatt.

Wir verwenden hier den Terminus "Reihenfolgemorphem" in der Art, indem wir das Wort als Etikett für die durch die Verbalsemantik geregelten Reihenfolgephänomene des festlandskandinavischen Satzes benutzen, quasi als Zitat von Diderichsen. In dieser Hinsicht verzichten wir also auf eine genaue Erklärung der zugrundeliegenden Ursachen für Kasus und Reihenfolgephänomene; beide Bereiche bleiben in diesem Zusammenhang intuitive Vorstellungen. Zwar haben wir auf die Katastrophensemantik als einen Bereich verwiesen, wo ein theoretisches Gerüst für Verbvalenz und Kasus gefunden werden kann, aber eine genauere Ausführung dieser Vorschläge muss in einem anderen Rahmen erfolgen.

21. Die Abschnitte 3.2. und 3.3. in diesem Kapitel sind umgearbeitete Fassungen von Jørgensen 1993.
22. Diderichsen 1941 S. 12.
23. Vgl. Hjelmslev 1972b S. 52.

3.2.1. Allgemein zur Konstruktion des Satzschemas in Bezug auf die Reihenfolgemorpheme

Kasus wurde zwar laut Hjelmslev (vgl. oben) erst durch Wundt explizit in Verbindung mit Reihenfolgephänomenen gebracht; dennoch waren solche linguistische Tatsachen schon lange bekannt. Im Lateinischen – sonst eher der Prototyp für eine Sprache, in der morphologische Kasus maßgeblich der Kennzeichnung der Transitivität dienen – gibt es etliche Konstellationen in der Syntax, die das Phänomen der Reihenfolge mit einbeziehen.

Ein Beispiel ist das Vorkommen eines subjektiven und objektiven Genitivs beim gleichen Verbalsubstantiv:

(1)   Amor domini dominae

Die wahrscheinlichste Interpretation ist hier, dass der Herr die Herrin liebt;[24] diese Interpretation ist nur der Reihenfolge abzulesen.

Eine ähnliche Situation ist das Vorkommen zweier Akkusativformen bei einem transitiven Verb in der Konstruktion "accusativus-cum-infinitivo". Diese Konstruktion ist aber nicht eindeutig, vgl. dieses Beispiel (die Antwort des Orakels von Delphi auf die Anfrage von Pyrrhus, ob er die Römer schlagen könne):[25]

(2)   Aio te romanos vincere posse

Da weder Kasus noch Verbalkongruenz (welche ja beim Infinitiv nicht vorhanden sind) zeigen, wer wen besiegen kann, die Römer den Pyrrhus oder umgekehrt, ist es dem Empfänger überlassen, eine sinnvolle Interpretation (die ja in diesem Fall militärisch und politisch nicht unwichtig ist) zu finden. Pyrrhus entschied sich dafür, dass er als Ersterwähnter sinngemäß Subjekt sein musste, daher laut Orakel die Römer schlagen konnte – und verlor. Sollte die Pythia jemals deswegen zur Rede gestellt worden sein, hätte sie sich damit verteidigen können, dass es im Lateinischen ebenso wahrscheinlich ist, dass ein Pronomen aus stilistischen und rhythmischen Gründen vor die Substantive gestellt wird, ungeachtet seiner syntaktisch-semantischen Funktion.

Eine reihenfolgebasierte Ausdrucksform der Kasus kann somit als eine universelle Möglichkeit betrachtet werden. Wir kehren nun zu den festlandskandinavischen Sprachen zurück.

24. Blake 1994 S. 113.
25. Vgl. Blake 1994 S. 115.

3.2.2. Diderichsen und die Reihenfolgephänomene der festland- skandinavischen Sprachen

Es gehört zu den Wundern bei Diderichsen 1941, dass er es ablehnt, mit "Reihenfolgemorphemen" zu arbeiten, ohne etwas anderes dafür einzubringen. Vielmehr ist seine Analyse von vornherein darauf ausgerichtet, dass die Zusammenhänge zwischen Reihenfolge, Relation und Wortklasse so locker wie möglich formuliert werden. Dieses Dogma hat nun in der späteren Theorie verschiedene Absonderlichkeiten mit sich geführt.

Ein Beispiel dafür ist die Analyse der bokmål-Syntax in Askedal 1986, wo für mehrere Plätze (in diesem Fall **n**, **a**, **V**, **N** und **A**)[26] eine prinzipiell unendliche Reihe von untergeordneten Plätzen (d.h. Positionen, in welchen ein einzelnes Glied zu stehen kommt) angeführt wird.[27] Aufgrund Diderichsens eigener Darstellung erscheint diese Idee äußerst plausibel, aber eine genauere Betrachtung müsste doch zu einer Beschränkung führen. In der Tat sind die einzigen Plätze, die wirklich ins Unendliche unterteilt werden können, **a** und **A**, wo nur die physischen Beschränkungen des Sprechenden die Grenze setzen. Die Verhältnisse bei **V** sind etwas zweideutig. Wenn man z.B. verlangen würde, dass Infinitive mit Infinitivmarker (dän. *at*) von **V** auszuschließen wären,[28] sind die Beschränkungen durch die geringe Anzahl an Verben, die überhaupt durch Infinitiv ohne Marker oder Partizip Perfekt vorausgesetzt werden

---

26. In der Feldsyntax der Diderichsen-Tradition werden die folgenden Abkürzungen benutzt:
    k: Platz der Konjunktionalen
    F: Vor- oder Fundamentfeld (offener Platz vor dem finiten Verb)
    m (oder **v**): Platz des finiten Verbs
    n: Platz des Subjekts
    a: Platz der Satzadverbiale
    V: Platz der infiniten Verben
    N: Platz der Objekte (und gewisser Prädikative)
    A: Platz der Inhaltsadverbialen
    Bei Diderichsen selbst wird für **n** und **N** auch **s** und **S** verwendet.
27. Askedal 1986 S. 24.
28. Solche Infinitive sind durchgehend mit nominalen Gliedern äquivalent, und sie sollten daher entsprechend behandelt werden. Siehe aber den sehr interessanten Aufsatz von Erik Hansen 1970, wo ausführlich für den Vorschlag argumentiert wird, dass alle verbalen Komplemente des Dänischen aus positioneller Sicht gleichzustellen sind. Sein Vorschlag hat sich – mutatis mutandis – durch die Arbeit mit der EG-Übersetzungsmaschine EUROTRA bestätigen lassen (pers. Mitt. von Erik Hansen). Wir halten trotzdem hier an der herkömmlichen Idee der Unterscheidung zwischen reinen Verbalverbindungen und Verbal-Nominal-Verbindungen fest.

können,[29] schon so stark, dass eine unendliche Unterteilung von **V** theoretisch kaum zu rechtfertigen wäre.

Ferner zu betrachten sind die beiden nominalen Felder, wo Askedal ebenfalls eine unendliche Reihe angibt. Hier erscheint seine Betrachtungsweise besonders wenig angebracht; denn auf dem Feld **N** gibt es nun einmal höchstens zwei Glieder: entweder indirektes und direktes Objekt oder auch Objekt und Prädikativ[30] dazu. Das Feld **n** kann unter Umständen bis zu drei nominale Glieder umfassen; allerdings nur unter der Voraussetzung, dass zwei davon enklitische Pronomina sind.[31] Dieser Tatsache hätte Askedals Darstellung wohl stärker Rechnung tragen müssen.

Es muss noch gesagt werden, dass Askedal zwar im Geiste Diderichsens handelt; Diderichsen selbst hat aber, soweit bekannt, nie ähnliche Vorschläge gemacht. Die Angaben in Diderichsen 1946 zur mehrfachen Ausfüllung der einzelnen Plätze entspricht insofern unserer Darstellung, als nur die Anzahl der Adverbialplätze prinzipiell unendlich ist, während **V** und **N** nur zwei "Unter-Plätze" umfassen.[32] Erst in seiner letzten Arbeit setzt er zwei – aber eben nicht drei! – Punkte an die Plätze **a**, **V**, **N** und **A** in das Schema.[33]

3.2.3. Die Argumentation Diderichsens

Diderichsen hat sich in seiner Habilitationsschrift über die Syntax des mittelalterlichen Gesetzes von Schonen mit drei sogenannten "Reihenfolgemorphemen" auseinandergesetzt, und zwar den folgenden:[34]

1° Indirektes Objekt immer vor direktem;

2° Invertiertes Subjekt immer vor direktem Objekt;[35]

---

29. Die modalen Hilfsverben und *være* 'sein' und *have* 'haben' zählen darunter; siehe auch vereinzelte Fälle wie *behøve* in der modalen Bedeutung. Diese Bemerkungen stützen sich im Wesentlichen auf Brandt 1992, bes. S. 63f.
30. Berücksichtigt man den 'dativus ethicus' ("Kald mig den slambert genial én gang til!"), hätte man anscheinend drei Glieder auf dem **N**-Feld. Da aber dieser 'dativus ethicus' nur sehr beschränkt mit anderen Wortklassen als den persönlichen Pronomina besetzt werden kann, entfällt, wie wir in Kap. 7 darstellen werden, diese Möglichkeit.
31. D.h., wie in Kap. 7 nachzuweisen ist, dass auch diese Möglichkeit entfällt.
32. Diderichsen 1946 S. 162 u. 186.
33. Diderichsen 1966 S. 369.
34. Vgl. Diderichsen 1941 §§ 7-11.
35. Aus praktischen Gründen benutzen wir im folgenden die bekannten Abkürzungen S, IO und DO für Subjekt, indirektes und direktes Objekt.

3° Erststellung des finiten Verbs in indikativischen Sätzen als Zeichen für verschiedene *modus interrogativus*; *modus affirmativus*, wenn das finite Verb auf dem zweiten Platz steht, und *modus subjunctivus*, wenn das finite Verb auf dem dritten Platz oder noch weiter hinten steht.[36]

Diderichsen will aber aus empirischen Gründen diese Reihenfolgemorpheme nicht gutheißen. Außer den evidenten (aber für diese Frage belanglosen) Fällen, wo die Ausfüllung des Vorfelds eine andere Reihenfolge zustande bringen würde, meint Diderichsen, für die beiden ersten Reihenfolgemorpheme auch Beispiele finden zu können, wo DO vor IO, bzw. DO vor S – beide außerhalb des Vorfelds – vorkommen können. Weil sich aber seine empirischen Argumente bei genauer Betrachtung widerlegen lassen, wollen wir seiner Ablehnung nicht folgen. Interessant ist, dass Diderichsens Gegenargumentation regelmäßig zwischen Syntax als systemischer Ressource in der Sprache und Syntax als stilistischem Ausdrucksmittel im Sprachgebrauch hin- und herpendelt; man kann sagen, dass seine ungeklärte Vorstellung davon, ob Syntax 'langue' oder 'parole' sein soll, der Klärung der Frage geradezu im Wege steht. Da Diderichsen auch recht verschwommene Vorstellungen von Glieddefinitionen hat,[37] entstehen dadurch weitere unklare Momente. Natürlich ist die Klärung der Frage auch heikel, weil sie als Konsequenz die Auflösung des herkömmlichen Syntaxbegriffes mit sich führt.

3.2.3.1. Indirektes Objekt vor direktem Objekt

Gegen das erste Reihenfolgemorphem hat Diderichsen verschiedene Argumente. Das erste ist, dass es kaum Sätze gibt, deren Bedeutung sich verändert, wenn IO und DO die Plätze tauschen. Das mag nun zwar nicht falsch sein, beruht aber ohne Zweifel auf der häufig zitierten semantisch/pragmatischen Tatsache, dass indirekte Objekte im Großen und Ganzen dazu neigen, Lebewesen zu denotieren, während direkte Objekte in solchen Konstellationen sich häufig auf Gegenstände beziehen.[38] Das mag auch einen Zusammenhang mit einer interessanten Beobachtung von Diderichsen haben: nämlich der, dass indirek-

---

36. Die auffällige Analogie mit den *modi* in Searle 1969 S. 22 sei hier nur am Rande vermerkt.
37. Vgl. Falster Jacobsen & Olsen 1984 S. 4-12.
38. Michael Herslund 1986 hat nachgewiesen, dass diese Generalisierung in einem theoretischen Zusammenhang nicht aufrechterhalten werden kann; nichtsdestoweniger kann man ihr wohl kaum eine gewisse statistische Relevanz absprechen, besonders nicht in Verbindung mit diesem Problem.

te Objekte häufig eine semantische Funktion ähnlich der eines Subjekts mit der semantischen Rolle eines Empfängers haben können; dies ist eine Tatsache, die sich laut Diderichsen auch darin zeigt, dass das reflexive possessive Pronomen *sin/sit/sine* im Dänischen unter Umständen auf das IO hinweisen kann.[39] Endlich sei daran erinnert, dass die meisten jener festlandskandinavischen Mundarten, die bis in die jüngste Zeit eine Dativform behalten haben, diesen Kasus bei der bestimmten, aber nicht bei der unbestimmten Form erhalten haben. Diese Asymmetrie ist aber ganz gut verständlich, wenn man sich die beiden Hauptbedeutungsbereiche des Dativs ansieht: Einerseits ist das indirekte Objekt informatorisch viel häufiger bekannt als unbekannt und die unbestimmte Dativform somit semantisch gesehen weniger einsatzfähig, andererseits kommt der Unterschied bestimmt/unbestimmt bei den Präpositionen auch weniger zum Tragen; das Deutsche verwendet die bestimmte Form ja regelmäßig in Verbindung mit Präpositionen, auch in Konstellationen, wo der abstrakte Inhalt des Nominals an und für sich keine Bestimmtheit verlangen würde.

Demzufolge wären trivalente Verben eher als Kausativa aufzufassen, die Konstellationen denotieren, bei denen Gegenstände zwischen Absender und Empfänger transportiert werden. Absender und Empfänger sind typisch die bekannten Größen in solchen Konstruktionen (aber selbstverständlich nicht immer). Auf jeden Fall wird das IO schon aus semantischen (oder möglicherweise auch pragmatischen) Gründen erkennbar sein, auch wenn es nicht auf dem "normalen" Platz steht.

Gerade weil die Begründung Diderichsens hier semantisch oder eventuell pragmatisch ist, lässt sie sich nicht in der Syntax verwenden. Man muss mit Sätzen rechnen, in denen die Differenzierung 'IO | DO' nicht aus der Semantik oder Pragmatik abgeleitet werden kann; das verweist gleichzeitig die umgestellten Sätze in den Bereich der (leichten) Störungen des Sprachgebrauchs.

Ein anderes Gegenargument beruht auf den besonderen Verhältnissen betreffend die dänischen persönlichen und reflexiven Pronomina. Wir werden in Kap. 7 genauer darauf eingehen; hier sei nur bemerkt, dass Diderichsen, wenn er Objekte bloß als Objekte sieht, ohne das ausfüllende sprachliche Material und die – zum Teil von ihm selbst beschriebenen – Beschränkungen in den Beziehungen zwischen Wortklasse, Position und Prosodie zu berücksichtigen, nur unvollständig analysiert hat.

Diderichsens letztes Gegenargument beruht auf einer Reihe dänischer Verben, die unter Umständen die umgekehrte Reihenfolge DO vor IO relativ un-

39. Diderichsen 1939 S. 21f & 1946 § 70b.

restringiert haben können bzw. sogar müssen. Diderichsen selbst erwähnt ganz wenige; mit Hilfe der großen dänischen Grammatiken (Mikkelsen 1911 und Hansen 1967) lässt sich aber eine stattliche Reihe zusammentragen, die auch einer Überprüfung im großen dänischen Wörterbuch standhält.

In Grammatiken der festlandskandinavischen Sprachen liest man oft, dass Sequenzen von NP + NP immer als IO + DO zu interpretieren sind; meistens wird dann auf die fehlende Kasusflexion verwiesen. Es gibt aber verwandte Konstruktionen, die diese absolute Behauptung etwas gewagt erscheinen lassen:

1° Bei Passivierung von solchen Sequenzen bei gewissen Verben kann das zweite Objekt – entgegen den Erwartungen – nie Passivsubjekt werden:

(3)   Nina (S) underkastede romanen (DO) en grundig analyse (IO).
       'Nina unterzog den Roman einer gründlichen Analyse.'
(4)   Romanen blev underkastet en grundig analyse.
(5)   *En grundig analyse blev underkastet romanen.
       (passive Varianten mit dem jeweiligen Aktivobjekt als Passivsubjekt)

Sollte das zweite Objekt in (3) wirklich DO sein, wäre es zumindest stark abnorm, dass das IO, aber nicht das mutmaßliche DO (vgl. 4 u. 5), zum Passivsubjekt erhoben werden kann, denn, wie seit Knud Knudsen[40] bekannt ist, können normalerweise beide Objekte, IO wie DO, in den festlandskandinavischen Sprachen Passivsubjekt werden, ungeachtet dessen, was Sprachpuristen dazu zu bemerken haben. Dass auch Präpositionalobjekte Passivsubjekte werden können, sei nur am Rande bemerkt.

2° Die aus solchen Verben gebildeten Partizipialadjektive können das zweite, aber nicht das erste Objekt als Unterglied zu sich nehmen. Ein solches Unterglied entspricht aber regelmäßig IO, nicht DO:

(6)   Politiet underkastede sagen en undersøgelse.
       'Die Polizei unterzog die Sache einer Untersuchung.'
(7)   Den undersøgelse underkastede sag …
       'Die einer Untersuchung unterzogene Sache', vgl.
(8)   * Den sagen underkastede undersøgelse …

---

40. Vgl. Knudsen 1856 S. 414-418.

(9)   Fonden tildelte Olsen prisen.
        'Der Fonds teilte Olsen den Preis zu.'
(10)   Den Olsen tildelte pris ...
        'Der Olsen zugeteilte Preis', vgl.
(11)   * Den prisen tildelte Olsen

Stilistisch gesehen ist die Konstruktion in (7) und (10) in den festlandskandinavischen Sprachen geächtet; trotzdem kann sie nicht ohne weiteres als
sprachwidrig abgetan werden.

3° Bei trivalenten Verben kann IO, aber nicht DO, durch eine Präpositionalverbindung ersetzt werden. Diese Ersetzung bei den hier aufgeführten Verben betrifft aber regelmäßig das zweite, nicht das erste Objekt.

Wie man sieht, gibt es einleuchtende syntaktische Gründe, warum wir hier
ausnahmsweise mit der Reihenfolge DO-IO rechnen müssen. Hier folgen die
einschlägigen Verben:

*A. Verben, bei welchen die Reihenfolge zwischen den Objekten anscheinend frei
    wechseln kann*

1. **underkaste sig nogen/noget** <sich jemandem/etwas unterwerfen>. Dieses
Verb hat laut Aa. Hansens Material zwei Interpretationsmöglichkeiten mit reflexivem Objekt: entweder haben die Objekte semantischen Rollen entsprechend IO-DO:

(12)   Han [Don Quixote] har lovet mig [Sancho Pansa] en Ø, naar han faar
        underkastet sig en!
        'Er hat mir eine Insel versprochen, wenn er sich eine unterworfen hat.'
        (Borberg: *Synder og Helgen* nach dem ODS 1918-1956)[41]
(13)   Han underkastede sig landet.
        'Er unterwarf sich das Land.'

– oder DO-IO:

(14)   Han underkastede sig en kur.
        'Er unterzog sich einer Kur.'

41. Das ODS 1918-1956: Das große Wörterbuch der dänischen Sprache. Im Folgenden wird
    im Text und in den Fußnoten als Hinweis auf das Wörterbuch die Abkürzung ODS an-
    gegeben.

Die Unmöglichkeit der Passivierung zeigt hier eindeutig die Verteilung von den grammatischen Funktionen:

(13') Landet underkastedes ham.
(14') * Kuren underkastedes ham
(14'') Han underkastedes en kur.

Ohne Reflexivum gibt es (anscheinend) nur die Möglichkeit DO-IO:

(15) Han underkastede bilen en grundig kontrol.
'Er unterzog das Auto einer gründlichen Kontrolle.'
(16) Privat havde han … underkastet Nanny et indgaaende Forhør.
'Privat hatte er Nanny einem eingehenden Verhör unterzogen.'
(Pontoppidan: *Lykke-Per* nach dem ODS)

Vgl. die passivierten Varianten; die einzige Möglichkeit ist diese:

(17) Bilen blev underkastet en grundig kontrol.
(18) Nanny blev underkastet et indgående forhør.

Eine etwaige Analogie mit Präpositionalverbindungen (*under bilen* <unter dem Auto> / *under en grundig kontrol* <unter gründliche Kontrolle>) dürfte kaum haltbar sein. (Das ODS bezeichnet diese Fälle als veraltet (Abschn. 2,1)).

2. **tilskrive nogen noget** <jemandem etwas zuschreiben>. Dieses Verb hat laut Mikkelsen 1911 S. 644 beide Reihenfolgen; teils IO-DO:

(19) Han tilskrev kærlighedens almagt denne forandring.
'Er schrieb diese Veränderung der Allmacht der Liebe zu.'

Hier sind zwar beide Passivmöglichkeiten vorhanden, eine Umformung in eine Präpositionalverbindung aber ist nur mit dem ersten Objekt möglich. Die Reihenfolge DO-IO ist aber auch möglich:

(20) Man tilskrev hans død en anden årsag.
'Man schrieb seinen Tod einer anderen Ursache zu.'

Hier zeigt die Passivierung eindeutig, dass das zweite Objekt kein DO sein kann:

(21)   Hans død blev tilskrevet en anden årsag.
        * En anden årsag blev tilskrevet hans død.
        (Passivierungen vom vorigen Beispiel)

Man findet mehrere Belege für beide Reihenfolgen in der Literatur des 19. Jahrhunderts. Wenn das eine Objekt ein enklitisches Pronomen ist, steht es laut Mikkelsen immer vor dem anderen Objekt.

3. **underlægge sig noget** <sich etwas unterwerfen> wird von Mikkelsen 1911 loc.cit. auf ähnliche Weise eingestuft. Dort werden aber nur Beispiele mit Pronomina zitiert; drei Beispiele im ODS (Abschn. 2,3) mit vollen Nominalphrasen haben alle die Reihenfolge DO-IO.

B. Verben, bei welchen die Reihenfolge DO-IO als fest aufzufassen ist

1. **sende nogen fanden i vold** <jemanden zum Teufel schicken>, das auch von Aa. Hansen erwähnt wird, muss als irrelevant ausgesondert werden können. Teilkonstituenten solcher Flüche kommen nämlich auch in anderen Verbindungen als eindeutige Richtungsadverbiale vor (*gå fanden i vold* <geh' zum Teufel>); mit *sende* können sie also analog analysiert werden.

2. **tilslutte sig noget** <sich etwas anschließen>. Unter allen Umständen DO-IO, vgl.:

(22)   Politikerne ville i 1972 tilslutte Danmark EF.
        'Die Politiker wollten 1972 Dänemark der EG anschließen.'

(23)   Telefonselskabet tilslutter gerne 5 abonnenter samme ledning.
        'Die Telefongesellschaft schließt gern 5 Anschlüsse an die gleiche Leitung an.'

Bei Ersetzung des einen Objektes durch eine Präpositionalverbindung bleibt immer das erste Objekt erhalten, das zweite Objekt wird zur Präpositionalverbindung. Die Passivierung zeigt eindeutig, wo das DO ist:

(24)   Danmark blev tilsluttet EF i 1972.
        * EF blev tilsluttet Danmark i 1972.[42]

---

42. Das Sternchen hier bedeutet fehlende semantische Äquivalenz; grammatisch gesehen sind die so gekennzeichneten Sätze völlig in Ordnung.

(25)   5 abonnenter kan tilsluttes samme ledning.
       * Samme ledning kan tilsluttes 5 abonnenter.

3. **underordne sig nogen/noget** <sich jemandem/etwas unterordnen>. Das
ODS gibt nur Beispiele, die als DO-IO zu interpretieren sind, und eine Erklärung, die das letzte Objekt mit der Präpositionalverbindung assoziiert, analog
zur Konstruktion *underordne noget under noget andet* <etwas unter etwas anderes unterordnen> (die auch von Aa. Hansen 1949 angeführt wird). Obwohl die
Reihenfolge IO-DO im ODS nicht belegt ist, ist sie doch denkbar:

(26)   Jeg tror ikke, man kan sige, at konjunktionen underordner hovedsæt-
       ningen bisætningen.
       'Ich glaube nicht, dass man sagen kann, dass die Konjunktion dem
       Hauptsatz den Nebensatz unterordnet.'

4. Fast als Kuriosum muss es gelten, was Høysgaard 1752 vermelden konnte:
dass das Verb **befale** in der Bedeutung "empfehlen" DO-IO hatte, vorausgesetzt, dass DO ein unbetontes Personalpronomen war.[43] Dieser Sprachgebrauch ist längst obsolet geworden.

C. Verben, bei welchen der Positionswechsel in Verbindungen mit "sig" eintritt

1. **hellige sig noget** <sich etwas widmen>. Mit einem reflexiven Objekt deutlich die umgekehrte DO-IO-Reihenfolge, vgl. die gesicherte IO-DO-Reihenfolge in

(27)   Han måtte hellige sit ringere helbred sin fulde opmærksomhed.
       'Er musste seiner schwächlichen Gesundheit seine volle Aufmerksam-
       keit widmen.'

Zwei Zitate aus dem ODS lassen es dennoch als denkbar erscheinen, dass die
DO-IO-Reihenfolge auch bei nichtreflexiven Objekten vorkommen kann; ver-
mutlich gibt es sowohl *hellige sin Gud dagen* <seinem Gott den Tag widmen>
mit IO-DO und mit DO-IO *hellige dagen sin Gud*. Vgl. auch mit deutlicher DO-
IO-Reihenfolge (man beachte doch, dass das Wort "(*bogen*)" im ursprünglichen
Zitat ein Pronomen gewesen sein muss):

---

43. Bertelsen (Hrsg.) 1915-1929 V S. 402 (§ 1759).

(28)   ... jeg vilde hellige (bogen) den første af mine Velgiørere.
       'Ich wollte das Buch meinem ersten Wohltäter widmen.'

2. **unddrage sig noget** <sich etwas entziehen>. Dieses Verb hat normale IO-
DO-Reihenfolge mit Passivierungsmöglichkeit für beide Objekte, vgl.:

(29)   Olsen prøvede at unddrage skattekontoret sine indbetalinger.
       'Olsen versuchte dem Finanzamt die Zahlungen zu verweigern.'
(30)   Skattekontoret blev unddraget Olsens indbetalinger.
       Olsens indbetalinger blev unddraget skattekontoret.
       (Passivierungen von (29))

Außerdem sehen wir hier Reflexivierung zwischen *sine* im DO und dem IO
skattekontoret. Die Beispiele im ODS haben in den meisten Fällen eine deutliche
IO-DO-Reihenfolge, wenn beide Objekte "ordentliche" Nominalphrasen sind;
aber ein DO mit reflexivem oder persönlichem Pronomen wird offensichtlich
vorangestellt:

(31)   Ebbe unddrog sig politiets opmærksomhed.
       'Ebbe entzog sich der Aufmerksamkeit der Polizei.'

D. Verben, bei welchen sig das einzige mögliche 2. Objekt ist

1. **modsætte sig noget** <sich etwas widersetzen>. Dieses Verb wird im ODS als
"fast nur reflexiv" beschrieben. Es werden auch keine Beispiele für nicht-re-
flexiven Gebrauch gegeben. Das Verb kann auf mehrere Weisen konstruiert
werden: Wenn es statt mit zwei Objekten mit nur einem Objekt und Präpositionalverbindung auftritt, ist das durch das reflexive Pronomen vertretene Objekt eine Nominalphrase, das nicht-reflexive Objekt dagegen eine Präpositionalverbindung. Aufgrund dessen lässt sich die Reihenfolge – zumindest in
Verbindung mit Reflexiva – als DO-IO interpretieren. Folgendes Beispiel ist
konstruiert, Akzeptabilität nicht voll gegeben, und die Interpretation bezüglich
DO-IO- oder IO-DO-Reihenfolge nicht klar:

(32)   Han modsætter Winthers forsigtighed Aarestrups ild- og sjælfulde ero-
       tik.
       'Er stellt die Vorsicht von Chr. Winther der feuer- und seelenvollen Ero-
       tik von Aarestrup gegenüber.'

2. **nærme sig noget** <sich etwas nähern>. Hat nur doppeltes Objekt, wenn DO

(bezeichnet das, was einem Gegenstand angenähert wird) reflexiv ist. Durch Analogie mit der Konstruktion mit einem einzigen Objekt kann man sehen, dass *sig* notwendigerweise als ein DO aufzufassen ist:

(33) Han nærmede sig afgrunden.
       'Er näherte sich dem Abgrund.'
(34) Han nærmede flasken til munden.
       'Er näherte die Flasche dem Mund.'

Auffallend bei diesen Verben ist, dass die meisten mit einer Präposition[44] zusammengesetzt sind, wie z.B. *underkaste sig*, *tilskrive* und *tilslutte sig*; für solche Verben gäbe es die Möglichkeit, die Reihenfolge Präp-V-O_1-O_2 als eine einfache Umstellung der Reihenfolge V-O_1-Präp-O_2 zu betrachten.[45] Da etliche Verben, wie z.B. *hellige sig*, *unddrage sig* und *nærme sig*, aber eben nicht mit einer Präposition zusammengesetzt sind, kann das Phänomen als Ganzes nicht auf diese Weise geklärt werden.

Es muss noch gesagt werden, dass Diderichsen in seiner großen Universitätsgrammatik ohne jedwede Beschränkungen schreibt:

Det indirekte Objekt staar altid foran det direkte Objekt.
<Das indirekte Objekt steht immer vor dem direkten Objekt.>[46]

In bestem Einklang hiermit ist die Analyse ebd. S. 168, nach welcher *sig* in *Han nærmede sig byen* ein indirektes Objekt sein soll. Diese Analyse wurde spätestens in der dritten Ausgabe wieder entfernt; die Bemerkung zur Reihenfolge der Objekte blieb aber.

Wenn dem wirklich so wäre, wäre die ganze Mühe mit dieser Untersuchung vergeblich; dann hätte man einfach das Reihenfolgemorphem IO > DO ansetzen können. Aber Diderichsen kehrte 1964 auf inkonsequente Weise zu dem Problem zurück; noch einmal muss *nærme sig* als Beispiel für ein Verb dienen, bei welchem die Reihenfolge IO-DO umgekehrt ist.[47] Dieser "Unfall" in der Reihenfolgekodierung wird dieses Mal dem reflexiven Pronomen zugeschoben. Dass auch dies nicht die volle Wahrheit sein kann, sollte aus der obenste-

---

44. Wegen der nicht-vorhandenen Kasusmorphologie unterscheidet sich der Präpositionsbegriff in der dänischen Grammatik von dem, was für flektierten Sprachen entwickelt wird. Zum Dänischen s. Jørgensen 1990.
45. Wir verdanken diese Beobachtung Prof. Erik Hansen, Kopenhagen.
46. Diderichsen 1946 §67d S.171.
47. Diderichsen 1966 S. 373.

henden Übersicht deutlich hervorgehen. Wir haben in der Tat mehrere verschiedene Abweichungen von der Normalreihenfolge IO-DO, den vier Klassen
(A-D) gemäß. Gleichzeitig muss aber auch gesagt werden, dass die Probleme
wahrscheinlich idiosynkratischer Natur sind. Es geht um eine doch relativ be-
schränkte Reihe von Verben, und es ist durchaus plausibel, dass sie durch die
oben angedeuteten Erklärungen genügend behandelt sind. Da der Verbalstamm im Prinzip als gemeinsamer Kasusmarker für alle angeschlossenen
Komplemente aufgefasst werden kann, ist die Möglichkeit, dass die Reihenfolge der Komplemente idiosynkratisch von einer gegebenen Normalreihenfolge
abweicht, sehr wohl gegeben, obwohl ein allzu reichliches Abweichen von der
Normalreihenfolge sicherlich die Perzeption der Sprache stark erschweren
würde. Wie unsere syntaktischen Kriterien 1° und 2° (S. 65f) zeigen, besteht die
Möglichkeit, dass die Zweitobjekte in diesen Fällen, eben weil sie keine Passivsubjekte werden können, eine ganz besondere Gruppe ausmachen, die mit
der Frage "IO oder DO?"wenig zu schaffen hat.

Zuletzt soll man auch nicht vergessen, dass Gelegenheitsbildungen von trivalenten Verben automatisch als IO-DO aufgefasst werden; die fixe Reihenfolge IO-DO dürfte insofern eine systematische Tatsache im Dänischen sein, wenn
auch dies eine Wahrheit mit Modifikationen ist.

3.2.3.2. Invertiertes Subjekt vor einem Objekt

Diderichsen hat in seiner Habilitationsschrift tatsächlich selbst dieses "Reihenfolgemorphem" benutzt, um Subjekte und Objekte in Nebensätzen auseinanderzuhalten.[48] Wir müssen aber widerlegen, dass diese Verwechslungsmög-
lichkeit in Hauptsätzen vorliegen kann, um das Reihenfolgemorphem behaupten zu können.

Beispiele für die Konstruktion DO vor S gibt es bei Diderichsen nicht. Man
kann in der Tat bei Mikkelsen 1911 §222 I einige solche Beispiele finden, die
aber im allgemeinen auf Extraposition beruhen. Es sei dazu noch bemerkt, dass
dieser relativ betagte Verfasser solche Sätze als "etwas rhetorisch und steif"
auffasst. Einige genuine Beispiele, die noch heute geläufig sind, findet man in
solchen Sätzen, in welchen ein Infinitiv als Subjekt in Extraposition steht. Gerade mit extraponierten Subjekten kann man aber keinesfalls den für Diderichsens Argumentation erforderlichen Beleg zustande bringen; infolge der
Extraposition stehen sie ja auf jeden Fall außerhalb des Satzrahmens. Einige
Beispiele bei Mikkelsen weisen jedoch Probleme auf, wie z.B. jene, die hier
feldsyntaktisch (mit wortwörtlichen Übersetzungen) zerlegt werden:

48. Z.B. Diderichsen 1941 § 50, vgl. §§ 68, 114.

(35)

k	F	m	N	Extraposition
Og	så	slog	manden	den tanke, at han ikke mere var helt ung.

'Und dann schlug den Mann der Gedanke, dass er nicht mehr ganz jung war.'

(36)

k	F	m	N	A	Extraposition
Og	så	slog	manden	med fuld styrke	den tanke, at han ikke mere var helt ung.

'Und dann schlug den Mann mit voller Kraft der Gedanke, dass er nicht mehr ganz jung war.'

(37)

k	F	m	N	N!?	A
Og	så	slog	manden	den tanke, at han ikke mere var helt ung,	med fuld styrke

'Und dann schlug den Mann der Gedanke, dass er nicht mehr ganz jung war, mit voller Kraft.'

(38)

k	F	m	V	N	N
*Og	så	havde	slået	manden	den tanke, at han ikke mere var helt ung.

'Und dann hatte geschlagen den Mann der Gedanke, dass er nicht mehr ganz jung war.'

Während nämlich die ersten beiden Varianten des Satzes noch als Beispiele für Extraposition interpretierbar sind, muss das dritte – obwohl zweifellos akzeptabel – aufgrund des nachgestellten Adverbials als doppelte Ausfüllung von **N** verstanden werden. Ganz sonderbar ist es dann, dass das letzte Beispiel, in dem die Verbalform erweitert ist, kaum akzeptabel ist. Modaladverbien wie *alligevel*, *jo* oder *skam* (die ja immer in **a** stehen) stehen im dritten Satz *vor* den beiden Nominalphrasen und bestätigen daher die Interpretation als doppeltes **N**-Feld.

Ein anderes von Diderichsen benutztes Gegenargument betrifft das Subjekt in Existenzsätzen; er vertritt die Meinung, dass ein solches sich von den direkten Objekten nicht unterscheiden ließe, sollte man das Reihenfolgemorphem S vor DO gelten lassen. Was Diderichsen hier meint, mag ein wenig unklar sein; denn gerade in Existenzsätzen gibt es ja nur ausnahmsweise Objekte.[49] Ge-

---

49. Ausnahmen sind z.B. bei Mikkelsen 1911 § 15 A.2a und C. zu finden. Mikkelsen fasst zwar das Objekt in den Beispielen unter A.2a *Der har ramt ham et mærkværdigt uheld.* <Ein merkwürdiges Unglück hat ihn getroffen> als IO auf, aber eine solche Auffassung ist m.E. schwer zu rechtfertigen. Die Beispiele unter C. sind größtenteils keine richtigen Verletzungen des Reihenfolgemorphems, da die mit unbestimmten Pronomina besetzten Subjekte in den Beispielen meistens auf **n** (gelegentlich **n** nach **a**) stehen.

meint muss wohl sein, dass eben aufgrund der komplementären Distribution das Existenzsubjekt nicht mehr von den normalen Objekten auseinanderzuhalten wäre. Hier könnte man auf einen Aufsatz von Erik Oxenvad 1934 verweisen, in welchem gerade das Existenzsubjekt behandelt wird. Oxenvad vertritt die These, dass gerade das "eigentliche" (bisweilen auch recht irreführend "syntaktisch" genannte) Subjekt – zumindest was das Dänische betrifft – kein Subjekt sei.[50] Oxenvads Argumente sind diese:[51]

1° Wo Kasus nachgewiesen werden kann, ist im heutigen Dänischen immer die oblique Form vorhanden;[52]

2° Was die Stellung im Satz betrifft, befindet sich das eigentliche Subjekt immer auf dem Objektsplatz;

3° Es gibt die Möglichkeit, durch akzentuelle Gruppenbildung[53] ein eigentliches Subjekt mit einem Verb zu verbinden (*Der blev ₀sluttet 'fred*[54] <Frieden wurde geschlossen>).

Aus dieser Argumentation folgen verschiedene Nebenthesen, die die pragmatischen Besonderheiten dieser Konstruktion hinsichtlich der Bestimmtheit des Subjekts und der Bedeutungsnuancen des Verbs gut hervortreten lassen. Oxenvads Aufsatz (den Diderichsen sehr wohl gekannt haben muss) lässt somit das Argument Diderichsens als sehr fraglich erscheinen.

50. Wie Oxenvad selbst hervorhebt, ist diese These im Grunde nur eine Weiterführung von Bemerkungen und Beobachtungen, die vor allem von Byskov 1912, 1914, Mikkelsen 1911 §§13-16 und Jespersen 1914 S. 66ff stammen. Spätere grammatische Beschreibungen gehen meistens in die gleiche Richtung, so z.B. die generative Grammatik, vgl. Platzack 1983. Eine andere, allerdings nicht besonders deutliche Lösungsmöglichkeit bietet Hellberg 1970, der anscheinend Existenzsätze als Transformationen von Sätzen mit zwei Subjekten und zwei Prädikaten sehen will.
51. Vgl. Oxenvad 1934 S. 136f.
52. Es versteht sich von selbst, dass man gerade dieses Argument innerhalb dieser Darstellung nicht gelten lassen kann, vgl. Kap. 7.
53. Dän. "enhedstryk", vgl. Diderichsen 1946 § 54, wo der Begriff Otto Jespersen zugeschrieben wird.
54. (Korrekturnote:) Hansen und Lund 1983 haben die folgende Notation für syntaktische Prosodie des Dänischen festgelegt:
    ₀xxx: schwach betont
    ,xxx: Nebenakzent
    'xxx: Hauptakzent
55. Falster Jacobsen & Olsen 1984 S. 25ff.

Eine scheinbare Schwierigkeit für Oxenvads Analyse findet man bei Falster Jacobsen & Olsen 1984 in ihrer Analyse dieser Konstruktion.[55] Sie weisen darauf hin, dass man bei Valenzanalysen von Verben große Probleme mit den monovalenten Verben in Bezug auf diese Konstruktion haben würde. Die Verben bleiben ja monovalent, obwohl der einzige Aktant gelegentlich als Subjekt (wenn bestimmt) und gelegentlich als Objekt (wenn unbestimmt) erscheint. Die von den Autoren vorgeschlagene Lösung wäre, dass *der* in dieser Konstruktion als Platzhaltersubjekt anzusehen sei; die monovalenten Verben, die in dieser Konstruktion auftreten können, können dann in der Valenzangabe mit Alternation zwischen S und DO notiert werden.[56] Damit wäre diese Schwierigkeit aus dem Weg geräumt. Da die semantische Seite dieser Konstruktion mit der Satzspaltung in Verbindung gebracht werden kann und die notorischen Schwierigkeiten mit unbestimmten Subjekten auch auf andere Weise belegt sind, dürfte diese Analyse, wenn sie auch nicht mit der herkömmlichen Valenztheorie konform geht, gerechtfertigt sein.

Auch in Bezug auf die unbestimmten Einzelaktanten auf dem **N**-Platz scheint Diderichsen mit der Zeit seine Meinung doch recht stark modifiziert zu haben. Auf jeden Fall zeigt die erste Ausgabe der großen dänischen Grammatik, dass Diderichsen sich bis dahin Oxenvads Analyse angeschlossen hatte.[57] Hier steht ohne Umschweife:

… men hvis den [der Gegenstand der Verbalhandlung, hj] er ubestemt, er der i Nordisk en Tendens til at gøre den til Objekt (Indholdsgenstand) i en Konstruktion med det formelle Situativ *der* (…)[58]
<… wenn aber der Gegenstand der Verbalhandlung unbestimmt ist, gibt es in den nordischen Sprachen eine Tendenz dazu, daraus ein Objekt in einer Konstruktion mit dem formalen Situativum *der* zu machen …>.

Noch einmal zeigt sich aber, dass Diderichsen später von seinen radikalsten Anschauungen Abstand genommen hat. Auf jeden Fall heißt die Parallelstelle der dritten Ausgabe (mit theoretisch relevanten Abweichungen **fett** gedruckt):

… men hvis den [vgl. oben] er ubestemt, er der **i Dansk** en Tilbøjelighed til at **sætte det paagældende Led paa Objektets Plads i Indholdsfeltet** i en Konstruktion med det formelle Situativ *der* (…)
<… wenn aber der Gegenstand der Verbalhandlung unbestimmt ist, gibt es im Dänischen

---

56. Falster Jacobsen & Olsen 1984 S. 27.
57. Oxenvads Aufsatz kommt allerdings nicht in den Literaturverzeichnissen von Diderichsens Grammatik vor. Die im Literaturverzeichnis aufgeführten Werke vertreten alle Thesen zu *der*, die mit Oxenvads Arbeit vergleichbar sind.
58. Diderichsen 1946 S. 172.

eine Neigung dazu, das betroffene Glied auf den Platz des Objekts in einer Konstruktion mit dem formalen Situativum *der* zu stellen ...>.

Langer Rede kurzer Sinn: Bezüglich des Reihenfolgemorphems **invertiertes S > DO** scheint es so zu sein, dass wirklich relevante empirische Gegenargumente kaum gefunden werden können.

3.2.4. Reihenfolgemorpheme im Norwegischen und Schwedischen

Da diese Untersuchung auch für die anderen skandinavischen Sprachen gelten soll und da vor allem der Aufbau des zugrundeliegenden Satzschemas auf identischen Prinzipien fußen muss, müssen wir uns hier kurz mit den Problemen der beiden anderen festlandskandinavischen Sprachen auseinandersetzen und untersuchen, ob die Bedingungen für die Reihenfolgemorpheme die gleichen sind.

3.2.4.1. Das Reihenfolgemorphem IO > DO im Schwedischen und Norwegischen

Die drei Argumente Diderichsens treffen genau so wenig auf die anderen festlandskandinavischen Sprachen wie auf Dänisch zu, da die Verhältnisse genau gleich sind. Was die Verben mit umgekehrter Reihenfolge – DO > IO – betrifft, sind Korrespondenzen zwar vorhanden, aber bei weitem nicht im gleichen Ausmaß; man sucht außerdem in den einschlägigen Standardwerken vergebens Angaben dazu. Nur Næs 1965 geht kurz auf *nærme seg byen* ein und interpretiert es – wahrscheinlich als Echo von Diderichsens erster Fassung (1946) – als strikte IO-DO-Abfolge.

Zur Untersuchung der Korrespondenzen mit dem Dänischen wurden für das Norwegische *Bokmålsordboka* (Landro & Wangensten 1986) und *Nynorskordboka* (Hovdenak u.a. 1986) herangezogen; und für das Schwedische *Nusvensk Ordbok* von Olof Östergren (1919-72). Die verschiedenen Ausgaben von *Riksmålsordboken* wurden nicht berücksichtigt, da kaum zu erwarten war, dass sie sich von den dänischen Wörterbüchern unterscheiden würden. Leider sind die großen Wörterbucharbeiten zu diesen Sprachen noch nicht so weit fortgeschritten, dass sie wirklich hilfreich benutzt werden können. Das heißt, dass die Einträge wahrscheinlich nicht vollständig sind.

Dass Bokmål weitgehend die gleichen Verben mit den gleichen Konstruktionen hat wie das Dänische, ist vielleicht nicht überraschend. Allerdings wird die Konstruktion $DO_{NP} > IO$ nur bei *underkaste* und *underordne* erwähnt, im letzten Fall mit der Präpositionalverbindung in Klammern. Nynorsk hat eine Präposition vor dem zweiten Objekt bei *underordne*; sonst sind die meisten der

Verben nur als Part. Perf. exemplifiziert, wodurch das Problem natürlich nicht zum Vorschein kommt. Das schwedische Wörterbuch verzeichnet kein eindeutiges Beispiel für die Konstruktion DO$_{NP}$>IO. Alle drei Wörterbücher kennen Beispiele für DO$_{refl}$>IO.

Die Folgerung muss dahingehend lauten, dass die Argumentation gegen IO vor DO in den sonstigen festlandskandinavischen Sprachen noch schwächer ist als anhand des Dänischen.

3.2.4.2. Das Reihenfolgemorphem invertiertes S > DO im Schwedischen und Norwegischen

Auch in diesem Fall scheint es, als ob sehr wenige relevante Stützpunkte für Diderichsens Gegenargumentation vorhanden sind. Gegenbeispiele zur Regel S > DO kommen in der einschlägigen Literatur nicht vor, und da die Argumentation hinsichtlich unbestimmter Subjekte im Wesentlichen die gleiche ist,[59] auch wenn der Platzhalter in den Normsprachen *det* ist,[60] kann auch dieses Reihenfolgemorphem angenommen werden.

3.2.5. Abschließende Bemerkungen zur Argumentation Diderichsens gegen die Reihenfolgemorpheme

Hiermit hoffen wir, den Begriff der Reihenfolgemorpheme für die festlandskandinavischen Sprachen gerechtfertigt und auch die möglichen Einwände gegen die Verwendung dieses Begriffes durch eine genauere Analyse aus dem Wege geräumt zu haben. Lehrreich ist zudem, dass Diderichsen sich in diesen Punkten offensichtlich nicht so leicht entscheiden konnte; auf jeden Fall haben wir gesehen, wie er sich ab und zu Analysen anschließt, die direkt auf die hier vorgeschlagene Linie einschwenken und – wohlgemerkt – sehr wohl den Begriff "Reihenfolgemorphem" erlauben würden. Allerdings nimmt er auch wenig Rücksicht auf das empirische Material zu dem Problem.

Das heißt dann wiederum, dass wir mit Recht behaupten können, dass die von Diderichsen zugrunde gelegte Trennung von funktionalen und positionellen Kategorien als nicht relevant betrachtet werden kann. M.a.W.: Wir können aus den funktionalen syntaktischen Kategorien direkt die grundlegenden po-

---

59. Für das Schwedische: Thorell 1973 S. 203ff und den oben erwähnten Aufsatz von Platzack 1983; für Nynorsk: Venås 1990 S. 139f; für Bokmål: Næs 1965 S. 248 & 282ff. Vgl. noch Landfall 1973 S. 51f.
60. Doch haben Schonen, Halland und Blekinge sowie ein größeres süd- und westnorwegisches Gebiet *der* wie im Dänischen, vgl. Thorell 1973 S. 204, Sandøy 1987 S. 101.

sitionellen Kategorien für die Einteilung der Satzkette ableiten. Dass es darüber hinaus notwendig ist, mehrere modifizierende Prinzipien anzunehmen, muss gleich ergänzt werden. Wir werden unten in Kap. 4 auf die wichtigsten eingehen. Das übergeordnete Prinzip ermöglicht eine neue Darstellung des Satzbaus und lässt zugleich die Frage nach dem Kasus in den skandinavischen Sprachen in einem neuen Licht erscheinen; denn der Begriff 'Kasus' lässt sich jetzt nicht bloß durch morphologische Verhältnisse definieren, sondern auch durch die Linearisierung.

3.3. Eine Typologie der festlandskandinavischen Satzglieder

Wir versuchen in diesem Abschnitt, ein Inventar der festlandskandinavischen Satzglieder aufzustellen, indem wir versuchen, als das entscheidende Merkmal der Typologie die Art und Weise zugrundezulegen, wodurch ein gegebenes Glied seine Beziehung zum syntaktischen Ganzen zum Ausdruck bringt.[61]

3.3.1. Glieder, die sich durch Flexion auf das Satzverb beziehen

Es kommen in erster Linie zwei Arten von syntaktischen Konstruktionen für diese Gruppe in Frage: einerseits die Verben, andererseits nominale Glieder, die mit persönlichen Pronomina, einschließlich dem reflexiven Pronomen *seg* (Norw.) / *sig* (Schw. u. Dän.), besetzt sind.

Was nun die Verben betrifft, muss gesagt werden, dass die wichtigste morphologische Unterscheidung, nämlich die zwischen den beiden finiten Zeitformen, für den Satzbau der unmittelbar vom Verb abhängigen Glieder ohne Bedeutung ist. Die Unterscheidung zwischen den Zeitformen berührt in erster Linie die Beziehung des Satzes zum Text als Ganzem und hat innerhalb des Satzes praktisch keine Funktion, lässt man die bekannten Wechselwirkungen mit adverbiellen Zeitangaben beiseite. Dass auch diese Funktion eher semantisch ist und mit der Gliederung der Transitivität nichts zu tun hat, sei nur am Rande vermerkt.

Zur morphologischen Unterscheidung zwischen finiten und infiniten For-

---

61. Diese Typologie unterscheidet sich von der entsprechenden Typologie Diderichsens (1946 §§ 56-58) dadurch, dass bei uns der Reihung eine entscheidende Rolle zukommt, die von Diderichsen kaum in Erwägung gezogen wird. Dafür hält er – etwas inkonsequent – die Wortklasse (§ 56) für einen entscheidenden Faktor im syntaktischen Gefüge, die schon durch ihre Quasi-Festgelegtheit auf bestimmte syntaktische Funktionen sozusagen eine "default"-Interpretation der syntaktischen Funktion leistet. Einer solchen Idee kann man sich freilich nicht sehr leicht anschließen, wenn man eine strukturelle Betrachtung verfolgt.

men ist zu bemerken, dass sehr viele dänische Verben in der heutigen gesprochenen Sprache – zumindest in der Umgangssprache – in zunehmendem Ausmaß Synkretismen zwischen einerseits Infinitiv und Präsens, andererseits zwischen Präteritum und Partizipium Perfectum aufweisen. Der Synkretismus zwischen Infinitiv und Präsens trifft aufgrund des vokalisierten /r/ in Verbindung mit einem Schwa alle Verben mit -*r* als Schlusskonsonanten des Stamms: *diskutere*, *organisere*, usw.; der Synkretismus zwischen Präteritum und Part. Perf. tritt aufgrund der Schwa-Assimilierung sowohl bei der ersten regelmäßigen Konjugation (-*ede* / -*et*) auf, in welcher der Unterschied zwischen den beiden Verbalformen darin liegt, ob [ð] syllabisch ist oder nicht, als auch bei der zweiten Konjugation (-*te* / -*t*), in welcher das Schwa nach dem stimmlosen Konsonanten in der Umgangssprache regelmäßig apokopiert wird. Somit ist der Unterschied zwischen finiten und infiniten Formen lautlich weitgehend belanglos; es ist ja auch so, dass das finite Verb sich schon durch seine Stellung – in Hauptsätzen auf dem Modalplatz,[62] in Nebensätzen ganz vorne in der Reihe der Verbalformen – deutlich von den infiniten Formen unterscheidet.[63] Nebenbei sei noch bemerkt, dass jütländische Mundarten schon lange keinen lautlichen Unterschied zwischen Präteritum und Perfekt mehr kennen.

Was schließlich die Unterscheidung zwischen einzelnen infiniten Verbalformen betrifft, sei bemerkt, dass sie sich nach dem Grad der Unterordnung von links nach rechts einreihen, zunächst das finite Verb, danach möglicherweise vorkommende Hilfsverben und am Ende das Hauptverb. Die dänischen Hilfsverben verbinden sich auch jeweils mit nur *einer* Verbalform, weshalb die Distinktion 'Infinitiv | Part. Perf.' auch weniger wichtig ist.[64] Synkretismen treten aber in dieser Beziehung nicht so häufig auf, obwohl der Unterschied bei der ersten Verbalkonjugation und bei vielen starken Verben (nämlich solchen mit Part. Perf. auf -*et*) auf einem lautlichen Unterschied (+/- schwach ausgesprochenes [ð]) beruht.

Für das Norwegische gilt, dass die Flexion, besonders die 1. Konjugation, schon in den Schriftsprachen erheblich reduziert worden ist; dies gilt auch für

62. **v** bei Diderichsen.
63. Vgl. Ács und Jørgensen 1990, wo die zugrundeliegenden Lautwandlungen genauer dargestellt werden.
64. Vorausgesetzt, dass Infinitive mit und ohne *at* als zwei getrennte Formen des Verbs aufgefasst werden, was ja schon oben vorgeschlagen worden ist. Bei *have* <haben> und *være* <sein> treten *at*-Infinitiv und Part. Perf. nebeneinander auf, nicht aber Infinitiv ohne *at*; die Konstruktionen mit *at*-Infinitiv werden aber normalerweise als steif und altmodisch aufgefasst und daher sehr wenig benutzt. Den Infinitiv mit *at* fassen wir als ein nominales Unterglied eines Verbs auf; wenn das korrekt ist, brauchen wir keine besonderen Einrichtungen dafür.

die Mundarten. Im Schwedischen sind die morphologischen Verhältnisse in der normierten Sprache den dänischen, in den Mundarten hingegen eher den norwegischen vergleichbar. Da die Stellungsregel und die Verbalgefüge in diesen zwei Sprachen sich nur unwesentlich vom Dänischen unterscheiden, dürfen wir wohl die hier gemachten Aussagen auch auf diese Sprachen ausdehnen.

Wir können daher festhalten, dass die Flexion der festlandskandinavischen Verbalformen für den internen Satzbau nicht relevant ist und in erster Linie den Beziehungen zwischen Sätzen untereinander und zwischen Satz und Text dient. Die gegenseitige Beziehung der Verbalformen zeigt sich vor allem in der Reihung.

Für die persönlichen Pronomina des Dänischen gilt, dass sie, wenn sie der Kern einer komplexeren Konstruktion sind, die normalen Stellungsregeln der Nomina befolgen; des weiteren werden wir sehen, dass sie in der gesprochenen Sprache größtenteils dann auch nicht mehr flektiert werden, was sehr wohl als Konsequenz der Satzstellung aufgefasst werden kann.

In den Fällen, wo ein dänisches Pronomen allein steht und nicht Kern einer Konstruktion ist, wird im Dänischen regelmäßig flektiert. Zwar wird hier nur zwischen zwei Fällen unterschieden, nämlich Nominativ und obliquem Kasus; durch ein Zusammenspiel mit der Reihung erfolgt dann problemlos die "fehlende" Unterscheidung zwischen zwei obliquen Kasus, den Funktionen von indirektem und direktem Objekt entsprechend. In diesem Fall lässt sich behaupten, dass die Morphologie eine, wenn auch bescheidene, Rolle für den Satzbau spielt. Inwieweit dies zutrifft, ist in Kap. 7 zu besprechen.

3.3.2. Glieder, die sich durch Reihung auf den ganzen Satz beziehen

In diesen Bereich fallen die wichtigsten Relationsträger eines Satzes, nämlich die nominalen Glieder (abgesehen von den unbetonten Pronomina), deren Relationen sich grundsätzlich nur durch die Reihung zeigen. Wie schon oben gesagt, gilt das gleiche für die Anordnung der Verbalformen. Bei unterordnenden Konjunktionen und bei adverbialen Gliedern ist die Reihenfolge auch für die semantischen Bezüge entscheidend: Die Konjunktionen bzw. die Adverbiale beziehen sich auf das rechts von ihnen stehende Element der gleichen Klasse.[65]

---

65. Präpositionalverbindungen, die die gleiche Funktion wie ein Adverbial ausüben, sind auch, was ihre Beziehung zu den gleichartigen Gliedern betrifft, in dieser Gruppe zu berücksichtigen, obwohl wir sie erst innerhalb der nächsten Gruppe behandeln werden.

3.3.3. Glieder, deren Funktion durch eine Verbindung eines abhängigen nominalen Gliedes mit einem Funktionswort charakterisiert werden

Diese Gruppe umfasst die Präpositionalverbindungen. Solche Konstruktionen sind hinsichtlich der Funktion im Satz wesentlich durch die Verbindung zwischen der Präposition und dem abhängigen nominalen Glied charakterisiert. Es gibt innerhalb dieser Gruppe verschiedene Typen, deren interne Abgrenzung hier nicht im Detail besprochen werden kann; wir beschränken uns auf die Hauptgruppen.

Eine wichtige Untergruppe sind Präpositionalverbindungen, die valenzgebunden auftreten und daher in ihrer Funktion mit nominalen Gliedern vergleichbar sind. Ein wichtiges Beispiel dafür ist das Passivagens: *Peter leder kontoret > Kontoret ledes af Peter* <Peter leitet das Büro>. Andere wichtige Beispiele sind die schon in Kap. 1 kurz erwähnten Präpositionalverbindungen, die bei gewissen Verben mit einem direkten Objekt alternieren und dabei aspektartige semantische Wirkungen erzeugen.[66] Weiter muss man an entsprechende Alternationen bei indirekten Objekten erinnern.[67] Inwiefern andere nicht-alternierende Präpositionalverbindungen noch in dieser Untergruppe zu berücksichtigen sind, kann hier nicht entschieden werden. Denkbar wäre, dass feste Verbindungen wie *bo i København* <in Kopenhagen wohnen>, *arbejde på / med noget* <an/mit irgendetwas arbeiten> auch als valenzgebunden zu beschreiben sind.

Daneben gibt es nicht-valenzgebundene Präpositionalverbindungen, die hauptsächlich Grad-, Orts- und Zeitangaben sind und als freie Angaben auftreten. Die Unterscheidung solcher Präpositionalverbindungen beruht aufgrund der vielen homonymen Präpositionen auf der jeweiligen syntaktischen Umgebung. So kann z.B. das Dänische *af* sowohl in räumlicher Bedeutung als auch bei Passivagenten auftreten; die Unterscheidung erfolgt dann aufgrund der Bedeutung, weil die handelnden Passivagenten selten mit Substantiven mit Ortsbedeutung zusammenfallen. Etwas Ähnliches gilt für *fra*, wo eine räumliche und eine zeitliche Bedeutung möglich ist; sie überschneiden sich aber kaum, da die jeweiligen abhängigen nominalen Glieder die eine oder die andere Deutung bedingen.

Im Prinzip gehören Nebensätze, sofern sie durch eine Konjunktion in ihrer Funktion charakterisiert werden, auch zu dieser Gruppe. Es muss allerdings bemerkt werden, dass gerade skandinavische Nebensätze – anders als deutsche, wo Konjunktionen fast nie fehlen dürfen – häufig ohne Konjunktion ein-

66. Vgl. Durst Andersen & Herslund 1993.
67. Vgl. Herslund 1984.

geleitet werden. Das gilt im Dänischen regelmäßig für so hochfrequente Typen wie Relativsätze, wo das gemeinsame Glied im Nebensatz andere Funktionen als die des Subjekts übernimmt, wie auch für Objektsätze.

3.3.4. Glieder, die durch semantische Charakteristika ausgezeichnet sind

Einige wenige Substantive, die häufig in Grad-, Zeit- oder Ortsangaben vorkommen, können in den festlandskandinavischen Sprachen als Adverbiale fungieren, auch wenn sie der Form nach Nominalphrasen sind. Wie schon oben gesagt, kann diese Verwendung als eine Art flexionsloser semantischer Kasus interpretiert werden. Das gilt z.B. für Ausdrücke wie *en smule* <ein bisschen>, *næste uge* <nächste Woche>, *klokken 5* <um 5 Uhr>, *samme sted* <am selben Ort>. Diese Gruppe umfasst sehr wenige, in der Bedeutung sehr charakteristische Wörter und sei hier nur der Vollständigkeit halber erwähnt.[68]

Die hier vorgelegte Typologie zeigt, wie die verschiedenen Möglichkeiten der Syntax benutzt werden können. Wir sehen einerseits, dass der Reihung große Bedeutung zukommt, andererseits, dass andere Möglichkeiten nur relativ beschränkt eingesetzt werden und dann auch häufig in Verbindung mit Reihungsphänomenen.

3.4. Der festlandskandinavische Satz, als maximales Reihenfolgemorphem aufgefasst

Die folgenden Bemerkungen setzen einen umfassenden Apparat von Reihenfolgemorphemen voraus, und wir gehen insofern viel weiter, als es die Rechtfertigung der von Diderichsen abgelehnten Reihenfolgemorpheme (Abschn. 3.2. oben) an und für sich erlaubt. Auf der anderen Seite bauen die hier postulierten Reihenfolgemorpheme auf schon offensichtlichen und wohlbeschriebenen positionellen Relationen in der Sprache auf. Es soll in der Darstellung hier durchgehend auf die empirische Begründung der Postulate hingewiesen werden.[69]

68. Wenn man wollte, könnte man auch solche Phänomene als einen formell nicht gekennzeichneten Lokativ oder Instrumentalis beschreiben; da das Phänomen aber nur bei einer sehr beschränkten Menge von Wörtern vorkommt, erscheint uns diese Lösung wenig sinnvoll.
69. Ähnliche Vorschläge wurden schon in Hansen 1967 und Heger 1984 gemacht. Falster Jacobsen & Olsen 1984 machen einen sehr ähnlichen Vorschlag. Allerdings benutzt keiner dieser Verfasser das Argument der klitischen Pronomina, das, soweit wir beurteilen können, überhaupt erst eine konsequente Durchführung ihres Programms ermöglicht.

Die grundlegende Behauptung ist das Vorhandensein einer relationellen Sequenz **S-(V)-IO-DO**, quasi als psychologischer Rahmen der Satzbildung in Anlehnung an die Valenz des Verbs. Diese Reihenfolge charakterisiert den normalen Satz, wenn wir von den Umstellungsmöglichkeiten im Vorfeld des Hauptsatzes absehen. Um Subjekt, direktes oder indirektes Objekt zu sein, muss ein nominales Satzglied in einem festlandskandinavischen Satz entweder:

1° direkt auf dem dafür vorgesehenen Platz (Diderichsens Plätze **n** oder **N**, die hier **S** und **IO-DO** bezeichnet werden) stehen können,

2° mit einem Glied auf einem solchen Platz eindeutig substituierbar sein[70] oder

3° der entsprechende Platz muss nachweislich leer sein, wenn das Satzglied satzförmig ist; das letzte Kriterium soll der Tatsache Rechnung tragen, dass etliche Verben obligatorisch extraponierte Nebensätze als Subjekte oder Objekte haben.

Wir finden diese Reihung auch bei den Klitika wieder, wie es in Kap. 7-9 dargestellt wird. Darüber hinaus sei darauf verwiesen, dass die beiden ersten Reihenfolgemorpheme Diderichsens in dieser Reihung mit berücksichtigt sind. Es fehlt eigentlich, um diese Sequenz postulieren zu können, nur noch der Nachweis, dass es auch ein Reihenfolgemorphem **S > IO** gibt. Anscheinend relevante Beispiele wie *Der blev idømt onkel Rasmus en bøde* (<Eine Geldstrafe wurde über Onkel Rasmus verhängt>) fallen hier aus dem Rahmen, da das unbestimmte Passivagens hier ja eben auf dem **N**-Platz steht und somit der positionellen Definition nicht entspricht. Oxenvads Argumente hinsichtlich dieser Klasse der Subjekte[71] gelten hier nach wie vor. Da die für eine solche Untersuchung zur Verfügung stehenden Sätze ohnehin sehr selten sind, muss dieses Morphem aber als bloßes Postulat hingestellt werden.

---

70. Z.B. kehren umfangreiche nominale Glieder in der Extraposition, wenn sie von der Masse der angehängten Glieder befreit werden, regelmäßig zum Normalplatz des Gliedes zurück: "Da stod foran Ebbe *en frygteligt udseende gammel mand med hængeskæg og en stor muskedonner i højre hånd*" > "Da stod *en frygteligt udseende gammel mand* foran Ebbe" / * "Da stod foran Ebbe *en frygteligt udseende gammel mand*" <'Da stand vor Ebbe ein fürchterlich aussehender alter Mann mit hängendem Bart und einem großen Gewehr in der rechten Hand'>. – Wie man sieht, bedingen die angehängten Präpositionalverbindungen, dass das Subjekt extraponiert wird; sobald sie wegfallen, ist Extraposition nur noch schwer möglich.
71. Oxenvad 1934, vgl. Abschn. 3.2.3.2. oben in diesem Kapitel.

Eine ergänzende Bemerkung zum Platz des Verbs: der hier vorgesehene Verbalplatz ist nicht mit dem v im Hauptsatz identisch, sondern mit V. Ebenso sind die nominalen Plätze nicht mit dem Vorfeld, sondern mit n bzw. N identisch. Wir stützen uns hier auf eine Analyse von Lars Heltoft, wonach das Verb auf dem Platz V seine Grundstellung hat, während das Verb auf v seine Grundstellung auf einem sogenannten "Modalplatz" hat, wodurch die Beziehung des Satzes zur 'Realität' zum Ausdruck gebracht wird: in Hauptsätzen eben durch die Wechselverhältnisse zwischen Verbalplatz und Platz der einleitenden nominalen Glieder; in Nebensätzen durch den Nebensatzmarker *at*.

Wichtig ist nun, dass die sonstigen Plätze des Satzschemas eben durch die Transformation des Satzes vom virtuellen Inhalt hin zur aktualisierten Funktion gebildet werden. Nach dem Reihenfolgemorphem entstehen zwei Felder, einerseits das Inhaltsadverbialfeld, wo auch solche Glieder zu stehen kommen, die zwar durch die Verbalsemantik gebunden sind, aber durch Präpositionen mit dem Verb verbunden werden; andererseits das Extrapositionsfeld, wo besonders komplexe Glieder ohne Rücksicht auf die relationelle Verbindung untergebracht werden. In dem vom Reihenfolgemorphem vorgegebenen Rahmen befindet sich das Satzadverbialfeld, das deutlich mit dem Äußerungsakt verbunden ist und sehr wohl als Inhaltsadverbial eines (impliziten) Performativs aufgefasst werden kann.[72] Endlich entstehen vor dem Reihenfolgemorphem einerseits das Fundamentfeld (F),[73] andererseits der schon besprochene Modalplatz (m).

Weiter müssen noch die Konjunktionsfelder erwähnt werden, die ganz vorne im Satz stehen und in den skandinavischen Sprachen die gleiche Reihenfolge aufweisen wie auch andere derartig gereihte Glieder (infinite Verbalformen, Adverbiale), wonach das umfassendste Glied vor den weniger umfassenden steht. Doch stehen koordinierende Konjunktionen immer vor subjungierenden Konjunktionen, auch wenn die Koordinierung von zwei gleichartigen Nebensätzen in logischer Hinsicht der Subjungierung zum Obersatz untergeordnet ist.

Wir verzichten in diesem Zusammenhang auf die Aufstellung besonderer

---

72. Vgl. Jørgensen 1981.
73. Bei Diderichsen (1946) wurde dieses Feld zunächst "Fundamentfeld" genannt, weil der semantische Aufbau des ganzen Satzes darauf beruht. In den früheren Werken (1936, 1941) kommen auch viele andere Bezeichnungen vor, vor allem die nach Brøndal gebildete Bezeichnung "Indlederled", eigentlich eine Verschmelzung von zwei semantisch/morphologisch definierten Gliedtypen bei Brøndal, "introductor" und "subjectum" (vgl. Brøndal 1932 S. 60-64). Diderichsen hat später dieses Argument zurückgenommen (1964) und nannte stattdessen das Feld "Vorfeld", eine Bezeichnung, die in der Tradition noch erhalten geblieben ist.

Leichtgliedplätze, so wie das seit Diderichsen 1946 (wo das Wort allerdings nicht vorkommt) gebräuchlich geworden ist. Solche Felder, die nur für ganz bestimmte Wortklassen zur Verfügung stehen, brauchen eine ganz andere Erklärung, wie in weiterer Folge dargestellt werden soll.

Um mit diesen Gliedern einen dänischen Satz aufstellen zu können, brauchen wir fünf wichtige Modifikationen. Sie werden hier in der entsprechenden Reihenfolge aufgelistet:

1° Einführung koordinierter Glieder. Solche koordinierten Glieder sind immer betont[74] und nehmen daher an den nächsten Modifikationen nicht teil, sofern diese sich auf Betonung und / oder Reihenfolge beziehen.

2° Ausfüllung des Modalplatzes, vgl. Heltoft 1986a. Auf diese Weise erklären sich die Verhältnisse des Verbs. Wenn nur **ein** Verbalstamm vorhanden ist, steht der Platz **V** im Reihenfolgemorphem leer; dagegen steht das finite Verb bei einer hypotaktischen Verbalkette auf Platz **m** und sämtliche infiniten auf Platz **V**.

3° Ausfüllung des Fundamentfeldes in Deklarativsätzen. Diese Ausfüllung scheint auf zwei sehr verschiedenen Gründen zu beruhen: entweder ist das Satzglied im Fundamentfeld das am stärksten anaphorische Glied des Satzes, oder es steht im Kontrast. Möglicherweise lässt sich das Problem dahingehend formulieren, dass das Glied im Fundamentfeld das Glied ist, das am ehesten in Bezug auf die Kommunikation dem Satz eine szenische Charakterisierung geben kann. Diderichsens eigene Ausführungen zum Fundamentfeld sind hier nach wie vor wesentlich, weil ein weites Spektrum von Möglichkeiten und semantischen Effekten behandelt wird.[75]

4° Markierung der Anaphorizität. Dadurch wird die Betonung von anaphorischen Satzgliedern entfernt, wenn sie nicht schon durch Punkt 1° erfasst sind oder wenn sie als Nicht-Subjekte ins Fundamentfeld gestellt worden sind. Was die Betonung der Subjektspronomina im Fundamentfeld betrifft, ist die Lage sehr komplex; wir können hier nicht näher darauf eingehen.

5° Klitizierung der reinen Anaphora und anderer unbetonter Satzglieder. Diese Klitizierung wirkt im Umfeld des Satzverbals, und zwar so, dass Anaphora

---

74. Vgl. Hansen & Lund 1983 §§ 13, 30, 44, 89; Basbøll 1989 S. 122.
75. Diderichsen 1941 S. 37 und 50ff.

u. ä. vor dem Verb proklitisch angehängt werden, nach dem Verb aber enklitisch. Klitizierung von Anaphora an Verben ist aus einer allgemein-linguistischen Sicht nichts Ungewöhnliches; hier könnte die eng verwandte Situation im Französischen als Vergleich herangezogen werden. Eine andere Möglichkeit, die in den älteren germanischen und den modernen slavischen Sprachen benutzt wird, ist die, den zweiten Platz im Satz für Klitika zu reservieren.[76] Das Eigenartige an der festlandskandinavischen Situation ist aber, dass das Verb zwar deutlich als Ziel der Klitizierung fungiert, aber dennoch die Klitika (mit Ausnahme des reflexiven Pronomens im Schwedischen) immer an das nächste betonte Glied angehängt werden, außer wenn dieses Glied ein **a**-Adverbial ist.[77] Auch freie **a**-Adverbiale nehmen keine Klitika an.

Exkurs

Ausgehend von diesen Überlegungen könnte man für die germanischen Sprachen eine Rangordnung erstellen, die mit der Extraposition verbunden werden kann: Volle Nominalglieder sind entweder rhythmisch eng mit dem Verb verbunden oder extraponiert, während pronominale Glieder rhythmisch und auch relationsmäßig nach den vollen nominalen Gliedern den zweiten Rang einnehmen. In Sprachen ohne diese (intuitiv) enge Bindung zwischen Verb und vollen Nominalgliedern können Klitika – entweder fakultativ oder obligatorisch – extraponierte Satzglieder vertreten. Die Verben müssen offensichtlich in sehr vielen Sprachen immer die volle Valenz aufweisen; hierzu dienen in den germanischen Sprachen in erster Linie volle Nominalglieder und dann in zweiter Linie Pronomina. In vielen "exotischen" Sprachen ist es umgekehrt: Pronominale Vertretung der Valenzglieder ist immer vorhanden, entweder als komplexe Hilfsverbalformen oder als Klitika, während die vollen Nominalglieder diskursiv frei sind, in etwa wie die extraponierten Elemente eines germanischen Satzes. Es ist anzunehmen, dass sich eine solche enge Bindung der nominalen Glieder an das Verb als eine wesentliche typologische Eigenschaft der germanischen Sprachen erweisen kann.

Ende des Exkurses

Es ist eine zentrale Pointe unserer Darstellung, dass das, was bei Diderichsen "nexus" hieß, hier durch Ausfüllung mit Material gebildet wird, das anderswo

---

76. Zum Germanischen: s. Diderichsen 1941 S. 80 et passim; zum Slavischen: s. Comrie 1989 S. 22 u. 150.
77. Etliche süddänische Mundarten klitizieren dennoch an **a**, vgl. Pedersen 1993.

Tabelle 3.1.

	Konjunktional	Vorfeld	Nexusfeld	Inhaltsfeld
Hauptsatzschema	ks	F	v n a	V N A
Nebensatzschema	ks ku	-	n a v	V N A

Diderichsens Satzschema, reduziert wiedergegeben

Reihenfolge-morphem	Konjunktional-feld	Vorfeld	Kernmorphem	Schlussfeld
	Ks ku	F m	S a V IO DO	A

Satzschema mit Reihenfolgemorphem

im Satz relationell definiert wird. In dem Sinne gibt es keinen "nexus", zumindest nicht an den üblichen Stellen. Dieser analytische Vorgang lässt sich mit der neueren generativen Grammatik vergleichen, wo die entsprechenden Satzglieder an den zentralen Knoten im Satzbaum, CP und IP, angehängt werden.

Hier sei eine Übersicht über die Beziehung der Reihenfolgemorpheme zum ursprünglichen Satzschema ergänzt. Die hier vorgenommenen Änderungen stimmen weitgehend mit den von Heltoft eingeführten Änderungen der Feldeinteilung von Diderichsen überein; doch wurde seine Aufgliederung des Schlussfeldes hier nicht berücksichtigt, da ihre Nützlichkeit nur in beschränktem Ausmaß für unser Thema zum Tragen kommt (Tabelle 3.1.).

Es liegt in der Natur der Sache, dass die Abweichungen zwischen den verschiedenen Schematisierungen gerade durch die grafische Darstellung als eher geringfügig erscheinen. Die tatsächlichen Unterschiede werden aber deutlich, wenn man die Schemata – statt einfach die Reihenfolge auf Gliedebene zu sehen, wo eben keine substantiellen Abweichungen zu verzeichnen sind – mit der ursprünglichen Gliederung Diderichsens vergleicht. Der wesentliche Unterschied liegt dann, wie man sieht, in der Auffassung der Rollen des Subjekts und des finiten Verbs im Satz. Hier sind noch ein paar Bemerkungen über die semiotische Funktion dieser Einteilung hinzuzufügen.

Diderichsen geht in seiner Darstellung von einer Trennung aus, die die Satzglieder in zwei Gruppen zerlegt: solche, die aus semantischer Sicht eher zum Äußerungsakt gehören, und solche, die eher dem Äußerungsinhalt (frz. "l'énoncé") zuzuordnen sind. Ein Satz besitzt somit immer zwei Seiten: die kommunikative Funktion nach außen hin, die durch die pragmatische Reorganisation der Wortfolge geleistet wird, und die inhaltliche Funktion, die die

dargestellte "Welt" organisiert. Das lässt sich sehr deutlich aus seinen Formulierungen in den frühen Stadien ablesen, wo die gezogene Linie zwischen vir-
tuellem und aktualisiertem Inhalt[78] ziemlich genau diese semantische Unterscheidung widerspiegelt. Zum virtuellen Teil des Satzes gehören Gliedtypen
wie Objekte, adverbiale und präpositionale Ergänzungen;[79] zum aktualisieren-
den Teil gehören Subjekt, Satzadverbial und Fundamentfeld.[80] Die Verbindung
zwischen diesen beiden Teilen stellt nun das Verb dar, nicht etwa die finiten
Hilfsverben, sondern eben das Inhaltsverb als Träger der syntaktischen Relationen.

Während gegen eine solche Trennung im Prinzip nichts einzuwenden ist,
hängt sehr viel daran, welche Funktion in diesem Zusammenhang dem Subjekt zukommt. Hier ist es aber wichtig festzuhalten, dass eben das Subjekt wie
auch das Verb zwischen beiden semantischen Ebenen schwebt, was von Diderichsen auch nachdrücklich betont wird.[81] Einerseits denotiert das Subjekt
deutlich den Aktanten der Verbalhandlung im virtuellen Inhalt, andererseits
kommt dem Subjekt regelmäßig die Funktion des Topiks zu, wodurch das Subjekt eben auch eine entscheidende Funktion im äußerungsmässigen Aufbau
des Satzes erhält; wie schon in Kap. 2 angedeutet, sehen wir es für sehr wichtig an, diese kommunikativ ausgerichteten Funktionen getrennt zu betrachten.

Es ist in der traditionellen Satzanalyse offensichtlich so, dass gerade Subjekt
und Verb als zentrale finite Glieder wesentliche Funktionen ausüben. Gerade
dadurch entsteht auch in der klassischen Satzanalyse, wie sie z.B. für das Dänische von Kr. Mikkelsen (1911) vertreten wird, eine Vermischung der Bestimmungen, denn Subjekt und Verb bilden den Kern des Satzes, aber aus sehr
verschiedenen Gründen: einerseits, weil sie im Minimalsatz als Träger der zentralen äußerungsaktmäßigen Bestimmungen auftreten, andererseits, weil sie
auch den kleinstmöglichen virtuell-inhaltlichen Kern eines Satzes bilden. Wie
man sieht, hält die hier vorgeschlagene Analyse die beiden Funktionen scharf
auseinander, während Diderichsen sich deutlich dafür entschieden hatte, die
kommunikativen Eigenschaften von Subjekt und Verb als höherrangig einzu-
schätzen.[82] Eine Unterstützung für die hier vorgeschlagene Vorgangsweise sehen wir in den Analysen der Government-and-binding-Grammatiker, weil die
konfigurationell definierten Glieder Subjekt und finites Verbum hier nach vorne bewegt werden, um die Position von CP und IP zu besetzen. Da CP als die

78. Z.B. Diderichsen 1941 S. 15.
79. Diderichsen 1941 S. 15.
80. Diderichsen 1941 S. 15.
81. Diderichsen 1941 S. 15 und 35f.
82. Diderichsen 1941 S. 35f und passim.

illokutionäre Marke des Satzes und IP als die diskursbezogenen Kategorien des Verbs (Zeit, 'Realität') verstanden werden können, sieht man, dass auch diese Analyse die Verbindung von diskursiven und inhaltlichen Angaben beim Subjekt und Verb betont. Die hier aufgestellte Analytik hat ein Vorbild bei Diderichsen selbst,[83] wo zwar sowohl der Äußerungsakt (l'énonciation) durch das finite Verb als auch der Äußerungsinhalt (l'énoncé) durch die valenzmäßigen Relationen angedeutet werden, wo aber der Gegensatz nicht so scharf ausgeführt wird wie bei uns.

Die Analyse Diderichsens und ihr Vorbild, der Entwurf einer Syntaxtheorie von Viggo Brøndal (Brøndal 1932), haben gemeinsam, dass sie keine generativen Theorien (im weitesten Sinne dieses Wortes) sind. Der Satz wird so analysiert, wie er vorliegt, d.h. aktualisiert; es ist daher auch kein Wunder, dass eben diejenigen Glieder und semantischen Funktionen, die am ehesten den Kern der Aktualisierung bilden, auch als grundlegend aufgefasst werden. Auch hier kann man an eine wesentliche Erkenntnis Lars Heltofts erinnern: Da die fundamentalste und einfachste Reihenfolge in einem festlandskandinavischen Satz eben in der Nebensatzfolge vorliegt, die als semiotisches Signal "Unbestimmtheit" in Bezug auf Realisation hat, kann man mit Recht annehmen, dass eine aktualisierte Reihenfolge, egal welche, aus der Nebensatzfolge abgeleitet sein muss, eben um irgendeinen Modus der Aktualisierung darzustellen.[84]

Unsere Auffassung ändert diese Perspektive. Wir sehen den Satz als Ergebnis einer pragmatischen Aktualisierung, wodurch ein bestimmter Inhalt einen generativen Parcours durchläuft, ähnlich dem greimasianischen generativen Parcours. Es handelt sich dabei um einen unverblümt realistisch aufgefassten Vorgang, wo der Begriff "generativ" nicht nur eine formale Generativität bezeichnet, sondern die Formulierung eines denkbaren Systems umfasst, das in knappestmöglicher, systematischer Weise den verschiedenen Forderungen an die Sprachwissenschaft gerecht werden könnte, so wie wir es in Kap. 2 dargestellt haben. Wesentlich ist daher die Auseinanderhaltung der doppelten Funktionen von Subjekt und Verb in Bezug auf die verschiedenen semantischen Aufgaben, die sie ausführen müssen. Dem trägt die hier gegebene dynamische Darstellung Rechnung.

3.5. Abschluss

Wir haben in diesem Abschnitt zunächst eine Charakterisierung der Kasus-

83. Diderichsen 1941 S. 10f.
84. Heltoft 1986b S. 58.

verhältnisse in den festlandskandinavischen Sprachen gegeben. Auf dieser Grundlage haben wir dann versucht, die Reihenfolgephänomene der festlandskandinavischen Sprachen genauer zu beschreiben. Wir behaupten hier einen engen Zusammenhang zwischen Position und Funktion; während dieser Zusammenhang bis jetzt nur als Faustregel erwähnt wurde, behaupten wir, dass er ein Grundprinzip des festlandskandinavischen Satzbaus darstellt. Gleichzeitig haben wir verschiedene andere ergänzende Faktoren angeführt, die alle dazu beitragen, das ansonsten so starr dastehende Satzschema als Teil der sprachlichen Produktion zu verstehen.

KAPITEL 4

Leichte Glieder in der festlandskandinavischen Syntax

Seit langer Zeit ist den festlandskandinavischen Grammatikern bekannt, dass pronominale Objekte, sowie die beiden situativen Adverben *her* und *der*, sofern sie unbetont sind, innerhalb des Satzes nach vorne rücken.[1] Die Regeln dafür sind in der Diderichsen-Tradition relativ kompliziert formuliert; u.a. ist die Vorverlegung nur dann möglich, wenn der Platz **V** nicht ausgefüllt ist. Auch ist es fraglich, ob ein Platz **l** für diese leichten Glieder[2] völlig berechtigt ist, wenn man versucht klarzustellen, welche Aufgaben ein solcher Platz innerhalb der Topologie haben kann.

Im Kap. 3 haben wir versucht nachzuweisen, dass die Plätze in unserer syntaktischen Analyse relationell gebunden sind, d.h. die Definition eines Platzes direkt von dem dort befindlichen Glied ausgeht. Diese Analyse weicht in ihrer Ausformung nicht von Diderichsens Formulierungen hinsichtlich des Zentralfeldes ab. Dagegen sind die Verhältnisse im Inhaltsfeld anders, da Diderichsen hier Plätze ansetzt, die mehrere Glieder aufnehmen sollen; das gilt vor allem für **N** und **A**. Wie wir aber auch gesehen haben, ist diese Analyse von Diderichsen in verschiedener Hinsicht nicht detailliert genug; wenn wir die von Heltoft vorgeschlagenen Differenzierungen im Bereich des Schlussadverbialplatzes berücksichtigen, ergibt sich eine Reihe von Plätzen, die sowohl in topologischer als auch in relationeller Hinsicht voneinander verschieden sind. Auch am Platz **N** müssen die verschiedenen relationellen Kategorien auseinander gehalten werden; was die Prädikative betrifft, schließen wir uns der Analyse von Heltoft an, und, wie wir gesehen haben, können auch IO und DO als topologisch verschiedene Plätze behandelt werden, wenn man die fixe Reihenfolge in den eindeutigen Regelfällen als Grundlage für die Analyse nimmt. Insofern ist unsere Gleichsetzung von Platz und relationellem Wert berechtigt.

---

1. Vgl. zum Dänischen bei Diderichsen 1946 § 74, a), 1966 S. 366. Fretheim & Halvorsen 1972, 1975 behandeln die (standard-ost-)norwegischen Verhältnisse. Schon Høysgaard bringt 1747 darüber eine brauchbare Formulierung, vgl. Bertelsen 1915-29 IV S. 434.
2. Hansen 3. Ausg. 1984 S. 59.

Damit wird es aber auch schwierig, den Leichtgliederplatz als einen von mehreren anderen Plätzen aufzufassen, denn seine Eigenschaften sind einfach andere. Es ist kein relationell definierter Platz; die Definition leitet sich von prosodischen und morphologischen Eigenschaften her, und in dieser Hinsicht fällt der Platz aus den Definitionsrahmen der sonstigen Plätze. Damit in Einklang steht auch Diderichsens Versuch, den Leichtgliederplatz in seinen großen Schemata zu vermeiden[3] und diese topologische Möglichkeit häufig als Abweichung von den normalen Wortstellungsprinzipien zu beschreiben.[4]

Nun ist die Schwierigkeit mit dem Leichtgliedplatz nicht so sehr, wie z.B. mit **N**, dass nur sehr wenige Lemmata dort einen Platz finden. Ein Leichtgliedplatz könnte sowohl alle Arten von Objekten (aber keine Prädikative) wie auch Orts- und Situationsangaben ($_o$her, $_o$der) aufnehmen, was an und für sich schon eine sehr breite Streuung wäre. Bemerkenswerter ist die Tatsache, dass ein solcher Platz starken Beschränkungen hinsichtlich Prosodie und des aufzunehmenden morphologischen Materials unterworfen wäre. Während der normale Objektsplatz einen Kern vorsieht, der mit nominalen, adjektivischen und pronominalen Einheiten besetzt werden kann,[5] ist das beim Leichtgliedplatz eindeutig nicht der Fall. Hier ist nur ein Paradigma sehr beschränkten Ausmaßes erlaubt.

Dazu kommt noch, dass man mit einer rein topologischen Analyse nachweisen kann, dass der l-Platz doch nicht so eindeutig ist, wie man geglaubt hat. Verschiedene Verhältnisse im Zentralfeld lassen es wahrscheinlich erscheinen, dass die Ansetzung eines l-Platzes keine adäquate Beschreibung ist.[6]

Entscheidend für diese Argumentation ist die Möglichkeit, ein Adverbial **vor** ein Subjekt zu stellen. Diderichsen selber hat ab und zu diese Möglichkeit kurz erwähnt[7] und später in sein revidiertes Schema aufgenommen (1966 S. 379). Beispiele dafür wären z.B.:

(1)   Og endelig dukkede *naturligvis denne særlige gæst* op, ham med årets grimmeste slips (…)[8]

---

3. Vgl. Diderichsen 1946 S. 162 u. 186; 1966 S. 370 u. 379.
4. Diderichsen 1966 S. 371.
5. Allerdings, wie wir sehen werden, nicht ohne prosodische Beschränkungen; diesmal aber in die andere Richtung insofern, als die Glieder, die direkt auf einem relationell bestimmten Platz zu stehen kommen, notwendigerweise betont sein müssen.
6. Die Argumentation für diesen Punkt folgt im Großen und Ganzen der Darstellung in Jørgensen 1991.
7. Diderichsen 1946 §§ 73 u. 74; 1966 S. 377.
8. Henning Mortensen, zit. nach dem Korpus DK87-90.

> 'Und schließlich tauchte natürlich dieser besondere Gast auf, der mit der
> hässlichsten Krawatte des Jahres (…)'

(2)   (…) og her i byen fandtes *jo alle mine venner* fra gamle dage.[9]

> '(…) und hier in der Stadt waren ja alle meine Freunde aus alten Tagen.'

In der dänischen Beschreibungstradition wird diese Stellungsmöglichkeit der Adverbiale nur ganz flüchtig erwähnt; erst Lars Heltoft (1986a S. 53; 1990 S. 31f et passim) hat diesen Platz gründlicher untersucht. Dagegen haben viele Versuche, die Feldanalyse auf die anderen festlandskandinavischen Sprachen zu übertragen, diesen Adverbialplatz berücksichtigt;[10] er scheint in der Tat auch dort verbreiteter als im Dänischen zu sein. Heltoft hat besonders auf die Tatsache hingewiesen, dass dieser Adverbialplatz in der dänischen gesprochenen Sprache, einschließlich der Dialekte, sehr häufig vorkommt; dagegen scheint er in der Schriftprosa sehr wenig vertreten zu sein. Die große Ausnahme ist hier H.C. Andersen, der – vermutlich gerade um den mündlichen Charakter seiner Märchen herauszustreichen – häufig diese Stellungsmöglichkeit benutzt. Sonst kommt der Platz auch in stark formeller Schriftsprache vor, hier allerdings wohl kaum als Zeichen für Mündlichkeit.

Die Adverbiale, die auf diesem Platz stehen können, sind sowohl unbetont als auch betont, wie schon von Diderichsen bemerkt; Diderichsen zitiert sowohl die eindeutig unbetonten *jo*, *nok* und *vist* als auch die eindeutig betonten *pludselig*, *sædvanligvis* und *endnu*.[11] Ausgeschlossen von diesem Platz ist im Dänischen die Negation, die meistens betont ist;[12] die enklitischen Negationen in den beiden anderen festlandskandinavischen Sprachen kommen dagegen regelmäßig auf diesem Platz vor. Dafür ist die Bedingung für die Verwendung des Platzes, dass das Subjekt auf dem **n**-Platz betont ist; denn bei einem unbetonten Subjekt wird der Platz unsichtbar:[13]

---

9. *Familiejournalen*, zit. nach dem Korpus DK87-90.
10. U.A. Bruaas 1971 S. 54, Bleken 1971 S. 50; eine vorzügliche Zusammenfassung der norwegischen Verhältnisse findet man bei Endresen 1985.
11. Diderichsen 1946 S. 191, vgl. 1941 S. 38.
12. Hansen & Lund 1983 führen *aldrig* und *ikke* in der Gruppe der grundsätzlich betonten Adverbien an; allerdings könnte man sich (entgegen der Regel, ibid. S. 43) auch unbetonte Beispiele mit *ikke* als Unterglied zu einem anderen Glied denken: ˳*ikke altid* <nicht immer>; ˳*ikke for en'hver 'pris* <nicht um jeden Preis>. Die in der Hochsprache jetzt nicht mehr gebräuchliche dänische Negation *inte* war ebenso enklitisch wie die schwedische und norwegische.
13. Diese Tatsache war schon Diderichsen bekannt, vgl. Diderichsen 1946 S. 194.

(3)   Så kom jo Jørgen Skomager alligevel.
        'Dann kam ja Jørgen Skomager dennoch.'[14]
(4)   * Så kom jo ₀han alligevel.
        'Dann kam ja er [unbet.] dennoch.'
(5)   Så kom ₀han jo alligevel.
        'Dann kam er [unbet.] ja dennoch.'
(6)   Så kom jo 'han alligevel.
        'Dann kam ja er dennoch.'

Ähnliche Verhältnisse finden sich im Schwedischen und Norwegischen. Hier ist es aber möglich, die (enklitische) Negation vor das nominale Subjekt zu stellen, so dass deutlich wird, dass auch das Subjekt klitiziert, wenn es mit einem unbetonten Pronomen besetzt wird:

(7)   Sendte ikke Edvard Amanda knebuksene?
        'Schickte Edvard nicht Amanda die Kniehose?'
(8)   Sendte han henne dem ikke?
        'Schickte er sie ihr nicht?'

In diesem Fall ist die einzige mögliche Position des unbetonten pronominalen Subjekts *vor* der Negation.[15]

Wenn nun auch noch ein pronominales Objekt im Spiel ist, sieht man, dass es dem Subjekt in direkter Kontaktstellung folgt:

(9)   Så slog jo Jørgen Skomager ₀ham alligevel.
        'Dann schlug ja Jørgen Skomager ihn dennoch.'
(10)   * Så slog jo ₀han ₀ham alligevel.
        'Dann schlug ja er [unbet.] ihn [unbet.] dennoch.'
(11)   Så slog ₀han ₀ham jo alligevel.
        'Dann schlug er [unbet.] ihn [unbet.] ja dennoch.'
(12)   Så slog jo 'han ₀ham alligevel.
        'Dann schlug ja er [bet.] ihn [unbet.] dennoch.'

Wenn man hier das Prinzip der maximalen Ausfüllung um jeden Preis aufrechterhalten will, braucht man insgesamt sechs Plätze; zwischen **v** und **V** folgt dann:

---

14. Die Reihenfolge ist in der deutschen Übersetzung wortwörtlich übernommen.
15. Vgl. Fretheim & Halvorsen 1975 S. 448.

* ein **n**-Platz ausschließlich für unbetonte pronominale Subjekte
* ein **l**-Platz ausschließlich für unbetonte pronominale Objekte
* ein **a**-Platz, der hinsichtlich der im Dänischen vorkommenden Adverbien nur beschränkt verwendbar wäre (z.B. keine Negation)
* ein **n**-Platz für betonte Subjekte
* ein **l**-Platz für unbetonte pronominale Objekte
* ein **a**-Platz ohne jedwede Beschränkungen

Da es kaum sinnvoll ist, **zwei** Subjekt- und Leichtgliedplätze einzurichten, zumal zwei Adverbialplätze ohnehin notwendig sind, um die Beispiele (3), (6), (9) und (12) mit nominalem bzw. betontem Subjekt zwischen betonten Adverbien zu beschreiben, ist eine andere Erklärung vonnöten. Das gleiche trifft für die Situation in den schwedischen und norwegischen Normsprachen zu.[16]

Eine solche Beschreibung könnte bei den prosodischen Eigenschaften der Pronomina im Satz ihren Ausgangspunkt nehmen. Wir übernehmen hier die Definition der Klitizierung von Fretheim und Halvorsen 1972 S. 1 und 1975 S. 446. Sie heben zwei Eigenschaften als wesentlich hervor:

1° Ein klitisches Element hat keine eigene Betonung, sondern lehnt sich an das vorhergehende oder das folgende Wort an; daher auch die Bezeichnung aus dem Griechischen "klinein", 'lehnen'.

2° Klitische Elemente können mühelos an anderen Satzelementen vorbeibewegt werden. Wir haben schon im Dänischen Beispiele für die Bewegung klitischer Elemente über die Satzadverbien hinweg gesehen. Im Norwegischen gibt es auch die Möglichkeit, dass ein pronominalisiertes Objekt vor einer Verbalpartikel zu stehen kommt:[17]

(13) Har ikke presten drukket opp altervinen?
      'Hat der Pfarrer nicht den Meßwein ausgetrunken?'
(14) Har han ikke drukket den opp?
      'Hat er ihn nicht ausgetrunken?'

Im Schwedischen ist diese Möglichkeit ausgeschlossen; hier bleibt das unbetonte Pronomen hinter der Verbpartikel. In dem Sinne zeigt nur die Prosodie, dass wir es mit einer Klitizierung zu tun haben:

16. Vgl. die Darstellungen bei Venås 1990 S. 154f; Lie 2. Ausg. 1977 S. 39f; Thorell 1973 S. 229; Sandøy 1987 S. 102f.
17. Beispiele aus Fretheim & Halvorsen 1975 S. 448f.

(15) Har inte prästen druckit upp vinet?
      (vgl. oben)
(16) Har han inte druckit upp den?
      (vgl. oben)

Obwohl die festlandskandinavischen Pronomina nicht in allen Standarddialekten stark reduzierte Formen haben, gibt es in den Mundarten und auch in den älteren Formen der Standardsprachen genug Beispiele für z.T. sehr starke Reduktionen der phonetischen Masse, so dass man die Theorie vertreten kann, dass die topologischen Eigenschaften der unbetonten Pronomina durch Klitizierung erklärt werden können. Genau festzustellen wäre dann nur, in welchem Ausmaß die Pronomina in der enklitischen Stellung phonetisch reduziert werden. Während z.B. die dänische Hochsprache sehr wenig reduziert, gibt es schon in den dänischen Mundarten Beispiele für starke Reduktion in enklitischer Stellung; etwa [-ð] für *det* (seeländisch [dɛð]) oder *'n* für *han*, das auch auf Dänisch gelegentlich als oblique Form vorkommt, vgl. Kap. 6, Abschn. 6.1.[18]

3° Durch die rhythmische Integrierung verlieren die klitischen Elemente ihren Status als erstrangige Satzglieder und werden auch, was die Reihenfolgesyntax betrifft, vollständig in das aufnehmende Glied integriert. Bei der Behandlung der Enklise in den neueren generativen Arbeiten wird dieser Tatsache dadurch Rechnung getragen, dass das enklitische Glied als Teil der Terminalkategorie dargestellt wird, nicht als Ko-Konstituente einer x-beliebigen Phrase. Die Struktur einer nicht-enklitischen Konstruktion wäre diese:[19]

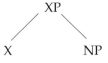

Die Struktur einer enklitischen Phrase wäre dagegen:

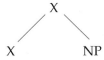

18. Endresen 1985 untersucht die Reihenfolgeverhältnisse von klitischer Negation und klitischen Pronomina in den Dialekten von Trøndelag und kommt zu dem Ergebnis, dass die Klitizierung hier – zumindest in gewissen Mundarten – auch teilweise phonetisch bedingt ist. In der Tat wäre damit der Weg zur Bildung von amalgamierenden Endungen gemäß des flektierenden Sprachtyps betreten; bei der doch recht niedrigen Frequenz dieser Bildungen ist diese Interpretation jedoch im Moment wohl etwas gewagt.
19. Nach Holmberg 1986 S. 90.

(Daraus geht eindeutig hervor, dass die Enklise in einer festlandskandinavischen Sprache verglichen mit den anderen Umstellungen innerhalb des Satzes relativ spät eintritt, da Glieder, die z.B. ins Vorfeld gerückt werden, nie enklitische Glieder mit sich nehmen.)

Dass Pronomina häufig klitisch sind, ist aus allgemein-linguistischer Sicht nicht selten. Das Besondere an der festlandskandinavischen Situation ist, dass die enklitischen Pronomina nicht etwa, wie es sonst häufig der Fall ist, direkt an das finite Verb angehängt werden. Hier ist ein Vergleich mit den unbetonten Pronomina des Französischen sehr aufschlussreich, denn sie sind immer proklitisch mit dem finiten Verb verbunden. Die festlandskandinavischen Pronominalformen haften zwar regelmäßig am Inhaltsverb des Satzes, aber wenn ein anderes Glied dazwischentritt, etwa Subjekt oder indirektes Objekt, klitisieren sie auch an dieses. Die Satzadverbiale und andere Adverbialtypen auf dem **a**-Platz bilden in den festlandskandinavischen Hochsprachen und in den meisten Mundarten keine Basis für Enklise. Kinder lernen diese Regel relativ spät,[20] weswegen man in dänischer Kindersprache gegen die allgemeine Regel doch Enklise an Satzadverbiale finden kann. Uneingeschränkte Enklise an alle Adverbialtypen findet man – analog der Kindersprache, und wahrscheinlich als sprachliche Innovation – in den süddänischen Mundarten von Lolland und Falster.[21] Venås 1971 und Endresen 1985 behandeln die Verhältnisse in Nordwestnorwegen und Trøndelag. Andere Belege für pronominale Enklise an Satzadverbiale aus den anderen festlandskandinavischen Mundarten sind uns nicht bekannt.

Eine andere Besonderheit, zumindest der dänischen und norwegischen enklitischen Pronomina, liegt darin, dass sie u. U. auch an unbetonte Satzelemente klitizieren können. Bekanntlich sind Verbindungen von einem Verb und einer Partikel in den festlandskandinavischen Hochsprachen betont, so dass die Partikel die Betonung des gesamten Verbalglieds trägt und das Verb unbetont ist. Das gesamte Betonungsmuster der Hochsprachen entspricht völlig dem Muster der hypotaktischen Ketten des Hauptverbs und der Hilfsverben; auch hier kann ja nur das letzte Verb in der Kette betont sein; alle anderen Teile sind unbetont.

Wenn nun in einer der Hochsprachen ein Objekt in einer Konstruktion von Verb und Partikel klitiziert, rückt es nach vorne und verbleibt am finiten Verb, obwohl dieses unbetont ist (Tabelle 4.1.).

20. Vgl. Basbøll 1986; Hansen 1975 S. 74.
21. Vgl. Pedersen 1993.

Tabelle 4.1.

F	m	S	a	V	IO	DO	A
'Hans	tog					'hatten	'af
'Hans	tog-den						'af

<Hans nahm den Hut / ihn ab>

Wie man sieht, kann das unbetonte Verb in solchen Zusammenhängen auch das enklitische Element aufnehmen. Da das Verbalgefüge ohnehin die grundlegende inhaltliche Strukturierung der Syntax leistet, ist dieser hierarchische Unterschied zwischen dem Verb und den anderen Satzgliedern hinsichtlich der Funktion als "Landestelle" für klitische pronominale Elemente kaum verwunderlich.

Um die enklitischen Eigenschaften der Pronomina auch im Feldschema zu berücksichtigen, müssen wir die bisherige Notation leicht ändern. Die Pronomina können jetzt klitisch auf dem vorhergehenden betonten Glied dargestellt werden. Als Konsequenz bleibt dann der entsprechende (relationell bedingte) Platz leer[22] (Tabelle 4.2.)

Tabelle 4.2.

F	m	S	a	V	IO	DO	A
Jeg	kender	-	ikke	-	-	Erik	-
Jeg	kender-ham	-	ikke	-	-	-	-

<Ich kenne nicht Erik> (Reihenfolge wortwörtlich, 2. Beispiel mit Pronominalisierung)

Bei geteiltem Verbal würde die Enklise normalerweise nicht zum Vorschein kommen, zumindest nicht für eine syntaktische Betrachtung. Dennoch lassen wir hier die phonetischen Verhältnisse gelten und lassen den Platz DO leer (Tabelle 4.3.).

---

22. Diese Art, enklitische Glieder darzustellen, wurde zuerst in Jørgensen 1992 S. 9f vorgeführt.

Tabelle 4.3.

F	m	S	a	V	IO	DO	A
Jeg	har	-	ikke	kendt	-	Erik	-
Jeg	har	-	ikke	kendt-ham	-	-	-

<Ich habe nicht gekannt Erik> (Reihenfolge wortwörtlich, 2. Beispiel mit Pronominalisie-rung)

Bei einem trivalenten Verb sind die Permutationsmöglichkeiten sehr reichhaltig; Tabelle 4.4. zeigt ein komplett ausgefülltes Schema.

Tabelle 4.4.

F	m	S	a	V	IO	DO	A
Jens	lånte	-	engang	-	knægten	bilen	-
Jens	lånte	-	engang	-	knægten-den	-	-
Jens	lånte-ham	-	engang	-	-	bilen	-
Jens	lånte-ham-den	-	engang	-	-	-	-

<Jens borgte einmal dem Buben das Auto> (mit Pronominalisierungen)

F	m	S	a	V	IO	DO	A
Jens	har	-	engang	lånt	knægten	bilen	-
Jens	har	-	engang	lånt	knægten-den	-	-
Jens	har	-	engang	lånt-ham	-	bilen	-
Jens	har	-	engang	lånt-ham-den	-	-	-

<Jens hat einmal dem Buben das Auto geborgt> (mit Pronominalisierungen)

Betonte Pronomina bleiben, wie schon in Kap. 3 erwähnt, auf dem relationell definierten Platz; sie sind, sofern nicht irgendwelche idiosynkratischen Behin-

Tabelle 4.5.

F	m	S	a	V	IO	DO	A
Jens	kender	-	ikke	-	-	**'ham**	-
Jeg	lånte	-	ikke	-	**'ham**-den	-	-

(vgl. oben, hier mit betonten Pronomina)

derungen[23] dazwischenkommen, auch als Basis für Enklise geeignet (Tabelle 4.5.)

Ein letztes erwähnenswertes Detail ist, dass Pronomina als Regimen einer Präposition ganz besondere prosodisch-syntaktische Eigenschaften haben. Die Präpositionen im Dänischen sind bei betontem Regimen entweder betont oder unbetont, aber mit unbetontem Regimen werden sie ausnahmslos betont.[24] Solche unbetonten Regimen sind aber immer Pronomina; schon Diderichsen bemerkte, dass diese Situation als Enklise an die Präposition aufgefasst werden kann.[25]

Die Bezeichnung "klitisch" in der hier verwendeten Bedeutung stößt bei Sprachwissenschaftlern ab und zu auf Unverständnis. Die Begründung dafür, dass wir dieses Phänomen als prosodisch-syntaktisch und nicht rein syntaktisch auffassen, ist, dass die prosodischen Verhältnisse eine gute Erklärung für die Wortstellungsverhältnisse leisten; sowohl dafür, dass die Pronomina nicht an den Ausgangsplätzen stehen können, als auch dafür, wo sie zu stehen kommen (abgesehen davon, dass die Satzadverbialen nur in ganz wenigen Dialekten Basis für Enklise sind). Eine alternative Beschreibung, die auf prosodische Verhältnisse keine Rücksicht nehmen würde, könnte natürlich stattdessen mit Wortklassen und syntaktischen Mustern arbeiten, aber schon der Ausgangspunkt der Frage, warum die Pronomina einmal an den normalen Plätzen stehen und einmal nicht, verlangt aus unserer Sicht nach einer prosodischen Beschreibung.

Wichtig ist, dass die topologischen Verhältnisse der unbetonten Pronomina auf diese Weise in Analogie mit den normalen betonten Gliedern festgehalten werden können. Der Unterschied ist, dass die unbetonten Satzglieder eben aufgrund der fehlenden Betonung in das prosodische Muster des Satzes nicht hineinpassen und daher klitiziert werden.

23. Vgl. Jørgensen 1993 S. 40f und 42f.
24. Hansen & Lund 1983 S. 49f.
25. Diderichsen 1946 § 74, a) erklärt, dass unbetonte pronominale Glieder, die mittels Konjunktional angeknüpft werden, im Inhaltsfeld stehen, weil das Konjunktional dann betont wird.

KAPITEL 5

Allgemeines zur Kasusneutralisation in den festlandskandinavischen Sprachen

Wie wir schon in Kap. 3 gesehen haben, kann man für die festlandskandinavischen Sprachen drei lineare nichtflektierte Kasus feststellen, die mit den Relationen Subjekt, direktes Objekt und indirektes Objekt zusammenfallen. In diesem Kapitel befassen wir uns dann im Lichte dieser Erkenntnis mit den pronominalen Kasusverhältnissen und vor allem mit den Neutralisationen der beiden in den modernen festlandskandinavischen Sprachen gängigen morphologischen Kasus, Nominativ und casus obliquus. Wie noch unten in Kap. 6 beschrieben wird, sind morphologische Dreikasussysteme bei den Pronomina nur in wenigen konservativen Mundarten vorhanden. Das morphologische System wird deswegen immer "gedehnt", indem eine homonyme Form durch Reihenfolgekonstruktionen – ähnlich wie bei den Substantiven – zwei Kasusfunktionen abdeckt. In diesem Kapitel werden die Funktionen des morphologischen Kasussystems genauer beschrieben und etliche wenig bekannte Konstruktionen erläutert; die Funktionen werden dann auch mit den semantischen Verhältnissen in Bezug gesetzt.

Unser Begriff "Neutralisation" umfasst, wie schon gesagt, sowohl Neutralisation im gängigen Sinne als auch Inkongruenz, d.h. Verwendung der einen Form aus einem zweigliedrigen Paradigma in einer Konstruktion, wo aufgrund der normalen Rektion die andere Form im Paradigma zu erwarten wäre. Wichtig zu bemerken ist auch, dass der Begriff an sich streng synchron aufzufassen ist; auf der anderen Seite ist es unvermeidlich, dass eine solche synchrone Untersuchung auch Licht auf die mit der Neutralisation verbundenen diachronen Prozesse wirft. Diachronie ist aber nicht an sich Sinn und Zweck der Untersuchung.

5.1. Abriss der Verwendungen mit Neutralisation

In diesem Abschnitt geben wir einen Überblick über die Positionen, in denen Neutralisation der beiden gängigen pronominalen Kasus, Nominativ und casus obliquus, vorkommt. Hier muss man zunächst zwischen zwei verschiedenen Arten und zwei verschiedenen Richtungen der Kasusneutralisation unterscheiden, die in den festlandskandinavischen Sprachen vorkommen.

5.1.1. Morphologische Neutralisation

Es ist in einer festlandskandinavischen Sprache denkbar, dass der Unterschied zwischen Nominativ und casus obliquus permanent aufgehoben ist, d.h. es gibt in diesem Fall nur eine gemeinsame Form, die alle einschlägigen syntaktischen Funktionen abdeckt. Diese Situation kommt in den festlandskandinavischen Sprachen bei den eigentlichen Substantiven vor, die in keinem Fall den Unterschied 'Nominativ | Akkusativ' morphologisch kennzeichnen.[1] Was die Pronomina betrifft, kennt man entsprechende Fälle von Neutralisation aus dem Dänischen, wo der pronominale Kasus bei den Pronomina der (nicht-belebten) 3. Pers. sing. utrum und neutrum (*den* und *det*) nicht vorhanden ist (und nie vorhanden war). Wir nennen diese Art der Neutralisation eine **morphologische Neutralisation**. Sie ist in keinem Fall syntaktisch bedingt, sondern beruht auf Gegebenheiten des morphologischen Inventars.

Am Rande sei bemerkt, dass die festlandskandinavischen Sprachen (mit Ausnahme der erwähnten norwegischen und nordschwedischen Dialekte) schon vor der Neuzeit eine andere morphologische Neutralisation vollständig vollzogen haben, nämlich die von Akkusativ und Dativ. Spuren davon sind in den Paradigmen noch vorhanden, und zwar insofern, als dass die jetzigen obliquen Formen etymologisch gesehen teils alte Dativ-, teils alte Akkusativformen sind. Die Ereignisse in dieser Entwicklungsphase lassen sich wohl am ehesten in jenen norwegischen Mundarten historisch nachweisen, die erst sehr viel später den Dativ völlig aufgegeben haben. Wir werden unten (Kap. 9) etliche Beispiele für diese Entwicklung anführen.

In Bezug auf die morphologische Neutralisation von Akkusativ und Dativ ist es wichtig zu bemerken, dass auch Dativformen überlebt haben. So gehen Formen auf *-m* auf Dativformen zurück.[2] Bei dieser Neutralisation gab es eine Tendenz in den südskandinavischen Mundarten, Formen aus beiden alten Kasus in die neuen Paradigmen aufzunehmen, während die nordskandinavischen Mundarten sich strenger an die Formen des Akkusativs gehalten haben. Wir werden unten (Kap. 6) genauer auf diesen Punkt eingehen.

1. Einen morphologischen Kasus bei Substantiven gibt es zwar in einigen Dialektgebieten in Norwegen und Schweden; hier ist aber nicht der Akkusativ, sondern – wie schon oben in Kap. 3 erwähnt – der Dativ lebendig. [Korrekturergänzung:] Nach Abschluss der Habilitationsarbeit haben wir bei Schagerström 1882 Belege aus einer mittelschwedischen Mundart für oblique Formen bei gewissen Namen und Bezeichnungen für Personen und lebende Wesen gefunden. Dass solche oblique Formen in der Tat vorhanden waren, wird an anderer Stelle unsere Argumentation unterstützen.
2. Vgl. Brøndum-Nielsen 1965 S. 67; die dort gegebene Erklärung, warum wechselweise Akkusativ- und Dativformen überlebt haben (S. 65ff), erscheint uns sehr zweifelhaft, da sie auf syntaktische Verhältnisse keine Rücksicht nimmt.

Eine schwierige Konstellation im morphologischen System findet man z.B. im normierten Nynorsk bei der 3. Pers. sing. mask. und fem., bei welcher zwar zwei verschiedene Formen vorhanden sind, bei der aber dennoch beide alle syntaktischen Funktionen ausüben können, bzw. die eine Form alle Funktionen ausübt und die andere bei gewissen Funktionen eine Alternative bleibt.[3] Auch in einer solchen Situation muss man am ehesten mit einer morphologischen Neutralisation rechnen, um die Beispiele nicht überzustrapazieren. Dennoch erlaubt eine solche Situation ab und zu Rückschlüsse auf die allgemeine syntaktische Ausnutzung des Kasusunterschieds, besonders, wenn z.B. die oblique Form mit Sicherheit von gewissen Funktionen des Nominativs ausgeschlossen ist, dafür in anderen aber akzeptiert wird.

Endlich gibt es eine Tatsache, die in Bezug auf die festlandskandinavischen Pronominalformen bei vielen Einzelanalysen, besonders im dialektologischen Bereich, berücksichtigt worden ist, obwohl sie kaum Eingang in die normierten Grammatiken gefunden hat. Es geht hier um die ziemlich konsequente Unterscheidung von unbetonten und betonten Formen, die in allen Mundarten bekannt ist. Sie steht mit dem sog. "Obligatorium" der persönlichen Pronomina in Verbindung;[4] es ist ein besonderes Kennzeichen der neueren germanischen Sprachen, dass die Pronomina auch dann im Satz vorkommen, wenn sie in bedeutungsmäßiger Hinsicht redundant sind.[5] Daraus leitet sich ein Unterschied zwischen bedeutungsmäßig redundanten und bedeutungsmäßig nicht-redundanten Formen ab, der auch in den Formen selber Niederschlag findet; dieser Unterschied ist auch – zumindest in Bezug auf die 3. Pers. – als Unterschied zwischen eigentlich persönlichen und demonstrativen Pronomina be-

---

3. Vgl. Heggstad 1931 § 327.
4. Vgl. Kuen 1957, Orešnik 1986. Die unter dieser Bezeichnung zusammengefassten Tatsachen werden im Ansatz unter dem Begriff Pro-drop zusammengefasst. Während der Term "Pro-drop" voraussetzt, dass die weggelassenen Pronomina in einer Tiefenstruktur syntaktisch repräsentiert sind, setzt der Term Obligatorium voraus, dass die diskursiv gegebene Möglichkeit, Pronomina wegzulassen, suspendiert wird. Wir benutzen hier den Term Obligatorium, weil er eher unserer Auffassung der Grundlage der Syntax entspricht.
5. Es gibt allerdings Ausnahmen, nicht nur in älteren Sprachformen. In den Sprachen mit Obligatorium können die Pronomina in vielen festen Wendungen entgegen der Hauptregel doch ausgelassen werden; gewisse Mundarten, besonders im süddeutschen Sprachraum, können freizügiger die Pronomina weglassen; vom englischen und vom schwedischen Sprachraum ist bekannt, dass die moderne Stadtsprache bezüglich der Pronomina relativ großen Spielraum hat. Trotz dieser Ausnahmen kann man feststellen, dass ein Sprecher einer festlandskandinavischen Sprache, der sich an der Norm orientiert, tendentiell das Obligatorium einhalten wird.

schrieben worden.[6] Die redundanten Formen neigen nämlich deutlich dazu, unbetont zu sein, während die nicht-redundanten ebenso regelmäßig betont sind.

Durch die Betonungsverhältnisse entsteht die Tendenz, dass die nicht-betonten, redundanten Formen auch phonetisch reduziert werden, während die betonten, nicht-redundanten die volle morphophonetische Form behalten. Es kann auch vorkommen, dass sich ein grammatischer Unterschied zwischen den reduzierten und den nicht-reduzierten unbetonten Formen entwickelt; das scheint z.B. in der Osloer Stadtmundart der Fall zu sein.[7] U.U. wird das Forminventar dann noch von syntaktischen Neutralisationen durchkreuzt, die die Analogien zwischen den verschiedenen Formen in Bezug auf die syntaktische Verwendung aufheben. Die Grundlage für diese Entwicklung liegt mit Sicherheit in dem in allen festlandskandinavischen Sprachen (wie auch im Englischen und Französischen) analog entwickelten Unterschied in reihenfolgesyntaktischer Hinsicht zwischen betonten und unbetonten Formen; die Konsequenzen sind aber nicht überall die gleichen. Am Ende dieser Entwicklung steht eine Stufe, wo sich die Formen vollständig auseinanderentwickelt haben; diese ist im Französischen am Deutlichsten erreicht, aber auch das gesprochene Englisch und Dänisch haben sich dahin gehend weit entwickelt.

Die Konsequenzen des doppelten Forminventars werden unten für die jeweiligen Sprachen im Detail besprochen.

5.1.2. Syntaktische Neutralisation

Das Gegenstück zur morphologischen Neutralisation ist die syntaktische Neutralisation. Anders als bei der morphologischen Neutralisation sind hier zwei eindeutig verschiedene grammatisch kontrastierende Formen vorhanden. Es gibt aber gewisse genau definierbare syntaktische Positionen, in welchen der Kasusunterschied aufgehoben ist, so dass hier beide Formen (zumindest prinzipiell) vorkommen können. Des weiteren gibt es syntaktische Positionen, in welchen der Kasus, der üblicherweise darin verwendet wird, anderswo im systemischen Aufbau der Sprache syntaktische Funktionen ausübt, die mit jenen syntaktischen Positionen unvereinbar sind. Beispiele wären etwa eine unter gewissen Umständen obligatorische Verwendung von obliquen Formen als Subjekt oder von Nominativformen in Verbindung mit einer Präposition. Wir

6. Wie wir unten (Kap. 9) sehen werden, ist dieser Unterschied besonders in der Grammatik des Nynorsk heikel.
7. Vgl. Koch Christensen 1985.

unterscheiden dies in begrifflicher Hinsicht, indem der Fall, wo beide Kasus fakultativ auftreten können, als "syntaktische Neutralisation" strictu sensu, und jener Fall, wo ein jeweils anderer Kasus obligatorisch verlangt wird, als "Kasusinkongruenz" bezeichnet wird. Da es aber nicht selten schwierig ist, die Unterscheidung zwischen fakultativen und obligatorischen syntaktischen Neutralisationen präzise zu ziehen, besonders bei nicht-standardisierten Sprachformen, verwenden wir den Begriff 'syntaktische Neutralisation' als Sammelbegriff. Die Bezeichnung 'Kasusinkongruenz' kommt nur dann vor, wenn das behandelte Phänomen mit Sicherheit als obligatorisch beschrieben werden kann.

Den anderen großen Unterschied finden wir zwischen Mundarten, die bei der syntaktischen Neutralisation grundsätzlich die Nominativ-Form eindringen lassen, und solchen, die der obliquen Form den Vorzug geben. Meistens ist es so, dass eine Mundart entweder die eine oder die andere Richtung der Neutralisation kennt; für zumindest eine (finnlandschwedische) Mundart kann man jedoch nachweisen, dass sie beide kennt, vgl. Kap. 8, Abschn. 8.3. Auf die Frage, ob man auch im Dänischen mit Neutralisationen in beide Richtungen rechnen muss, kommen wir in Kap. 7 zurück. In einer klassischen strukturalistischen Sehweise würde man hier mit markierten und unmarkierten Formen rechnen. Wie wir zeigen werden, ist das Zusammenspiel zwischen Formen und Strukturen außerordentlich komplex. Die Pointe dabei ist, wie unten noch zu besprechen ist, dass man zwar markierte und unmarkierte Formen feststellen kann, dass aber die Markiertheit der einzelnen Formen nicht alleine die Richtung der Neutralisationen bestimmt; sie wird durch andere Arten der Markierung überlagert.

5.2. Positionen der syntaktischen Neutralisation

Die Neutralisation setzt in ganz bestimmten syntaktischen Zusammenhängen ein, die mehr oder weniger verallgemeinert werden können. Wir zählen hier die wichtigen Neutralisierungspositionen auf:

A. Oblique Form > Nominativ

A.1.   Objektposition bei einem Verb
A.2.   Objektposition bei einer Präposition

Vieles deutet darauf hin, dass es eine zusätzliche Bedingung ist – zumindest für die konkrete Sprachsituation, in der diese Art der Neutralisation vorkommt – dass die Position eine Fokus-Position sein muss, dass also diese syntaktische

Stelle eine archetypisch ungebundene Information darstellt.[8] Positionen, die
nicht Fokus sein können, erlauben keine Neutralisation. Für viele vom Verb
direkt abhängigen Funktionen sind Neutralisationen nie nachgewiesen worden. Aus norwegischen Dreikasusmundarten sind Fälle bekannt, wo die Dativformen bei Fokusbedeutungen in sonst typischen Akkusativpositionen
vorkommen (vgl. unten Kap. 9); dadurch entsteht eine Analogie, die für die
angeführte Situation interessante Denkanstöße gibt.

B. Nominativ > Obliquer Kasus

Gruppe Ba

B1.   Als Subjekt im Satzknoten
B2.   Als Subjekt in einer Ellipse

Die erste Hauptgruppe umfasst Positionen, die entweder direkte Subjektpositionen sind oder zumindest durch Koreferenz mit dem Satzsubjekt verbunden
sind; hier wird die Neutralisationsposition zusätzlich noch durch den gesamten Aufbau des Satzes bestimmt.

Gruppe Bb

B3.   Als Prädikativ des Subjekts
B4.   Als "Inhaltssubjekt" oder "Existenzsubjekt" in einer Existenzkonstruk-
       tion[9]
B5.   Als Subjekt in einer (betonenden) Rechtskopierung

Diese Gruppe umfasst Funktionen, die aus inhaltlicher Sicht mit dem Satzsubjekt kongruieren, ohne aber selbst Subjekte zu sein.

---

8.   Zum Begriff Fokus s. Abschn. 5.3. in diesem Kapitel.
9.   Es geht hier um Satzglieder, die zwar in Bezug auf die Valenz Subjekte sind, aber den-
     noch auf dem Objektplatz stehen. Die Schwierigkeiten in Verbindung mit der Analyse
     solcher Glieder wurden oben (Kap. 3, Abschn. 3.2.) berührt; eine Zusammenfassung der
     Diskussion bieten Falster Jacobsen und Olsen 1984. Das Wort "Inhaltssubjekt" ist eine
     Übersetzung von Diderichsens letztem Vorschlag zur Terminologie (der aber sicherlich
     auch der schlechteste ist); wir bevorzugen den semantischen Begriff "Existenzsubjekt",
     einerseits um das Inhaltliche klarzumachen, andererseits, weil ein syntaktischer Termi-
     nus nicht leicht zu finden ist.

Gruppe Bc

B6.   In Vergleichen (vgl. Abschn. 5.2.1.2.)
B7.   In parataktischer Verbindung
B8.   Mit einem Attribut rechts vom Kern:
        B8a.   Mit Relativsatz
        B8b.   Mit Adverbial oder Präpositionsverbindung
        B8c.   Mit Apposition (Appellativ od. Proprium)
B9.   Als Determinant in einer Nominalphrase

Diese letzte Gruppe umfasst verschiedene, in relationaler Hinsicht etwas heterogene Funktionen, die von verschiedenen Ebenen aus determiniert werden.

Zur ersten Untergruppe (Ba), den direkten Subjektpositionen, gehören das
vorgerückte Subjekt des untergeordneten Knotensatzes (B1) und die Ellipsen
(B2). Das Kriterium ist hier, ob das in Frage kommende Glied die von der Verbvalenz vorgesehene Subjektposition einnimmt; die Festlegung dieser Subjektpositionen erfolgt in unserer Beschreibung der festlandskandinavischen Syntax durch die Erstellung der Reihenfolgemorpheme. Zur zweiten Untergruppe
(Bb), jener, die durch inhaltliche Bezüge zum Subjekt geprägt ist, gehören das
Prädikativ des Subjekts (B3), das Existenzsubjekt (B4) und das Subjekt in einer
(betonenden) Rechtskopierung (B5).[10] Interessant ist, dass viele der festlandskandinavischen Mundarten bei der zweiten Gruppe auf die formale Kennzeichnung der inhaltlichen Verbindung zum Subjekt verzichten, so dass eine
Analogie zum Objekt zum Ausdruck kommt.[11] Gewissermaßen hebt die Verwendung der obliquen Form im Satzknoten und in den Ellipsen die formale
Kennzeichnung der Relation zur Subjektposition auf. Dabei stellt sich die Frage, was die Ursache eines solchen Verlusts semiotischer Kennzeichnung sein
kann. Da kaum anzunehmen ist, dass eine Sprache auf einem Gebiet auf semiotische Kennzeichnung verzichtet, ohne auf einem anderen im Sprachsystem einen Gewinn zuzulegen, ist durch ein solches Raisonnement das Ziel der
Suche gegeben. Was könnte in diesem Fall der semiotische Gewinn sein?

Die dritte Hauptgruppe (Bc) umfasst Positionen, die als Neutralisationspositionen durch ihren internen Aufbau – also nicht mehr in Bezug auf die ge

---

10. Diese Gruppe B5 nimmt doch deutlich eine Übergangsposition zu den direkten Subjektpositionen der ersten Gruppe ein, da das Glied hier referentiell und funktional mit
    dem Satzsubjekt voll identisch sein muss.
11. Diese Analyse wurde zunächst von Knud Knudsen (1856 S. 22f) und Wiwel (1901 §56-
    59) vorgeschlagen, vgl. Bleken 1956 S. 80-82. Anders bei Louis Hjelmslev (1972a), wie
    unten (Kap. 10) noch erläutert werden soll.

samte Satzstruktur – bestimmt werden. Diese interne Bestimmung ist typisch
sowohl für die Vergleiche (B6 – für eine Definition s.u.), für die Parataxe (B7)
als auch für die Konstruktionen mit dem Pronomen als Kern einer Konstruktion (B8). Dasselbe gilt für die Konstruktion B9 (Pronomen als Determinant in
einer Nominalphrase). Diese drei Konstruktionen können die verschiedensten
Satzfunktionen ausüben; trotzdem setzt sich die Neutralisation aufgrund des
internen Aufbaus der Konstruktion durch. Sichtbar ist diese Neutralisation
allerdings am Besten in Bezug auf Subjektpositionen, da das Paradigma der
Formen ja keine Unterscheidung in Positionen erlaubt, die ohnehin oblique
sein würden. Besonders bei der Konstruktion B9, aber auch häufig bei B8, ist es
ja so, dass die Neutralisation auch den Nominativ in typische oblique Positionen stellt, vgl. unten Kap. 7.

Ein wesentlicher gemeinsamer Faktor sämtlicher hier behandelten B-Kon-
struktionen ist, dass sie alle nicht-enklitisch sind; B9, was ohnehin etwas anderer Art ist, dürfte eher als proklitisch gelten. Die sich daraus ergebende Konsequenzen werden unten in Abschn. 5.4. ausgeführt; es geht hier um die Tatsache, dass die nicht-enklitischen Verwendungen der Pronomina alle typisch als
informativ angesehen werden müssen.

5.2.1. Besonderheiten an bestimmten Neutralisationspositionen

5.2.1.1. Die Satzspaltung

Ein ganz besonderes Problem in Bezug auf die Kasusneutralisation ist die sog.
"Satzspaltung", die man bei einer oberflächlichen Betrachtung für eine Verbindung aus Pronomen und Relativsatz halten könnte: also als Beispiel für B3
(Subjektsprädikativ) oder B4 (Existenzsubjekt) mit B8a kombiniert. Diese Auffassung der Konstruktion ist in der älteren Grammatik sehr verbreitet; sie ist
aber in neueren Analysen stark angefochten worden, z.B. von Lundeby (1967)
oder Fretheim (1970) für das Norwegische (Bokmål) und Hansen (1973) für das
Dänische; ferner verweisen wir auch auf die semantische Untersuchung von
Vikner (1970) für die eng verwandte Situation im Französischen. Kern der An-
griffe ist, dass diese sog. "Spaltung" nicht als bloße Addition zweier Konstruktionen aufgefasst werden kann. Besonders wichtig sind hier die semantischen Untersuchungen von Carl Vikner und Erik Hansen; sie zeigen nämlich
eindeutig, dass die Satzspaltung eine funktionelle Einheit ausmacht; das abgespaltene Glied ist Fokus (vgl. unten Abschn. 5.3.2.) und der Nebensatz Topik.
Wie wir unten sehen werden, bildet die Konstruktion in der Tat auch oberflä-
chensyntaktisch eine enggeflochtene Einheit; dafür gibt es eine beachtliche Reihe von Argumenten:

1° Das erste Argument bezieht sich auf die häufig vorhandene Kasusrektion eines Pronomens als gemeinsames Glied im Obersatz, die durch den Satzwert des gemeinsamen Gliedes im Untersatz regiert wird. Man sieht diese Rektion deutlich im Schwedischen; das Pronomen im ersten Beispiel hat Nominativ, weil es im Untersatz Subjekt ist, während das zweite im Untersatz Objekt ist und daher den casus obliquus annimmt:

(1)   Det var jag som kom från Ekenäs (Schw.)
        '*Ich* kam von Ekenäs.'
(2)   Det var dig som jag skjutsade till Tenala (Schw.)
        '*Dich* brachte ich nach Tenala.'

Das Norwegische hält diese Regel auch ein, während es fraglich ist, ob sie im Dänischen eine Rolle spielt.[12] So wie die Verhältnisse im normierten Schwedischen und im Norwegischen sind, zeigt sich deutlich, dass der Hauptsatz mit seinem einfachen Gefüge wenig differenziert ist; das gemeinsame Glied hat sich in der Tat, relational betrachtet, nicht richtig vom Untersatz gelöst, bzw. der Hauptsatz ist eine redundante Oberflächenmarke. Ganz eindeutig ist das Argument aber nicht, da auch die anderen Beispiele für Pronomina im Obersatz vor einem relativen Untersatz stark dazu neigen, vom Untersatz ihren Kasus zu erhalten, vgl. unten.

2° Lundeby weist weiterhin mit Recht darauf hin, dass der mutmaßliche - Relativsatz in dieser Konstruktion sich von anderen Relativsätzen dadurch unterscheidet, dass er gegenüber der normalen Dichotomie der Relativsätze – 'bestimmend | parenthetisch' – neutral ist, und folgert daraus, dass der mutmaßliche Relativsatz eigentlich keiner ist.[13] Das muss aber nicht unbedingt eine Eigenschaft der Konstruktion sein; denn der Unterschied 'bestimmend | parenthetisch' hat erst einen Sinn, wenn der Relativsatz sich mit einem topischen Element im Satz verbindet. Das Prädikativ ist aber typisch fokussiert, nicht topisch; und gerade bei fokussierten Elementen ist es im Allgemeinen sehr schwierig zu sagen, ob der Relativsatz bestimmend oder parenthetisch ist:

(3)   Hjelmslev ist ein Sprachwissenschaftler, der nach wie vor großen Einfluss hat.
(4)   Ich kenne eine Kneipe in Leverkusen, wo es immer gemütlich zugeht.

---

12. Die von Aa. Hansen (1965 S. 101) verzeichneten Beispiele von u.a. Kaj Munk sind eher marginaler Natur, wie wir unten (Kap. 7) nachweisen werden.
13. Lundeby 1967 S. 7.

In solchen Relativsätzen spielt die semantische Charakterisierung des Kerns eine größere Rolle als die pragmatische Bestimmung des diskursiven Status, die bestimmende Relativsätze ausüben. Auf der anderen Seite ist der Inhalt ja auch nicht kommunikativ redundant. Insofern ist es schwierig, mit diesem Argument alleine zu behaupten, dass der Nebensatz in der Satzspaltung kein Relativsatz sein sollte, wenn die Neutralität der Dichotomie 'bestimmend | parenthetisch' bei fokussierten Elementen ohnehin nicht vorhanden ist.

3° In Verbindung mit dem Status des Nebensatzes ist es wichtig zu bemerken, dass im Dänischen nur die Satzspaltung Nebensätze in der Form eines Relativsatzes mit einem Subjekt und (jedenfalls in der gehobenen Schriftsprache) mit Objekten (einschließlich Präpositionalobjekten) bildet. Adverbiale und Prädikative verlangen Nebensätze, die entweder kein Konjunktional haben oder, wenn doch, die allgemeine Nebensatzmarkierung *at*; in der Umgangssprache haben alle Nicht-Subjekte diese Markierung, oder eine Markierung ist überhaupt nicht vorhanden.[14] Dies ist zwar kein Problem für die Verwendung der Personalpronomina in Satzspaltungen; auch funktioniert der im Dänischen übliche Wechsel zwischen *som* (allgemein) und *der* (nur Subjekt im Untersatz) problemlos in solchen Konstruktionen. Nichtsdestoweniger würde eine Spezialbehandlung der Satzspaltungen an einer Auseinandersetzung mit dem genaueren Charakter des "abgespalteten" Nebensatzes nicht vorbeikommen.

4° Die reflexiven und reflexiv-possessiven Pronomina[15] können im Obersatz verwendet werden, auch wenn ihr Korrelat im Untersatz steht:

(5)   Det var sin søster han inviterte til middag i går. (Bokmål)[16]
       'Es war seine Schwester, die er zum Abendessen einlud.'
(6)   Det er sig selv han snarest skulle vredes på. (Dän.)
       'Er sollte eher auf sich selber wütend sein.'
(7)   Det er af sine egne man skal have det. (Dän.)[17]
       'Man wird es schon von den Eigenen bekommen.'

---

14. Mikkelsen 1911 S. 569. Lundeby 1967 behandelt die leicht abweichenden norwegischen Regeln S. 5-6.
15. Unten (5.2.1.2. Pkt. 2°) kehren wir etwas eingehender zum Problem der reflexiven Pronomina in den festlandskandinavischen Sprachen zurück.
16. Beispiel von Fretheim 1970 S. 53; Fretheim selber kommentiert diese Tatsache nicht.
17. Die beiden dänischen Beispiele sind von Diderichsen 1939 S. 51; allerdings stammt das erste Zitat (6) von Lefolii (1871). Obwohl die Beispiele aus der Sicht der normierenden Grammatik überraschend sind, ist das Bürgerrecht in der Sprache alt und wohl dokumentiert.

Ein reflexiver Verweis vom Hauptsatz in einen Nebensatz ist sonst ungrammatisch:

(8)   * Der kommer sin søster han inviterte til middag i går. (Bokmål)
          'Da kommt seine Schwester, die er zum Abendessen einlud'.

Trotz allen Vorbehalten gegen die Verwendung von den reflexiven und reflexiv-possessiven festlandskandinavischen Pronomina als Analysemittel deutet diese Tatsache stark darauf hin, dass der gespaltene Komplex syntaktisch wie **ein** Satz aufgefasst wird.

5° Fretheim macht darauf aufmerksam, dass gewisse modale Hilfsverben – anscheinend ohne die Synonymie zu stören – sowohl im Obersatz als auch im Untersatz auftreten können:[18]

(9)   Det burde ha vært henne man valgte. (Norw.)
          Det var henne man burde ha valgt. (Norw.)
          'Man hätte sie wählen sollen'.

Da die alte Auffassung der Konstruktion als Subjektsprädikativ oder Existenzsubjekt mit einem Relativsatz in Bezug auf unsere Analyse der Verteilung von Topik und Fokus[19] – mit allen hier aufgezählten Vorbehalten einer solchen Analyse gegenüber – dennoch als sinnvoll angesehen werden kann, rechnen wir desweiteren alle solche Beispiele zur Gruppe B8a. Zwar ist es wesentlich, daran festzuhalten, dass die Beispiele für Satzspaltung einige ganz besondere Eigenschaften haben; wir wollen aber kein Hauptmoment der Analyse daraus machen.

5.2.1.2. Zum Begriff der Vergleiche

Unter den durch die Tradition überlieferten Bezeichnungen für Satzglieder findet man den Begriff der Vergleiche nicht; in der skandinavischen Grammatik hat Mikkelsen (1911 S. 138) die Bezeichnung "bindeordsled" [Konjunktionsglied] als Bezeichnung für ein Satzglied, das aus einer vergleichenden Konjunktion[20] und einer Nominalphrase gebildet wird, verwendet. Erik Rehling

18. Fretheim 1970 S. 77.
19. Vgl. unten Abschn. 5.3.2., wo wir genauer auf diese Begriffe eingehen.
20. Wichtig sind hier *som* und *enn* (Norw.)/ *än* (Schw.)/ *end* (Dän.); ferner *unntaken* (Norw.)/ *utan* (Schw.)/ *undtagen* (Dän.), *før* (Norw. & Dän.)/ *förr* (Schw.) und etliche andere, die aber nicht unbedingt als Mitglieder dieser Gruppe betrachtet werden müssen.

(1932 S. 118) lehnt die Bezeichnung "sammenligningsled" mit der Begründung ab, dass dieser Rückgriff auf die Semantik unnötig sei. Nichtsdestoweniger verwenden wir hier in Anlehnung an eine starke Tradition in der skandinavischen Grammatik[21] die Lehnübersetzung ins Deutsche, "Vergleiche". Aufgrund ihrer grammatischen Eigenschaften bilden diese Konstruktionen in den festlandskandinavischen Sprachen eine ganz eigene Gruppe. Wir wollen deswegen etwas genauer auf ihre Merkmale eingehen.[22]

In einer Sprache wie der deutschen lässt sich die klassische Analyse solcher Glieder als reduzierte Nebensätze ohne große Schwierigkeiten aufrechterhalten. Die Nominalphrasen nach Wörtern wie *als* und *wie* kongruieren, was Kasus betrifft, mit jenen Gliedern im Matrixsatz, die die gleiche syntaktisch-semantische Funktion haben. Insofern kann eine Analyse solcher Glieder als reduzierte Sätze nicht angefochten werden; das Vorkommen aller einschlägigen Kasus nach diesen Konjunktionen kann nur damit erklärt werden, dass tatsächlich eine Reduktion eines Satzes vorliegt. Ein vorzüglicher Prüfstein ist die Konjunktion *außer*, die bis vor 200 Jahren noch regelmäßig Kasuskongruenz hatte, heute aber in den meisten Fällen mit Dativ verbunden wird. Wenn nur *ein* Kasus (aus drei) vorkommt, dürfte der Status als Präposition kaum anzufechten sein; im deutschen Sprachsystem muss hier Kasusrektion (statt Kongruenz) vorliegen. Für das Skandinavische schlägt Aage Hansen die gleiche Analyse des Verhältnisses der Präpositionen gegenüber den Konjunktionen vor;[23] wie man sich denken kann, ist sie bei der morphologischen Situation in einer festlandskandinavischen Sprache nicht besonders effektiv.

Eine Schwierigkeit dieses Gliedtypus ist aber dem Deutschen und den festlandskandinavischen Sprachen gemeinsam: die Regel für das Auslassen von Gliedern bei der Reduktion des Vergleichssatzes ("gapping"). Deutsche Sätze wie:

21. Vgl. z.B. Paul Diderichsen 1946 § 77.4 S. 200 et passim (auch wenn bei ihm nicht deutlich ist, ob er solche Glieder als eigentliche Satzglieder oder als reduzierte Nebensätze auffasst). Die Bezeichnung kommt auch vor bei Byskov 5. Ausg. 1955 S. 81; Heggstad 1931 § 559; Berulfsen 1967 S. 167; Coward 3. Ausg. 1969 S. 93 & 138; Lie 2. Ausg. 1977 S. 112f (anders in der Ausg. 1991); Mørck 1983; bei den meisten dieser Grammatiker ist die genaue Bestimmung der Konstruktion – Satz oder Satzglied? – unsicher; nur Mørck erklärt (mit generativen Argumenten) eindeutig, dass die Konstruktion mit Präpositionalverbindungen gleichzusetzen ist. Andere Bezeichnungen findet man z.B. bei Mikkelsen 1911 ("bindeordsforbindelse" = "Konjunktionalphrase"). Dahl (1884 S. 94) und Næs (1965 S. 343) benutzen zwar das Wort "sammenligningsled", aber in einer logischen Bedeutung; solche Glieder sind in diesen Darstellungen reduzierte Nebensätze.
22. Der Abschnitt 5.2.1.2. baut auf Jørgensen 1990 auf; etliche problematische Details konnten seitdem geklärt werden und wurden hier berücksichtigt.
23. Hansen 1967 Bd. III S. 291, 337.

(10)   Was sehen Sie doch in einem alten Millionär wie mir?

(11)   Er hat keine anderen Freunde als mich.

lassen sich ebenso schlecht wie ihre festlandskandinavischen Entsprechungen als ganze Nebensätze rekonstruieren, was natürlich die ganze Vorstellung von "reduzierten Nebensätzen" stark kontraintuitiv erscheinen lässt, vgl.:

(10')   *Was sehen Sie doch in einem alten Millionär wie [das, was sie in] mir [sehen]?

(11')   *Er hat keine anderen Freunde als [er hat] mich.[24]

Wir müssen leider darauf verzichten, eine Erklärung für dieses Problem zu bieten; es müsste aber bei der Analyse der Konstruktion mit berücksichtigt werden.

Das Problematische an dieser Konstruktion ist, dass sie nur schlecht in die beiden von der traditionellen Grammatik angebotenen Interpretationsmuster – reduzierter Nebensatz und Präpositionalverbindung – hineinpasst. Da in allen festlandskandinavischen Sprachen die gleichen Schwierigkeiten mit diesem Gliedtypus auftreten, werden wir etwas genauer darauf eingehen.

In allen festlandskandinavischen Sprachen ist eine deutliche Neigung zur Verwendung der obliquen Form bei den vergleichenden Konjunktionen *som* und *enn / än / end* eindeutig vorhanden. Diese Neigung ist häufig im Sinne der o.g. Analyse von Aa. Hansen (1967) als ein Übergang zum präpositionellen Status beschrieben worden.[25] Da wir es aber ganz sicherlich mit einer breiteren Entwicklung zu tun haben, wo die oblique Form nicht nur hier, sondern auch in anderen Konstruktionen auf dem Vormarsch ist, ist eine isolierte Erklärung für die Kasusverhältnisse bei den vergleichenden Konjunktionen in den festlandskandinavischen Sprachen kaum sinnvoll, zumal die Wahl des obliquen Kasus ja nicht deutlich auf eine Ausübung der Rektion und damit auf einen

24. Schon Mikkelsen (1911 S. 138) macht auf die "eigenartig zusammengedrängte Form" in gewissen Vergleichen aufmerksam. Andere Belege für die gleiche Beobachtung sind u.a. Diderichsen 1946 S. 200, Lie 1977 S. 112f und Mørck 1983 S. 144ff. (Mørck kommt zu seinem Ergebnis durch eine Kritik an einer anderen Arbeit von Lie, in welcher dieser offensichtlich die entgegengesetzte Meinung wie in der hier zitierten vertritt; leider war uns diese Arbeit nicht zugänglich.)

25. Für das Dänische: Mikkelsen 1911 S. 238; Hansen 1965 S. 103 et passim, Dansk Sprognævn 1963-4 und 1978, Carol Henriksen 1985 S. 172-76; für das Norwegische: Knudsen 1967a I 63 und Mørck 1983 S. 145. Für das Schwedische lehnt Wellander 1973 S. 183 und 188 den Vorschlag ab, doch nicht ohne gleichzeitig auf Beispiele zu verweisen, die eine solche Interpretation nahelegen würden, wie wir unten sehen werden.

präpositionalen Status hinweist, anders als die Verwendung des Dativs bei *außer* im Deutschen. Die festlandskandinavischen Sprachen haben ja nur zwei pronominale Kasus zur Auswahl, während das Deutsche vier hat; die oblique Form ist keineswegs so eindeutig das Ergebnis einer präpositionellen Rektion wie der deutsche Dativ.

Dazu kommt noch, dass die Vergleiche nach wie vor Eigenschaften – vor allem semantische – haben, die von Präpositionalverbindungen nicht zu erwarten sind:

1° Eine interessante, aber nicht ganz eindeutig zu interpretierende Tatsache ist, dass das Regimen von *som* und *enn / än /end* die gleiche semantische Rolle wie ein anderes Glied im gleichen Satz haben muss. Fillmore und seitdem viele Kasusgrammatiker[26] nehmen an, dass ein semantischer Kasus nur einmal pro Satz vorkommen kann. Gegebenenfalls würde dann dieses Theorem durch Wörter wie *som* und *enn / än / end* regelmäßig verletzt werden. Lars Heltoft (pers. Mitt.) hat darauf aufmerksam gemacht, dass auch eindeutige Präpositionen dieses Theorem verletzen können:

(12)   Han kom efter mig (Dän., zwei Agenten)
       'Er kam nach mir'.
(13)   Ole er hos Ebbe (Dän., zwei Lokative)
       'Ole ist bei Ebbe'.

Der Unterschied ist aber, dass die Semantik der beiden Konjunktionen eine Duplizierung verlangt, was die Semantik der Präpositionen nicht tut; bei diesen ist es eher ein akzidentielles Phänomen.

2° Wesentlich ist auch, dass die vergleichenden Konjunktionen z. B. mit Adverben oder Verbalformen zusammen solche Vergleiche bilden können, was bei Präpositionen kaum denkbar ist:

(14)   Han kom tidligere end forventet. (Dän.)
       'Er kam früher als erwartet.'
(15)   Det Hele er mere pragtfuldt, end egentlig skiønt. (Dän.; aus dem ODS)
       'Das Ganze ist eher prachtvoll als eigentlich schön.'
(16)   Det er mere end nok. (Dän.)
       'Es ist mehr als genug.'

26. Vgl. Fillmore 1968 S. 21; Brodda 1973 S. 19; Ruus 1978 S. 168; Blake 1994 S. 71, 72.

(17)   … alle andre steder end netop her. (Dän.)
'… an allen anderen Orten als genau hier.'

(18)   Som altid i Rom ordnede det Hele sig saa malerisk. (Dän.; nach dem
ODS)
'Wie immer in Rom hat sich alles so malerisch geordnet.'

Dadurch wird die Gleichstellung dieser Konjunktionen mit den Präpositionen
stark abgeschwächt.

Drei Konstruktionsmöglichkeiten, die in allen festlandskandinavischen Sprachen vorhanden sind, sind der Grund dafür, dass eine Interpretation der vergleichenden Konstruktionen als selbständige Sätze nur schwer aufrechtzuerhalten ist:

1° *"prepositional stranding"*

Der Begriff "prepositional stranding" für eine Aufgliederung einer Präpositionalverbindung, wodurch die Präposition am festen Platz hinten im Satz stehen
bleibt, die als Regimen der Präposition aufzufassende Nominalphrase dagegen
vorne im Satz zu stehen kommt, wurde von John Ross 1967 eingeführt. Zu
"prepositional stranding" im Dänischen siehe Herslund 1984.

Bei Verben wie *se* <sehen>, *betragte* <betrachten> und *anse* <ansehen> wird
som als Verbalpartikel verwendet und kann daher auch als Präposition aufgefasst werden.[27] Die bekannte Möglichkeit in solchen Konstruktionen, das Regimen von der Präposition loszulösen und ins Vorfeld zu stellen, kommt hier regelmäßig vor:

(19)   Tjenestepige ville familien ikke se hende som. (Dän.)
'Die Familie wollte sie nicht als Magd sehen' (wortwörtlich: 'Magd wollte die Familie sie nicht sehen als').

(20)   Hende betragtede de sig som betydeligt yngre end. (Dän.)
'Sie [pl] betrachteten sich als erheblich jünger als sie [fem. sing.]' (wortwörtlich: 'Sie [fem. sing.] betrachteten sie [pl.] sich als erheblich jünger
als').

Während solche Beispiele noch als durch das Verb ausgelöst betrachtet werden

---

27. Im ODS werden zahlreiche Beispiele unter dem Nachschlagewort *som* zur Bedeutung 4)
angegeben.

können, ist ein Musterbeispiel, das von Wellander zitiert wird, weit problematischer für diese Auffassung:

(21)   Någon skall man ju ha att vara klokare än. (Schw.)[28]
        'Man muss jemanden haben, der nicht so klug ist wie man selber' (wortwörtlich: 'Jemanden muss man ja haben zum Klügersein als').

Wellander beurteilt die Akzeptabilität des nächsten Beispiels zwar kritisch; obwohl keine Quellenangaben vorhanden sind, dürfte das Beispiel dennoch authentisch sein:

(22)   Smutsigt vatten är vad Ganges närmast ter sig som. (Schw.)
        'Ganges benimmt sich am ehesten wie schmutziges Wasser' (wortwörtlich: 'Schmutziges Wasser ist, wie Ganges sich am ehesten benimmt').

In der Tat lassen sich solche Beispiele auch in den anderen festlandskandinavischen Sprachen bilden:

(23)   Alle sportfolk elsker at have nogen at være bedre end. (Dän.)
        'Alle Sportler lieben es, jemanden zu haben, der nicht so gut ist wie sie selber' (wortwörtlich: 'Alle Sportler lieben, jemanden zu haben zum Bessersein als').
(24)   Niels Bohr elskede Einstein at være bedre kendt end. (Dän.)
        'Einstein liebte es, besser bekannt als Niels Bohr zu sein' (wortwörtlich: 'Niels Bohr liebte Einstein,[29] besser bekannt zu sein als').
(25)   Chomsky er Šaumjan lige så begavet som. (Dän.)
        'Šaumjan ist ebenso begabt wie Chomsky' (wortwörtlich: 'Chomsky ist Šaumjan ebenso begabt wie').

Obwohl solche Konstruktionen nicht ganz freizügig eingesetzt werden können, bringt diese syntaktische Eigenschaft die beiden vergleichenden Konjunktionen stark in die Nähe der Präpositionen, was die gliedbildenden Eigenschaften betrifft. Dazu muss noch bemerkt werden, dass solche "gestrandeten" Konjunktionen regelmäßig betont sind, zumindest im Dänischen; in den eigentlichen Verwendungen als vergleichende Konjunktionen mit nominalem Regime sind sie aber immer unbetont, auch mit Pronomen.[30]

28. Wellander 1973 S. 188.
29. Hier auf einem eindeutigen Subjektplatz im Dänischen.
30. Hansen & Lund 1983 S. 46.

2° Gebrauch der reflexiven und reflexiv-possessiven Pronomina

Obwohl die meisten Skandinavier große Schwierigkeiten mit komplizierten Beispielen zum Gebrauch der reflexiven und reflexiv-possessiven Pronomina haben,[31] sind die Hauptlinien im Gebrauch dieser beiden Pronomina doch ziemlich eindeutig, wenigstens so eindeutig, dass sie hier zur Analyse der Vergleiche herangezogen werden können. Auch Finn-Erik Vinje (1976 S. 170) hat recht kurz auf diese Analyse hingewiesen, die wir hier etwas genauer ausführen wollen. Aus praktischen Gründen bezeichnen wir hier die beiden Pronomina als "reflexiv", da diese gemeinsame Eigenschaft für unsere Analyse entscheidend ist.

Die reflexiven Pronomina verweisen aus dem Prädikat auf das dazugehörige Subjekt:

(26) Karen hakker på sin mor. (Dän.)
      'Karen hackt auf ihrer Mutter herum.'
(27) Jonas besegrade sin kusin i badminton. (Schw.)
      'Jonas besiegte seinen Cousin im Badminton.'

Das Prädikat muss nicht unbedingt ein morphologisches Verb sein; es kann auch sein, dass die Reflexiva das Verhältnis zwischen den untergeordneten Gliedern eines Verbalsubstantivs festhalten:

(28) Karens hakken på sin mor [irriterer mig voldsomt]. (Dän.)
      'Das Herumhacken auf der Mutter durch Karen [ärgert mich wahnsinnig].'
(29) Jonas' seger över sin kusin [kommar jag inte att acceptera]. (Schw.)
      'Jonas' Sieg über seinen Cousin [werde ich nie akzeptieren.].'

Die Reflexiva können nie innerhalb des Subjekts zurückweisen:

(30) *Ole og sin kone tog til Rom. (Dän.)
      'Ole und seine [refl.] Frau fuhren nach Rom.'

---

31. Eine mustergültige Dokumentation der Schwierigkeiten im Dänischen findet man bei Diderichsen 1939. Die verschiedenen Nuancen dürften in den anderen festlandskandinavischen Sprachen wenig anders aussehen, abgesehen davon, dass das reflexiv-possessive Pronomen im Dänischen nicht (mehr) auf Subjekte im Plural verweisen kann.

(31)   Ole tog til Rom med sin kone. (Dän.)
       'Ole fuhr nach Rom mit seiner [refl.] Frau.'
(32)   Ole og hans kone tog til Rom. (Dän.)
       'Ole und seine [nicht-refl.] Frau fuhren nach Rom.'

Die Reflexiva können nur innerhalb des Prädikats verweisen, vgl. die Beispiele oben mit Verbalsubstantiven; vgl. auch die Beispiele (33) und (34), wo die Reflexiva nicht in den Gliedsatz hinein verweisen können:

(33)   Den kvinde, Ole havde med til Rom, var hans kone. (Dän.)
       'Die Frau, die Ole mit nach Rom brachte, war seine [nicht-refl.] Frau.'
(34)   *Den kvinde, Ole havde med til Rom, var sin kone. (Dän.)
       'Die Frau, die Ole mit nach Rom brachte, war seine [refl.] Frau.'

Auch wenn das Verb weggelassen wird, können die Reflexiva noch funktionieren:

(35)   Hans fader misted sin venstre fod, hans moder sin højre hånd. (Dän.)
       'Sein [nicht-refl.] Vater verlor seinen [refl.] linken Fuß, seine [nicht-refl.] Mutter ihre [refl.] rechte Hand.'

Alle diese Beschränkungen werden aber bei Vergleichen regelmäßig nicht eingehalten; auch wenn das Vergleichsglied einem Subjekt entspricht, kommen die reflexiven Pronomina vor:[32]

(36)   Han er mye snillere enn sin far. (Bokmål)
       'Er ist viel netter als sein [refl.] Vater.'
(37)   Lise har lige så mange tænder i munden som sin søster. (Dän.)
       'Lise hat ebenso viele Zähne im Mund wie ihre [refl.] Schwester.'
(38)   Han väntar lika otåligt som sin fru. (Schw.)
       'Er wartet ebenso ungeduldig wie seine [refl.] Frau.'

Wellander kommentiert die Normsituation im Schwedischen so, dass die Verwendung von reflexiven Pronomina innerhalb eines Subjekts im "reduzierten Vergleichssatz" (wie in den drei Beispielen 36-38) nicht gestattet ist; dafür erkennt er Beispiele an, wo die reflexiven Pronomina nicht Subjekt sind:[33]

32. Vgl. Diderichsen 1939 S. 50.
33. Wellander 1973 S. 184.

(39)   Han beundrar sin svägerska lika mycket som sin fru. (Schw.)
       'Er bewundert seine [refl.] Schwägerin eben so sehr wie seine [refl.]
       Frau.'

Dadurch sieht man, dass hier nicht die Rede von einem generellen Verbot der
Verwendung der reflexiven Pronomina innerhalb der Vergleiche ist (obwohl
solche Verbote in der früheren Normierungsliteratur der festlandskandinavischen Sprachen gefunden werden können). Wellanders Regel vermeidet aber
die linguistisch interessanten Konstruktionen, weil die Reflexiva in einem
Glied des "reduzierten Vergleichssatzes" hier nicht notwendigerweise auf das
Subjekt des Obersatzes verweisen müssen, sondern ebensowohl so aufgefasst
werden könnten, dass sie auf das durch "gapping" ausgelassene Subjekt des
Vergleichssatzes verweisen würden. Die für Wellander akzeptablen Beispiele
sind daher nicht ausschlaggebend für die Analyse; aber gerade, weil die
reflexiven Pronomina eindeutig in allen Gliedtypen des Vergleiches, einschließlich des Subjekts, stehen können, sieht man, dass die Vergleiche in den
festlandskandinavischen Sprachen weder als eigenständige, noch reduzierte
Sätze aufgefasst werden können. Anderenfalls wäre die hier beschriebene Verwendung der Reflexiva nicht möglich.

3° Koordination

Vergleiche können mit adverbialen Satzgliedern koordiniert werden:[34]

(40)   Hun talte med besvær og som en døende. (Dän.)
       'Sie sprach mit Schwierigkeit und wie eine Sterbende.'
(41)   Han for pludselig og som en raket ud i gården. (Dän.)
       'Er eilte plötzlich und wie eine Rakete in den Hof.'
(42)   Han havde, med Fryd og som noget ganske Nyt, lært at kjende den for-
       trinlige Appel (…) (Dän.)
       'Er hatte mit Freude und wie etwas ganz Neues den vorzüglichen Appel
       kennengelernt.'

Wellander bringt ein Beispiel, wo sich ein Regimen gleichzeitig auf eine vergleichende Konjunktion und eine Präposition beziehen kann:[35]

---

34. Die Beispiele (40) bis (42) stammen von Mikkelsen 1911 S. 149.
35. Wellander 1973 S. 183.

(43)   Forsvarsåtgärdar anses lika brottsliga som och i grunden likställda med
       rustningar. (Schw.)
       'Verteidigungsmaßnahmen werden als ebenso verbrecherisch als und im
       Grunde gleichgestellt mit Aufrüstungen betrachtet.'

Auch wenn der Verfasser dieser Zeilen gestehen muss, dass die Beispiele 40-43
ihm etwas zweifelhaft erscheinen, sind sie empirisch nachgewiesen und damit
unausweichlicher Teil der Grundlage der Analyse. Sie stellen eine deutliche
Neigung dar, Vergleiche als untergeordnete Satzglieder auf der gleichen Stufe
wie andere Adverbiale aufzufassen.

   Wie wir gesehen haben, sind die Vergleiche in den festlandskandinavischen
Sprachen weder mit Präpositionalverbindungen, noch mit reduzierten Nebensätzen zu identifizieren. Wir fassen sie daher als eine eigene Art der adverbialen Satzglieder auf. Die Kasusverhältnisse in diesem Gliedtypus müssen daher
nach wie vor in einem umfassenderen Rahmen geklärt werden.

5.3. Welche syntaktische Aufgabe hat ein Zweikasussystem?

Da die Hochsprachen und die meisten Mundarten der festlandskandinavischen Sprachen, was die pronominalen Formen betrifft, in morphologischer
Hinsicht offenbar Zweikasussprachen sind, stellt sich die Frage, welche Funktion ein solches System haben kann. Dabei wird ein Vergleich mit den nominalen Kasussystemen (vgl. Kap. 3) angestellt.

   Wie wir in Kap. 6 sehen werden, spielt der Unterschied zwischen Nominativ und obliquer Form bei den festlandskandinavischen Personalpronomina
eine große Rolle und hat eine deutliche Verankerung in den vorhandenen Formen, zumindest im Schwedischen und Dänischen. Diese beiden Kasusformen
entsprechen zwei syntaktischen Funktionen, die hochfrequent vorkommen,
nämlich dem Subjekt und dem Objekt. Die Kasus-Funktion-Konstellationen in
diesen Sprachen sind so eingerichtet, dass das Subjekt einer transitiven Konstruktion den gleichen Kasus hat wie das Subjekt einer intransitiven, m.a.W.,
wir haben eine sog. "Akkusativsprache", wo die Akkusativform normalerweise als die markierte Form gilt, während die Nominativform unmarkiert ist.

   Man kann aber auch die Situation umdrehen und fragen, inwieweit die
markierte oblique Form notwendig ist; auffallend ist ja, dass die Substantive in
den festlandskandinavischen Sprachen vollständig auf sie verzichten. Zu dieser Frage muss man sagen, dass der Kasusunterschied an und für sich bei den
sehr vielen intransitiven Verben im Grunde genommen belanglos ist; hier ist
eher das konzeptuelle Verhältnis von Belang und damit die Frage, ob das Subjekt des intransitiven Verbs mit dem Objekt oder dem Subjekt des transitiven

identisch kodiert wird, also ob die Sprache eine Ergativsprache oder eine Akkusativsprache ist. Daneben gibt es in den meisten Textzusammenhängen genug Faktoren, die als alternative Kodierungsmaßnahmen fungieren und daher die morphologische Kennzeichnung überflüssig machen. Hier möchten wir etwas genauer auf zwei prinzipiell verschiedene Erklärungsmöglichkeiten eingehen, die beide wesentliche Seiten der tatsächlichen Strukturen der festlandskandinavischen Sprachen greifbar machen.

5.3.1. Schøslers morphologisch-syntaktische Faktoren als Unterscheidungskriterien

In Kap. 3 haben wir auf die Funktion der Reihenfolgemorpheme in den festlandskandinavischen Sprachen aufmerksam gemacht. Während dieses System mit Sicherheit das wichtigste in den festlandskandinavischen Sprachen ist, ist es, wie schon nachgewiesen, nicht imstande, jeden Inhalt eindeutig darzustellen. Deswegen sind auch die 16 morphologischen, syntaktischen und semantischen Faktoren (über die Reihenfolge hinaus, die hier auch vorkommt) wesentlich, die Schøsler 1984 in einer Untersuchung des Kasuszusammenbruchs im Mittelalterfranzösischen aufzählt; unter verschiedenen Umständen machen sie das Verhältnis zwischen Subjekt und Objekt deutlich. Es sind die folgenden:[36]

A.   Monovalente Verben; hier ist ein Objekt selbstverständlich nicht zu erwarten.

B1.   Das Objekt ist ein Nebensatz mit den Konjunktionen *que* oder *si*.
B2.   Das Objekt ist direkte Rede.
B3.   Das Objekt ist ein Infinitiv oder ein Partizip Präsens.
B4.   Das Objekt ist ein reflexives Pronomen.
B5.   Das Objekt ist ein persönliches, relatives oder interrogativisches Pronomen mit eindeutiger obliquer Form.
B6.   Aufgrund einer semantischen Besonderheit des Verbs kann der einzige vorhandene Aktant nur als Objekt verstanden werden.
B7.   Das Subjekt ist ein persönliches, relatives oder interrogativisches Pronomen mit eindeutig nominativischer Form.
B8.   Lexikalische Restriktionen betreffend Subjekt oder Objekt sind vorhanden; z.B., dass ein belebtes Subjekt oder Objekt verlangt ist.

36. Vgl. Schøsler 1984 S. 67-96.

B9.   Unterscheidung zwischen Subjekt und Objekt anhand der verbalen Numerus- und Personmarkierung.

C1.   Weggelassene Glieder in koordinierten Sätzen.
C2.   Wiederholung eines Gliedes in Extraposition.
C3.   Wortstellung.[37]
C4.   Das Objekt hat als Determination ein reflexives Pronomen, das auf das Subjekt des gleichen Satzes verweisen muss.
C5.   Kasusunterschied.
C6.   Funktionsverbgefüge, wo die Sequenz V+O mit einem Verb synonym ist (z.B. *Bedenken haben* statt *zweifeln*).
C7.   Kongruenz im Partizip Perfekt.

Mit Ausnahme von B6 und C7, die in einer festlandskandinavischen Sprache nicht mehr vorkommen würden, sind alle hier aufgelisteten Faktoren in verschiedenen Strukturen in den festlandskandinavischen Sprachen ebensowohl vorhanden wie im mittelalterlichen Französisch. Allerdings muss man sagen, dass etliche kaum alleine vorkommen können, so z.B. C1 oder C2, die immer von anderen Faktoren in den Nachbarsätzen abhängig sind. Die Faktoren B1 und B2 würden wohl am ehesten in Verbindung mit Selektionsrestriktionen der Verben vorkommen; dies ist eine Vermutung, die zumindest für B2 durch Schøslers statistische Angaben bestätigt wird. Schøslers Untersuchung eines Kasussystems *in statu moriendi* verdient auf jeden Fall Interesse; z.B. kann sie nachweisen, dass die verschiedenen substantivischen Stämme in ihrem Quellentext hinsichtlich ihrer Morphologie sehr verschieden eingerichtet sind: bei etlichen kann ein Kasusunterschied nicht mehr nachgewiesen werden, bei anderen schon.[38] Man sieht deutlich, wie eine ursprünglich einheitliche Kodierung eines syntaktischen Unterschiedes – bedingt durch die Redundanz – auf mehrere, sehr uneinheitliche Faktoren ausweicht, wenn das Kernsystem aufgrund einer Schwäche aufgelöst werden muss. Hier vermutet Schøsler, dass die grundlegende Schwäche durch das außergewöhnliche Flexionssystem hinsichtlich des Numerus und Kasus entstanden ist, vgl. Tabelle 5.1. und 5.2.[39]

37. Bemerkenswert ist, dass die Wortstellung auf der von Schøsler untersuchten Sprachstufe extrem frei ist; sehr ausgefallene Sequenzen sind nicht selten, vgl. Schøslers Statistik (1984 S. 88f). Im heutigen Französisch ist Reihenfolge ebenso entscheidend wie in den skandinavischen Sprachen (vgl. Schøsler 1984 S. 152, Schlussnote 1).
38. Schøsler 1984 S. 23ff.
39. Schøsler 1984 S. 221.

Tabelle 5.1. Substantive und Adjektive im Mask. und Fem.; Artikel im Fem.

		Singularis		Pluralis
		Stamm ohne Schwa	Stamm mit Schwa	
Nominativ	Maskulinum		-Ø/-s	-Ø
	Femininum	-s	-Ø	-s
Obliquer Kasus	Maskulinum & Femininum	-	-Ø	-s

Tabelle 5.2. Maskuliner Artikel

	Singularis	Pluralis
Nominativ	-i	-i
Obliquer Kasus	-Ø	-s

Wie man sieht, erfolgte die Kodierung bei Substantiven und Adjektiven ausschließlich durch das Morphem *-s* in verschiedenen Konstellationen. Das Ergebnis waren Synkretismen zwischen den verschiedenen Formen, wodurch die morphologische Kodierung des semantischen Inhalts selbstverständlich verunklart wird. Die Konsequenz war dann, dass der Numerus das Morphem "behielt", während der Kasus auf andere Mittel auswich.[40]

5.3.2. Semantische Hierarchisierung der nominalen Glieder

Über die von Schøsler aufgestellten Kriterien zur Unterscheidung von Subjekt und Objekt hinaus kann man noch einige syntaktisch-semantische Faktoren aufzählen, die vor allem durch die sprachtypologische Forschung aufgestellt worden sind.

Zunächst ist es wichtig festzuhalten, dass die festlandskandinavischen Sprachen als sog. Akkusativsprachen eine besondere inhaltliche Organisation aufweisen. In einer solchen Sprache besteht starke Affinität (aber keine funk-

---

40. Schøsler 1984 S. 240.

tionale Identität) zwischen Satzanfang (das Vorfeld oder Fundamentfeld), kontextuell gebundenen und anaphorischen Elementen und Satzsubjekt; diese Affinität ist durch die Geschichte der festlandskandinavischen Sprachen u.a. dadurch zum Ausdruck gekommen, dass Satzsubjekte in anderen Kasus durch
den Nominativ ersetzt worden sind. Der oben mehrmals erwähnte Wechsel bei
monovalenten Verben zwischen bestimmtem Subjekt auf dem **n**-Platz und un-
bestimmtem auf dem **N**-Platz ist auch ein Ergebnis dieser Affinität; denn gerade das unbestimmte Subjekt ist als kontextuell ungebunden sehr wenig geeignet, semantischer Ausgangspunkt (Fundamentfeld bzw. Subjekt) eines Satzes
zu sein. Blake erklärt, dass ein Satz in einer Akkusativsprache als eine Prädikation über das Subjekt aufgefasst werden kann;[41] er bringt das sehr über-
zeugende Argument, dass englische Sätze wie:

(44)   A frog is in my soup

Teil einer Geschichte über einen Frosch sein würden, was in der gegebenen Situation nicht stimmen kann. Eine solche semantisch basierte Konzeption der
festlandskandinavischen Syntax sieht man bei Hans Götzsche 1994; Heltoft
1986a/b hat nachgewiesen, warum im Dänischen gerade das Subjekt in den
unmarkierten Fällen auf dem Subjektplatz erscheinen wird. Gemeinsam mit
Frederik Stjernfelt[42] haben wir nachgewiesen, wie der semantische Inhalt des
syntaktischen Gerüsts bei Viggo Brøndal Subjekt und Objekt als diskursive Gegenstände hervortreten lässt, vgl. Kap. 2. Diese Generalisierung des semantischen Inhalts des Subjekts erscheint daher sowohl theoretisch als auch analytisch gerechtfertigt.
     Das syntaktische Gegenstück zum Subjekt ist das Objekt; dieses Satzglied
besitzt seinerseits eine starke Affinität zum Fokus des Satzes und erscheint gerne (obwohl natürlich nicht immer) unbestimmt. Durch Sprachvergleich ist es
möglich nachzuweisen, dass ein markierter Akkusativ viel häufiger in der bestimmten Form als in der unbestimmten Form vorkommt, was direkt als Konsequenz dieser Affinität angesehen werden kann.[43]
     Wir haben hier die beiden Begriffe Topik und Fokus verwendet; allerdings
nicht mit ganz gutem Gewissen, da weder Terminologie noch Begriffsinhalt
noch theoretische Grundlage dieser Begriffe präzise abgeklärt sind. Das Topik
und sein Gegenstück der Fokus werden hier in Anlehnung an die (nach und
nach allgemein akzeptierten) Definitionen der Prager Schule verwendet; das

---

41. Blake 1994 S. 133f.
42. Jørgensen und Stjernfelt 1989 S. 121ff; vgl. auch Kap. 2.
43. Blake 1994 S. 120f.

Topik ist der schon bekannte, kontextuell gebundene Gegenstand der Rede und der Fokus der Kern der Aussage über das Topik. "Gegenstand der Rede" sein ist in solchen Definitionen ausschließlich pragmatisch bestimmt; man kann zwar mit ziemlicher Sicherheit annehmen, dass ein Topik bekannt ist und eher vorne im Satz steht und dass der Fokus häufig unbekannt ist und eher hinten steht, aber es muss nicht so sein. Wir können es auch so sagen, dass das Topik – unabhängig von der linearen Organisation des Satzes – den Hintergrund darstellt, auf welchem der Sprecher den Kern seiner Aussage – den - Fokus – zum Ausdruck bringt. Besonders wichtig ist es, das Topik in dieser (kontextsemantischen) Bedeutung vom Fundamentfeld in der topologischen Analyse auseinanderzuhalten. Die von Halliday 1967-8 vorgenommenen Aufgliederung von Topik und Fokus in je zwei Begriffe wird hier nicht berücksichtigt; dafür werden die grammatische Kategorie der Bestimmtheit und die Satzfolge auseinandergehalten und von der Topik-Fokus-Problematik abgekoppelt.

Man kann in Bezug auf die kontextuelle Funktion einer beliebigen Nominalphrase in einem Text vier Stufen innerhalb des Diskurses aufstellen:

1° Die Nominalphrase ist rein anaphorisch, d.h. mit einem unbetonten persönlichen Pronomen besetzt;

2° Die Nominalphrase ist kontextuell gebunden, aber betont, d.h. mit einem demonstrativen Pronomen, einem betonten persönlichen Pronomen[44] oder ähnlichem besetzt; solche Nominalphrasen sind vermutlich nicht rein anaphorisch;

3° Die Nominalphrase ist kontextuell gebunden, aber trotzdem unter solchen textuellen Umständen, dass der semantische Inhalt wieder ins Gedächnis gerufen werden muss, d.h. sie wird mit einem bestimmten Substantiv besetzt, womöglich noch mit erläuternden Zusätzen;

4° Die Nominalphrase ist kontextuell ungebunden, d.h. mit einem unbestimmten Substantiv besetzt.[45]

44. Zwischen Stufe 1° und 2° stehen solche Beispiele wie persönliche Pronomina als Objekt im Vorfeld, die im Dänischen regelmäßig betont sind.
45. [Korrekturnote:] Wir machen auf die genaue und umfassende Analyse dieser Verhältnisse in Togeby 1997 aufmerksam, die diesen Punkt unserer Darstellung zweckmäßig ergänzen kann.

Sämtliche vier Stufen können dann auch noch Teil des Fokus werden. Sie behalten dann ihre Bindung an den Kontext, wenn eine solche vorhanden ist; wenn sie kontextuell gebunden sind, verbinden sie sich gleichzeitig mit anderen Elementen im Satz, wodurch der vollständige Fokus des Satzes zustandekommt. Das "Neue" in einem Satz muss nicht notwendigerweise ein neues Element in der Diskurswelt sein, so wie die ersten Theorien dieser Art vermutet haben, so auch Brøndal. Das "Neue" kann aus einer bis dahin nicht dargestellten Konstellation der schon vorhandenen Diskurselemente bestehen.[46] Die persönlichen Pronomina werden durch diesen Vorgang dann auch betont.

Wichtig ist nun, dass diese semantische Beschreibung der beiden zentralen Satzglieder, Subjekt und Objekt, mit den Theorien Silversteins über partielle Kasusmarkierung verbunden werden kann.[47] Durch kontrastive Analyse von verschiedenen Sprachen, vor allem Chinook und Djerbal, die sowohl Akkusativ – als auch Ergativ-Markierung aufweisen, kann Silverstein eine Hierarchie aufstellen, mit der diese Phänomene beschrieben werden können:

* 1. Person
* 2. Person[48]
* 3. Person pronominal
* Personenname, Bezeichnungen der Familienmitglieder
* Menschlich
* Lebendig
* Nichtlebendig[49]

Partielle Akkusativmarkierung wird laut Silverstein immer einen zusammenhängenden Teil der Skala decken, und zwar von oben nach unten. Bei partieller Ergativmarkierung in solchen Sprachen verhält es sich umgekehrt; sie verläuft von unten nach oben.[50]

Silverstein interpretierte diese Hierarchie zunächst im Sinne einer Agens/Patiens-Distinktion, und zwar so, dass der obere Teil der Skala aus semantischen Gründen stark dazu neigt, agentivisch zu sein, und deswegen noch am ehesten die Akkusativmarkierung benötigt, um innerhalb der Rede als seman-

---

46. Vgl. Firbas 1971 S. 136.
47. Silverstein 1976 S. 122 et passim.
48. Die meisten Ergativsprachen bei Silverstein 1976 stellen doch die 2. Person über die 1. Person; hier scheint die Wahl frei zu sein, vgl. unten.
49. Die ursprüngliche Hierarchie findet sich bei Silverstein 1976 S. 122; diese etwas vereinfachte Version greift Blake (1994 S. 138) auf. Sie führt viele Anregungen von Comrie (2. Ausg. 1989, bes. S. 127ff und 191ff) weiter.
50. Silverstein 1976 S. 122f.

tisches Patiens dargestellt zu werden, während der untere Teil der Skala aus den gleichen Gründen eine starke Affinität zur Patiens-Rolle hat, und deswegen erst durch die Ergativmarkierung als Agens gekennzeichnet werden muss.[51]

Comrie hat die Essenz dieser Hierarchie diskutiert, u.a. auch die Möglichkeit, die Hierarchie auf diskursive Verhältnisse, d.h. Topik-Fokus-Verhältnisse, zurückzuführen.[52] Er lehnt diese Möglichkeit mit zwei Argumenten ab: Einerseits erklärt die Interpretation im Sinne der diskursiven Werte nicht, warum die 1. und 2. Person in Bezug auf die Grundhierarchie gleichgestellt, bzw. wechselweise an erster Stelle erscheinen; andererseits ist es schwierig, extralinguistische Evidenz für die diskursiven Werte beizubringen, was noch mit Belebtheit im eigentlichen Sinne möglich ist.[53]

Comries Argumente sind beide schwächer, als sie erscheinen; denn einerseits kann die Situation der 1. und 2. Person nicht unbedingt gegen eine diskursiv ausgerichtete Interpretation benutzt werden, und andererseits ist das Extrakonzeptuelle nur bedingt in einer linguistischen Diskussion brauchbar (es sei denn, dass man die Sprache als eine 1:1-Abbildung der "Wirklichkeit" ohne semiotisch formende Einwirkung auf die Darstellung auffassen will). Wir wollen etwas genauer auf seinen ersten Einwand eingehen.

Comries Evidenz für diesen Punkt fußt auf nur einer Untersuchung, was natürlich nicht unmittelbar überzeugend ist. Die meisten europäischen Sprachen behandeln die 1. Person als situationell gesehen mehr gegeben als die 2. Person, aber an und für sich wäre eine Gleichstellung oder eine Bevorzugung der 2. Person rein konzeptuell ebensowohl möglich; aus der Semiotik des Äußerungsakt ('énonciation') lernt man, dass die Gestaltung der Empfängerinstanz im Text ebenso zentral ist wie die Gestaltung des Sprechers. Mallinson & Blake diskutieren Silversteins Hierarchie und einige Arbeiten, die schon früh damit weitergearbeitet haben.[54] Hier werden statistische Angaben benutzt, um die Interpretation der 1. Person als das wahrscheinlichste Agens zu durchlöchern. Stattdessen fassen sie die 1. Person als ein "relatives Zentrum des Interesses" auf;[55] eine Formulierung, die laut Blake auch später von Silverstein selbst benutzt worden ist.[56] Auf diese Art und Weise wird die Hierarchie durch die semantischen Aspekte des Topik/Fokus-Gegensatzes fundiert, und zwar

---

51. Silverstein 1976 S. 123.
52. Comrie 2. Ausg. 1989 S. 197ff.
53. Comrie 2. Ausg. 1989 S. 198f.
54. Mallinson & Blake 1981 S. 80-96.
55. Mallinson & Blake 1981 S. 86.
56. Blake 1994 S. 139.

so, dass eine Perzeptionstheorie mit ins Spiel gebracht werden kann: Topik ist
das, was im Sinne der Gestaltpsychologie den Grund ausmacht, auf welchem
die Figur erscheinen kann. Da es dadurch möglich wird, die inhärente Semantik der Wortklassen mit den syntaktischen und diskursiven Verhältnissen in
Beziehung zu bringen, bleiben wir bei dieser Auffassung der silversteinschen
Hierarchien.

Eine solche Beschreibung passt, wie wir unten sehen werden, recht gut auf
die Verhältnisse in den festlandskandinavischen Sprachen. Vorläufig ist es
wichtig, dass diese partielle Kasusmarkierung mit der Semantik in Verbindung
gesetzt werden kann. Die Akkusativmarkierung erscheint nämlich typisch bei
Elementen, die von der Bedeutung her als inhärent topik-artig bezeichnet werden können. Silversteins Pointe ist, dass die partielle Kasusmarkierung darauf
fußt, dass die Markierung nicht rigoros jedes Objekt von jedem Subjekt unterscheiden muss; nur in jenen Fällen, wo ein Objekt vom Wortinhalt her topikhaft ist, ist die Akkusativmarkierung notwendig, um den nicht-Topik-Charak-
ter des Gliedes deutlich hervorzuheben. Das ist auch der Grund, warum die
Akkusativform als markiert aufgefasst werden muss.

Silversteins Hierarchie kann auch als eine übergreifende Reihung mehrerer
Hierarchien aufgefasst werden. So sind etliche von den Komponenten schon
als strukturelle Trennlinien aus der sprachwissenschaftlichen Tradition be-
kannt; das gilt z.B. für 'belebt | unbelebt', 'menschlich | nicht-menschlich' und
'pronominal | nicht-pronominal'. In dieser Verbindung muss auch der Unter-
schied 'singularis | pluralis' erwähnt werden. Aus verschiedenen Beispielen
bei Silverstein geht hervor, dass der Plural in vielen "exotischen" Sprachen
eine größere Affinität zum Topik hat.[57] Eine solche Auffassung wäre rein intuitiv den europäischen Sprachen fremd und findet auch in der Analyse der festlandskandinavischen Sprachen keine Bestätigung. Sowohl im Bewusstsein als
auch in den sprachlich-diskursiven Strukturen ist die 1. Pers. sing. hier das
Wahrscheinlichste, was jede Einführung in die Pragmatik bestätigt. Silverstein
diskutiert selbst das Problem kurz;[58] seine Lösung ist, dass sich die Sprachen
durch verschiedene Muster festlegen lassen. In diesem Sinne ist es dann nicht
verwunderlich, wenn die festlandskandinavischen Sprachen den Pluralis als
weniger verwandt mit dem Topik behandeln.

Bei der Aufstellung der übergreifenden Hierarchie kommt es vor, dass
Überschneidungen zwischen den Teilhierarchien zum Vorschein kommen. Besonders betroffen von solchen Überschneidungen sind gerade Pronomina, da
sie zwar meistens über belebten und menschlichen Nomina rangieren, außer

---

57. Silverstein 1976 S. 126ff.
58. Silverstein 1976 S. 166.

wenn sie eine nicht-menschliche oder nicht-belebte Bedeutung haben; solche Pronomina werden dann meistens niedriger eingestuft. Wie wir sehen werden, ist diese Tatsache wichtig für das Verständnis der pronominalen Flexion in den festlandskandinavischen Sprachen.

5.3.3. Wie viele Kasus unterscheiden die festlandskandinavischen Pronomina eigentlich?

Bevor diese Analyse nun auf die festlandskandinavischen Sprachen übertragen wird, ist ein "caveat" angebracht; denn die morphologischen Zweikasussysteme, die wir aus den festlandskandinavischen Sprachen kennen, sind, wie schon bemerkt, keine wirklichen Zweikasussprachen; es geht hier um Dreikasussprachen, die bloß regelmäßig durch verschiedene Synkretismen undurchschaubar geworden sind. Wie wir oben in Kap. 3 nachgewiesen haben, unterscheiden die festlandskandinavischen Sprachen durch Reihenfolge drei lineare Kasus der Substantive; es wäre daher anzunehmen, dass eine ähnliche Unterscheidung bei den Pronominalformen vorhanden ist.

Da in allen Sprachen die Möglichkeit besteht (auch wenn sie nicht ganz freizügig einsetzbar ist), zwei unbetonte oblique Formen nebeneinander zu stellen und dadurch eine Konstruktion mit doppeltem Objekt zu erreichen, dürfte es klar sein, dass auch bei den Pronominalformen aufgrund der Linearität im Zusammenhang mit dem morphologischen Inventar drei Kasus vorhanden sind. Der Inhalt der Paradigmen ist aber an sich interessant, weil sie meistens eben, was die Verteilung der Formen betrifft, eine Trennlinie zwischen Nominativ und obliquer Form ziehen. (Viele norwegische Dialekte und einige schwedische verfahren mit der 3. Person allerdings anders, vgl. unten Kap. 6.) Obwohl etwas Derartiges prinzipiell eben so gut möglich wäre, hebt sich die Form des indirekten Objektes, des Dativs, nur in einigen sehr konservativen Mundarten formal von den beiden anderen Kasus ab. Die substantivischen Paradigmen der Dreikasusdialekte des skandinavischen Raumes haben in den letzten bekannten Fassungen nur eine selbständige Dativform gegenüber der formmäßig ungekennzeichneten gemeinsamen Form des Nominativs und des Akkusativs; aber bei den pronominalen Formen ist ausgerechnet der Dativ sehr wenig deutlich, bzw. sehr früh ausgemustert worden.[59] Es stellt sich also die Frage, warum die Substantive am Längsten eine besondere Dativform auf-

---

59. Vgl. unten Kap. 6; Aasen 2. Ausg. 1899 §193 S. 178 hat das anders gesehen, indem er – zumindest für die 3. Pers. sing. – den Akkusativ als die schwach definierte Form auffasste.

rechterhalten konnten, während die Pronomina früh die beiden obliquen Funktionen in eine Form zusammenfassten.

Dass gerade der Dativ bei den Substantiven länger erhalten blieb und hier und da noch lebendig ist, hat mit dem linearen Charakter der substantivischen Kasus zu tun. Denn eben die Linearisierung um das Verb gemäß dem SVO-Charakter der festlandskandinavischen Sprachen trennt ja Subjekt und Objekt auf eine Art und Weise, die sicherstellt, dass Verwechslungen nur gelegentlich vorkommen. Dagegen gibt es Konstruktionen, in welchen der Dativ auch in einer durch Linearisierung gestalteten Sprache als Gegensatz zu einer akkusativischen Form verwendbar ist, selbst wenn diese Akkusativform sonst auch als Subjekt benutzt werden muss. Das gilt z.B. in Verbindung mit Präpositionen, die einen Bedeutungsunterschied aufweisen, je nachdem mit welchem Kasus sie verbunden werden. In Bezug auf Verben, die mit Bedeutungsunterschied beide Kasus regieren können, muss gesagt werden, dass solche Verben offenbar äußerst selten waren.[60] Dagegen erlaubt eine besondere Dativform eine freizügigere Gestaltung der Reihenfolge des direkten und indirekten Objekts; die modernen festlandskandinavischen Normsprachen haben (vgl. oben Kap. 3) diese Wirkung, die ja einen deutlichen Bezug zum Fokus des Satzes haben, mit Hilfe der Präpositionen weitergeführt.

Der regelmäßige Synkretismus der akkusativischen und dativischen Formen der Pronomina erscheint also auf den ersten Blick rätselhaft. Aufgrund dessen verzichten die Sprachen auf Unterscheidungen, die sich anderswo im System als sehr zäh erwiesen haben; andererseits bildet er eine morphologische Kasusdistinktion, die – wie oben angeführt – im Prinzip nicht von solch großer Wichtigkeit hätte sein müssen, nämlich die zwischen Nominativ und casus obliquus. Der Kasuszusammenfall hat wahrscheinlich seinen Hintergrund in einer Reihe von Verhältnissen, denen allen gemeinsam ist, dass die Unterscheidung durch die SVO-Syntax unter gewissen Umständen unklar wird:

---

60. Man findet bei Reinhammar 1973 sehr wenige sichere Beispiele; allerdings muss man auch sagen, dass die Anlage ihrer Untersuchung nicht so ist, dass solche Fragen direkt im Zentrum stehen würden. Wessén (1956 III 16) erwähnt, dass das Verb *böta* (als einziges) im Altschwedischen je nach Bedeutung mit Akkusativ oder Dativ verbunden wurde. Heggstad 1916 S. 161 erwähnt kurz aus der Mundart von Setesdal *setje* <setzen> und *halle* <gießen> und Heggstad 1920 S. 82 aus der Mundart von Gudbrandsdal *gløyma* <vergessen> als Beispiele für Verben mit kasusbedingtem Bedeutungswechsel, leider ohne genauer darauf einzugehen. Aasens und Ross' Wörterbücher haben bei diesen drei Verben keine Angaben zum Kasusgebrauch.

1° Das Stellungsverhalten der unbetonten Pronominalformen gilt nur für diese und führt zu sehr unterschiedlichen Positionen der Formen unter den anderen Satzgliedern. Die klitische Reihenfolgesyntax schließt auch die Verwendung des Verbalplatzes als Trennlinie aus; einen Verbalplatz gibt es in der von den betonten Satzgliedern unabhängigen Pronominalkette ja nicht. Insofern könnte die totale Elimination der unterschiedlichen pronominalen Kasusformen zu unerwünschten Zweideutigkeiten führen. (Nichtsdestoweniger gibt es Mundarten in Skandinavien, die stark dazu neigen, die Pronominalflexion überhaupt aufzugeben; vgl. Kap. 9.)

2° Bei der 1. und 2. Person haben die festlandskandinavischen Sprachen kein reflexives Pronomen. Die Unterscheidung der nominativischen und obliquen Formen ermöglicht eine deutliche Kennzeichnung einer reflexiven Bedeutung, die sonst leicht – den utopischen Fall vorausgesetzt, dass ein pronominaler Kasus ganz neutralisiert wäre – wie Stottern erscheinen könnte:

(45) *Så vaskede jeg jeg med sæbe. (Dän.)
     'Dann habe ich mich [N] mit Seife gewaschen.'
(46) *Skynder I I? (Dän.)
     'Beeilt ihr euch [N]?'

3° Endlich kann man – bezugnehmend auf die oben erwähnten semantischen Hierarchien – darauf aufmerksam machen, dass die Verwendungsbereiche einer pronominalen Dativform nicht so groß waren wie die einer nominalen Form. Die nominalen Dativformen haben ihren Hauptbereich bei Präpositionen mit lokaler Bedeutung und in Verbindung mit der Gestaltung des Fokus in der Konstruktion mit doppeltem Objekt. Da die persönlichen Pronomina selten mit den Präpositionen mit lokaler Bedeutung verbunden werden, andererseits ihrem Sinn gemäß topisch sind und daher nur ausnahmsweise im Fokus verwendet werden, war die Analogie zwischen Substantiven und Pronomina schon aus semantischen Gründen wenig naheliegend.

Die pronominalen Kasus sind insofern entlang den gleichen Hauptlinien wie die der Substantive gestaltet, indem die beiden Systeme die drei zentralen valenzmäßigen Funktionen des Verbs markieren können, auch wenn die Markierung für jede Wortklasse für sich mit etwas verschiedenen Mitteln erfolgt. Wir haben hier die Umrisse der Formsysteme in beiden Bereichen gezeichnet; die Folgerung ist, dass die Unterschiede in der Strukturierung auf die unterschiedlichen semantischen Möglichkeiten der jeweiligen Wortklassen zurückzuführen sind. Mit Hilfe der silversteinschen Hierarchien haben wir versucht, einen Zusammenhang zwischen Wortklassensemantik, syntaktischer Funktion und morphologischem Ausdruck in groben Umrissen nachzuweisen. In den detaillierteren Darstellungen in den nächsten Kapiteln werden wir noch viele ergänzende Punkte hinzufügen.

5.4. Zur textuellen Funktion der syntaktischen Neutralisationspositionen

Wir haben oben in Abschn. 5.2. die relationellen Verhältnisse der syntaktischen Neutralisationspositionen betrachtet. Die o.g. syntaktischen Konstruktionen können aber auch im Lichte ihrer textuellen Funktion gesehen werden. Dabei stellt sich heraus, dass diese Konstruktionen immer eine nicht-redundante Information bringen würden. Ob der tatsächliche Fokus des Satzes hierhin fallen würde, ist an und für sich weniger wichtig. Wichtig ist nur, dass sie innerhalb eines Textes eher die Fokus- als die Topik-Funktion haben würden. Dies gilt uneingeschränkt für die Positionen unter Gruppe A: Objekt eines Verbs oder Regimen einer Präposition.

Auch für die Gruppe B trifft dies zu. Das Subjekt im Satzknoten (B1) steht zwar auf dem typischen Topik-Platz, dem Vorfeld; dennoch ist das Glied durch die besondere positionelle Markierung, wie auch prosodisch, stark hervorgehoben. Die Möglichkeit, Glieder besonders dadurch hervorzuheben, dass sie ins Vorfeld gestellt werden, ist typisch für die festlandskandinavischen Sprachen, wie auch für das Deutsche.

Für die Konstruktion B2 – Subjekt in einer Ellipse – ist anzunehmen, dass sie besonders häufig vorkommt, wenn das Subjekt Antwort auf eine Frage oder ähnliches ist. Gerade Ellipsen entfernen den nicht-informativen Teil eines Satzes und lassen den informativen stehen. In dem Sinne ist die Annäherung zum Fokus schon gegeben.

Das Prädikativ (B3) ist gegenüber dem Subjekt eben als das semantisch Neue, aus dem Zusammenhang nicht Ableitbare charakterisiert. Dadurch ergibt sich eine sehr starke Affinität zum Fokus. Als syntaktisches Subjekt in einer Existenzkonstruktion (B4) ist das Satzglied auch inhärent Fokus, da es der Sinn der Konstruktion eben ist, das Vorhandensein des Satzgliedes festzustellen.

Das Subjekt in einer (betonenden) Rechtskopierung (B5) wird z. B. von Askedal (1987) als ein Beispiel für semantische Kongruenz hinsichtlich referentieller Identität beschrieben. Die Konstruktion setzt diese Identität voraus, bestätigt sie aber im eigentlichen Sinne nicht. Nichtsdestoweniger kann auch sie als betonend und informativ beschrieben werden. Das wiederholte Subjekt wird nämlich durch die Konstruktion hervorgehoben und deutlich gemacht; insofern spielt die Anapher im Satzzusammenhang häufig die Rolle einer Katapher und verweist auf das angehängte pronominale Glied, das dann als deutlich fokus-artig hervorgehoben wird:

(47) Jeg kjenner han ikke, jeg. (Norw.)
      'Ich kenne ihn nicht, ich.'

In diesem Sinne kann auch diese Konstruktion unter der gleichen Perspektive interpretiert werden. Sie dürfte auf Stufe drei unserer Kontexthierarchie (S. 125) anzusiedeln sein.

Die Vergleiche (B6) sind normalerweise stark betont und noch dazu (als fast einziger Gliedtypus) in den festlandskandinavischen Sprachen vom Vorfeld ausgeschlossen, vgl.:

(48) *End Einstein er han ikke klogere. (Dän.)
      'Als Einstein ist er nicht klüger.'
(49) *End en elefant er en myg ikke større. (Dän.)
      'Als ein Elephant ist eine Mücke nicht größer.'

Auch hier dürfte die Affinität zum Fokus gegeben sein.

Dass die parataktische Verbindung (B7) hierher gehört, leuchtet vielleicht auf den ersten Blick nicht ein. Am ehesten deutlich ist es wohl, dass die Verbindung eines Pronomens mit einem Substantiv (*Bogart og jeg* <B. und ich [N]>) voraussetzt, dass das Pronomen zwar als kontextuell redundant aufgefasst wird, durch die Verbindung mit dem semantischen Inhalt des Substantivs dennoch inhaltliches Gewicht erhält und dadurch im Rahmen des Textes auch funktionell von den rein anaphorischen Funktionen weggerückt wird; vgl. die Hierarchie oben S. 125; ein Pronomen in einer solchen Verbindung wäre in textueller Hinsicht auf derselben Stufe wie die Substantive mit bestimmtem Artikel. Was nun die parataktische Verbindung zweier Pronomina betrifft (*Du og jeg* <Du [N] und ich [N]>), dürfte es so sein, dass eine solche Verbindung rein inhaltlich eine Verbindung darstellt, die nicht als Summe der Einzelelemente gesehen werden kann, sondern etwas Neues, nicht aus dem Kontext Ableitbares darstellt. In diesem Sinne können die Pronomina zwar jedes für sich topikhaft bleiben, aber die aus ihnen gebildete Verbindung ist dennoch hinsichtlich der textuellen Funktion mit der Funktion eines bestimmten Substantivs zu vergleichen. Im Sinne der oben aufgestellten Einstufung der Nominalphrasen hinsichtlich kontextueller Bindung (S. 125) sind die parataktischen Verbindungen nicht eindeutig fokus-artig, aber in ihrer Funktion neigen sie stärker in diese Richtung als in Richtung des Topik-haften.

Die verschiedenen Gruppen, in welchen das Pronomen durch ein charakterisierendes Unterglied erweitert wird (B8), sind auch in den charakteristischen Fällen eindeutig nicht-anaphorisch, und am ehesten mit der textuellen Funktion eines bestimmten Substantivs vergleichbar. Die charakterisierenden Unterglieder dienen typischerweise der Identifikation des intendierten Referentgegenstandes der Rede. Die Identifikation durch ein Pronomen ist vom Kontext her für den Sprecher nicht deutlich genug; deswegen wird noch ein beschreibendes Element hinzugefügt. Ganz besonders kommen diese Verhältnisse zum Vorschein in Verbindung mit der Satzspaltung. Deswegen muss man feststellen, dass auch die gesamte Gruppe B8 eine fokus-artige textuelle Funktion aufweist. (Auf einen Sonderfall, wo das Pronomen zwar kein Unterglied hat, aber wegen der demonstrativen Verwendung so funktioniert, als ob es eins hätte, kommen wir in Kap. 7 zurück.)

Die letzte Konstruktion, B9, ein Pronomen als Determinativ einer Nominalphrase, entspricht dagegen nicht notwendigerweise diesem diskursiv-funktionellen Muster. Das Pronomen ist in dieser Konstruktion im Gegensatz zu den sonstigen zwar betont, aber in prosodischer Hinsicht eng verbunden mit dem nominalen Kern der Konstruktion. Wir werden unten etwas genauer in verschiedenen Zusammenhängen auf diese Konstruktion eingehen. Sie kommt in den nordskandinavischen Mundarten sehr häufig bei Personennamen und Familienbezeichnungen vor[61] und hat hier vermutlich die Funktion (gehabt), Kasus bei Personennamen anzugeben, was ja entsprechend den Silverstein-Hierarchien sinnvoll wäre. Im Dänischen – und generell wohl auch in den anderen festlandskandinavischen Normsprachen – kommt sie als eine Art "Personflexion" der Nominalphrasen vor. Typisch ist, dass die Pronomina der 3. Person im Dänischen von der Konstruktion ausgeschlossen sind:

(50)   Jeg arme mand. (Dän.)
        'Ich armer Mann.'
(51)   *Han arme mand. (Dän.)
        'Er armer Mann.'

Dagegen ist die 3. Person natürlich möglich, wenn ein anderes Determinativ folgt; dann würde aber ein Fall von der Konstruktion B8c vorliegen:

(52)   Ham den arme mand. (Dän.)
        'Er der arme Mann.' (Der arme Mann dadrüben.)

---

61. Vgl. das Norwegische: *ho Karin* <die Karin>, *han Ola* <der Ola>, *hjå ho mor* <bei der Mutter> usw. Belege für die Konstruktion finden sich in Kap. 8 und 9 unten.

(53)   Hende den lille stakkel. (Dän.)
        'Sie der arme Kerl.' (Die arme Kleine da.)

Typisch ist auch, dass der bestimmte Artikel nach einem Pronomen der 1. und 2. Person in dieser Konstruktion nicht auftreten kann:

(54)   *Jeg den arme mand. (Dän.)
        'Ich, der arme Mann.'

Weil das Pronomen hier den beschreibenden Inhalt der Nominalphrase auf den Sprecher bzw. den Hörer bezieht und die Verwendung des Pronomens an sich eine ganz normal-pronominale ist, unterscheidet sich diese Konstruktion in diskursiver Hinsicht von den anderen hier behandelten. Das Pronomen ist mit Sicherheit auch nicht Kern dieser Konstruktion,[62] sondern übt eine ganz normale determinative Funktion aus.

   Wie man sieht, rücken alle diese Konstruktionen (mit Ausnahme von B9) die Pronomina wieder aus den normalen semantischen Kreisen ihres Wirkungsfeldes hinaus; denn wenn eine Wortklasse vor allen anderen inhärent mit dem gegebenen Inhalt eines Satzes verbunden ist, sind es eben die Pronomina. Auf diese Weise rücken diese Konstruktionen die Pronomina weiter nach unten auf der Skala Silversteins (vgl. oben Abschn. 5.3.2.), weiter ins Gebiet der normalen Fokus-Konstruktionen. Deswegen ist es kein Wunder, dass sie sich dann, wenn sie in diesen Bereich versetzt werden, in morphologisch-syntaktischer Hinsicht den anderen Konstruktionen in diesem Bereich nähern.

   Interessant ist auch, dass gerade die Konstruktionen, in denen sich die oblique Form im Dänischen zunächst durchgesetzt hat, nämlich B3 und B4, auch die sind, in welchen die Affinität zur Funktion als Fokus ganz eindeutig ist. In den anderen Konstruktionen, bei denen mehrere Möglichkeiten einer Fokussierung vorhanden sind, hat die oblique Form sich erst später durchgesetzt.

62. Wie von Togeby 1992 nachgewiesen, vgl. unten Kap. 7.

KAPITEL 6

Morphologische Neutralisation in den festlandskandinavischen Sprachen

In diesem Kapitel wird das Formeninventar der skandinavischen Sprachen im Bereich der Pronomina dargestellt; gleichzeitig wird versucht, die Bedeutung des Kasusunterschieds in dem System festzulegen.

Tabelle 6.1.

Singular	1. Pers.	2. Pers.	3. Pers. mask.	3. Pers. fem.	3. Pers. utrum	3. Pers. neutrum
Nom.	jeg	du	han	hun	den	det
Obl.	mig	dig	ham	hende	"	"
Plural						
Nom.	vi	I	de (De)			
Obl.	os	jer	dem (Dem)			

6.1. Dänisch

6.1.1. Die dänische Normsprache

Die dänische Sprachnormierung sieht von Anfang an[1] ein Kasussystem der Pronomina vor, in welchem alle Pronominalformen bis auf zwei einen Kasusunterschied aufweisen (vgl. Tabelle 6.1.).[2] In einem solchen System wird der Kasusunterschied sehr deutlich festgehalten; allerdings eben nur bei solchen Pronomina, die gegebenenfalls eine Person bezeichnen können. Die beiden Pronomina, die in der heutigen Standardsprache nur absolut marginal Personen bezeichnen können, *den* und *det*, haben auch keine Flexion. Das Verhältnis

1. Schon Pontoppidan gibt 1668 ein strukturell gleichförmiges Schema. Er kennt für *ham* auch *hannem*; nur der Übergang *Eder > jer* ist nicht vorhanden; vgl. Bertelsen (Hrsg.) 1917 II S. 195f.
2. In den folgenden Schemata wird eine Neutralform eines Pronomens durch " signalisiert.

zwischen den belebten und den unbelebten Formen ist nicht ganz leicht zu klären; die klassischen dänischen Dialekte hatten drei Genera und verwendeten
dementsprechend *han* und *hun* bzw. ihnen entsprechende Formen sowohl für
belebte als auch für unbelebte Referente. Noch bis in dieses Jahrhundert ist
dieser Gebrauch in Dialekttexten sehr gut belegt. Eine Funktion entsprechend
det als generelles Pronomen der Neutra war immer gegeben; die Nische für das
Erbwort *den* war wohl ursprünglich die Verwendung als demonstratives Pronomen und als Artikel, ungefähr wie im Nynorsk. Als persönliches Pronomen
muss es aber auch eine recht lange Geschichte haben.

Das Dänische zeigt keine Neigungen dazu, die hier angeführten Formen als
solche zu beseitigen. Sie haben sozusagen ein gesichertes Dasein; bloß die syntaktische Verwendung kann unterschiedlich sein. Wie unten dargestellt wird,
ist die statistische Verteilung der unterschiedlichen syntaktischen Verwendungen nicht immer ganz einheitlich, obwohl die systematischen Verhältnisse
wahrscheinlich überall gleich sind. Meistens neigen die Pronomina dazu, die
oblique Form als betonte Form zu benutzen; nur bei '*de* | *dem*' und ansatzwei-
se bei den anderen Pluralformen kommen die Nominativformen auch betont
vor.

6.1.2. Dänische Mundarten

In den dänischen Mundarten sind die Pronominalparadigmen genauso strukturiert wie in der Normsprache; nur die Einzelformen unterscheiden sich z.T.
recht erheblich von Mundart zu Mundart.[3] Der einzige markante Unterschied
ist eine oblique Form der 3. Pers. sing. Mask. *han*, die in Nordseeland, einschließlich Kopenhagen und Amager,[4] und Teilen von Schonen[5] bis Anfang
dieses Jahrhunderts bekannt war. Die oblique Form *han* war Anfang des Mittelalters im ostdänischen Sprachgebiet vorhanden;[6] sie hat als enklitische Form
sehr lange überlebt.[7] Es ist aber laut Brøndum-Nielsen schwierig zu sagen, ob
das enklitische -*n* in den dänischen Dialekten von *han* oder von *den* abgeleitet
ist.[8]

Wenn eine besondere betonte Form vorhanden ist, ist diese meist mit der

3. Bennike & Kristensen 1898-1912, Textband S. 163.
4. Bennike & Kristensen, loc. cit.; vgl. auch Hansen 1965 S. 100 mit einschlägigen Beispielen aus der Kopenhagener Stadtmundart.
5. Lech 1925 S. 83.
6. Brøndum-Nielsen 1965 S. 39-43.
7. Brøndum-Nielsen 1965 S. 43ff.
8. Brøndum-Nielsen 1965 S. 45.

Tabelle 6.2.

Singular	1. Pers.	2. Pers.	3. Pers. mask.	3. Pers. fem.	3. Pers. utrum	3. Pers. neutrum
Nom.	jag	du	han	hon	den	det
Obl.	mig	dig	honom	henne	"	"
Plural						
Nom.	vi	ni (Ni)	de			
Obl.	oss	er (Er)	dem			

obliquen Form identisch. Das Seeländische weist dennoch eine betonte Form der 3. Pers. plur. – *de* – auf, die mit der Nominativform identisch ist.[9] Diese betonte Form lebt in der heutigen Sprache weiter und bringt viele Komplikationen bei der Auswertung der syntaktischen Neutralisationen, vgl. Kap. 7.

Darüber hinaus gab es enklitische Formen, die aber meistens als regelrechte Reduktionen der vollen paradigmatischen Formen verstanden werden können. Da die betonten Pronominalformen im Dänischen deutlich dazu neigen, die Flexion zu beseitigen, was bei den unbetonten nicht der Fall ist, geraten die Paradigmata auf diesem Weg doch auseinander. Solche enklitische Formen waren gelegentlich recht radikal; Christensen zitiert aus der Mundart von Lolland Beispiele für die Reduktion von einer Form [vos] auf [-ws]: [la·ws] = "lad os" <lass uns>; [tæ·ws] = "til os" <zu uns>.[10] In der modernen Sprache sind die Reduktionen viel weniger radikal.

6.2. Schwedisch

6.2.1. Die schwedische Normsprache

Die schwedische Normsprache besitzt ungefähr die gleiche Formenvielfalt wie das Dänische, vgl. Tabelle 6.2. Zu diesen Formen gibt es einige Alternativformen, wie *mej*, *dej* und *I* für *mig*, *dig* und *ni*. Die beiden ersten gehen auf eine Vokalöffnung zurück und sind, falls sie in der Schriftsprache verwendet werden, sehr umgangssprachlich. *I* dagegen ist eine ältere, etwas feierliche Form,[11] die mit der dänischen Form etymologisch identisch ist; sie kann heute kaum mehr als Standard bezeichnet werden. Die Standardform *ni* beruht auf einer

9. Freundliche Mitteilung von Karen Margrethe Pedersen, Institut for dansk dialektforskning, Universität Kopenhagen.
10. Christensen 1936 S. 77.
11. Thorell 1973 S. 87; Wellander 3. Ausg. 1970 S. 225.

phonologischen Restrukturierung, durch welche ein *n* als aussterbende Verbalendung auf das regelmäßig folgende Pronomen übertragen wurde.[12] Alle diese Alternativformen berühren aber nicht den eigentlichen Charakter des Pronominalsystems; auch hier muss der Kasusunterschied als deutlich und klar vertreten bewertet werden.

Nur in einem Punkt gibt es eine Abschwächung des Kasussystems dem Dänischen gegenüber. Die 3. Pers. Plur. ist regelmäßig im gesprochenen (Zentral-)Schwedischen neutralisiert;[13] hier findet man kaum etwas anderes als die Neutralform *dom*, die interessanterweise keiner der normierten Formen entspricht. Süd- und westschwedische Mundarten dagegen haben zwei Formen der 3. Pers. plur. in der gesprochenen Sprache lebendig.[14] Es ist interessant zu beobachten, dass diese eine Neutralform für die schwedische Normsprache eine so immense Schwierigkeit bietet. Obwohl der Kasusunterschied durch die anderen Formen an und für sich gut gefestigt sein sollte, kämpfen schwedische Schulkinder mit diesen Formen, z.T. recht erfolglos, und sehen nicht so recht die Analogie zu den sonstigen Kasusformen.[15] Darstellungen des normierten Schwedischen zeigen eine deutliche Linie; die Einstellung gegenüber *dom* ist im Laufe dieses Jahrhunderts eindeutig liberaler geworden, obwohl die Form kaum noch als wirklich hochsprachlich betrachtet werden kann.[16]

6.2.2. Schwedische Mundarten

Viele schwedische Mundarten haben stark andersartige morphologische Systeme. Wie erwähnt ist das Südschwedische formenreicher, d.h. die dortigen Dialekte haben im Prinzip die gleiche Struktur wie die dänischen. Verdünnte Paradigmen findet man dagegen in den nord- und ostschwedischen Mundarten.

Diese Verdünnung bezieht sich hauptsächlich auf die 3. Pers., die ja schon von vornherein schwächer ist, weil die 3. Pers. plur. in der gesprochenen

12. Ähnliche Hintergründe haben die Form der 1. Pers. plur. *me* vieler norwegischen Mundarten und das süddeutsche *mir*; vgl. Tylden 1951; zit. nach Beito & Hoff 1973 S. 127, Christiansen 1956.
13. Collinder 1973 S. 90.
14. Lech 1925 S. 84f & 91; Swenning 1917-37 S. 513; Ingers 1970 S. 95f beschreibt, wie die allgemeine Form *dom* um die Mitte dieses Jahrhunderts dabei war, sich in Schonen zu verbreiten. Kurioserweise galt damals die neutralisierte Form *dom* als "feiner" als die beiden dialektalen Kasusformen, obwohl die Dialektformen der geschriebenen Normsprache entsprechen. Es bleibt dahingestellt, ob man darin eine allgemeine Einstellung zur Schulbildung ablesen kann.
15. Grünbaum 1976 S. 15.
16. Vgl. hierzu Wellander 3. Ausg. 1970 S. 228.

Tabelle 6.3.

Singular	1. Pers.	2. Pers.	3. Pers. mask.	3. Pers. fem.	3. Pers. utrum	3. Pers. neutrum
Nom.	jag	du	han	hon	den	det
Obl.	mej	dej	*"*	*"*	*"*	*"*
Plural						
Nom.	vi	ni	dom			
Obl.	oss	er	*"*			

Normsprache größtenteils neutralisiert ist. Es folgen einige Beispiele für Pro-
nominalsysteme aus diesen Mundarten.

Tabelle 6.3. zeigt ein Beispiel für eine moderne nordschwedische Stadtmundart.[17] In diesem Fall ist die gesamte 3. Person neutralisiert. Obwohl
Utrum (Genus commune) hier angegeben wird, verwendet die Mundart noch
zum Teil die Formen der 3. Pers. mask. und fem. sing. auch für Nicht-Personen;
diese Tatsache kommt bei der Exzerpierung von Dialekttexten (z.B. im Material der Stadtmundartuntersuchung um 1980, vgl. Elert & Fries (Hrsg.) 1982)
deutlich zum Vorschein.

Noch gegen Ende des 19. Jahrhunderts sahen die Formen in einer Dorf-
mundart aus derselben Gegend (Degerfors) so aus, wie Tabelle 6.4. zeigt.[18] Ein
wirkliches Dreikasusparadigma ist es an und für sich nicht, genauso wenig wie
der Dialekt an sich bei den Substantiven drei Kasus besitzt.[19] Im Gegensatz
dazu könnte man das unbetonte Paradigma als ein Einkasusparadigma beschreiben, wenn nicht die 1. Pers. sing und plur. und die 2. Pers. sing. wären,
wo ein Kasusunterschied 'N | O' vorhanden ist. Auch das betonte Paradigma
ist relativ formenarm. Bei der 1. Pers. sing. und plur. und 2. Pers. sing. finden
wir den Gegensatz 'N | O' wieder. In der 3. Pers. sing. finden wir aber eher
zwei polare Formen, Nominativ und Dativ, die mehr oder weniger deutlich ei-
nander gegenüberstehen; die Funktion des Akkusativs wird von beiden Formen wahrgenommen. Ähnliche Paradigmen sind unter den norwegischen
Mundarten stark vertreten.

17. Zusammengestellt nach Angaben von Eklund 1982 und Holmberg 1986.
18. Vgl. Åström 1893 S. 33f. Die lautschriftlichen Angaben wurden in das internationale
    phonetische Alphabet umgesetzt.
19. Åström 1893 S. 19-22.

Tabelle 6.4.

Betont *Singular*	1. Pers.	2. Pers.	3. Pers. mask.	3. Pers. fem.	3. Pers. neutrum
Nom.	jɑːɣ	dʉ	hɑnː	huˌnː	hɛˌː
Akk.	meːɣ	deːɣ	hɑnː, hɒːnɒm	huˌnː (hanːar)	ʺ
Dativ	ʺ	ʺ	hɒːnɒm	hanːar	ʺ
Plural					
Nom.	veː	jeː	demː		
Akk.	ɔsː	ʺ	ʺ		
Dativ	ʺ	ʺ	ʺ		

Unbetont *Singular*	1. Pers.	2. Pers.	3. Pers. mask.	3. Pers. fem.	3. Pers. neutrum
Nom.	jɑ	du	en, n	ɑ, a, na	e, ne
Akk.	me	de	ɒm, nɒm, en, n	a, na	ʺ
Dativ	ʺ	ʺ	ʺ	ʺ	ʺ
Plural					
Nom.	ve	je	dem		
Akk.	ɔs	ʺ	ʺ		
Dativ	ʺ	ʺ	ʺ		

Im Licht der semantischen Hierarchisierungen (vgl. Kap. 5, Abschn. 5.3.) stellt sich die Frage, ob diese Verteilung der Kasusformen in den beiden Phasen des Nordschwedischen nicht mit den semantischen Verhältnissen verbunden werden können. Die Tatsache, dass hier in der 3. Pers. durchgehend morphologische Kasusneutralisation vorhanden ist, könnte damit zu tun haben, dass die Pronomina als prototypisch 'unbelebt' aufgefasst werden. Dies steht im Gegensatz zu den dänischen und hochschwedischen Verhältnissen, bei denen die Unterscheidung 'belebt | unbelebt' eine deutliche Rolle spielt. Allerdings ist es dann schwierig zu erklären, warum die alten dänischen Mundarten, die meistens auch drei Geschlechter und drei entsprechende Pronomina ohne einen formellen Gegensatz 'belebt | unbelebt' hatten, dann nicht auch den Unterschied 'N | O' getilgt haben. Das dän. *den* konnte früher auch Personen bezeichnen; insofern liegt hier eine große Schwierigkeit für das Verständnis der Situation.

Außerordentlich interessant ist das Paradigma der Mundart von Nederka-

Tabelle 6.5.

Betont *Singular*	1. Pers.	2. Pers.	3. Pers. mask.	3. Pers. fem.	3. Pers. neutrum
Nom.	je	dœu	hɔn	hœu (hœ)	he
Akk.	mɪ	di:	"	hœu, hœ	"
Dativ	"	"	", hœnu	henar	"
Plural					
Nom.	ve	ɪ:	dɔm		
Akk.	ɔ‿s	"	"		
Dativ	"	"	", dɔmu		

Unbetont *Singular*	1. Pers.	2. Pers.	3. Pers. mask.	3. Pers. fem.	3. Pers. neutrum
Nom.	je	dœ, du	ɔn, en	hœ, a, u	e
Akk.	me	de	"	a, na	", ne
Dativ	"	"	nu, u	"	", "
Plural					
Nom.	ve	ɪ	di		
Akk.	ɔs	"	du		
Dativ	"	"	"		

lix und Töre wegen der Verteilung der betonten und unbetonten Formen auf die Kasus (Tabelle 6.5.).[20]

Das Interessante an diesem Schema ist, dass die enklitischen Formen an zwei Stellen, der 3. Pers. fem. und der 3. Pers. plur., eine andere Verteilung der Kasus als die betonten haben, und zwar insofern, als die betonten Formen wie die Substantiva die Opposition 'N+A | D' aufweisen, während bei den enklitischen die Opposition 'N | A+D' vorhanden ist. Die 3. Pers. sing. mask. betont ist im Wesentlichen neutralisiert, nur mit einer Alternativform für den Dativ; enklitisch ist die entsprechende Dativform dagegen offensichtlich die einzige Möglichkeit. Die 2. Pers. plur. ist durchgehend neutralisiert, wie auch die 3. Pers. neutr., während die 1. und 2. Pers. sing. und die 1. Pers. plur. sowohl betont als enklitisch die Opposition 'N | A+D' zeigen. Leider dürfte es mittler-

20. Angaben nach Rutberg 1924-31 S. 149; die schwedische Lautschrift wurde in das internationale phonetische Alphabet umgesetzt.

Tabelle 6.6.

Singular	1. Pers.	2. Pers.	3. Pers. mask.	3. Pers. fem.	3. Pers. neutrum
Nom.	ja	tu	han	hón	he
Obl.	mi (me, mej)	ti (te, tej)	han, honon, en	henna, na	he, e
Plural					
Nom.	vi	ni	tom		
Obl.	os	ider	"		

Tabelle 6.7.

Singular	1. Pers.	2. Pers.	3. Pers. mask.	3. Pers. fem.	3. Pers. neutrum
Nom.	ja, jag	du, tu, et, 't	an	un, hu	he, e, det
Obl.	me, mej	dej	an, han, honon, 'n	un, henna, na	he, e
Plural					
Nom.	vi	ni	dom		
Obl.	oss	er	"		

weile sehr schwierig geworden sein, diese sehr interessanten Verhältnisse genauer zu überprüfen.

Im Kapitel 8 wird die Syntax der schwedischen Mundart in Västra Nyland (Finnland) untersucht. Das morphologische Inventar dieser Mundart wurde schon mehrmals festgehalten; die älteste bekannte Form des Paradigmas der persönlichen Pronomina (nach Freudenthal 1870) zeigt Tabelle 6.6. In den neueren Mundarttexten ist das Paradigma etwas verdünnt; Tabelle 6.7. zeigt die Formen, die bei Lundström 1939 zu finden sind.[21] Wie man sieht, ist das Paradigma zwar etwas verschieden, was das Lautbild betrifft, was hingegen das Formensystem angeht, ist es relativ stabil; nur die 3. Pers. fem. sing. weist eine Verschiebung auf, indem *un* jetzt auch oblique sein kann. Dabei ist zu bemerken, dass schon einige der Sagenerzähler in Nyland II (1887) "(h)un" als einzige oblique Form hatten; insofern ist anzunehmen, dass die Form bei Freudenthal einfach gefehlt hat. Auch hier ist der Gegensatz 'belebt | unbelebt' pronominal nicht vertreten; die deutlichen Neigungen zur totalen Neutralisa-

---

21. Bei Lundström (1939) findet man kein solches Paradigma; es wurde nach den exzerpierten Formen aufgestellt.

tion der 3. Pers. plur. können daher auch hier auf die o.g. semantischen Verhältnisse zurückgeführt werden.

Viele der hier schon beobachteten Muster kommen in den norwegischen Dialekten in noch stärkerem Ausmaß zum Vorschein.

6.3. Norwegisch

Im Norwegischen sind die morphologischen Verhältnisse ziemlich kompliziert. Einerseits hat die eine Schriftsprache, Bokmål ("Buchsprache", eigl. im Sinne von "Schriftsprache"), wie zu erwarten war, die dänischen Formen übernommen; andererseits wurden im Zuge der Norwegisierung der Schriftsprache etliche Formen geändert oder neu normiert. Das Prinzip dabei war wie auch sonst bei dieser Normveränderung, die Schriftsprache in Einklang mit dem gesprochenen Norwegisch zu bringen. Gerade bei den Pronominalformen stießen etliche aber auf Ablehnung; wie wir unten im Abschnitt über die Syntax sehen werden, waren auch die deutlichen Spuren der Kasusneutralisation in der dänischen Sprache den Normierenden nicht geheuer. Deswegen ist das Bild im Bokmål ziemlich komplex, und in einigen Punkten gehen die Anhänger der konservativen Sprachnorm, Riksmål, und der radikale(re)n Form, Bokmål, auch auseinander.

Andererseits hat Ivar Aasen für die zweite Schriftsprache, Nynorsk ("Neu-Norwegisch"), eine Vielfalt an Formen aufgestellt, die in den Mundarten nicht immer starke Unterstützung findet. Aasens Normierung wurde daher in der Praxis bald vereinfacht; die vereinfachte Fassung der Normierung findet sich schon als Alternative bei Hægstad 1886. Um den Hintergrund der Normierungsbestrebungen zu kennen, wird daher genauer auf den dialektalen Hintergrund eingegangen als bei den anderen festlandskandinavischen Sprachen.

6.3.1. Formeninventar der norwegischen Mundarten

Die folgende Untersuchung der dialektalen Formeninventare des Norwegischen erhebt keinen Anspruch auf Vollständigkeit außer in systematischer Hinsicht. Sie baut hauptsächlich auf den Angaben zu den neueren Dialektformen bei Sandøy 1987 auf. Doch werden der Vollständigkeit halber auch Angaben aus älteren Aufzeichnungen benutzt. Ziel der Darstellung ist es, sämtliche im Norwegischen vorkommenden Bauformen eines Paradigmas der Personalpronomina aufzulisten. Dagegen wird nicht versucht, hinsichtlich geographischer oder soziologischer Verhältnisse Vollständigkeit zu erreichen.

Aus Gründen der Zweckmäßigkeit behandeln wir zunächst die Dialekte, die sowohl bei Pronomina als auch bei Substantiven drei Kasus haben, dann jene, die zwei haben.

Tabelle 6.8.

Singular	1. Pers.	2. Pers.	3. Pers. mask.	3. Pers. fem.	3. Pers. neutrum
Nom.	eg	du	han	hu	?
Akk.	meg	deg	"	hæ	?
Dativ	me, mì	de, dì	ho	henni	?
Plural					
Nom.	me, mì	de, dì	dei		
Akk.	okko	dikko	"		
Dativ	"	?	"		

6.3.1.1. Mundarten mit drei Kasus

Unter den norwegischen Mundarten gibt es etliche, die noch drei Kasus – Nominativ, Akkusativ und Dativ – aufweisen, sowohl für Pronomina als auch für Substantive (Substantive meist nur in der bestimmten Form). Keine der normierten Schriftsprachen hat dementsprechende Formen, obwohl Ivar Aasen noch (substantivische) Dativformen für seine Norm aufstellte, allerdings mit ganz wesentlichen Vorbehalten hinsichtlich der Möglichkeiten für eine praktische Verwendung.[22] Aasen hat selber in seinen Schriften Dativformen (besonders bestimmte Pluralformen) reichlich benutzt; für seine persönliche, sehr liberale Einstellung zu der Frage hinsichtlich der Beziehung zwischen Sprecher und Norm ist ein solches kleines Detail ein guter Zeuge.[23]

Ein gutes Beispiel für eine solche Dreikasus-Mundart ist die wegen ihres konservativen Charakters berühmte Mundart von Setesdal, genauer gesagt die Mundart von Valle (Tabelle 6.8.)[24] Einige Abweichungen von den Angaben zur gleichen Mundart bei Storm,[25] Skjeggeland[26] und Jahr[27] wurden im Schema nicht berücksichtigt, da es sich laut Homme (1917) um phonetische Varianten handelt und sie daher für diese Untersuchung belanglos sind. Hannaas' monophthongisierte Varianten sind unbetonte Formen von Pronomina, die in den anderen Quellen betont und daher diphthongisiert angeführt werden, was

---

22. Aasen 2. Ausg. 1899 § 179.
23. Walton 1984 S. 12. Zu Aasens Normierungsvorschlägen s. unten Abschn. 6.3.2.
24. Nach Hannaas 1921 S. 25; der Genitiv hier wie sonst auch überall weggelassen, da syntaktisch kaum relevant.
25. Storm 1920 S. 92 (nach Aufzeichnungen aus dem Jahr 1884, vgl. Storm 1920 S. 76).
26. Skjeggeland 1977 S. 94ff.
27. Jahr (Hg.) 1990 S. 36.

auch mit der Beschreibung des Lautsystems der Mundart bei Storm übereinstimmt.[28] Seltsamerweise verheimlichen alle genannten Quellen alle Formen
der 3. Pers. sing. neutr. (die nicht einmal unter den Demonstrativa zu finden
sind) und die Dativform der 2. Pers. plur.

Problematischer ist, dass das Formeninventar in der Aufzeichnung der
Mundart durch Hans Ross in einigen Punkten abweicht.[29] Auch Ross gibt
diphthongisierte Formen an; allerdings kennt er keine besondere Akkusativform der 3. Pers. fem. sing.; sie ist bei ihm mit der Dativform identisch. Dafür
kennt er das Paradigma der 3. Pers. neutr. sing.: N und A [de:], D [dei], [di].
Auch Ross bestätigt jedoch das Vorhandensein dreier distinkter Kasusformen
der 1. und 2. Pers. sing. In Bezug auf die jetzt folgende Diskussion ist dieser
Punkt wichtig.

Gjerden führt für die Nachbargemeinde Bykle drei distinkte Formen für
den Singular in der 1. und 2. Person sowie auch der 3. Pers. fem. und neutr. an;
die 3. Pers. plur. wird mit N *dai*; A+D *da* angegeben.[30] Allerdings sind etliche
Details in seinen Angaben rätselhaft; es ist z.B. denkbar, dass er bei der 3. Pers.
neutr. und der 3. Pers. pl. nicht zwischen betonten und unbetonten Formen unterscheidet. Auf jeden Fall bestätigt er die drei distinkten Kasusformen, auch
für die 3. Pers. fem.

Die Mundart von Setesdalen hat, wie man sieht, in zumindest zwei Teilparadigmen selbständige Formen für alle drei Kasus, während die anderen Teilparadigmen zumindest zwei Formen aufweisen. Nur die 3. Pers. plur. ist nach
diesen alten Angaben in allen drei Kasus neutralisiert. Die Teilparadigmen mit
zwei Formen verteilen noch dazu die Formen nicht ganz auf gleiche Weise; die
1. und 2. Pers. plur. unterscheiden den Nominativ von einer Akkusativ-Dativ-
Form, während die 3. Pers. sing. mask. den Dativ von dem Nominativ-Akku-
sativ unterscheidet. Auch die 3. Pers. fem. sing. gehört (wenn wir die Angaben
bei Ross außer Acht lassen) zu den Teilparadigmen mit drei Formen. Das heißt,
dass die drei Kasus im Gesamtparadigma deutlich verschieden sind; das Bild
wird nicht durch hochfrequente Neutralisationen getrübt, auch wenn hier
schon relativ viel neutralisiert worden ist. Ein solcher Formenreichtum ist
allerdings nicht mehr normal, auch nicht unter Dreikasusdialekten; in diesem
Punkt ist diese Mundart ein sehr konservatives Einzelstück. Hans Ross zitiert
zwar aus der Mundart von West-Telemarken (Nachbargebiet von Setesdal) ein
zweites Beispiel, wo allerdings nur die 3. Pers. fem. als einziges Teilparadigma
drei verschiedene Formen aufweist. Ross' Informanten für diese Mundart

---

28. Storm 1920 S. 92 et passim.
29. Ross 1909 S. 44.
30. Gjerden 1974 S. 153.

Tabelle 6.9.

Singular	1. Pers.	2. Pers.	3. Pers. mask.	3. Pers. fem.	3. Pers. neutrum
Nom.	e:	du:	han / ɛn	(h)o:	dɛ / rɛ
Akk.	me:	de:	"	"	"
Dativ	"	"	ho:no / o	hɛnɛ /n	di: / ri
Plural					
Nom.	me:	de: /re	dai: /rai		
Akk.	us	diko /riko	"		
Dativ	"	"	"		

kannten zwar Dativformen für die 1. und 2. Pers. sing.; sie wurden aber schon damals kaum mehr benutzt.[31]

Was die anscheinend sehr reichen Paradigmata der Mundart in Setesdal betrifft, ist doch das Vorkommen der hochfrequenten Form [de:] in sehr vielen, gegenseitig miteinander nicht zu vereinbarenden Funktionen bemerkenswert: die 2. Pers. sing. A+D; die 3. Pers. neutr. N+A; die 2. Pers. plur. N.[32] – Besonders die letzte Verwendung bildet eine krasse funktionale Disharmonie gegenüber der ersten. Das Deutsche hat zwar etliche ähnliche funktional-disharmonische Formen, wie z.B. die äußerst polyseme Form *die* oder *der* (mit der funktionalen Disharmonie mask. sing. nom. vs. fem. sing. dativ). Doch sind sie bei weitem nicht so hervorstechend wie die von Setesdal oder Ålen. Der scheinbare Reichtum an Formen ist an und für sich ein Ergebnis der vielseitigen Wiederverwendung phonologisch identischer Formen in unterschiedlichen Funktionen.

Ein Beispiel für eine Mundart mit drei Kasus, die mit weit weniger Formen als die beiden erwähnten auskommt, ist die von Hol in Buskerud (Hallingtal), vgl. Tabelle 6.9.[33] Diese Mundart hat nur eine komplett neutralisierte Person, die 3. plur. In allen anderen Personen gibt es einen Unterschied zwischen zwei Formen, obwohl sie nicht überall die gleiche Funktion haben, da Akkusativ wechselweise mit Nominativ und mit Dativ neutralisiert ist. Die Verteilung der Oppositionen – 'N | A+D' in der 1. und 2. Pers., 'N+A | D' in der dritten – kehrt häufig wieder; sie war ja auch ansatzweise in den nordschwedischen

---

31. Ross 1906 S. 27.
32. Wie auch anderswo, so z.B. in Ålen, vgl. Reitan 1906 S. 52.
33. Vgl. Sandøy 1987 S. 44.

Tabelle 6.10.

Singular	1. Pers.	2. Pers.	3. Pers. mask.	3. Pers. fem.	3. Pers. neutrum
Nom.	ei:g / eg	dʉ	han /en	hu: /a	de:
Akk.	mei:g / meg	dei:g / deg	"	"	"
Dativ	"	"	ˇhanom /om	ˇhana /en	di
Plural					
Nom.	vi:	dok	dæm		
Akk.	os	"	"		
Dativ	"	"	"		

Tabelle 6.11.

Singular	1. Pers.	2. Pers.	3. Pers. mask.	3. Pers. fem.	3. Pers. neutrum
Nom.	e:	dʉ	hain: /øn	hu: /u	dæ: /dø
Akk.	me:	de:	"	"	"
Dativ	"	"	ˇhonom /om	ˇhena /øn	di:
Plural					
Nom.	os:	døk:	døm:		
Akk.	"	"	"		
Dativ	"	"	"		

Mundarten vorhanden. Es gibt außerdem in dieser Mundart keinen Fall, wo für die drei Kasus drei verschiedene, selbständige Formen vorkommen. Die funktionale Disharmonie durch [de:] ist nicht so umfassend wie in Setesdal. Genau die gleiche Verteilung der Formen und Funktionen fand Jørgen Reitan in Ålen, obwohl die einzelnen Formen dort etwas anders aussehen.[34]

Tabelle 6.10. zeigt das Paradigma von Harran in Norr-Trøndelag.[35] In diesem Fall ist noch eine Person, die 2. Pers. plur., völlig neutralisiert. In den übrigen sind auch jeweils höchstens zwei Formen vorhanden.

Im Paradigma von Lom in Oppland ist der Plural völlig neutralisiert (Ta-

34. Reitan 1906 S. 52.
35. Sandøy 1987 S. 216.

Tabelle 6.12.

	mask.	fem.	neutr.
N	hann	ho	de
A	"	hæ	"
D	hånom	hænne (hænar)	"

belle 6.11).[36] Drei verschiedene Formen für die drei Kasusfunktionen, wie in Setesdal, sind eindeutig selten.[37] In allen anderen ist der Akkusativ neutralisiert, entweder mit dem Nominativ oder mit dem Dativ – oder gar mit allen beiden. Hans Ross kennt auch Beispiele dafür, dass die vorhandenen Formen des Nominativs und des Dativs beide als Akkusativ benutzt werden können, genau wie in der schwedischen Mundart von Degerfors, vgl. oben.[38] Die Selbständigkeit des Dativs ist in diesen Fällen durch das Vorhandensein des Dativs einerseits bei den Substantiven, andererseits bei der 3. Pers. neutr. gesichert; endlich auch durch jene dem Dativ vorbehaltenen obliquen Stellungen, in denen die Nominativform, die ja sonst auch in den akkusativischen Stellungen erscheint, nicht vorkommen kann. Wenn es nicht so wäre, könnte man ein solches System nicht von einem mit den Normsprachen konformen System mit dem Nominativ und dem casus obliquus unterscheiden; in solchen Systemen hätte dann casus obliquus zwei konkurrierende Formen.

In den Angaben bei Sandøy ist die Trennlinie zwischen den Formen der 3. Pers. sing. überall gleich; sie unterscheiden alle ohne Ausnahme Nominativ und Akkusativ von Dativ. Diese Verteilung ist aber nicht notwendigerweise immer vorhanden. Ab und zu verlaufen die Grenzen zwischen den Formen der 3. Pers. sing. doch nicht an der gleichen Stelle. Den Angaben bei Aasen zufolge hatte die Mundart von Sunnmøre für das Neutrum eine besondere Dativform gegenüber einer gemeinsamen Nominativ- und Akkusativform, während Maskulinum und Femininum für den Akkusativ und den Dativ eine gemeinsame Form mit dem Nominativ als selbständiger Form hatten.[39] Auch Hans Ross zitiert solche Beispiele, z.B. aus West-Telemarken, wo jedes Genus der 3. Pers. sing. eine neue Zusammensetzung der Neutralisationen bringt (Tabelle

36. Sandøy 1987 S. 198; vgl. auch Bjørset 1900 S. 20 zu den Nachbargemeinden, wo die gleiche Verteilung vorgefunden wurde.
37. Eric Papazian (1978a S. 267) bezeichnet es gar als "eine Rarität".
38. Es geht um die Mundarten von Hallingdal und Valdres, Gudbrandsdal und Toten, Hedmark und die südlichen Teile von Østerdalen, vgl. Ross 1907 S. 25, 47 und 68.
39. Aasen 1851 S. 29.

Tabelle 6.13.

Singular	1. Pers.	2. Pers.	3. Pers. mask.	3. Pers. fem.	3. Pers. neutr.
Nom.	æi: / i	dʉ	haɲ / aɲ	hou: / hu	dæ:
Casus obl.	mæi: / mi	dæi: / di	ˇhɔnɔ / nɔ	ˇhiɲe / ne	″
Plural					
Nom.	vi:, mi:	de:	dei:		
Casus obl.	os:	ˇdoke	″		

6.12.).[40] Solche Asymmetrien in den Neutralisationsmustern sind häufig vorhanden. Für Trøndelagen gibt Ross an, dass mask. 'N | A+D', fem. 'N+A | D' und neutr. 'N+A+D' haben,[41] während die Fosn-Mundart für mask. eine totale Neutralisation zeigt (mit einer Alternativform für A+D), fem. 'N | A+D' (mit der N-Form als Alternative für A, aber offensichtlich nicht für D) und endlich neutr. 'N+A | D' (vgl. oben zu Sunnmøre).[42]

Die Untersuchung ergibt, dass außer in der sehr konservativen Mundart von Setesdal höchstens zwei Formen pro Person- und Numeruskategorie vorhanden sind, obwohl diese Formen je nach Position andere Funktionen ausüben. Die typische Verteilung scheint zu sein, dass die 1. und 2. Pers. sing. und plur. den Nominativ von einer gemeinsamen Akkusativ-Dativ-Form unterscheiden, während bei sich der 3. Person eine eigene Dativform von einer gemeinsamen Nominativ-Akkusativ-Form abhebt; vgl. jedoch oben die Dokumentationen von Aasen und Ross. Wie unten (Kap. 10) noch zu besprechen sein wird, ist diese Konstellation von Person und Kasus sicherlich nicht zufällig.

Es ist auch typisch, dass alle Schemata zumindest eine gänzlich neutralisierte Position aufweisen, bei der keine der drei Kasusfunktionen eine selbständige Form hat. Sogar in Setesdal war eine solche Position vorhanden.

6.3.1.2. Mundarten mit zwei Kasus

Unter den norwegischen Mundarten, die nur zwei Kasus unterscheiden, gibt es auch viele Beispiele für totale Neutralisation. Auf der anderen Seite gibt es wiederum etliche, die im Gegensatz zu den Dreikasusdialekten, von denen keiner der zitierten bei der 3. Pers. plur. irgendeinen Kasusunterschied zum

40. Ross 1906 S. 27.
41. Ross 1908 S. 50.
42. Ross 1908 S. 61.

Tabelle 6.14.

Singular	1. Pers.	2. Pers.	3. Pers. mask.	3. Pers. fem.	3. Pers. neutr.
Nom.	e(g)	dʉ	han	hu:	de:
Casus obl.	me(g)	de(g)	″	″, ˇhene	″
Plural					
Nom.	mi:	ˇdoke	dɛi:, di		
Casus obl.	ˇoke	″	″		

Tabelle 6.15.

Singular	1. Pers.	2. Pers.	3. Pers. mask.	3. Pers. fem.	3. Pers. neutr.
Nom.	jæi: / jæ	dʉ: / rʉ	han / en	hʉ, ˇhener, hʉn / a	de: / re
Casus obl.	mæi: / mæ	dæi: / dæ, ræ	″	″	″
Plural					
Nom.	vi:	ˇde:re	dem, døm, dom / rem, røm, rom		
Casus obl.	voʃ	″	″		

Ausdruck bringt, eben den Unterschied 'N | O' aufweisen. Unter diesen Dialekten gibt es einige mit Utrumformen; leider fehlen bei Sandøy und in den älteren Dialektbeschreibungen meistens solche Angaben. Sie wurden ergänzt, wenn sie mit Sicherheit vorkommen.

Sehr formenreich – obwohl gerade nicht in der 3. Pers. plur. – ist die Mundart von Sande in Møre und Romsdal (Tabelle 6.13.).[43] In ihren Formen ist diese Mundart den Aasen-Normen des Nynorsk sehr ähnlich; gleichzeitig weist sie auch stark markierte Kasusunterschiede auf. Fast die gleiche Verteilung von Formen und Unterschieden weist die Mundart von Søndre Land in Oppland auf;[44] allerdings sind die Formen hier eng mit den Bokmål-Formen verwandt. Außerdem sind die Formen der 3. Pers. sing. mask. u. fem. Nominativ auch als oblique Formen verwendbar, wodurch natürlich die Kasusunterschiede weniger stark betont werden.

43. Sandøy 1987 S. 203.
44. Sandøy 1987 S. 221.

Lyngdal in Vest-Agder ist dagegen eine ziemlich formenarme Mundart (Tabelle 6.14.).[45] In dieser Mundart gibt es für die 3. Pers. sing. fem. obl. die alternative Form *hene*, durch die die Neutralisation wieder aufgehoben werden kann. Sandøy zitiert ein Schema aus Gildeskål in Nordland mit genau der gleichen Verteilung der Formen und Neutralisationen.[46]

Von der Ostseite Oslos stammt ein weiteres Schema, das die gleichen Verteilungen aufweist, bloß diesmal mit Formen, die dem Bokmål viel näher stehen (Tabelle 6.15.).[47] Alternativformen zur 3. Pers. sing. fem. umfassen nicht nur eindeutige Nominativformen wie *hun*, sondern auch enklitische Formen und sogar ursprünglich oblique Formen: *a* und *hener*.[48]

In den meisten Mundarten ist die 3. Pers. plur. überall neutralisiert. Eine Ausnahme bildet West-Oslo, wo die Sprache ohnehin stark durch das Dänische geprägt ist. Wie die Diskussion zwischen Helge Lødrup und Eric Papazian[49] über die 3. Pers. plur. in den gehobeneren Kreisen in Oslo zeigt, ist die Form *dem* an und für sich keine deutliche Kasusform, genau so wenig wie die entsprechenden dänischen, wenn nicht sogar in geringerem Maße. Es ist nicht ganz ausgeschlossen, dass *de* und *dem* in der heutigen Sprache eher phonologische Varianten eines kasuslosen Pronomens wären. Wie man sie wirklich im Norwegischen einschätzen soll, ist eine schwierige Frage. Die Beschreibungen von Lødrup und Papazian ergeben zusammen ein Bild, wonach *de* in der Tat aus semantischer Sicht am ehesten den dänischen obliquen Formen ähnlich wäre (Präferenz für betonte Stellung und fokussierte Bedeutungen), während *dem* mit seiner Neigung zur Unbetontheit und topischen Bedeutungen eher den dänischen Nominativformen ähnelt! Eine solche Beschreibung stellt die gesamte Etymologie der Formen auf den Kopf. Als Kuriosum kann gelten, was André Bjerke, ein Anhänger der konservativen norwegischen Sprachnormierung, zum Osloer Dialekt behauptet hat, nämlich dass *dem* Nominativ und *de* oblique Form seien.[50] Allerdings wird diese Behauptung – wenn sie auch mit dem oben aus der Diskussion zwischen Lødrup und Papazian gewonnenen Bild leicht in Einklang zu bringen wäre – z.B. von Bull (1980) nicht bestätigt.

Obwohl die 3. Pers. plur. in dieser Mundart an und für sich einen Kasusunterschied kennt, gibt es nichtsdestoweniger ansatzweise die schon bekannte

45. Sandøy 1987 S. 48.
46. Sandøy 1987 S. 49.
47. Sandøy 1987 S. 58.
48. Vgl. zum Gebrauch der Femininumformen in solchen (modernen) Mundarten Papazian 1978a, b.
49. Lødrup 1982, 1984, Papazian 1983, 1985.
50. Bjerke 1962 S. 87f.

Tabelle 6.16.

Singular	1. Pers.	2. Pers.	3. Pers. mask.	3. Pers. fem.	[3. Pers. Utrum]	3. Pers. neutr.
Nom.	jæi: / jæ	dʉ:	han / an	hʉn	[dæn:]	de:
Casus obl.	mæi: /mæ	dæi: / dæ	han, ham / am	", ˘hene	["]	"
Plural[53]						
Nom.	vi:	˘de:re	di:			
Casus obl.	os	"	dem			

Tendenz zur Neutralisation der 3. Pers. im mask. und fem. sing.;[51] doch wird dieses Bild durch die Alternativformen zu diesen Person-Numerus-Konstellationen aufgelockert. Die 2. Pers. plur. ist neutralisiert; die hier verwendeten Formen sind dem Dänischen fremd und machen in diesem Sinne genuine norwegische Elemente des Paradigmas aus (Tabelle 6.16.).[52]

Es kommt vor, dass die 3. Pers. sing. nicht völlig neutralisiert ist; in solchen Fällen weist die 3. Pers. sing. fem. meistens den Unterschied auf, wie in Voss in Hordaland[54] oder in den Stadtmundarten von Stavanger[55] und Arendal.[56] Auch hier ist die Verteilung der Kasus auf die 3. Pers. sing. nicht immer die gleiche, wie wir es schon bei den Dreikasusmundarten beobachtet haben.

Dialekte mit vollständiger Neutralisation des Plurals gibt es ebenfalls. Sandøy zitiert ein Beispiel – auch aus Stavanger – in welchem die Neutralform der 1. Pers. plur. [vi:] ist.[57] Sonst ist die übliche Neutralform bei der 1. Pers. plur. *oss*, die uns auch oben bei den Dreikasus-Mundarten begegnet ist. In einer solchen Mundart ist der Kasusunterschied im Regelfall dann nur noch durch die 1. und 2. Pers. sing. vertreten.

Einen anderen Sonderfall kennt man von der Südwestküste Norwegens

---

51. Wie schon oben (Abschn. 6.1.) erwähnt, könnte die Kopenhagener Stadtmundart, die wahrscheinlich maßgeblich für die Aneignung der dänischen Formen durch die gebildeten Schichten in Norwegen war, auch diese Neutralisation gehabt haben.
52. Sandøy 1987 S. 159; 3. Pers. sing. Utrum ergänzt.
53. Es ist fraglich, ob diese Verteilung der Pronominalformen der 3. Pers. plur. dem tatsächlichen Sprachgebrauch entspricht, vgl. oben zur Debatte zwischen Lødrup (1982, 1984) und Papazian (1983, 1985).
54. Sandøy 1987 S. 261.
55. Sandøy 1987 S. 280, vgl. Berntsen & Larsen 1925 S. 264.
56. Voss 1940 S. 97.
57. Sandøy 1987 S. 284.

und etlichen anderen Stellen; hier ist die 2. Pers. sing. neutralisiert worden,
und zwar dergestalt, dass *du* die Neutralform geworden ist.[58] Dieses Phänomen hat eine gewisse Verbreitung und könnte möglicherweise jetzt in der Tat
auf dem Vormarsch sein.[59] Die von A. Bjørkum beobachtete totale Neutralisation auch von der 1. Person sing. bei mehreren jüngeren Sprechern der Mundart von Øvre Årdal (bei Sognefjorden) ist sicherlich ein Einzelfall.[60] Interessant
ist es, dass die Neutralisationen am ehesten unter den alteingesessenen Jugendlichen verbreitet sind, während Kinder von Zugereisten eher den Kasusunterschied aufrechterhalten. Doch kennt auch Bjørkum Beispiele dafür, dass
Jugendliche nach der Schulzeit wieder den Kasusunterschied benutzten.[61] Wie
stark "der Verlust des Kasusgefühls"[62] sich verbreiten kann, muss ungewiß
bleiben; das Vorhandensein dieser Neutralisation an sich dürfte aber, wie es
scheint, ein typischer Fall sein, der bei den vielen partiellen und kompletten
Neutralisationen in den norwegischen Pronominalparadigmen sehr wohl richtungsweisend werden könnte.

6.3.2. Zusammenfassung der morphologischen Situation in den norwegischen Mundarten

Wenn wir die Situation des Kasusunterschiedes im norwegischen Sprachraum
resümieren wollen, liegt es auf der Hand festzustellen, dass die Entwicklung
von einem Dreikasussystem zu einem potentiellen Einkasussystem offensichtlich sehr schnell gegangen ist. Mit Ausnahme der wenigen sehr konservativen
Mundarten sind auch die Dreikasusparadigmata bereits sehr formenarm; zudem haben viele lautlich identische Formen sehr unterschiedliche Funktionen.
Dafür haben wir die Bezeichnung "funktionale Disharmonie" vorgeschlagen.
Insbesondere wichtig ist die Tatsache, dass die 3. Pers. sing. und plur. in Bezug
auf die morphologische Subjekt-Objekt-Unterscheidung in den meisten Fällen

---

58. Jahr (Hg.) 1990 S. 37 u. 41; über die Mundart von Saltdal: s. ibid. S. 151. Siehe auch Bjør-
    kum 1968 S. 118, 207 und 1974 S. 299f zu Øvre Årdal bei Sognefjorden.
59. Bjørkum 1968 S. 207 zitiert zwei Informanten für die Aussage, dass diese Sonderheit in
    Øvre Årdal ihren Ausgangspunkt auf einem bestimmten Hof, Øyri, hätte und von dort
    aus verbreitet worden wäre. Die Buben vom Hof hätten mit Brachialgewalt die Verein-
    fachung des Paradigmas in der Umgangssprache durchgesetzt. Inzwischen soll die
    morphologische Neutralisation der 2. Pers. sing. in Øvre Årdal wie auch vereinzelt an-
    derswo umgangssprachliche Norm geworden sein. Da sie auf eine Analogie zu den an-
    deren neutralisierten Formen bauen kann, kann das Phänomen nicht bloß als Ergebnis
    willkürlicher terroristischer Tätigkeit unter der Dorfjugend abgetan werden.
60. Bjørkum 1968 S. 118, 207 u. 1974 S. 299f.
61. Bjørkum 1974 S. 299.
62. Bjørkum 1974 S. 299.

Tabelle 6.17.

Singular	1. Pers.	2. Pers.	3. Pers. mask.	3. Pers. fem.	3. Pers. neutr.
Nom.	eg	du	han	ho	det (dat)
Casus obl.	meg	deg	honom	henne	"
Plural					
Nom.	me (od.vi)	de	dei		
Casus obl.	oss	dykk	deim		

schon gänzlich neutralisiert ist. Auch wenn die Unterscheidung von Nominativ und casus obliquus bei den anderen Personen vorkommt, wird sie offensichtlich nur in sehr geringem Ausmaß auf die 3. Pers. übertragen, wenn der Dativ verschwindet. Im Gegenteil: der Unterschied neigt dazu, auch bei den anderen Person-Numerus-Konstellationen zu verschwinden. Die einzige Konstellation, die in allen norwegischen Mundarten (mit der schon erwähnten Ausnahme) den Kasusunterschied aufweist, ist die 1. Pers. sing.; die 2. Pers. sing. und die 1. Pers. plur. haben meistens auch zwei Formen. Bei den sonstigen Konstellationen ist eine vollständige oder partielle Neutralisation wahrscheinlich.

6.3.3. Die normierten Schriftsprachen in Norwegen

6.3.3.1. Nynorsk

Nynorsk, früher Landsmaal ("Landessprache"), wurde 1853 von Ivar Aasen entworfen, und zwar als Harmonisierung der stark unterschiedlichen dialektalen Formen des Norwegischen. Aasen selber stellt zwar in der zweiten Ausgabe seiner norwegischen Grammatik (2. Ausg. 1899) für die persönlichen Pronomina Vierkasusparadigmen auf;[63] aber es ist anzumerken, dass er von vornherein nicht an die Brauchbarkeit eines solchen Paradigmas glaubt, da der Gebrauch der vier Formen seiner Auffassung nach nicht mehr grammatisch konsequent wäre.[64] Die Form des Paradigmas, für die er sich entscheidet, wird explizit nach dem Muster des Dänischen und Schwedischen aufgestellt, damit zumindest in diesem Punkt eine Harmonisierung vorhanden war (Tabelle 6.17.).[65]

63. Aasen, 2. Ausg. 1899 §192 S. 175f u. § 193 S. 177f.
64. Aasen, 2. Ausg. 1899 §193 S. 178.
65. Vgl. Aasen, 2. Ausg. 1899 § 192 S. 175 u. §193 S. 177. Die Bezeichnung "Akk. og Dat." entspricht hier O; die Genitivformen wurden als irrelevant weggelassen.

Obwohl dieses normierte Paradigma etliche alte Dativformen als allgemeine oblique Formen einsetzt, zieht Aasen diese Normierung (die ihm als ur-
sprünglichem Sprecher einer Dativmundart[66] eigenartig vorgekommen sein
muss) einer ausgeglichenen Form mit vielen Neutralisationen von Nominativ
und Oblique/Akkusativ vor, da er gerade diese Überschneidungen der Kasusformen (die wohlgemerkt in sehr vielen Mundarten vorhanden waren) weniger geeignet ("ikke … synderlig bekvem"; "en Uleilighed") findet.[67]

Die Verhältnisse in den Dialekten ließen sich aber nicht von der Aasenschen
gemeinsamen Normsprache fernhalten. Die erste Vereinfachung im Paradigma
betraf die obliquen Form der 3. Pers. plur., die ja auch sehr wenig Unterstützung in den Dialekten findet.[68] Auch für die 3. Pers. sing. wurden die obliquen
Formen in der Praxis bald sehr wenig verwendet; Hægstad 1886 – eine viel benutzte Schulgrammatik der "Landsmaal"[69] – gibt Aasens Paradigma als
Hauptform und daneben eine sog. "neue Schreibweise", die sich auf Garborg
und Mortensson bezieht, an.[70] Was die Pronominalflexion betrifft, ist in der
"neuen Schreibweise" die 3. Pers. durchgehend neutralisiert; *honom* und *henne*
sind nur Alternativen, und *deim* ist gestrichen.[71]

Obwohl sowohl Garborg als auch Hægstad in der Kommission saßen, änderte der Vorschlag zu einer Reform 1899 (Garborg, Hægstad und Flo 1899)
nichts an Aasens Norm. Nur *deim* stand eigentlich zur Debatte; hier dachte die
Kommission über eine Form *døm* nach, ließ sie aber sofort wieder fallen. Inwieweit die aasenschen obliquen Formen als obligatorisch gelten sollten oder ob
ihnen die Nominativformen zur Seite gestellt waren, geht nicht eindeutig aus
dem Text hervor.[72]

Aasens Norm musste noch eine – stark umstrittene – Reform über sich
ergehen lassen, als man 1938, um die Konvergenz beider Sprachformen zu
fördern, *me* (1. Pers. plur.) gegen *vi* austauschte, doch mit *me* als "Nebenform".[73] *Me* wurde hier geopfert, um einen gemeinsamen Nenner der beiden

---

66. Vgl. Aasen 1851 S. 17 et passim; gerade in den Pronominalformen war der Dativ in
    Sunnmøre jedoch seinen eigenen Angaben zufolge nicht besonders prägnant.
67. Aasen, 2. Ausg. 1899 §193 S. 177f.
68. Gjelsvik 1938 S. 130 meint, dass der Übergang schon in den 1880ern stattgefunden hat,
    was auch mit den Angaben in Hægstad 1886 übereinstimmt.
69. Vgl. "Hægstad, Kr. M." in *Norsk Biografisk Leksikon*, Bd. VI, S. 412.
70. Hægstad 1886 S. 24 (Paradigmen) u. 4 (Angaben zu den Verfassern).
71. Wie unten in Kap. 9 zu besprechen ist, waren die Formen *honom* und *henne* aus proso-
    disch-syntaktischen Gründen weniger glücklich gewählt; dazu gibt es schon bei Gar-
    borg, Hægstad und Flo 1899 Andeutungen.
72. Garborg, Hægstad & Flo 1899 S. 56f.

Tabelle 6.18.

Singular	1. Pers.	2. Pers.	3. Pers. mask.	3. Pers. fem.	3. Pers. neutr.
Nom.	eg	du	han	ho	det
Casus obl.	meg	deg	han / honom	ho /henne	"
Plural					
Nom.	me, vi	de	dei		
Casus obl.	os	dykk	"		

Schriftsprachen, das sog. "samnorsk", zu schaffen. Da Nynorsk ohnehin seine stärkste Verbreitung in jenen Gebieten findet, wo *me* die übliche dialektale Form ist, lebte *me* aber unbehelligt weiter, fast als Nynorsk-Schibboleth, obwohl offiziell zur "zweiten Geige" degradiert. "Læreboksnormalen"[74] (Framlegg 1957) von 1957 hielt dennoch ohne besondere Begründung an *vi* als Hauptform für Nynorsk fest. In den 70er Jahren wurde vorgeschlagen, *me* wieder gleichzustellen. Eine Untersuchung von Helge Sandøy und Per Arvid Ølmheim (Sandøy & Ølmheim 1975) ergab, dass *vi* mittlerweile in der Nynorsk-Belletristik stark verbreitet war, während *me* seine Stellung in der Lokalpresse und in Schularbeiten in den *me*-Distrikten usw. behaupten konnte. Da *vi* dabei war, sich in etlichen alten *me*-Bezirken auszubreiten, wurde damals die Normierungssituation von 1938 festgehalten. Wenige Jahre später – 1983 – erfolgte aber die Restitution von *me* als gleichgestellte Form.

Tabelle 6.18. zeigt das jetzige gesetzlich gegebene Paradigma des Nynorsk. Gegenüber Aasens Norm sind die Alternativformen hier entscheidend; so ist die 3. Pers. im heutigen Gebrauch meist morphologisch neutralisiert. Die obliquen Formen sind hier Alternativen, die der Variation wegen oder zur Auflösung unklarer Ausdrücke benutzt werden können.[75] So, wie das Formensystem auf dem Papier steht, wird der Kasusunterschied formal gut festgehalten; es muss aber noch gesagt werden, dass gerade die oben beschriebenen Verhältnisse in den Mundarten den Unterschied stark abschwächen. Gerade weil

73. Die Vorarbeit zur Reform, *Tilråding … 1935*, versucht soweit möglich gemeinsame Formen als Hauptformen einzuführen, vgl. unten Absch. 6.3.3.2. Für Nynorsk war u.a. vorgesehen, *han* und *ho* als einzige Formen beider Kasus und *dere* und *dem* als fakultative oblique Formen einzuführen (*Tilråding … 1935* S. 46). Solche Vorschläge wurden heftig bekämpft.
74. Die enge Normierung der norwegische Schriftsprache für Unterrichtszwecke, die nur Hauptformen und keine Nebenformen akzeptiert.
75. Heggstad 1931 § 327; Eskeland, 6. Ausg. 1954 S. 6f, Beito 1970 § 291. *Henne* ist allerdings laut Heggstad viel gewöhnlicher als *honom*.

Tabelle 6.19.

Singular	1. Pers.	2. Pers.	3. Pers. mask.	3. Pers. fem.	3. Pers. utrum	3. Pers. neutr.
Nom.	jeg	du	han	hun / ho	den	det
Casus obl.	meg	deg	ham /han	henne /ho	"	"
Plural						
Nom.	vi	dere	de, De			
Casus obl.	oss	"	dem, Dem			

Nynorsk in seiner Praxis so stark auf die Mundarten abgestimmt ist, ist dieser Punkt wesentlich.

6.3.3.2. Bokmål

Bokmål ist bekanntlich die norwegisierte Form der dänisch-norwegischen Schriftsprache des 18. und 19. Jahrhunderts. In den Grammatiken des vorigen Jahrhunderts wird genau der gleiche Bestand angegeben wie in dänischen Grammatiken.[76] Das jetzige Formeninventar und die Verteilung der Formen auf die Kasus ähnelt daher dem Dänischen sehr, obwohl gewisse Formen ausgetauscht worden sind (Tabelle 6.19.).[77]

Offiziell wurde *dere*, das schon lange in der norwegischen Umgangssprache sowohl als Nominativ als auch als casus obliquus gängig war,[78] 1907 eingesetzt.[79] 1917 kamen *han* als Obl. und *hu* als Alternative zur N dazu. Die Schreibformen *meg* und *deg* stammen von 1938. Die Vorarbeiten zu dieser Reform waren viel radikaler; so wurde u.a. vorgeschlagen, dass beide Schriftsprachen *han* als einzige oblique Form haben sollten.[80] Solche radikale Maßnahmen wollte man den Norwegern doch nicht antun und seither wurden nur sehr geringfügige Änderungen an den Pronominalformen vorgenommen. (Nur wurden *hu* und *ho* 1957 beide Nebenformen im Bokmål; davon kennt *Bokmålsordboka* von 1986 allerdings nur *ho*.)

---

76. Knudsen 1856 §§ 375-77, 1863 § 321, Hofgaard 1891 § 59, Western 1921 § 528; nur bei Hofgaard kommt übrigens die jetzige dänische Form der 2. Pers. plur. obl., *jer*, vor; sonst stehen überall das veraltete dänische *eder* oder auch das rein norwegische *dere*.
77. *Ny Rettskrivning 1938: Bokmål* S. 41. Utrum und Neutrum ergänzt. Einige kleinere Verbesserungen nach *Bokmålsordboka*.
78. Vgl. Seip 1927.
79. Haugen 1968 S. 45.
80. *Tilråding … 1935* S. 46.

Auch dieses Paradigma hält anscheinend den Kasusunterschied aufrecht; nichtsdestoweniger muss man wegen der starken Unterwanderung durch alternative Formen mit einigen zusätzlichen morphologischen Neutralisationen im Schema rechnen.

Eine alternative Form, die den Kasusunterschied deutlicher herausbringt, ist *de* für die 2. Pers. plur. Nom. (entsprechend Nynorsk); sie führt zwar den Kasusunterschied hier ein, bewirkt aber aufgrund der Homonymie mit der 3. Pers. plur. Nom. andere semantische Schwierigkeiten. Über den Hintergrund der Neutralform *dere*, die seitens der norwegischen Sprachnormierung nicht unbedingt mit Begeisterung angenommen wurde, s. Seip 1927.

Andere Alternativformen sind *ho* und *hu* für die 3. Pers. sing. fem. Nom. (statt *hun*) und *han* für die 3. Pers. sing. mask. Obl. Während erstere keine Schwierigkeiten bieten, führt die Neutralform im mask. und die entsprechende neue Form im fem. eine zentrale Neutralisation herbei, die häufig in der Umgangssprache auch aus *hun* etc. eine oblique Form macht. Auf ähnliche Verhältnisse im Schwedischen wurde oben aufmerksam gemacht.

Das Bokmål ist auch nicht abgeneigt, sich nach den Verhältnissen in den Mundarten zu richten (was ja im Grunde kein Wunder ist). Die komplizierte Normierungssituation im Norwegischen setzt sich auf diese Weise voll durch.

6.4. Folgerungen

Diese Untersuchung hat die vorhandenen Formen im Pronominalsystem der skandinavischen Sprachen aufgelistet und das Gewicht des Kasusunterschiedes in den jeweiligen Sprachschichten bewertet. In diesem Sinne können wir schließen, dass, während das Schwedische und das Dänische beide mit Sicherheit pronominalen Kasus aufweisen – und zwar den Kasusunterschied 'Nominativ | Oblique', – die Situation im Norwegischen, aber auch in vielen schwedischen Dialekten, so ist, dass man mit einer starken Neigung zu einem vereinheitlichten morphologischen Kasus bei den Pronomina rechnen muss. Für die syntaktische Analyse haben diese Verhältnisse insofern eine entscheidende Auswirkung, als das Vorhandensein von zwei gegenseitig deutlich nicht-neutralisierten Kasusformen die Voraussetzung für eine syntaktische Regruppierung ist. Wenn man aber dann aufgrund unserer morphologischen Beobachtungen erwarten würde, dass im Norwegischen relativ wenige syntaktische Neutralisationen oder Kasusinkongruenzen vorhanden seien, stimmt das, wie in Kap. 9 noch darzustellen ist, nicht. Hier gibt es genau die gleichen Probleme wie im Dänischen. Diese Tatsache muss bei der Einschätzung der norwegischen Situation noch mitberücksichtigt werden.

KAPITEL 7

Syntaktische Kasusneutralisation im Dänischen

Die Kasusneutralisation im Dänischen muss eine ziemlich lange Geschichte hinter sich haben. Schon um 1500 tauchen die ersten Anzeichen für den heutigen obligatorischen Gebrauch der obliquen Form als Prädikativ (B3) auf;[1] und im 18. Jahrhundert wird die Regel dann von Høysgaard als verbindlich gegeben.[2] In der Bibelübersetzung von 1871 werden laut dem ODS die Prädikative vom Nominativ auf den casus obliquus umgestellt, was wohl als Zeichen dafür gelten kann, dass der Nominativ damals so konservativ geworden war, dass auch die Kirchensprache darauf hat verzichten können. Die ältesten uns bekannten Beobachtungen der anderen Neutralisationspositionen (vgl. Kap. 5, Abschn. 5.2.) stammen aus der Mitte des 19. Jahrhunderts,[3] aber in den Pronominalartikeln im ODS gibt es Belege, die zumindest andeuten, dass der Vorgang schon im frühen 18. Jahrhundert angefangen hatte.

7.1. Zum syntaktisch-prosodischen Status der pronominalen Kasusformen im Dänischen

Eingangs ist es sicherlich zweckmäßig festzuhalten, dass die Pronominalflexion, deren Formen wir in Kap. 6, Abschn. 6.1., aufstellten, im Dänischen in den hier nicht erwähnten Verwendungen absolut unproblematisch funktioniert.

---

1. Falk & Torp 1900 S. 24; Skautrup 1944-70 II 200f.
2. Bertelsen 1915-29 Bd. V S. 404 (§ 1763).
3. Varming 1862 S.169f für die jütländische Mundart; vgl. Lefolii 1871 S. 90 für das gesamte Sprachgebiet, allerdings auch besonders auf Jütland bezogen. Noch Mikkelsen (1911 S. 238) behauptet die jütländische Herkunft dieses Phänomens. Demgegenüber steht eine Bemerkung von Brink & Lund (1974 S. 61), die diese Entwicklung auf die Kopenhagener Stadtmundart zurückführen. Es wäre bemerkenswert, wenn eine Entwicklung sich von einer Landmundart ins unbestrittene Normzentrum verbreiten könnte, vgl. Brink & Lund 1974 S. 69ff. Tatsächlich gibt es schon im 18. Jahrhundert sporadische Belege dafür, dass die Neutralisation im Vormarsch war, und zwar aus dem Kopenhagener Sprachgebiet, nämlich die Falschverwendungen der Kasusformen bei Holberg, vgl. ODS. Möglicherweise hat die Verbreitung mehr oder weniger gleichzeitig sowohl in Kopenhagen als auch in Jütland angefangen.

Das gilt besonders für die im Kap. 4 besprochenen enklitischen Positionen, aber auch sonst überall, wo das Pronomen kontextuell redundant ist, egal ob betont oder unbetont. Lars Heltoft hat hervorgehoben, dass ein persönliches Pronomen im Fundamentfeld sehr wohl betont sein und dennoch flektiert werden kann.[4] Unten werden wir ein paar Konstruktionen sehen, die eindeutig topisch sind und daher auch volle Flexion haben, obwohl sie wohl in den meisten Fällen betont sind. Die Auflösung der Flexion hat eindeutig mit dem semantischen Unterschied 'topisch | fokussiert' zu tun und erst in zweiter Linie mit der Prosodie.[5]

Es ist ab und zu vorgeschlagen worden, dass der pronominale Nominativ im Dänischen nur in Kontaktstellung mit dem finiten Verb vorkommt.[6] Diese Interpretation wäre möglich, wenn es nicht die beiden Adverbialplätze (hier **fett** gedruckt) zwischen den Plätzen des Verbs und des Subjekts in Haupt- und Nebensätzen gäbe:

F	m	**a1**	n (S)	**a2 neg**	v	V	N (IO - DO)	A
pronS	vf-[HS]		pronS		vf-[NS]			

Nur im Hauptsatz steht im Dänischen, wie man sieht, in der Satzkette ein pronominales Subjekt im Nominativ in Kontaktstellung mit dem Verb; im Nebensatz haben die Adverbiale regelmäßig einen Platz dazwischen. Da die Grundstruktur eines dänischen Satzes nach dieser Analyse die Plätze **n** und **v**[7] als Ausgangspunkt für die Satzbildung vorsieht, sind weder tiefenstrukturell noch oberflächenstrukturell Kontaktstellungen gegeben. Zwischen **n** und **v** befinden sich ja nicht nur die Adverbiale, sondern auch die Negation. Darüber hinaus gibt es Beispiele für eine Kontaktstellung an der Oberfläche, nämlich das Fundamentfeld und das finite Verb im Hauptsatz, in denen aber ein obliquer Kasus ebensowohl auftauchen kann:

4. Heltoft 1991 S. 128f.
5. Wir haben zwar früher (in Jørgensen 1991) eine These verfochten, durch die die Prosodie und die Flexion der Personalpronomina sehr direkt miteinander verbunden werden. Diese These hält aber – was man schon an diesen einleitenden Bemerkungen sieht – einer genaueren Untersuchung nicht stand.
6. Heltoft 1991 S. 128; Heltoft beruft sich hier auf Ole Togeby, allerdings ohne Literaturangabe.
7. Hier nicht der **v**-Platz der Hauptsätze bei Diderichsen, sondern die erste Position am Platz der infiniten Verben.

(1)   Lars og **mig** har diskuteret kasusforholdene på dansk.
       'Lars und ich [O] haben die Kasusverhältnisse auf Dänisch diskutiert.'

Lars Heltoft hat auch eine andere Lösung vorgeschlagen, die wir schon in Kap.
5 erwähnt haben. Nach dieser Analyse wird der Kasus den syntaktischen Kernen zugeschrieben; da die Pronomina aber in gewissen Positionen – jenen, die
wir in der Konstruktion B9 zusammenfassen – keine Kerne sind, sind sie, was
Kasus betrifft, nicht gebunden.[8] Diese Lösung stimmt für die Konstruktion B9,
aber da die anderen Neutralisationspositionen, die wir aufgestellt haben, alle
Kernpositionen sind, kann diese Lösung kaum verallgemeinert werden. Es
bleibt also dem Grammatiker nicht erspart, relationelle Lösungen für das Kasusproblem im Dänischen zu finden.

7.2. Kasusneutralisation in den dänischen Mundarten

Interessant ist, dass viele dänische Dialektbeschreibungen Neutralisationen
nachweisen, besonders für Jütland und Fünen. Die Belege aus den seeländischen und nordschleswiger Mundarten sind in Bezug auf den Übergang zur
obliquen Form viel zurückhaltender. Aus diversen Dialektbeschreibungen
wurden die folgenden Konstruktionen notiert:

* B2 – Subjekt in einem elliptischen Satz

Diese Konstruktion ist aus Jütland und Fünen mit obliquer Form belegt:

(2)   wå do i æ byj' iaw·es? – **Mæ**? (Jütland)[9]
       'Warst du gestern abend in der Stadt? – Ich [O]?'
(3)   Mun ha væ sdan op? – **Ham**? Næ, ha sdåde ob mæ hönsene. (Brenderup
       auf Fünen)[10]
       'Ob er wohl aufgestanden ist? – Er [O]? Nein, der steht nicht mit den
       Hühnern auf!'

Gegenbelege gibt es im Seeländischen:[11]

---

8. Heltoft 1992 S. 87ff.
9. Aus Skautrup 1970, Art. "IVa".
10. Jensen 1919-26 II S. 109, Lautschrift vereinfacht.
11. Umsetzung einer Angabe aus Strøby in den Sammlungen von Institut for dansk dia-
    lektforskning an der Universität Kopenhagen in die normierte Orthographie.

(4)   Du har taget min kniv. – **Jeg**? – Ja, **du**.
        'Du hast mein Messer genommen. – Ich [N]? – Ja, du[N].'

* B3 und B4 – Prädikativ zum Subjekt und Existenzsubjekt

Diese beiden Konstruktionen sind in allen Dialekten wie in der Hochsprache im Regelfall kasusinkongruent, obwohl Nominativ wie in der Normsprache ganz selten vorkommt.

* B5 – betonende Rechtskopierung eines Pronomens

Diese Konstruktion ist auch in den Dialekten bekannt; allerdings kennen wir nur Belege aus dem seeländischen Gebiet. In der Konstruktion findet man einerseits *den*:[12]

(5)   Hun er en køn pige, den.
        'Sie ist ein hübsches Mädchen, die da [ohne Kasusflexion].'

– andererseits aber auch andere Pronomina der 3. Pers.:[13]

(6)   Sådan én, hun skulle jo ikke have så meget at æde, **hun**. (Tølløse, Seeland)
        'So eine, sie brauchte ja nicht so viel zum Essen, sie [N].' (… die da)
(7)   Det var nogle slemme marker **de**. (Strøby, Seeland)
        'Das waren schwierige Felder, die [N].' (… die da)

Sichere Belege für die oblique Form in dieser Konstruktion wurden bis jetzt nicht gefunden; die oblique Form in den folgenden Beispielen könnte ja im Prinzip auch auf Kongruenz mit dem (ohnehin obliquen) Prädikativ beruhen:[14]

(8)   Det var en værre rimpedåse, **hende**. (Magleby, Seeland)
        'Das war ein schlechtes Nähmädchen, die [O].' (Die – das war ein ein schlechtes Nähmädchen)

12. Nach *Ømålsordbogen*, Art. "den".
13. Alle nach Angaben in den Sammlungen am Institut for dansk dialektforskning an der Universität Kopenhagen, hier mit normalisierter Orthographie.
14. Nach Angaben des Institut for dansk dialektforskning an der Universität Kopenhagen; Orthographie normalisiert.

(9)	Det er en sær tværing, **ham**.
	'Der ist eine sonderbare Figur, der [O].' (Der da, der ist eine sonderbare Figur)

* B6 – Vergleiche

Solche Beispiele haben in den jütländischen Mundarten ganz regelmäßig einen obliquen Kasus:[15]

(10)	hon æ tikær **æn mæ**.
	'Sie ist dicker als ich [O].'
(11)	di æ da ønge **som mæ**.
	'Sie sind doch jünger als ich [O].'

Skautrup 1970, ibid., bezeichnet Beispiele mit Nominativ als "selten", obwohl sie tatsächlich gefunden werden können:

(12)	Mi Fiol æ møj æller **in A** [N][16]
	'Meine Geige ist viel älter als ich [N].'

In nordschleswiger Mundarten kommt Nominativ recht regelmäßig vor:[17]

(13)	han ær stör· **æn æ**.
	'Er ist größer als ich [N].'

In den Inseldialekten findet man beide Kasus:[18]

(14)	hun var lidt yngre **som jeg**. (Nordseeland)
	'Sie war etwas jünger als ich [N].'
(15)	han er større **end dig**. (Strøby, Seeland)
	'Er ist größer als du [O].'

---

15. Beispiele aus Skautrup 1970, Art. "IV a". Die Orthographie in den Zitaten aus Skautrup 1970 wurde hier und im folgenden Text gelegentlich leicht vereinfacht.
16. Blicher nach Skautrup 1970; allerdings ist ein nominativisches Beispiel von einem Verfasser wie Blicher, der meist in der Normsprache schreibt, als Beispiel für genuine jütländische Mundart nicht besonders überzeugend.
17. Nach Skautrup 1970, Art. "IV a".
18. Nach Angaben des Institut for dansk dialektforskning an der Universität Kopenhagen; Orthographie normalisiert.

(16)   han er lige så høj **end jeg**. (Fünen)
        'Er ist eben so groß wie ich [N].'

(17)   Hvis han vil have samme betaling **som os**, må han tage sin tørn. (Bren-
        derup, Fünen)
        'Wenn er die gleiche Bezahlung wie wir [O] will, muss er auch hart ar-
        beiten.'

Anscheinend überwiegt doch die oblique Form unter den Belegen. Gelegentlich berichten die Angaben des Institut for dansk dialektforskning an der Universität Kopenhagen über die inseldänischen Mundarten, dass ein Informant
meint, während seiner Lebenszeit einen Wechsel im Kasusgebrauch beobachtet zu haben; die Angaben dazu bedürfen einer genaueren Analyse, als es hier
möglich ist.

* B7 – Pronomen in parataktischer Verbindung

Diese Konstruktion hat in Jütland und auf Fünen regelmäßig oblique Form;
diese Tatsache wird in sehr vielen Arbeiten zu den westdänischen Mundarten
angegeben. Hier sind zwei typische Beispiele im Fundamentfeld, u.U. mit
einem proklitischen wiederaufnehmenden Pronomen:[19]

(18)   **'dæ å 'ham** (i) hå jo gån te 'skuel, sam'el (Houlbjerg, Mitteljütland)
        'Du [O] und er [O], (ihr [N]) seid ja gemeinsam zur Schule gegangen.'

(19)   **'ham** å hans 'brow'e hå 'kjøwt en 'go'e (Houlbjerg, Mitteljütland)
        'Er [O] und sein Bruder haben einen Hof gekauft.'

Der Wechsel mit dem Nominativ ist in einigen Angaben zum Nordwestfüni-
schen von C. Reimers festgehalten.[20] Für die seeländischen Mundarten gibt es
unter den Belegen am Institut for dansk dialektforskning an der Universität
Kopenhagen meist Beispiele für Nominativ:

(20)   Så skulle **jeg og han** køre al den sæd til Holbæk. (Merløse, Mittelseeland,
        normalisiert)
        'Dann sollten ich [N] und er [N] das gesamte Getreide nach Holbæk
        bringen.'

– aber auch für Verbindungen von zwei Kasus miteinander:

19. Vgl. Jensen 1956 S. 44. Lautschrift leicht vereinfacht.
20. Nach Angaben des Institut for dansk dialektforskning an der Universität Kopenhagen.

(21)   **Jeg og ham**, vi har fisket sammen (Dråby, Hornsherred, normalisiert)
        'Ich [N] und er [O], wir [N] waren gemeinsam fischen.'

(Das wiederaufnehmende Pronomen im Fundamentfeld ist, wie man sieht, selbstverständlich nominativisch.)

* B8a – Pronomen vor einem Relativsatz*

Diese Konstruktion kommt in Jütland normalerweise mit obliquer Form vor:[21]

(22)   **'dæm** dæ vel 'mæ ska 'skyn se å 'kom (Houlbjerg)
        'die [O], die mitwollen, müssen sich beeilen.'

Außerhalb Jütlands sind beide Kasus möglich; hier ein Beispiel aus Sand-by–Vrangstrup auf Seeland, wo in der Konstruktion B3, die sonst immer oblique Form aufweist, der Nominativ restituiert worden ist – ob durch Zufall oder aus systematischen Gründen, ist schwer zu sagen:[22]

(23)   Det var **han** der solgte
        'Es war er [N], der verkaufte.'

Der Nominativ könnte in diesem Fall durch die Subjektfunktion im Nebensatz bedingt sein. Auf die Möglichkeit, dass auch im Dänischen wie im Schwed-ischen und Norwegischen Kasusrektion aus dem Untersatz vorliegen kann, kehren wir in Abschn. 7.3. zurück.

* B8b – Pronomen vor Adverbial oder vor einer Präpositionalverbindung*

In dieser Konstruktion ist in Jütland die oblique Form normal:

(24)   **'dæm** mæ di 'smo' 'ejendom 'se'je 'bæjst, i't få 'ti'n (Houlbjerg)[23]
        'Denen mit den kleinen Höfen [gramm. Subj., aber oblique Form] geht es z.Z. am Besten.'
(25)   Hår **dæmm** i Mølgor da ett sænj dæ i Skuel? (Himmerland)[24]

---

21. Vgl. Jensen 1956 S. 44; Lautschrift leicht vereinfacht.
22. Aus der Sammlung des Institut for dansk dialektforskning an der Universität Kopenha-gen.
23. Jensen 1956 S. 44. Lautschrift leicht vereinfacht.
24. Aus dem Vorabdruck von *Jysk ordbog* (Skautrup 1970).

'Haben die [O] vom Møllegård dich denn nicht in die Schule geschickt?'

Auf den Inseln, einschließlich Fünen, kommt auch Nominativ vor:

(26) **Hun dér** lå i vuggen. (Fünen)
      'Die [N] da lag in der Wiege.'
(27) **Han der** han overdriver det (Fanefjord, Insel Møn)[25]
      'Der [N] da, der [N] übertreibt es.'

* B8c – in betonter Stellung vor einem Personennamen oder einer Personenbezeichnung

In dieser Konstruktion ist die oblique Form in Jütland durchaus gängig:

(28) **'ham** 'skow,niels æ ræn 'væk (Houlbjerg)[26]
      'Dieser [O] Wald-Niels ist davongelaufen.'

Die Konstruktionen B8a-c können auch im Dialekt von Lolland inkongruent sein.[27] Zu dieser Konstruktion sind die Angaben aus den anderen Mundarten ansonsten sehr sporadisch.

* B9 – Pronomen als Determinant einer Nominalphrase

Vor Zahlenangaben haben *vi* und *I* (1. und 2. Pers. plur.) in sehr vielen Mundarten aus Jütland und Fünen nur nominativische Form, auch wenn die syntaktische Umgebung eigentlich die oblique Form verlangen würde; in der Tat ist dies ein Sonderfall der Konstruktion B9:

(29) kom 'hie 'hæn' te **'vi tow 'gamel**. (Houlbjerg)[28]
      'Komm hinüber zu uns [N] beiden Alten.'

Überhaupt ist das Pronomen als Determinant vor einem nominalen Kern (B9) in den Mundarten sehr häufig nominativisch:[29]

25. Beide aus den Sammlungen von Institut for dansk dialektforskning an der Universität Kopenhagen; Orthographie normalisiert.
26. Jensen 1956 S. 44. Lautschrift leicht vereinfacht.
27. Christensen 1936 S. 88f.
28. Vgl. Jensen 1956 S. 45.
29. Aus den Sammlungen des Institut for dansk dialektforskning an der Universität Kopenhagen; die meisten Belege sind orthographisch angepaßt.

(30)   hvor bærrene smagte **vi børn**. (Dreslette, Fünen)
       'Wie die Beeren uns [N] Kindern schmeckten.'
(31)   jeg fæ – jeg gamle fæ (Seeland)
       'Ich [N] Depp – ich [N] alter Depp.'

In Jütland kommt aber auch die oblique Form vor:

(32)   hva ska **mæ** arme Kvenfolk gyer (ohne Ortsangabe)[30]
       'Was soll ich [O] armes Weibsbild machen.'

Es stellt sich somit heraus, dass vor allem die seeländischen Dialekte auch sichere Belege der "klassischen" Kasuskongruenz kennen; allerdings haben viele Dialekte offensichtlich starke Schwankungen durchgemacht. In diesem Sinne ist der Stand nicht anders als in der heutigen Sprache. Da die Dialektbelege meistens aus der ersten Hälfte des 20. Jahrhunderts stammen, haben sie auch als Dokumentation für das hohe Alter der Kasusneutralisation innerhalb des dänischen Sprachgebiets großen Wert.

Diese kurzen Bemerkungen zu den Mundarten deuten jedenfalls an, dass die Inkongruenz bzw. die Neutralisation im Dänischen sehr stark ist. Die Normsprache hat aber nur einige dieser Konstruktionen aufgenommen, nämlich B1 (Subjekt im Satzknoten), B3 (Prädikativ des Subjekts) und B4 (Existenzsubjekt), die alle in der Hochsprache normiert die oblique Form haben. Interessanterweise erwähnt von den zitierten Dialektbeschreibungen nur Varming 1862 gerade diese Konstruktionen; sie sind derart selbstverständlich, dass Angaben dazu überflüssig sind. Durch die Dialektwörterbücher lassen sich aber auch diese Konstruktionen belegen.

7.3. Die neutralisierten oder inkongruenten Konstruktionen in der modernen Sprache

In der heutigen dänischen Umgangssprache sind einige der hier besprochenen Konstruktionen – wie gesagt – obligatorisch inkongruent; die meisten anderen Konstruktionen weisen fakultativ die oblique Form auf, aber mit einer starken Neigung zur obliquen Form hin, so wie sie es auch in den meisten Dialekten tun. In der Schriftsprache auf der anderen Seite sind die Bemühungen um Kongruenz, zumindest in gewissen Stilarten, nach wie vor stark, wie wir zeigen werden. Dazwischen schwebt die mehr oder weniger schriftsprachlich ge-

---

30. Nach Skautrup 1970 Art. "IV a".

prägte gesprochene Sprache. Das Ergebnis ist, dass Regelkonkurrenz und allgemeine Verwirrung herrschen. Inkonsequenzen (auch in der Schriftsprache) sind nicht selten. Trotzdem sind die Muster so deutlich, dass die allgemeine Richtung der Veränderungen herausgearbeitet werden kann. Wir behandeln die Konstruktionen der Reihe nach, indem wir für jede die Normsituation angeben.

* B1 – Subjekt im Satzknoten

Für das Subjekt aus dem Untersatz im Satzknoten ist heutzutage der oblique Kasus obligatorisch:[31]

(33)   **Dem** kunde jeg ikke huske hvor var
       *De kunne jeg ikke huske hvor var
       'Die [O] konnte ich [mich] nicht erinnern wo waren.' (Ich konnte mich nicht daran erinnern, wo sie waren)

(34)   **Ham** mener jeg ikke var i stand til at nære en sådan interesse
       *Han mener jeg ikke var i stand til at nære en sådan interesse
       'Ihn [O] meine ich nicht imstande ein solches Interesse zu haben.' (Ich meine nicht, dass er imstande war, ein solches Interesse zu haben)

Belege für den Gebrauch des obliquen Kasus in dieser Konstruktion, die älter als das von Mikkelsen gegebene Beispiel sind, haben sich nicht finden lassen. Es scheint auch kein wirkliches Normproblem zu sein, denn Anleitungen zur verbesserten Sprachform[32] geben sich meistens nicht mit dem Kasusproblem ab. Interessanterweise hört man noch – z.B. in Volksschullehrerkreisen – Ressentiments gegen diese Konstruktion, obwohl die Warnungen in den – schon jetzt nicht mehr ganz frischen – Anleitungen normalerweise sehr vage formuliert sind.[33] Rehlings Formulierungen zeigen jedoch eindeutig eine Abneigung gegenüber Knotensätzen, die mit dem Subjekt aus dem Untersatz gebildet werden; damit wird die Erscheinung des subjektivischen Pronomens in dieser Stellung in die verpönte Sphäre gerückt. Verpönt ist bemerkenswerterweise nicht der Kasusgebrauch, sondern die Konstruktion als solche. In Galberg Jacobsen & Stray Jørgensen 1988, einer maßgeblichen neuen Darstellung der dänischen Normierungsprobleme, stehen die Stilnormen in Verbindung mit dieser Konstruktion übrigens nicht mehr zur Debatte; die Konstruktion ist

31. Beide Beispiele von Mikkelsen 1911 S. 238.
32. Erwähnenswert sind hier Oxenvad 1951, 1962; Rehling 1932, 1965; Hansen 1965.
33. Z.B. Rehling 1932 S. 48f; 2. Ausg. 1965 S. 102.

vollkommen akzeptiert. Diese Darstellung behandelt übrigens das Kasusproblem in dieser Konstruktion nicht.

* B2 – Subjekt in Ellipse

Das elliptische Subjekt ist in der heutigen Umgangssprache meistens auch oblique:[34]

(35)   Du går og skjuler en hel masse for mig ... DU har talt med Victor og DU
        har talt med Oscar ... men **mig**? Næe, JEG ved ikke noget! (132)
        'Du versteckst sehr viel vor mir ... DU hast mit dem Victor gesprochen
        und DU hast mit dem Oscar gesprochen ... aber ich [O]? Nee, ICH weiß
        gar nichts.'
(36)   *Elisa*: Hva' gjorde du så?
        Daniel: **Mig**? Nej ... det var ikke ... Han gik langt foran mig! (113)
        'E: Was hast du dann gemacht?
        D: Ich [O]? Nein ... es war nicht ... er war weit vor mir!'
(37)   *Daniel finder en flaske konjak og glas i skabet. Han går over til sofagruppen med
        det. Han stiller flasken på bordet og peger på den.*
        Victor: Næe, tak du! **Ikke mig**! Jeg kan godt klare mig uden! (118)
        'Daniel holt eine Flasche Kognak und Gläser im Schrank. Er geht damit
        zur Sofagruppe. Er stellt die Flasche auf den Tisch und deutet auf sie.
        Victor: Nein danke! Ich [O] nicht. Ich schaffe es auch ohne!'

Das ODS zitiert z.B. unter "jeg" einige Beispiele vom Anfang dieses Jahrhunderts, die eine oblique Form anstelle eines Nominativs aufweisen.

Das elliptische Subjekt kann aber auch noch heute, auch in relativ informeller Schriftsprache, nominativisch sein:[35]

(38)   "(...) Firfarve, tag dig nu sammen," Helios ruskede ham let, "jeg kan
        måske hjælpe dig." "**Du**?"Firfarve løftede forundret det ene øre.
        '(...) "Firfarve, reiß dich doch zusammen," – Helios schüttelte ihn leicht,
        – "ich kann dir vielleicht helfen." – "Du [N]?" – Firfarve hob verwundert
        das eine Ohr.'
(39)   Helmut så på mig. – Har du det godt? – **Jeg**? Ja ... – Men du ser ... misfornøjet ud! – Så er jeg vel misfornøjet.

---

34. Sämtliche Beispiele aus Panduro: "Et godt liv" (Panduro 1971).
35. Die beiden ersten aus Henning Bergenholz' DK-Korpus, das dritte aus Rifbjerg 1970 S.
    89.

'Helmut schaute auf mich. – geht es dir gut? – Mir [N]? Ja … – Aber du siehst … unzufrieden aus! – Bin ich halt unzufrieden.'

(40) (…) Du ved da godt, hvor *jeg* står!
  – **Du**? Øh, næh …
  '(…) Du weißt doch, wo ich stehe! – Du [N]? Nah …'

Innerhalb eines Fragments wechseln die Kasus ab und zu jäh, ohne dass eine syntaktische Begründung naheliegend wäre:

(41) (…) Er du pludselig gået hen og blevet parlamentariker?
  – Hvem, **jeg**?
  – Ja, **dig**![36]
  '– Bist du plötzlich Parlamentariker geworden?
  – Wer, ich [N]?
  – Ja, Du [O]!'

(42) FREDERIK: Også **jeg**, politimester. Men så burde vi være vel forberedte!
  ANDRESON: Ikke **Mig**! Jeg har frygtet det, men jeg har aldrig kunnet se det for mig![37]
  'FREDERIK: Auch ich [N], Polizeipräsident. Aber dann müßten wir gut vorbereitet sein!
  ANDRESON: Ich [O] nicht! Ich habe es gefürchtet, aber ich habe es mir nie vorstellen können!'

Vom regelmäßigen Gebrauch der obliquen Form muss die Verwendung der 2. Person als Anrede ausgenommen werden, denn hier ist der Nominativ die einzige gängige Möglichkeit:

(43) Hør **du der** …
  'Hör mal, du [N] …'
(44) – Jamen …
  – Joh **du**, sådan noget skal man ikke indvi medarbejderne i.[38]
  '– Aber … – Ach du [N], in so etwas soll man die Mitarbeiter nicht einweihen.'

---

36. Rifbjerg 1970 S. 18.
37. Sven Holm, zit. nach dem Korpus DK87-90. Sowohl hier als auch im vorangehenden Zitat von Klaus Rifbjerg dient der Kasuswechsel möglicherweise der Personencharakterisierung.
38. Rifbjerg 1970 S. 90.

In der Tat sind gerade in der Anrede die Verbindungen *du der* und *I der* im Dänischen stärker als die Kräfte, die in den hier aufgelisteten Konstruktionen die oblique Form bewirken. Der Nominativ bleibt, unabhängig davon, wie viele Unterglieder angehängt werden:

(45)   Hør **du (I)** der med de store ører og den lange tud …
       'Hör mal du (Hört mal ihr) [N] mit den großen Ohren und dem langen Schnabel …'

Anonyme Rollenangaben, z.B. in Schauspielen oder Witzen, sowie Erwähnungen "materialiter", sind auch nominativisch:

(46)   Han: "–"
       Hun: "–"
(47)   Komprimering af indsugningsluften sker aksialt med to modsat-roterende skruer – en "han" og en "hun".[39]
       'Komprimierung der Ansaugluft findet axial mittels zweier umgekehrt rotierender Schrauben – einer "männlichen" und einer "weiblichen" – statt.'

Brink & Lund (1975 S. 671) führen allerdings als Besonderheit dieses Beispiel an:

(48)   Det er ikke en han, det er en hende
       'Es ist kein Männchen, es ist ein Weibchen [oblique Form].'

Die nominativische Form ist nicht tot; sie lebt in ganz bestimmten Kontexten weiter, in welchen sie zwar nicht richtig anaphorisch ist, aber deutlich auch nicht informativ oder fokussiert. Zentral hier ist die Anrede; wenn man jemanden anredet, äußert man nichts Informatives, sondern man aktualisiert einen Kommunikationskanal. Deswegen wäre die oblique Form im Lichte der silversteinschen hierarchischen Interpretation fehl am Platze, denn sie hat ja ihren Platz in Kontexten, in denen das Pronomen in den fokussierten Bereich gelangt ist.

---

39. Zitiert nach dem Korpus DK87-90.

* B3 – Prädikativ zum Subjekt

Diese Konstruktion war anscheinend Vorreiter für die Verwendung des obliquen Kasus in der Sprachgeschichte, vgl. oben. Heute besteht kein Zweifel mehr:

(49) Hun ved, at den masokistiske del i hende, også er **hende** og en del, hun ikke ønsker at kvitte.[40]
'Sie weiß, dass der masochistische Teil in ihr auch sie [O] ist und ein Teil, den sie nicht aufgeben will.'

(50) Ophavsmændene til bogen er **os**.
'Die Verfasser des Buches sind wir [O].'

(51) Ja, hun lod til at have sat sig i hovedet, at det skulle være **hende og mig** og prøvede at manipulere mig med uhæderlige metoder.[41]
'Ja, sie hatte sich offensichtlich in den Kopf gesetzt, dass wir ein Pärchen werden sollten [wortwörtlich: "dass es sie [O] und ich [O] sein sollten"], und versuchte, mich mit unlauteren Methoden zu manipulieren.'

Auch in den normierenden Darstellungen (vgl. oben) wird die oblique Form als die einzige Möglichkeit dargestellt.

Ein sehr frühes Beispiel für die oblique Form in dieser Konstruktion stammt von Jens Steen Sehested (gest. um 1698):[42]

(52) Jeg selv er icke **mig**.
'Ich selbst bin nicht ich [O].'

Noch im vorigen Jahrhundert findet man gelegentlich Nominativ, und z.B. E. Jessen fand noch 1891, dass die Verwendung des obliquen Kasus hier "eine hässliche Art" wäre, gegen die sich die Engländer rechtzeitig gewehrt hätten.[43] Zum Vergleich seien hier einige Beispiele aus dem ODS mit dem Nominativ angeführt, die im heutigen Sprachgebrauch sehr ausgefallen klingen würden:

(53) **Hun** er det jo. (anon. 1717 nach dem ODS)
'Sie [N] ist es ja.'

40. Zitiert nach dem Korpus DK87-90.
41. Zitiert nach dem Korpus DK87-90.
42. Zitiert nach Simonsen o.J. [1982] S. 33.
43. Jessen 1891 S. 139. Jessen ist anscheinend sehr konservativ; z.B. rechnet er noch mit einem Kasusunterschied '*hvo | hvem*', was schon zu Holbergs Zeit nicht mehr normal war, vgl. Holbergs "Orthographiske Anmerkninger" (Bertelsen 1915-29 IV S. 173).

(54)   (...) jeg veed neppe, om det er **jeg**, jeg staaer og taler med (J.L. Heiberg
        nach dem ODS)
        '(...) ich weiß kaum, ob ich [N] es bin, mit dem ich rede.'
(55)   Kan Du huske den døde Mand, de onde Mennesker vilde gjøre Fortræd
        (...) Den Døde er **jeg**! (H.C. Andersen nach dem ODS)
        'Erinnerst Du Dich an den Toten, den die bösen Menschen schädigen
        wollten (...) Der Tote bin ich [N]!'

Auf die Satzspaltung kommen wir im Abschnitt zur Konstruktion B8a zurück.

* B4 – Existenzsubjekt

Beim Existenzsubjekt in existentiellen Sätzen (mit oder ohne Lokalangaben)
gibt es in der heutigen Sprache eigentlich nur die Möglichkeit, eine oblique
Form zu benutzen. Laut dem ODS wird der Nominativ noch bei Holberg (18.
Jahrh.) und in der Bibelübersetzung 1819 benutzt, aber die Bibelübersetzung
1871 benutzt wie oben erwähnt die oblique Form (vgl. ODS "II. han", "II. jeg").
Interessant ist der folgende Wortwechsel zwischen J.P. Jacobsen und Georg
Brandes, in dem die einschlägigen Beispiele aber auch der Konstruktion B8a
zugerechnet werden können:

(56)   *JPJ*: Men der var **de**, som sagde til sig selv ...
        B: **Dem**
        JPJ: Hvadbehager?
        B: Der var **dem**, som sagde til sig selv ...
        JPJ: Saadan siger jeg nu.
        (Brandes nach dem ODS)
        'Aber es gab die [N], die zu sich selbst sagten ... – Die [O] – Wie bitte? –
        Es gab die [O], die zu sich selbst sagten ... – So sage ich halt.'

Wahrscheinlich auch als Existenzkonstruktion, obwohl ohne *der*, muss das folgende Beispiel verstanden werden; auch hier steht der Nominativ gegen den
heutigen Gebrauch:[44]

(57)   Dog blant de Svenske selve skal have været **de**,
        Som det var smerteligt hans Rettersted at see.
        (Laurids Thura ungef. 1690-94)

---

44. Zitiert nach Simonsen o.J. [1982] S. 96. Gerade mit *de* gibt es aber gewisse Vorbehalte, da
    diese Pronominalform häufig eine morphologische Neutralisation durchmacht, vgl.
    Kap. 6, Abschn. 6.1.

'Doch unter den Schweden selbst soll es etliche [N] gegeben haben / denen es schmerzlich war, den Ort seiner Hinrichtung zu sehen.'

Ein paar ältere Beispiele, dem jetzigen Sprachgebrauch entsprechend:

(58) Der var **dem**, som vilde negte (Molbech nach dem ODS)
      'Es gab die [O], die verneinen würden.'
(59) – der var jo nok **dem**, der sagde at han hed Kresten (nach dem ODS)
      '– es waren sicherlich die [O], die sagten, dass er Kresten hieß.'

Endlich eine Reihe von neueren Beispielen:[45]

(60) Der var kun **os to**, smiler han – og det var meget romantisk og meget smukt.
      'Da waren nur wir beide [O], lächelt er – und es war sehr romantisch und sehr schön.'
(61) [Løber man alligevel sur i historien kan man trøste sig med Lord Palmerstons ord om, at kun tre i hele verden har forstået det sønderjyske spørgsmål: "Den ene er prins Albert. Men han er jo død. Den anden var en tysk professor. Han blev sindssyg.] Og så er der **mig selv**. Men jeg har glemt det hele!"
      '[Wenn man sich in der Geschichte nicht auskennt, kann man sich mit den Worten Lord Palmerstons trösten, dass nur drei Menschen auf der ganzen Welt die schleswiger Frage verstanden haben: "Der eine ist Prinz Albert. Aber der ist ja tot. Der andere war ein deutscher Professor. Er wurde verrückt.] Und dann komme ich [idiomatischer Ausdruck anders; mit O]. Aber ich habe alles vergessen.'
(62) (…) og efterhånden følte han det som om der i hele verden kun var **ham, hende og forretningen**.
      '(…) und nach und nach kam es ihm vor, als ob es in der Welt nur ihn, sie [idiomatischer Ausdruck anders; mit O] und das Geschäft gäbe.'
(63) Hvis der bare kun var **dig og mig**, så var alting lettere.
      'Wenn es nur dich und mich [idiomatischer Ausdruck anders; mit O] gäbe, wäre alles viel leichter.'
(64) Til sidst var der kun **mig og stolen** tilbage.
      'Zuletzt waren nur ich [O] und der Sessel übrig.'

45. Zitiert nach dem Korpus DK87-90.

Solche Beispiele sind in isolierter Form ziemlich selten, außer in Verbindung
mit anderen Konstruktionen, die sowieso Neutralisation zulassen (vor allem
B8a), was ja auch deutlich aus den Beispielen hervorgeht; noch dazu kommen
sie meistens in der 3. Pers. plur. vor, bei der die Möglichkeit einer morphologisch Neutralisation nicht auszuschließen ist. Die Ursache dafür ist, dass die
Konstruktion normalerweise eine existentielle Funktion hat, d.h. sie gibt an,
dass es dieses oder jenes gibt; andere Verben als *være* <sein> kommen zwar vor,
aber ihre Semantik ist reduziert.[46] Aber weil die Pronomina ja ihrem Wesen
nach anaphorisch sind, hat diese Verwendung nur in Einzelfällen einen Sinn.
Anders verhält es sich bei den Satzspaltungen, wo ja das Subjekt um ein Prädikat ergänzt wird, weshalb der Satz als Inhalt mehr als die reine Angabe des
Daseins des pronominalen Referenten umfassen muss. Eine sehr gründliche
Behandlung der syntaktischen und pragmatischen Probleme in Verbindung
mit dieser Konstruktion findet man in Heltoft 1987, besonders Beispiel (7), (18)
und (19).

* B5 – Subjekt in betonender Rechtskopierung

Diese im Norwegischen so stark verbreitete Konstruktion ist im heutigen Dänisch sicherlich nur mit Substantiven möglich, nicht aber mit isolierten Pronomina:

(65)   Han er kommet, karlen.
       'Er ist gekommen, der Häusler.'
(66)   De var her i morges, betjentene.
       'Sie waren hier in der Früh, die Polizisten.'

Dänische Dialekte kennen allerdings Beispiele für verschiedene Pronomina in
dieser Funktion, wie in Abschn. 7.1. nachgewiesen. Für das heutige Dänisch
gilt, dass Pronomina nur als Kern mit Erweiterung, d.h. als Konstruktion B8a-
c, in einer solchen Konstruktion möglich sind:

(67)   De forstår ingenting, **dem** fra posthuset.[47]
       'Sie verstehen nichts, die [O] vom Postamt.'

Die Konstruktion ist zwar nicht hoher Stil (was überall in Skandinavien, wo sie
vorkommt, der Fall ist, vgl. Askedal 1987, Nyholm 1986); dennoch scheint sie

---

46. Vgl. hierzu Oxenvad 1934.
47. Nach Mikkelsen 1911.

im Dänischen nicht vollständig verpönt zu sein. Weil aber alle denkbaren Beispiele den Konstruktionen B8a-c zugerechnet werden können, ist die Konstruktion B5 für die dänische Hochsprache irrelevant.

* B6 – Vergleiche

Diese Konstruktionen weisen in der Schriftsprache nicht selten Kongruenz auf, obwohl die oblique Form in allen Funktionen auch regelmäßig vorkommt. Dagegen ist Kongruenz in der gesprochenen Sprache sehr selten. In diesem Fall liegt also Regelkonkurrenz vor. Hier zunächst einige Beispiele für "klassische" Kongruenz; man bemerke im Rifbjerg-Beispiel, dass das Prädikativ selbstverständlich mit der obliquen Form kongruiert:

(68) De fleste på cafeen var unge som Niels og **jeg selv**. (Gielstrup)
      'Die meisten im Cafe waren jung wie Niels und ich [N].'
(69) Der bliver ingen anden hovedperson i bogen end **mig selv**. (Rifbjerg)
      'Es wird keine andere Hauptperson im Buch geben als mich [O] selbst.'
(70) Du aner ikke, hvor dejligt det er at have sådan en mand som **dig** (Gielstrup)
      'Du hast keine Ahnung, wie schön es ist, einen Mann wie dich [O] zu haben.'

Die nächsten Beispiele stammen aus dem 19. Jahrhundert, bzw. dem Anfang des 20. Jahrhunderts; schon damals waren die Schwierigkeiten verbreitet. Sie sind dem ODS entnommen:

(71) Hvem gav I dette Løfte? – En anden end **I** (L. Holstein; nach dem ODS "I")
      'Wem habt ihr dieses Gelübde gegeben? Einem anderen als Euch [N].'
(72) At jeg skulle være bedre **end hende** (…) er Nonsens (Kierkegaard, nach dem ODS "end")
      'Dass ich besser als sie sein sollte, (…) ist Unsinn.'
(73) Ja, saadanne Folk **som Dem** kommer jo desværre ikke til Menighedsmøderne. (Gads Magasin 1932; nach dem ODS "som")
      'Ja, solche Leute wie Sie kommen ja leider nicht zu den Gemeindeabenden.'

Eine Untersuchung der einschlägigen Beispiele mit *end* und *som* im DK-Korpus von Henning Bergenholz ergibt:

1° dass die nominativische Form in diesem schriftsprachlich basierten Korpus ganz regelmäßig vorkommt;

2° dass die nominativische Form immer mit einem Satzsubjekt *strictu sensu* kongruiert;[48] und

3° dass die oblique Form zwar auch mit einem Satzsubjekt kongruieren kann, aber ebenso regelmäßig in Verbindung mit einem Existenzsubjekt oder anderen inhärent obliquen Funktionen vorkommt.

Bei dieser Konstruktion liegt also ein deutliches Schisma zwischen Schriftsprache und gesprochener Sprache vor. Da die meisten der normierenden Darstellungen stark vor Inkongruenz warnen, scheint es, als ob die Regel erst mühevoll gelernt werden muss. In der Darstellung bei Galberg Jacobsen und Stray Jørgensen wird der Benutzer aber vor ein Dilemma gestellt: entweder wird man bei dieser Konstruktion von denen kritisiert, die Kongruenz wollen, oder von denen, die immer nach *end* und *som* die oblique Form haben wollen.[49] Kritisiert wird man offensichtlich so oder so.

* B7 – Pronomen in parataktischer Verbindung*

In dieser Konstruktion neigt die heutige Umgangssprache stark zur obliquen Form:

(74)   Peter **og mig** vil gerne se på sagen.
       'Peter und ich [O] wollen [uns] gern die Sache anschauen.'
(75)   Når man så er kommet af tøjet efterhånden, så syns jeg, det vigtigste ... det har **mig og Sussi** i hvert fald fundet ud af ... at man *ikke* skal være såen genert overfor hinanden.[50]

---

48. Die einzige Ausnahme betrifft das folgende Beispiel:
    Der vil også være mange andre emner end de, der omtales på landsplanteavlsmødet.
        'Es wird auch mehr Themen geben als die, die beim Landespflanzenzüchtertreffen erwähnt werden.'
    Hier spielt die sehr komplexe Form der 3. Pers. plur. sicherlich die entscheidende Rolle.
49. Galberg Jacobsen & Stray Jørgensen 1988 S. 104f.
50. Sommer 1985 S. 129. (Dieses Buch besteht aus Abschriften von Texten, die im Rahmen einer Jugendsendung im Dänischen Rundfunk von Jugendlichen auf Tonband gesprochen worden sind. Obwohl die Texte deutlich der Schriftsprache angepasst sind, haben sie nichtsdestoweniger viele authentische Züge behalten.)

'Wenn man sich dann ausgezogen hat, dann ist es, finde ich, das Wichtigste – das haben ich [O] und Sussi auf jeden Fall herausgefunden – dass man sich voreinander nicht schämen soll.'

Zwei Pronomina können die gleiche Form haben, aber sie können auch gelegentlich verschieden sein:

(76)   Levende væsner, ligesom **Dem og mig** (…)[51]
        'Lebendige Wesen, wie Sie [O] und ich[O] (…)'
(77)   Om hvem der har ret til at være i Den borgerlige Forening. **Du eller dem**![52]
        'Darum, wer Recht hat, im Bürgerlichen Verein zu sein. Du [N] oder sie [O]!'

Auch bei älteren Verfassern ist die oblique Form in dieser Konstruktion gelegentlich vorhanden:

(78)   Hvis jeg ikke kan ramme dig, skal både **mig og mit slot** synke.[53]
        'Wenn ich dich nicht treffen kann, sollen sowohl ich [O] als auch mein Schloss sinken.'
(79)   **Ham og Troels Ibsen** havde været ude paa Engene.[54]
        'Er [O] und Troels Ibsen waren auf den Wiesen gewesen.'

Im DK-Korpus ist Kasuskongruenz fast ausnahmslos die Regel; dies gilt sowohl für den Plural als auch für den Singular:

(80)   **Werner og jeg** vil gerne passe på vores lille pige.
        'Werner und ich [N] wollen gern auf unser kleines Mädchen aufpassen.'
(81)   Vi må hellere starte på en frisk – **du og jeg**.
        'Wir sollten lieber von vorne anfangen – du [N] und ich [N].'
(82)   Både **du og Esther** appellerer til min fornuft (…)
        'Sowohl du [N] als auch Esther appellieren an meine Vernunft (…)'
(83)   Nana er overrasket over alt postyret og siger, at **han og hans familie** ikke har nogen problemer med helbredet.

51. Zitiert nach dem Korpus DK87-90.
52. Bruun Olsen 1966 S. 132.
53. A. Uhrskov nach dem ODS.
54. M. Bregendahl nach dem ODS.

'Nana ist über den ganzen Wirbel überrascht und sagt, dass er [N] und seine Familie überhaupt keine Probleme mit der Gesundheit haben.'

(84) **Hun og han** kommer igen.
      'Sie [N] und er [N] kommen wieder.'

(85) Men nu er både **hun og Eddie Skoller** begyndt at slække lidt på deres principper (...)
      'Aber jetzt haben sowohl sie [N] als auch Eddie Skoller angefangen, ihre Prinzipien zu lockern (...)'

(86) (...); udspil til en offentlig diskussion om alle de nye metoder, **vi og lægevidenskaben** i dag råder over omkring det at lave børn – og den risiko, vi dermed også løber.
      '(...) Ansätze zu einer öffentlichen Debatte über alle die neuen Methoden, über die wir [N] und die Medizin heute zum Kinderkriegen verfügen – und die Gefahren, denen wir dadurch auch ausgesetzt sind.'

Unter Massen von regelrecht kongruierenden Beispielen stechen einige wenige hervor – nicht nur der Filmtitel "Mig og Charly", sondern auch andere:

(87) Og **dig** og Ejvind har heller ikke ret meget til fælles.
      'Und du [O] und Ejvind habt auch nicht viel gemeinsam.'

(88) Dør, **mig** og brølende benzin farer ud i sneen.
      'Tür, ich [O] und brüllendes Benzin fliegen in den Schnee.'

So stark die Position der obliquen Form in der gesprochenen Sprache auch ist, scheint sie in der heutigen Schriftsprache viel schwächer zu sein. Genau so wie bei der Konstruktion B6 liegt hier ein Schisma vor.[55]

* B8 – als Kern einer Konstruktion

Auch hier ist in der gesprochenen Sprache die Inkongruenz stark; Aage Hansen meint, dass die oblique Form im Singular zur umgangssprachlichen Norm geworden ist, während der Plural noch Abweichungen zeigt;[56] dieses Bild scheint noch gültig zu sein. Wir unterteilen die Darstellung auf die schon aufgestellten drei Hauptgruppen:

55. Vgl. hierzu Galberg Jacobsen & Stray Jørgensen 1988 S. 109.
56. Hansen 1965 S. 100.

* B8a – vor Relativsatz

Unter dieser Überschrift sammeln wir alle Beispiele, die der Form nach Relativsätze sein können, d.h. auch der Nebensatz in Satzspaltungen zählt dazu. Trotz aller Unterschiede, die oben im Kap. 5, Abschn. 5.2.1.1., dargestellt wurden, ist das Verhalten der Pronomina vor einem "echten" Relativsatz und in Satzspaltungen in den festlandskandinavischen Sprachen so ähnlich, dass eine gesammelte Darstellung dem Gegenstand gerechter wird.

Wie noch im Folgenden zu besprechen sein wird, gibt es im Schwedischen und Norwegischen eine Regel, nach der der Kasus durch den relationellen Wert des Gliedes im Untersatz geregelt wird. Ob eine solche Regelung auch im Dänischen vorhanden ist, erscheint ziemlich zweifelhaft, obwohl entsprechende Vorschläge gelegentlich gemacht worden sind.[57]

Es ist eindeutig so, dass in Satzspaltungen der Kasus feststeht. Auch wenn das abgespaltene Glied im Untersatz das Subjekt ist, steht im Obersatz die oblique Form. Hier kommen zunächst Beispiele für die emphatische Satzspaltung mit *det:*[58]

(89) Nu var det pludselig **mig**, som havde overtaget og **dem**, som skulle forsøge noget nyt.
      '*Plötzlich hatte *ich* die Oberhand, und sie mussten etwas Neues versuchen.*'

(90) Det er **dig**, der er instruktøren.
      '*Du* bist der Regisseur.'

(91) Det er **ham**, der har støbt ideerne.
      '*Er* hat die Pläne geschmiedet.'

(92) Det er **hende**, der er hovedpersonen.
      '*Sie* ist die Hauptperson.'

(93) De yngre generationer har ingen forståelse for, at det er **os**, der har skabt velfærdssamfundet (…)
      'Die jüngeren Generationen haben kein Verständnis dafür, dass *wir* die Wohlfahrtsgesellschaft geschaffen haben'

(94) Det er jo **jer**, der skal af sted.
      '*Ihr* müsst ja los.'

---

57. So bei Hansen 1965 S.101 in einer Diskussion eines Kaj-Munk-Zitats, in welchem ganz offensichtlich diese Struktur vorhanden ist. Wenn sie vorkommt, dann am ehesten als individuelles Ususphänomen, wie wir unten nachweisen werden.

58. Vgl. Brink & Lund 1975 S. 672. Sämtliche Beispiele aus dem Korpus DK87-90.

Für die existentielle Satzspaltung mit *der* (B4) gibt es nur wenige Beispiele, alle mit der 3. Pers. plur.:

(95)   Og der var **dem**, der lagde deres tøj pænt sammen og forventede, at man selv klædte sig af.
       'Und da waren die, die ihre Kleider schön zusammengelegt haben und erwarteten, dass man sich selbst auszog.'
(96)   Der er også **dem**, der smiler, men vi snakker aldrig sammen.
       'Da sind auch die, die lächeln, aber wir reden nie miteinander.'

Diese Verhältnisse sind dem gesprochenen und dem geschriebenen Dänisch gemeinsam; sie entsprechen völlig den allgemeinen Regeln für die Konstruktionen B3 und B4.

Wenn ein Relativsatz an ein Satzsubjekt angehängt wird, ist in der gesprochenen Sprache und in der informellen Schriftsprache die oblique Form mit ziemlich hoher Wahrscheinlichkeit zu erwarten, auch wenn das gemeinsame Glied im Nebensatz das Subjekt ist:

(97)   **Ham**, vi gav en Skilling til Nattelogis, foretrak at gaa til Frelsens Hær.[59]
       'Er [O], [dem] wir ein Scherflein für den Nachtaufenthalt gaben, hat [es] vorgezogen, zur Heilsarmee zu gehen.'
(98)   **Ham**, der var leder, bad ham om at passe sig selv.[60]
       'Er [O], der Leiter war, hat uns gebeten, abzuhauen.' (Der Leiter hat uns gebeten abzuhauen)
(99)   **Ham** jeg kan li går også i min klasse.[61]
       'Der [O], den ich mag, geht auch in meine Klasse.'

Die Schriftsprache dagegen neigt stark zum Nominativ, besonders, wenn der Relativsatz parenthetisch ist:[62]

(100) Hvorfor vil **han** der er så dygtig have mig med i sin første film som instruktør.
       'Warum will er, der so tüchtig ist, mich in seinem ersten Film als Regisseur haben?'

59. Johannes Jørgensen nach dem ODS unter "han".
60. Sommer 1985 S. 54.
61. Sommer 1985 S. 81.
62. Sämtliche Beispiele aus dem Korpus DK87-90.

(101) Det kan godt forekomme lidt underligt, at netop **du**, som bor og arbejder i udlandet, er imod EF?
'Es mutet leicht sonderbar an, dass gerade du, der du im Ausland arbeitest, gegen die EG bist?'

(102) En jury bestemte, hvilke billeder, der skulle sælges, og **vi**, der ikke fik noget solgt, kunne så låne til livets opretholdelse.
'Ein Jury entschied, welche Bilder verkauft werden sollten, und wir, die wir nichts verkauft hatten, konnten dann zur Aufrechterhaltung des Lebens Geld ausborgen.'

(103) Og hvem ved – om ikke **vi**, der føler os privilegerede nok, rige og stærke nok, ville opdage, at selv **vi**, som havde så meget at øse af, vi blev rigere – af at give.
'Und wer weiß – ob nicht wir, die wir uns priviliegiert genug fühlten, reich und stark genug, entdecken würden, dass auch wir, die wir so viele Ressourcen hatten, reicher werden würden – durch Geben.'

Die Tendenz zum Nominativ muss jedoch nicht so streng genommen werden; in den nächten Beispielen fehlt die Kasuskongruenz an einem wiederholten Satzsubjekt, noch dazu vor einem Relativsatz, in welchem das gemeinsame Glied Subjekt ist:

(104) Ikke nok med det, hun havde også lækkert sort undertøj på, BH og tangatrusser med blonder. **Hende** som ellers kun var til det hvide bomuld med lange ben i bukserne.[63]
'Und als ob das nicht genug wäre, trug sie auch noch hübsche schwarze Unterwäsche, BH und Tangahöschen mit Spitzen. Sie [O], die sonst immer auf weiße Baumwolle mit langen Unterhosen stand.'

(105) Jeg kan huske han hed Pedersen, **ham** der gik og rodede derovre. Ligesom viceværten. **Ham**, der smækkede dig een på sinkadusen.[64]
'Jeg kann mich daran erinnern, dass er Pedersen hieß, der [O], der dort herumwühlte. Wie der Hausmeister. Der [O], der dich einmal gewatscht hat.'

Besonders schwierig sind die Verhältnisse in der 3. Pers. plur., wo zwei verschiedene betonte neutralisierte Formen – *de* und *dem* – um die Gunst der Sprecher werben, vgl. Kap. 6, Abschn. 6.1. Deswegen kann man hier vor einem Re-

---

63. Zitiert nach dem Korpus DK87-90.
64. Zitiert nach dem Korpus DK87-90.

lativsatz beide Kasus finden. Es stellt sich besonders in Bezug auf dieses Pronomen die Frage, ob der Nebensatz gelegentlich den pronominalen Kasus regieren kann. Um diese Frage zu beantworten, können wir das folgende Schema aufstellen:

	Subjekt im Untersatz	Nicht-Subjekt im Untersatz
Subjekt im Obersatz	1°	2°
Nicht-Subjekt im Obersatz	3°	4°

Bei "klassischer" Kongruenz sind 1° und 2° strikt nominativisch und 3° und 4° strikt oblique; bei Rektion aus dem Nebensatz sind dagegen 1° und 3° nominativisch und 2° und 4° oblique. Wo totales Chaos herrscht, können die Kasus in allen vier Positionen nachgewiesen werden. Wir geben hier Beispiele für die beiden Kasusformen in allen Positionen.

a) Nominativ

In den ersten Beispielen finden wir den Nominativ vor einem Relativsatz, in welchem das gemeinsame Glied Subjekt ist. Der Nominativ kann mit der Funktion im Obersatz übereinstimmen; das Beispiel gehört somit Gruppe 1°:

(106) Fordi **de** der mobber dem er misundelige over noget, som de eventuelt har eller gør.[65]
  'Weil die [N], die sie terrorisieren, eifersüchtig sind wegen etwas, das sie eventuell haben oder tun.'
(107) Rushdie, der er født i Bombay i en muslimsk familie, og som nu bor i London, siger, at **de**, der protesterer mod hans bog, ikke har læst den.
  'Rushdie, der in Bombay in einer muslimischen Familie geboren wurde und jetzt in London wohnt, sagt, dass die [N], die gegen sein Buch protestieren, es nicht gelesen haben.'
(108) Men selv **de**, der ved bedre, skal nok holde mund.[66]
  'Aber auch die [N], die es besser wissen, werden ihren Mund halten.'

Der Nominativ ist aber auch in der Gruppe 3° sehr häufig anzutreffen:

65. Sommer 1985 S. 167.
66. Beide aus Korpus DK87-90.

(109) Blandt **de**, der ikke fik en chance, var Vølund, B&W og et firma fra ISS-koncernen (…)

'Unter jenen [N], die keine Chance bekommen haben, waren Vølund, B&W und eine Firma des ISS-Konzerns (…)'

(110) De mest succesfulde kæder i USA er **de**, der har målrettet sig mod bestemte livsstile.[67]

'Die erfolgreichsten Ketten in den USA sind die [N], die sich auf bestimmte Lebensstile spezialisiert haben.'

(111) Man fodrede (sic!) af **de**, der antoges udi geistlig Orden (…) at de skulde kunde læse og synge.[68]

'Man erwartete von denen [N], die in den geistlichen Stand aufgenommen wurden, (…) dass sie zu lesen und zu singen imstande sein sollten.'

(112) (…) nogle af **de**, der suge Blodet fra Kinderne (…)[69]

'(…) Einige von denen [N], die das Blut aus den Wangen saugen'

Nur *ein* Beispiel für die Konstellation 'Subjekt im Obersatz – Nicht-Subjekt im Untersatz' (2°) wurde im Korpus DK87-90 gefunden, was allerdings kaum von Bedeutung sein kann:

(113) (…) når **de**, det eventuelt går ud over, ikke har mulighed for at bedre forholdene ad traditionelle kanaler.

'(…) wenn die [N], die davon betroffen sind,[70] keine Möglichkeit haben, die Verhältnisse auf herkömmliche Weise zu verbessern.'

Nominativ in der Konstellation 4° ist im Korpus DK87-90 nicht belegt, aber durchaus denkbar:

(114) For **de**, folket stoler på, er denne tillid dyrebar.

'Für die [N], auf die sich das Volk verlässt, ist dieses Vertrauen teuer.'

Belege der Konstellation 4° aus dem 19. Jahrhundert sind im ODS zu finden:

(115) (…) **de**, Du skriver til Christiane, faaer jeg kun sildigt.[71]

'(…) die [N], die du an Christiane schreibst, bekomme ich erst spät.'

---

67. Aus Korpus DK87-90.
68. Holberg nach dem ODS.
69. Bergsøe nach dem ODS.
70. In der Übersetzung kommt der Objektstatus im dänischen Satz zu kurz.
71. H.C. Ørsted nach dem ODS unter "de"; hier ist die Rede von Briefen.

(116) De stillede ikke større Fordringer, end **de**, hun af sig selv opfyldte.[72]
'Sie stellten keine größeren Forderungen als die [N], die sie von sich aus erfüllte.'

Die nominativische Form kommt im DK-Korpus ungefähr gleich häufig in den Konstruktionen 1° und 3° vor, die mit dieser Form beide auch sehr frequent sind. Auf eine genauere Statistik wurde verzichtet, da die verwendeten Such-methoden leider nicht alle Beispiele erfassen können.

b) Oblique Form

Die oblique Form kommt auch in der Konstellation mit der Funktion als Sub-jekt, sowohl im Obersatz als auch im Untersatz, vor (Gruppe 1°):

(117) Der er måske en fornemmelse af, at **dem**, der kommer først med god-kendelser, også først får sendetilladelse.[73]
'Es gibt vielleicht eine Vermutung, dass die [O], die als erste anerkannt werden, auch als erste die Sendeerlaubnis erhalten.'

In diesem Beispiel geht es über eine längere Passage um die aufgehobene Kon-gruenz:

(118) "De går for at være eksperter," sagde manden med hån i stemmen. "**Dem** der besvarer de evige spørgsmål om liv og død, om verdensrum-met og om den allerførste og uforfalskede begyndelse på menneske-slægtens historie. Ja, selv spørgsmålet om altings mening har de svar på."[74]
'"Sie wollen Experten sein", sagte der Mann mit höhnischer Stimme. "Die [O], die die ewigen Fragen über Leben und Tod, über das Weltall und über den allerersten und unverfälschten Anfang der Geschichte der Menschheit beantworten. Ja, sogar zur Frage über den Sinn des Ganzen haben sie eine Antwort."'

Oblique Form kommt auch als Subjekt im Obersatz, und Nicht-Subjekt im Un-tersatz (Gruppe 2°) vor:[75]

---

72. Carl Bernhard, zit. nach Mikkelsen 1911 S. 241 (auch im ODS).
73. Zitiert nach dem Korpus DK87-90.
74. Zitiert nach dem Korpus DK87-90.
75. Beide Beispiele zitiert nach dem Korpus DK87-90.

(119) **Dem**, du lytter til, vil hurtigt synes, at du er en fantastisk kammerat.
    'Die [O], denen du zuhörst, werden bald finden, dass du ein toller Kumpel bist.'
(120) **Dem**, det er lykkedes for, har været ude på et tidligt tidspunkt (…)
    Die [O], denen es gelungen ist, haben früh angefangen (…)
(121) Og kravene – **dem** andre stillede, og **dem** han stillede til sig selv – sled ham op.
    'Und die Forderungen – die [O], die andere stellten, und die [O], die an sich selbst stellte – verschlissen ihn.'

Auch die Gruppe 3° – Nicht-Subjekt im Obersatz und Subjekt im Untersatz – ist mit der obliquen Form gut belegt:[76]

(122) Det var **dem**, i langt højere grad end en enkeltperson som Stalin, der gjorde det af med Lenins drømme.
    'Sie [O][77] waren es, viel mehr als eine Einzelperson wie Stalin, die Lenins Träume zunichte machten.'
(123) Ørnsbo er simpelthen ikke pæn nok til **dem**, der går i Frederiksberg Teatret, og for de "frække" Ørnsbo-tilhængere er teatret for pænt.
    'Ørnsbo ist ganz einfach nicht fein genug für die [O], die das Theater in Frederiksberg besuchen, und für die "frechen" Ørnsbo-Anhänger ist das Theater zu fein.'
(124) – en dramatisk gestus for at vise sympati med **dem**, der må forblive i Sovjet imod deres egen vilje.
    '– eine dramatische Geste, um Sympathie mit denen [O] zu zeigen, die gegen ihren Willen in der UdSSR bleiben müssen.'

Die Gruppe 4° – Nicht-Subjekt in beiden Sätzen – ist reichlich belegt:

(125) Det er selvsagt ikke **dem**, jeg mener.
    'Selbstverständlich meine ich nicht sie [O].'
(126) En af **dem**, han misbrugte, erklærede om ham, at "det var kærlighed ved første blik".
    'Eine von denen [O], die er missbrauchte, sagte über ihn, dass es "Liebe auf den ersten Blick" war.'
(127) Selvfølgelig gælder det også om at fange fiskene – og vi spiser naturlig-

---

76. Alle Beispiele aus dem Korpus DK87-90.
77. O entspricht in dieser Konstruktion dem dänischen Kasusgebrauch, vgl. Konstr. B3.

vis **dem**, vi fanger – men det er mere det, at man kan sidde i sine egne tanker.

'Natürlich geht es auch darum, dass man die Fische fängt – und wir essen natürlich die [O], die wir fangen – aber es geht eher darum, dass man in eigenen Gedanken sitzen kann.'

(128) (…) og det er **dem**, der nu skal ryddes op i.

'(…) und unter denen soll jetzt aufgeräumt werden.'

Da alle vier Konstellationen mit beiden Formen belegt werden können, muss man daraus schließen, dass hier kaum von einer Rektion aus dem Nebensatz die Rede sein kann. Dass *de* am ehesten für 1° und 3° belegt ist, kann ebenso sehr mit den Suchmöglichkeiten im elektronisch gespeicherten Korpus zu tun haben; die Homonymie mit dem Pluralartikel ergibt solche Unmengen von irrelevanten Beispielen, dass die Nachbehandlung mit dem Computer unmöglich wird. Sehr viele Beispiele für 2° oder 4° wären nämlich Beispiele für *de* vor einem uneingeleiteten Relativsatz, was wiederum heißt, dass solche Beispiele nur mit *de* alleine als Suchwort gefunden werden können. Eine systematische Kontrolle in einigen der Textproben ergab freilich kein Beispiel für 2° oder 4°.

Auch das Vorkommen der 1. und 2. Pers. plur. erscheint recht willkürlich:

(129) Nu afskyr han os, **vi**, som før var hans bedste venner.[78]

'Jetzt verabscheut er uns, wir [N], die wir früher seine besten Freunde waren.'

(130) Og det nænner I, **jer** som han har været så god imod[79]

'Und das bringt ihr über das Herz, ihr [O], zu welchen er so gut gewesen ist'

* B8b – mit einem adverbiellen Glied erweitert

Auch in dieser Konstruktion ist die Neigung zur obliquen Form, auch in eindeutigen Subjektspositionen, in der heutigen Umgangssprache sehr stark:

(131) Jeg tænkte at **hende dér** var der vist mere krudt i end jeg havde troet.[80]

'Mir ging durch den Kopf, dass die [O] da viel temperamentvoller wäre, als ich geglaubt hätte.'

78. Mikkelsen nach dem ODS zitiert.
79. Mikkelsen nach dem ODS zitiert.
80. Zitiert nach dem Korpus DK87-90.

(132) Du, jeg har sgu ærlig talt ikke tid … han kommer, **ham fra ministeriet** … og … (han ser på sit ur)[81]
'Du, ganz ehrlich, ich habe keine Zeit … er kommt, der [O] vom Ministerium … und … (er schaut auf die Uhr)'

(133) Men jeg skal nok i gang med noget, inden jeg fylder 18 år, ellers bliver systemet bare ligeglad med mig. Også **dem på børnehotellet**.
'Aber ich werde schon etwas anfangen, bevor ich 18 werde, sonst wird das System sich nicht um mich kümmern, auch nicht die [O] vom Kinderhospiz.'

(134) Og skal der være tre i bagsædet – hvad der godt kan for sædebreddens skyld – så kommer **dem på yderpladserne** i ubehagelig kontakt med overgangskanten mellem loft og sæder (…)[82]
'Und wenn drei Leute hinten sitzen müssen – was von der Sitzbreite her gut möglich ist – dann kommen die [O] auf den äußeren Plätzen in unangenehmen Kontakt mit der Kante zwischen Decke und Sessel (…)'

(135) Mine forældre synes, der lyder forkert, hvis de til kunder eller gæster må sige: "**Hende derovre** er vores søn".
'Meine Eltern finden, dass es seltsam klingt, wenn sie zu Kunden oder Gästen sagen müssen: "Die [O] da ist unser Sohn".'

Da die Konstruktion an sich häufig als stilistisch etwas anrüchig hingestellt wird, kann es schwierig sein, gute Beispiele mit schriftsprachlicher nominativischer Kongruenz zu finden. Beispiele mit Plural sind dafür im Grunde genommen nicht so selten, auch in sehr umgangssprachlich geprägten Sprachformen:

(136) **Vi på højrefløjen** vil ha, at man skal kunne skabe sin egen fremtid og være herre over sig selv.[83]
'Wir [N] vom rechten Flügel wollen, dass man sich seine eigene Zukunft schaffen können und sein eigener Herr sein soll.'

(137) – og det er det, det drejer sig om! **Vi på 40** – og vores fremtid.[84]
'– und darum geht es! Wir [N] 40-jährigen – und unsere Zukunft.'

Das letzte Beispiel hat einen Nominativ, obwohl die oblique Form wohl, wenn man die Kongruenzverhältnisse betrachtet, naheliegender wäre.

---

81. Nach Panduro 1971 S. 78.
82. Dieses Beispiel und das vorige aus dem Korpus DK87-90.
83. Aus Sommer 1985 S. 177.
84. Zitiert nach dem Korpus DK87-90.

Galberg Jacobsen und Stray Jørgensen bemerken, dass nach den Präpositionen *af* und *blandt* die Neigung zur nominativischen Form der 3. Pers. plur. jetzt so verbreitet ist, dass sie von allgemeiner Akzeptanz reden.[85] Wie man sieht, nehmen diese Formen immer wieder eine eigenartige Sonderstellung unter den anderen pronominalen Formen ein, denn etwas Ähnliches ist bei den anderen pronominalen Formen nicht zu beobachten.

* B8c – mit einer Apposition

Hier wiederholen sich die schon bekannten Muster: im Singular ist die oblique Form heute der einzige gängige Kasus, während im Plural vielfache Möglichkeiten gegeben sind:[86]

(138) … det må **hende pigen** da osse kunne sige sig selv …[87]
       '… das muss das Mädchen ["sie [O] das Mädchen"] doch verstehen können …'
(139) **Ham Johnny** sidder og sover, (…)
       'Der [O] Johnny schläft, (…)'
(140) Hvornår vokser **jer såkaldt sorte** [politisk sorte] fra, at det ikke gælder bare om at slå hinanden ihjel?[88]
       'Wann werdet ihr [O] [politisch] Schwarzen reif genug sein, um zu begreifen, dass es nicht darum geht, einander bloß zu töten?'
(141) Nu skal **mig stygge** ordne sagen.
       'Jetzt werde ich [O] Böser[89] die Sache erledigen.'
(142) **Ham den gamle** han tror, han kan det hele.
       'Der Alte da ["er [O] der Alte"], er glaubt, dass er alles kann.'
(143) **Hende din søster**. Er det hende der driller dig?
       'Deine Schwester ["sie [O] deine Schwester"]. Ist sie es, die dich ärgert?'

Am ehesten der Gruppe B8 zuzurechnen sind ein paar Beispiele, die von Brink & Lund[90] angeführt werden. Es geht hier um die Verwendung von obliquer Form als Subjekt in Fragesätzen wie:

---

85. Galberg Jacobsen & Stray Jørgensen 1988 S. 108.
86. Wenn nicht anders angegeben, stammen die Beispiele aus dem Korpus DK87-90; das Beispiel mit "… mig stygge …"wird in Anlehnung an Erik Hansen (1972) zitiert.
87. Sommer 1985 S. 71.
88. Sommer 1985 S. 214.
89. Kindersprachliche Umschreibung für "ich" aus den 60er Jahren.
90. Brink & Lund 1975 S. 669.

(144) Hvem er ham?
       'Wer ist er [O] denn?'

Brink & Lund beschreiben eine Situation bei einer Dia-Vorführung, wo jedes
Mal, wenn eine neue Person gezeigt wurde, eine Frage mit diesem Wortlaut
(bzw. mit der entsprechenden obliquen femininen Form) gestellt wird. Das
Pronomen hat hier eine demonstrative Funktion und verweist auf die situationell unbekannte Person. Mit Hinblick auf die Semantik der Formen ist die Verwendung der obliquen Form in diesem Zusammenhang sinnvoll, da der Nominativ den Anschein gegeben hätte, dass die Person als situationell bekannt
aufzufassen wäre. Brink & Lund meinen, dass die 1. und 2. Person von dieser
Konstruktion ausgeschlossen sind, was ja wiederum mit der situationellen Un-
bekanntheit gut zusammenpasst. Die 1. und 2. Person können ja gar nicht situationell unbekannt sein; die 3. Person dagegen u. U. wohl.
    Die sprachliche Variation in den Konstruktionen B8a-c ist, wie man sieht,
beachtenswert, obwohl etliche Muster erkennbar sind. Einerseits sieht man,
dass der Plural in Bezug auf die oblique Form viel zurückhaltender ist als der
Singular. Andererseits können wir feststellen, dass besonders die 3. Person
plur. im Prinzip als kasusneutralisiertes Morphem mit *zwei* konkurrierenden
Allomorphen (also nicht nur einer Form) aufgefasst werden kann, wenn wir
die Streuung der Beispiele in Betracht ziehen. Damit sei aber nicht gesagt, dass
keine individuellen grammatischen Muster vorhanden sind; das kann sehr
wohl der Fall sein. Solche Muster müssten jedoch dann bei einzelnen Sprechern erst gesucht werden. Es bestehen zwei Möglichkeiten für individuelle
Muster: 1° eine Kasusrektion aus dem Relativsatz und 2° eine vollständige
Neutralisation in diesen Konstruktionen, entweder mit der einen oder mit der
anderen Form – oder beiden! Es ist anzunehmen, dass die Gruppe 2° vorgezogen wird.

* B9 – Pronomen als Determinant einer Nominalphrase

Dem Vorhandensein dieser Konstruktion wurde bis zur Diskussion zwischen
Lars Heltoft und Ole Togeby (1992) sehr wenig Beachtung geschenkt. Lars Heltoft hat zunächst auf die Konstruktion in Verbindung mit einem Versuch, die
Kasusverhältnisse zu klären, aufmerksam gemacht.[91] Das Interessante an dieser Konstruktion ist nämlich, dass sie entgegen den meisten anderen Positionen – vielleicht mit Ausnahme von B8 – häufig Nominativ anstatt obliquer
Form hat, zumindest im Plural.

91. Heltoft 1992a S. 87ff.

Wie schon in Kap. 5 erwähnt, fungiert das Pronomen hier als unbetonter bestimmter Artikel. Das heißt, dass hier eine deutliche Analogie zur doppelten Verwendung der 3. Pers. sing. nicht-menschlich (*den* und *det*) und plur. (*de*) vorliegt. Deswegen können *han* und *hun* auch nicht in dieser Konstruktion vorkommen; diese beiden Pronomina müssen vor einem nominalen Kern immer betont sein und im Gegensatz zu den Pronomina der anderen Personen muss der bestimmte Artikel regelmäßig vor dem Substantiv stehen.

Was den Kasus betrifft, scheint zu gelten, dass die beiden Kasusformen hier ganz regellos vorkommen:

(145) Skal **vi unge** ikke ha lov til at snakke, som vi overhovedet ønsker at snakke?
      'Dürfen wir [N] Jugendlichen nicht so reden, wie *wir* wollen?'
(146) Men ved du hvad? **Vi danskere** er ikke et *hak* bedre selv.[92]
      'Aber weißt du was? Wir [N] Dänen sind in keiner Hinsicht besser.'
(147) Jeg synes, der er meget værre for **I andre**.[93]
      'Meiner Meinung nach ist es viel schlimmer für euch [N] andere.'
(148) Lieutenant S. vil flye **I andre gode Herrer** noget at giøre[94]
      'Leutnant S. wird euch [N] anderen guten Herren etwas zu tun geben.'
(149) Aa **mig** arme Mand[95]
      'Oh ich [O] armer Mann'
(150) **Jeg** Fæhoved![96]
      'Ich Blödian!'

Sehr bemerkenswert ist es, dass auch die Anleitungen zur richtigen Sprachform gelegentlich eine "Falschverwendung" der Kasus erlauben; Erik Oxenvad (1962 S. 52) erlaubt z.B. Nominativ in diesem Beispiel:

(151) Han tager ikke hensyn til **vi andres** mening.
      'Er nimmt keine Rücksicht auf die Meinung von uns [N] anderen.'

Allerdings könnte man auch hier den Nominativ als das kleinere Übel ansehen. Die neueste Darstellung – Galberg Jacobsen & Stray Jørgensen 1988 – stellt die Kasuswahl in solchen Konstruktionen vollkommen frei.[97]

---

92. Die beiden ersten Beispiele nach Sommer 1985 S. 13 u. 169.
93. Jakob Knudsen nach dem ODS.
94. Langebek nach dem ODS unter "I".
95. Blicher nach dem ODS unter "jeg".
96. Nach dem ODS unter "jeg".
97. Galberg Jacobsen & Stray Jørgensen 1988 S. 108f.

Die Analogie mit dem Artikel in dieser Konstruktion ist wesentlich für die gesamte Auffassung der Verwendung der Pronomina im Dänischen.

Ein interessanter Fall liegt in Verbindung mit *alle* <alle> und *begge* <beide> vor, denn hier besteht normalerweise kein Zweifel; die beiden Kasus werden durchgehend entsprechend den relationellen Verhältnissen gesetzt. Allerdings ist es fraglich, ob die Verbindung dieser beiden unbestimmten Pronomina mit einem persönlichen Pronomen wirklich *eine* Konstruktion ist. Bei der Verwendung als Subjekt ist das eindeutig **nicht** der Fall, denn *alle* und *begge* stehen hier nachweislich auf dem Nexusadverbialplatz:

(152) Så stod **de** pludselig **begge** foran træet.
       'Dann standen sie plötzlich beide vor dem Baum.'
(153) Derefter kom **de** jo **alle** med på stationen.
       'Danach wurden sie ja alle mit auf die Polizeiwache genommen.'

Wenn die Konstellation als Nicht-Subjekt verwendet wird, ist die Lage heikler, denn hier ist es mit normalen topologischen Analysewerkzeugen nicht möglich nachzuweisen, dass das persönliche Pronomen und *alle* oder *begge* an verschiedenen Plätzen stehen. Das persönliche Pronomen ist z.B. nicht enklitisch, wenn *alle* oder *begge* die Objektposition einnehmen:

(154) De gav alligevel **os alle** nogle gode julegaver.
       'Sie gaben uns allen dennoch schöne Weihnachtsgeschenke.'
(155) Sagen vedrører nok **jer begge**.
       'Die Sache betrifft wohl euch beide.'

– vgl.:

(154') De gav **os** alligevel nogle gode julegaver.
(155') Sagen vedrører **jer** nok.

Die Voranstellung ins Fundamentfeld ist stilistisch fraglich:

(156) **Os alle** gav Olsen nogle gode julegaver.
       'Uns allen gab Olsen schöne Weihnachtsgeschenke.'

Während also der Nominativ als eine normale (enklitische) Kasusform betrachtet werden kann, ist es schwieriger zu erklären, warum die Konstellation 'Personalpronomen + *alle/begge*' als Objekt kein Fall der Konstruktion B9 ist. Da sowohl *alle* als auch *begge* an sich Quantoren sind, dürfte die Erklärung in der Semantik der Ausdrücke zu suchen sein.

7.4. Abschließende Bemerkungen

Da die Wahl zwischen den Kasusformen in diesen Konstruktionen auch ein Normproblem ist, sind ein paar Worte zum Thema sicherlich angebracht.

Die normierenden Grammatiker halten gerne die These aufrecht, dass das Dänische eine voll rektionelle Sprache ist, abgesehen von den komplizierten Verhältnissen beim Prädikativ. Die Schriftsprache scheint auch (mit Ausnahme der 3. Pers. plur., besonders in Konstruktion B8a) dieser Beschreibung gut zu entsprechen. In der gesprochenen Sprache werden die strikten rektionellen Regeln aber selten eingehalten; stattdessen wird die Flexion nach recht komplizierten semantischen Strukturen eingesetzt. Der Charakter dieser Strukturen ist stark umstritten; die Interpretation, die wir hier geben, weicht radikal von den Lösungsvorschlägen von Lars Heltoft (1991, 1992a, b) ab.

Der Zusammenstoß zwischen Normsphären ist deutlich, und da das eine System – die klassische Rektion – als Zeichen für Bildung steht und das andere als missgestaltete Mundart verschrien wird, ist auch ein soziolektaler Unterschied im Spiel.[98] Deswegen können die beiden Kasussysteme als stilistische Mittel nebeneinander benutzt werden. Es ist heute nicht selten, sowohl in der Belletristik als auch in Zeitungen, einen stilistisch bewussten Wechsel zwischen Kasusformen beobachten zu können.[99]

Wenn die Gestaltung der Kasus im Dänischen seit grauer Vorzeit so gewesen wäre wie heute in der gesprochenen Sprache, wären die Grammatiker längst gezwungen, die Lage ernst zu nehmen. Wie wir gesehen haben, sind gewisse Aspekte der Entwicklung möglicherweise relativ neu; noch dazu scheint es so zu sein, dass das Kerngebiet der Entwicklung Jütland sein könnte, eine Gegend, der sonst in sozialer und kultureller Hinsicht keine Vorreiterrolle zugekommen ist. Deswegen wurden die Ergebnisse der Kasusneutralisation meistens nicht ernst genommen – und schon gar nicht genau analysiert. Wir hoffen, dass die hier gegebenen Bemerkungen zur Aufklärung und zum besseren Verständnis der nicht-standardisierten Kasusflexion im Dänischen führen.

98. Vgl. Hansen 1972.
99. Jørgensen 1991 S. 19f.

KAPITEL 8

Syntaktische Kasusneutralisation im Schwedischen

Die Darstellung der Verhältnisse im Schwedischen konzentriert sich einerseits auf die Verhältnisse in der schwedischen Norm- und Umgangssprache, andererseits auf zwei Untersuchungen der Kasusneutralisation in zwei schwedischen Mundarten. Dass gerade diese beide Mundarten untersucht werden, beruht darauf, dass sie, was den Kasusgebrauch betrifft, stark von den Verhältnissen in der Normsprache abweichen. Uns sind keine anderen Beispiele für solche mundartlichen Abweichungen im schwedischen Sprachraum bekannt; auch die einschlägigen Handbücher[1] kennen keine. Es dürfte also wahrscheinlich sein, dass die hier behandelten Mundarten mit ihren von der Norm abweichenden Kasussystemen innerhalb des Schwedischen ziemlich alleine dastehen.

8.1. Die schwedische Normsprache

Die oben in Kap. 5 aufgestellten allgemeinen Konstruktionen sind in der schwedischen Normsprache so festgelegt, dass die nominativische Kongruenz im Regelfall eingehalten werden muss. Die Normierung scheint weitgehend den Verhältnissen in der gesprochenen Sprache zu entsprechen; man sucht in Arbeiten zur verbesserten Sprachform oder in sprachpädagogischen Arbeiten vergebens nach Andeutungen von Schwierigkeiten von der gleichen Art wie im Dänischen. Vor einem Relativsatz, vor allem in Satzspaltungen, gibt es jedoch eine Ausnahme, die in syntaktischer Hinsicht von ganz eigener Natur ist, indem der pronominale Kasus hier meist durch den Stellungswert des gemeinsamen Gliedes im Relativsatz bestimmt wird; diese Konstruktion ist auch dem Norwegischen nicht unbekannt; vgl. Kap. 9. Der Stellungswert des Pronomens im Obersatz in Bezug auf den Relativsatz ist in dieser Konstruktion im Schwedischen belanglos. Da diese Tatsache auch Einfluss auf mehrere andere der aufgestellten Konstruktionen hat, wird sie zuerst dargestellt.

---

1. Hier ist Jörgensen 1970, der sich direkt mit mundartlicher Syntax befasst, der wichtigste Zeuge.

Die *syntaktische Funktion im Relativsatz* bestimmt den pronominalen Kasus auf die übliche Weise: Wenn das gemeinsame Glied im Untersatz das Subjekt ist, steht das Pronomen im Nominativ, sonst hat es die oblique Form. Am Deutlichsten zeigt sich diese Überschneidung in Bezug auf die Konstruktion B3 (prädikativische Stellung). Wenn kein Relativsatz folgt, ist der Nominativ in dieser Position (ausnahmslos) der Regelfall:[2]

(1)   Och sen, Bart (det var **jag**) … sen Bart, kom igen … (jag var helt och hållet uppslukad av den vackra filmen). (Lundell 1983 S. 24f)
        'Und dann Bart (ich war es) … dann Bart, nochmals … (ich war ganz von dem schönen Film in Anspruch genommen).'

(2)   Det är **han**, sa jag och försökte sjunka ner på gulvet i kabinen. (Lundell 1983 S. 42)
        'Er ist es, sagte ich und versuchte auf den Boden der Kabine runterzusinken.'

(3)   … och vi visste inte vad vi skulle ta oss till med grabben, polarn som satt där som en av oss, han som faktiskt *var* **vi** på något sätt, satt där i gräset mellan oss … (Lundell 1983 S. 26f)
        '… und wir wussten nicht, was wir mit dem Kerl anfangen sollten, dem Kerl, der dasaß wie einer von uns, er, der tatsächlich auf irgendeine Weise Wir war, saß da im Gras zwischen uns …'

Auch eine Konstruktion vom Typ B8b ändert daran nichts:

(4)   Det var hon med dom asiatiska dragen. (Lundell 1983 S. 108)
        'Es war sie mit den asiatischen Zügen.' (Es war die …)

---

2.   Ein großer Teil der Beispiele sind *"Jack"* von Ulf Lundell (Stockholm: Wahlström och Widstrand 1983 (1976)) entnommen. Dieses Buch spielt in einem absoluten Outsidermilieu in Stockholm um 1970 bis 1975; entsprechende Kreise in Dänemark wären ganz sicher nicht so sorgfältig mit dem Nominativ umgegangen wie Lundells "drop-outs", die sonst nicht zimperlich mit der Sprache sind. Umgangssprachliche Pronominalformen wie *mej, dej, sej* und *dom* gehören zur Tagesordnung, Assimilationsphänomene werden nachgebildet, wie z.B. "Hörru" = "Hör du" <Hör mal zu>, S. 85; "jorå" = "jo då" <doch>, S. 54, "Vanurå" = "Vad nu då" <Was denn nun>, S. 44, Slangausdrücke kommen regelmäßig vor, wie z.B. "tvåhundrafemti spänn i månan" <250 kr. im Monat> S. 9; "bärs" <Bier>, "kröken" <Trunksucht>, "alkis" <Alkoholiker>, alle S. 22, von der Narkotikaterminologie ganz zu schweigen; englische Lehnwörter werden orthographisch angeglichen, z.B. "fejset" = 'the face', S. 98, "skajbaren" = 'skybaren' S. 44; es kommen umgangssprachliche syntaktische Wendungen vor, wie z.B. "Brorsan hans" <sein Bruder> mit dem nachgestellten possessiven Pronomen S. 49; "dom där kafferasterna" <die Kaffeepausen> mit dem umgangssprachlichen Demonstrativ "dom där" S. 13.

Wenn das prädikativische Glied im Relativsatz Subjekt ist, bleibt der Nominativ:

(5)   (…) när det egentligen var **han** som var knäckt. (Lundell 1983 S. 13)
        '(…) wenn eigentlich *er* es ist, der [psychisch] gebrochen war.'

Wenn dagegen das prädikativische Glied eine andere Funktion im Relativsatz hat, tritt die oblique Form auf:

(6)   (…) jag *vet* att det är **mej** du och den där Bart snackar om. (Lundell 1983 S. 9)
        '(…) ich weiß, dass ich es bin, über den du und dieser Bart reden.'
(7)   Javisst, det var ju **henne** jag dansat med! (Lundell 1983 S. 37)
        'Ach ja, das war ja sie, mit der ich getanzt hatte!' (Ach ja, das war ja die, mit der ich getanzt hatte)
(8)   det är faktiskt **henne** jag vill ha (Lundell 1983 S. 64)
        'es ist tatsächlich sie, die ich haben möchte.' (sie ist es, die ich haben möchte)

Die *Konstruktion B1, Subjekt des Untersatzes im Satzknoten*, wird im Schwedischen mit dem Nominativ konstruiert, wenn sie überhaupt vorkommt. Ebba Lindberg (1973, Kap. 6) behandelt die Konstruktion sehr detailliert, leider ohne allzu viele gute Belege zu bieten. Wir zitieren davon:

(9)   (…) du tror jag ej heller skulle gerna emottaga det.[3]
        '(…) ich glaube auch nicht, dass du es gerne entgegennehmen würdest.'

Wellander zitiert in der zweiten Ausgabe seines Buches ein Beispiel, das – unter der Voraussetzung, dass die Kasusrektion aus dem Relativsatz tadellos funktioniert – als Beleg für den Nominativ verwendet werden kann;[4] allerdings finden wir hier ein für das Schwedische typisches Phänomen, nämlich, dass das Knotenglied nicht (wie im Dänischen oder Norwegischen) umgestellt wird, sondern – zumindest fakultativ – verdoppelt wird:[5]

(10)   Det är **hon** som alla är glada när **hon** är borta.

3. E. Tegnér 1837; zit. nach Lindberg 1973 S. 329.
4. Wellander 1973 S. 238.
5. Vgl. Wellander 1973 S. 238 mit sehr vielen Beispielen, sowohl für Verdoppelung als auch für Umstellung.

'Sie ist es, deren Abwesenheit alle freut.'
(Wortwörtlich: "Es ist sie, die alle sich freuen, wenn sie weg ist")

Lindberg (1973 S. 329) erklärt, dass Rudolv Körner für diese Konstruktion die oblique Form als den richtigen Kasus angegeben hat; leider war es uns nicht möglich, Körners Analyse selbst zu überprüfen, aber sie erscheint im Lichte der angeführten Beispiele recht unwahrscheinlich.

Das *Subjekt in elliptischen Sätzen (B2)* steht immer im Nominativ:

(11)   Åh fan sa jag och pustade på, nä … pust pust … **inte jag heller** om jag
       ska var ärlig, jävla vintertorka har det varit. (Lundell 1983 S. 18)
       'Zum Teufel, sagte ich und pustete weiter, naa … pust pust … ich auch
       nicht, wenn ich ernst sein soll, höllische Wintertrockenheit war es.'
(12)   … **han** … just det … han med alla maskerna … (Lundell 1983 S. 54)
       '… er … genau … der mit all den Masken …'

Sogar wenn die syntaktische Deutung eines elliptischen Gliedes unklar ist (Prädikativ oder Objekt?), wird der Nominativ offensichtlich bevorzugt:

(13)   [Det är han, sa jag och försökte sjunka ner på gulvet i kabinen.]
       Vilken han? (Lundell 1983 S. 42)
       '[Er ist es, sagte ich und versuchte, auf den Boden der Kabine runterzu-
       sinken.]
       Welcher er?'

In diesem Fall hätte die Frage auch "Vilken han menar du?" – also als Objekt – ergänzt werden können. Trotzdem erscheint hier der Nominativ.

Die *Konstruktion B4, syntaktisches Subjekt in einer Existenzkonstruktion* ist im Schwedischen entweder mit Konstruktion B3 homonym, oder die Bedeutung wird ganz anders ausgedrückt. Deswegen wird sie in diesem Zusammenhang nicht berücksichtigt.

Die *betonende Rechtskopierung (Konstruktion B5)* ist umgangssprachlich und als solche nicht selten. Auch hier wird die nominativische Kongruenz aus-nahmslos eingehalten:

(14)   (…) och jag råkar ha läst dom **jag också** … (…) (Lundell 1983 S. 10)
       '(…) und zufälligerweise habe ich sie gelesen, ich auch … (…)'
(15)   (…) Bellman har säkert ruskat av sej tio kilo, **bara han**. (Lundell 1983 S.
       24)
       '(…) Bellman hat sicherlich 10 Kilo abgeschüttelt, er alleine.'

(16) (...) men Bart var inte så oäven **han heller** vad det gällte at producera halsbrytande komik ... (...) (Lundell 1983 S. 63)
'(...) aber Bart war auch nicht schlecht, auch er nicht, wenn es dazu kam, horrende Komik darzubieten ... (...)'

(17) (...) jag har många hustrur jag (...) (Fröding 1984 S. 295)
'(...) ich habe viele Ehefrauen, ich [N] (...)'

In *Vergleichen* (*Konstruktion B6*) ist die Kasusneutralisation insofern durchgeführt, als beide Kasus vorkommen und, außer bei genauen Sprachkritikern, allgemein akzeptiert werden. Strikte Kongruenz wird zwar empfohlen, z.B. von Erik Wellander,[6] aber die Praxis sieht anders aus. Hier zunächst Beispiele für einen Nominativ bei Subjektkongruenz:

(18) (...) och utan att jag visste ordet av så satt jag där, lika snuvad som **han**, med armen på dörrkanten och susade fram, statustokig och skitball. (Lundell 1983 S. 17)
'(...) und ohne dass ich etwas davon wusste, saß ich da, ebenso betrogen wie er, mit dem Arm an der Türkante, und sauste vorwärts, verrückt nach Status und wahnsinnig begeistert.'

(19) (...) jag tror det är *för* blåögd att tro att stadsbor som **vi** helt smärtfritt skulle kunna flytta upp och in i Norrlands skogar. (Lundell 1983 S. 103)
'(...) ich glaube, dass es zu naiv ist zu glauben, dass Stadtmenschen wie wir ganz schmerzlos hinauf in die Wälder von Norrland ziehen können.'

– für einen Nominativ bei Objektkongruenz:[7]

(20) Du får aldrig en sådan man som **jag** (Wellander 1973 S. 183)
'Du bekommst nie so einen Mann wie mich'

(21) Sverige har aldrig haft en mer bländande journalist än **han** (Wellander 1973 S. 188)
'Schweden hat nie einen brillanteren Journalisten gehabt als ihn'

– für eine oblique Form bei Subjektkongruenz:

(22) (...) och en brud, som märkligt nog bar jeans som **oss**, försökte få tyst på hunden (...) (Lundell 1983 S. 31)

---

6. Wellander 1973 S. 183f u. 188.
7. Die beiden Beispiele sind von Wellander 1973. Sie beruhen zwar auf authentischem Material, werden aber ziemlich explizit von Wellander als "unrichtig" eingestuft.

'(…) und ein Mädchen, das seltsamerweise Jeans trug wie wir, versuchte, den Hund zum Schweigen zu bringen (…)'

– für eine oblique Form bei Nicht-Subjekt-Kongruenz:

(23)   Du skall älska din nästa som **dig** själv (Wellander 1973 S. 183)
       'Du sollst deinen Nächsten lieben wie dich selbst'
(24)   Kan man se ett vackrare par än **oss** två? (Wellander 1973 S. 188)
       'Kann man ein schöneres Paar sehen als uns?'

(In diesem Fall werden Beispiele aus Wellander benutzt, da Lundell auf den ersten 140 Seiten keine vorführt. Vermutlich können daraus keine Rückschlüsse auf die Gebrauchsfrequenz gezogen werden.)
    Nicht nur *som* und *än* können mit einem Nominativ kombiniert werden:

(25)   (…) och det var inte en själ därinne förutom **jag och kyparna** (…) (Lundell 1983 S. 107)
       '(…) und es war überhaupt niemand da außer mir und den Kellnern (…)'

Wenn ein Relativsatz folgt, entsteht die oben erwähnte Regelkonkurrenz; hier ein unproblematisches Beispiel mit Subjektkongruenz im Obersatz und Subjektfunktion im Untersatz:

(26)   Vad har en man som **jag** som är i sina bästa år? (Lundell 1983 S. 99)
       'Was hat ein Mann wie ich, der in seinen besten Jahren ist?'

Bei Subjektkongruenz im Obersatz und Nicht-Subjektfunktion im Untersatz entstehen große Schwierigkeiten; solche Beispiele (konstruiert) sind im Schwedischen kontroversiell:[8]

(27)   Jag är klokare än **han** som alla tyckte om.
       'Ich bin schlauer als er, den alle mochten.'
(28)   Ingen är så snäll som **du** som alla beundrar.
       'Keiner ist so lieb wie du, der von allen gemocht wird.' (syntaktisch abgeändert)

Konstruktion B7, Pronomen in parataktischer Verbindung, weist immer Kongruenz auf, nicht nur direkt in einer Subjektposition:

---

8.   Persönliche Mitteilung von Birger Liljestrand, Umeå.

(29) **Hon och gubben** fick vara medelklass för mej om dom ville (…) (Lundell 1983 S. 14)
'Sie und der Alte konnten meinetwegen Mittelklasse bleiben, wenn sie wollten (…)'

(30) Och **Bart och jag** började hänga ihop där (…) (Lundell 1983 S. 17)
'Und Bart und ich fingen an, dort miteinander herumzuhängen (…)'

Die Kongruenz funktioniert auch außerhalb der eigentlichen Subjektpositionen, wie z.B. in Extraposition:

(31) Och **Bart och jag** vi intog rollen som skitgrymma snutar som släpade på den där förbannade narkotikahajen emellan oss; (…) (Lundell 1983 S. 23)
'Und Bart und ich, wir spielten die Rolle von grausamen Polizisten, die diesen verdammten Narkotikahändler zwischen sich schleppten; (…)'

(32) Nu satt vi upp vi också, **Bart och jag**, och såg på Harald med öppna jack och dreglande käftar. (Lundell 1983 S. 27)
'Jetzt saßen wir aufrecht, wir auch, Bart und ich, und schauten uns mit offenen Mäulern und triefendem Rachen Harald an.'

In der *Konstruktion B8a, Pronomen mit einem untergeordneten Relativsatz*, wird im Schwedischen, wie oben angeführt, der Kasus durch die Funktion im Relativsatz bestimmt, nicht nur in der Konstruktion B3. Wenn das gemeinsame Glied in beiden Sätzen Subjekt ist, kommt ohnehin der Nominativ vor:

(33) **Vi** som lärt känna honom förundrade oss över att han inte började ta tjack någon gång (…) (Lundell 1983 S. 23)
'Wir, die wir ihn kannten, wunderten uns darüber, dass er nicht anfing, harte Drogen zu nehmen (…)'

(34) … **jag** som spillde? … lägg av! (Lundell 1983 S. 54)
'… ich, der ich gekleckert habe? … hör doch auf!'

Wenn das gemeinsame Glied im Obersatz Nicht-Subjekt ist, dafür aber im Nebensatz Subjekt, ist alles möglich. In diesem Beispiel hat sich die Funktion des gemeinsamen Gliedes als Subjekt im Untersatz für den Nominativ entschieden:

(35) (…) som släpade på den där förbannade narkotikahajen emellan oss; **han** som gick där som om han pulsade fram i snö (…) [es folgt kein finites Verb, auf *han* bezogen] (Lundell 1983 S. 23)

'(...) die wir diesen verdammten Narkotikahändler zwischen uns schleppten; er, der dort ging, als ob er durch Schnee hervorging (...)'

Wellander (1973 S. 188) führt ein Parallelbeispiel an, in welchem die oblique Form empfohlen wird:

(36)   Utrymme finns för fler elever än **de** som redan har intagits.
       'Raum ist vorhanden für mehr Schüler als für die, die schon aufgenommen wurden.'

Wenn sonst dem Pronomen ein Glied untergeordnet ist, egal welcher Natur (Konstruktionen B8b und B8c), ist Kongruenz mit dem Subjekt immer gegeben, so z.B. vor einem Adverb:

(37)   **Du där** får inte drycka mer.
       'Du da darfst nichts mehr trinken.'

– mit einer untergeordneten Präpositionalverbindung:

(38)   ... han ... just det ... **han med alla maskerna** ... (Lundell 1983 S. 54)
       '... er ... genau ... der mit all den Masken ...'
(39)   Men **hon i Jaggan**, vi hade ju bara hoppat i säng (...) (Lundell 1983 S. 64)
       'Aber sie (die da) im Jaguar, wir hatten ja nur miteinander geschlafen (...)'

– vor einer untergeordneten Nominalphrase:

(40)   (...) och **vi andra** satt kvar och sörplade kall bir (...) (Lundell 1983 S. 57)
       '(...) und wir anderen saßen noch da und schlürften kaltes Bier (...)'
(41)   (...) och sägen mig, **I skröpliga gestalter**
       när var Vårt Land och herr Norén försynt?
       (Fröding 1984 S. 50)
       '(...) und sagt mir, Ihr schwächlichen Gestalten, / wann waren Vårt Land [eine Zeitung] und Herr Norén rücksichtsvoll?'
(42)   Adam sade till Eva:
       "**Du leda, du lystna hynda**,
       jag gitter ej släpa och sträva
       för dig, som lärde mig synda!"
       (Fröding 1984 S. 222)
       'Adam sagte zu Eva: / "Du böse, du lüsterne Dirne ["Hündin"] / ich

habe keine Lust zu schleppen und zu schuften / für dich, die du mich sündigen gelehrt hast!"'

(43)   ... för **vi troll**, vi är troll, vi ...
       (Fröding 1984 S. 293)
       '... weil wir Trolle, wir sind eben Trolle, wir ...'

Für ein Pronomen vor einem untergeordneten Proprium haben wir keine gute Beispiele gefunden; allerdings kann diese Konstruktion auch mit *den* vorkommen:[9]

(44)   Det är en fin karl den där Lindmark. (Lidman 1970 S. 99)
       'Er ist ein feiner Typ, dieser Lindmark.'

Da ein großer Teil der Beispiele eben einem (relativ neuen) Buch entnommen ist, in welchem ein Outsidermilieu mit (auch sprachlichem) Realismus geschildert wird, dürfte der Vergleich mit den dänischen Beispielen, die ja auch soziolektal determiniert sind, keine Schwierigkeiten bieten. Es ist deutlich, dass nominativische Kongruenz in den einschlägigen Konstruktionen im Schwedischen auch umgangssprachlich vorhanden ist.

8.2. Die Mundart in Norrland[10]

Die nordschwedischen Mundarten weichen in verschiedener Hinsicht von den Verhältnissen in der schwedischen Hochsprache ab. Hier sind verschiedene Tatsachen zu beobachten:

1° Wie wir schon in Kap. 6 gesehen haben, besteht in den modernen Mundarten morphologische Neutralisation in der 3. Pers. sing. sowie auch in der 2. und 3. Pers. plur. Das heißt, dass der Spielraum für eine syntaktische Neutralisation stark eingeschränkt ist.

2° Nordschwedische Mundarten nehmen erst langsam und unter dem Druck der Hochsprache den Unterschied 'belebt | unbelebt' bei den Pronomina an. Genau wie Nynorsk sowie die meisten norwegischen oder dänischen Mundarten, in welchen normalerweise drei Geschlechter vorhanden sind (bzw. waren), beziehen sich die drei vorhandenen Pronomina (in Norrland *han, hon, he*)

---

9. In schwedischen Dialekten – und z.B. auch bei Bellman – ist der bestimmte enklitische Artikel bei Personennamen nicht selten: *Malmen, Lindmarken, Eklundan* usw.
10. Dieser Abschnitt ist eine überarbeitete und erweiterte Fassung von Jørgensen 1993.

auf das grammatische Geschlecht des Antezedenten; ein Genus commune ist ebenfalls nicht vorhanden.[11] Diese beiden Tatsachen dürften, wie bereits gesagt, in semantischer Hinsicht miteinander verbunden sein.

Die nordschwedischen Mundarten geben das am Besten beschriebene Beispiel für die Verwendung der nominativischen Form in einer Neutralisation ab. In diesen Mundarten erscheinen nämlich regelmäßig die deutlich erkennbaren nominativischen Formen in Positionen als Objekt eines Verbs oder einer Präposition (Konstruktionen A1 und 2). Im Licht der Semantik der beiden Formen ist diese Tatsache schwer erklärbar; wir kommen zuletzt auf dieses Problem zurück.

In vielen Darstellungen dieser Neutralisation werden die beiden Arten der Neutralisation, morphologisch und syntaktisch, nicht deutlich genug voneinander unterschieden, weswegen eine Beschreibung schon von vornherein keine richtige Lösung des Problems finden kann; das gilt z.B. für Eklund (1982). Diese Schwäche vermeidet Holmberg (1986), der sich von einem generativen Blickwinkel aus mit dem Problem befasst hat. Holmbergs Analyse ist sehr gründlich und verdient eine tiefergehende Auseinandersetzung.

Holmberg untersucht (anhand einer einzigen Gewährsperson von Skellefteå) die Neutralformen in den Positionen als Objekt eines Verbs oder einer Präposition. Genauer gesagt sind es solche Positionen, die als Schwesterknoten erscheinen; d.h. die Positionen müssen durch constituent-commanding direkt vom Verb oder von der Präposition abhängen. Es geht also um Bäume wie diese, in welchen die beiden Konstituenten gemeinsam eine höherrangige Phrase bilden:

Dadurch werden solche Positionen ausgeschlossen, in welchen das Pronomen im generativen Sinn enklitisch ist, d.h. rhythmisch und syntaktisch inkorporiert; vgl. dazu oben Kap. 4. Diese Inkorporation stellt die generative Syntax durch Bäume dieser Art dar:

11. Vgl. Åström 1893 S. 33f.

Hier bildet das Pronomen einen Teil einer Kategorie, die mit der Ko-Konstituente des Pronomens (V bzw. P) identisch ist.

Inwieweit die Pronomina unbetont, aber selbständig sein können, ist nicht ganz geklärt. Insofern kann man sagen, dass Holmbergs Objektpositionen nach unserer Terminologie nicht-enklitisch sind; ob auch die schwach enklitischen Pronominalformen in diese Neutralisation mit einbezogen werden können, ist ungewiss.

Holmbergs Informant schließt die kasusneutrale Form, d.h. den Nominativ, von den folgenden Konstruktionen aus:[12]

1° Objekt eines reflexiven Verbs:

(45)   *Jag rakade jag / OK: Jag rakade mej
         'Ich rasierte mich'

2° Subjekt eines nicht-finiten Satzes (Objekt bei Objektsprädikativ oder Subjekt eines Infinitivs):

(46)   *Dom anser jag galen / OK: Dom anser mej galen
         'Sie halten mich für verrückt'
(47)   *Hon gjorde jag ledsen / OK: Hon gjorde mej ledsen
         'Sie machte mich traurig'
(48)   *Hon såg jag komma / OK: Hon såg mej komma
         'Sie sah mich kommen'

3° Als indirektes Objekt:

(49)   *Hon gav jag boken / OK: Hon gav mej boken
         'Sie gab mir das Buch'

4° In der Holmbergschen "Position links von einem Satzadverbial", d.h. als enklitisches Objekt:

(50)   *Hon kysste jag aldrig / OK: Hon kysste mej aldrig
         'Sie küsste mich nie'

Diese Konstruktionen gehören alle der Gruppe der inkorporierenden Bäume

---

12. Vgl. Holmberg 1986 S. 88f.

an, d.h. das Pronomen wird rhythmisch integriert in eine lexikalische Kategorie; es macht keine Ko-Konstituente einer höherrangigen Phrase aus.

Informantenbefragungen, die wir im Sommer 1991 in der Gegend um Umeå durchführten – also in einer anderen Gegend als der, aus der Holmbergs Informant stammte – ergaben ein ziemlich kompliziertes Muster, das mit den Ergebnissen Holmbergs nicht völlig übereinstimmt. Es zeigte sich, dass die Informanten – mehr oder weniger eindeutig – die Nominativform nur dann guthießen, wenn sie als Teil einer besonderen Kontrastbetonung vorkam. Ohne Kontrastbetonung wurde sie sehr häufig abgelehnt; (51.) bis (54.), die den von Holmbergs Informanten erlaubten Mustern entsprechen (Konstruktion A1 und A2), wurden z.B. abgelehnt, wenn Null- oder Hauptbetonung vorkam:

(51)   *Har dom också frågat **du**?
        'Haben sie auch dich [N] gefragt?'
(52)   *Sen började dom jaga **vi**.
        'Dann fingen sie an, uns [N] zu jagen'
(53)   *Elsa tycker **om du**.
        'Elsa mag dich [N].'
(54)   *Dom hoppade **på jag**.
        'Sie sprangen auf mich [N] drauf.'

Dafür wird eine Variante mit Kontrastbetonung, womöglich auch Kontrastergänzung, von allen angenommen:

(51') Har dom också frågat "**du** – dom har frågat mej.
        'Haben sie auch dich [N] gefragt – sie haben mich gefragt.'
(52') Sen började dom jaga "**vi**. (vgl. oben)
(53') Elsa tycker **om** "**du** – int' om **jag**.
        'Elsa mag dich [N], nicht mich [N].'
(54') Dom hoppade på "**jag**, inte på Magnus.
        'Sie sprangen auf mich drauf, nicht auf Magnus.'

Etliche Beispiele sind offensichtlich auch ohne expliziten Kontrast akzeptabel:

(55)   Åke, det är en klasskompis till jag
        'Åke ist einer meiner Schulkameraden'

Wenn ein pronominales Objekt in Parataxe mit einem Substantiv, hier einem Personennamen, vorkommt, ist der Nominativ durchaus akzeptabel:

(56) Då har vi parat ihop **jag och Lennart, du och Dan**, och sen dess …
      'Dann haben wir mich [N] und Lennart, [und] dich [N] und Dan zusam-
      mengepaart [= verkuppelt], und dann …'
(57) Det är så nästan med jag och Karin.
      'Es ist fast so mit mir [N] und Karin.'

Eine völlig unbetonte Nominativform als Objekt eines Verbs oder einer Präposition wird dagegen regelmäßig abgelehnt; hier erscheint meist nur die oblique
Form akzeptabel:

(58) *Det skulle inte förvåna **jag** om han kommer ikväll.
      'Es würde mich nicht wundern, wenn er heute Abend kommen würde.'
(59) *Du vill ha **jag**.
      'Du willst mich [N] haben.'
(60) *Polisen kollade **jag** när jag var på hemvägen.[13]
      'Die Polizei kontrollierte mich [N], als ich auf dem Heimweg war.'
(61) *Jag hade tur att få **med jag** kompisen Magnus.
      'Ich hatte Glück, dass mein Freund Magnus mitfuhr.'

Wenn unsere Analyse der unbetonten Pronomina (Kap. 4) stimmt, stehen die
Pronomina in den Beispielen 58.-60. ja auch nicht direkt am Objektplatz, son-
dern sind vorgerückt. In dieser Hinsicht entsprechen sie wiederum nicht den
von Holmberg aufgestellte Bäumen, die durch 'constituent commanding' die
Neutralisation erlauben. Obwohl die topologische Analyse hier keine Hilfe
bietet, scheint es, als ob die Kasusverhältnisse im Nordschwedischen für diese
Analyse Unterstützung bieten würden.
   Bei Kontrastbetonung können auch die von Holmbergs Informanten aus-
geschlossenen Konstruktionen kasusneutrale Pronomina aufweisen. Diese
Möglichkeit ergibt sich aus gutem Grund nicht bei einem reflexiven Verb; bei
einem indirekten Objekt und bei einem enklitischen Objekt gibt es keine
brauchbaren Beispiele, aber auch diese Konstruktionen sind mit ziemlicher
Sicherheit für die kasusneutralen Pronomina ausgeschlossen. Diese drei Konstruktionen haben ja regelmäßig topischen Charakter. Dafür waren einige Beispiele mit einem Subjekt in einem 'small clause' offensichtlich akzeptabel:[14]

13. Drei direkt befragte Informanten haben dieses Beispiel abgelehnt; die eine, Angelica
    Lindgren, hat freundlicherweise selbst zwei Freundinnen befragt, die beide dieses Bei-
    spiel für akzeptabel halten!
14. Die hier angegebenen Beispiele waren nicht Teil des Fragebogens; sie wurden während
    der Befragung improvisiert und mit dem Informanten besprochen.

(62) Fick han "**du** att göra det, inte den andra grabban?
      'Hat er dich [N] dazu überredet, nicht den anderen Burschen?'
(63) Han bad "**jag** att gå dit sen.
      'Er bat mich [N], später dorthin zu gehen.'

Der Kontrast ist, so weit das anhand der Befragungen festgestellt werden kann, sicherlich ein entscheidender Faktor für die Kasusneutralisation im Nordschwedischen; die Parataxe und die akzeptablen, nicht kontrastierten Beispiele sind eindeutig fokussiert, während die nicht-akzeptablen Beispiele mit ziemlicher Wahrscheinlichkeit kontextuell gebunden sind.

Das Merkwürdige an der nordschwedischen Situation, wenn man diese Verhältnisse betrachtet, ist, dass gerade der Nominativ – sonst immer mit dem topischen Teil des Satzes verbunden – in diesem Dialekt zum Ausdruck für das Fokussierte wird. Oben in Kap. 6 haben wir auf einen Wechsel zwischen einem Akkusativ und einem Dativ in gewissen norwegischen Mundarten aufmerksam gemacht; in diesen Mundarten war der Dativ mit dem kontrastfokussierten Teil assoziiert. Trygve Knudsen erwähnt Beispiele von Henrik Wergeland, in welchen der Nominativ angeblich eben zur Betonung dient.[15] Man könnte solche Mundarten folgendermaßen einstufen:

> Nominativ: topisch
> Akkusativ: fokussiert
> Dativ: kontrastiert

Denkbar ist, dass der Nominativ unter solchen Umständen, wo der Dativ aus irgendeinem Grund verfällt oder verloren geht, für den Dativ "einspringt", damit der morphologische Unterschied 'fokussiert | kontrastiert' aufrechterhalten werden kann.

Solche Betrachtungen müssen aber wegen der dokumentarischen Lage reine Spekulation bleiben. Außerdem erklären sie nicht, warum auch etliche nicht-kontrastierte Kontexte im Nordschwedischen mit dem Nominativ akzeptabel sind. Vielleicht ist das Muster noch komplizierter; denkbar ist nämlich, dass der Akkusativ im Nordschwedischen zwar das Pronomen als Gegenstand der Verbalhandlung kennzeichnet, aber dennoch den topischen Charakter des Pronomens nicht ändert. Erst der sonst topisch unmarkierte Nominativ vermag, eben weil er den einzigen vorhandenen morphologischen Kontrast bildet, die Verbindung zwischen den Bedeutungselementen 'syntaktisches Objekt der Verbalhandlung' bzw. 'syntaktisches Objekt der Präposition'

---

15. Knudsen 1967a I S. 58.

und 'nicht-topisch' zum Ausdruck zu bringen. Der einzige vorhandene formale Unterschied muss dann alle semantischen Unterschiede auf sich nehmen, auch wenn die Formenwelt dadurch stark überladen wird.

8.3. Die Mundart in Västra Nyland (Finnland)[16]

Es mag verwunderlich sein, dass gerade eine Mundart im schwedischsprachigen Teil von Finnland ein Beispiel für syntaktische Kasusneutralisation aufweist. Nichtsdestoweniger ist das eben für die Mundart von Västra Nyland der Fall. Die Syntax dieses Dialektes wurde in den Jahren von 1928 bis 1939 von Gudrun Lundström[17] untersucht, eine Arbeit, die sie als Habilschrift der Universität Helsingfors vorgelegt hat. Es muss eine unbeantwortete Frage bleiben, ob andere Mundarten des Schwedischen einst ähnlich weitverbreitete Neutralisationsphänomene aufgewiesen haben; zumindest war Nils Jörgensen 1970 nichts bekannt.

8.3.1. Zur Stellung des Dialekts von Västra Nyland innerhalb des Finnlandschwedischen

Im Allgemeinen werden die finnlandschwedischen Mundarten als sehr konservativ beschrieben;[18] ein Urteil, das sich hauptsächlich auf lautgeschichtliche Verhältnisse und gewisse Aspekte des Wortschatzes stützen kann, denn was die Morphologie und die Syntax (so weit sie beschrieben worden ist) sowie auch die vielen Neubildungen und durch das Finnische bewirkten semantischen Umbildungen betrifft, sind die Innovationen recht auffällig.[19] Schwedisch als Muttersprache gibt es – und gab es seit eh und je – nur in den Küstengebieten Finnlands; noch heute ist umstritten, inwiefern die schwedischsprechende Bevölkerung im Mittelalter zur Gänze eingewandert ist oder ob eine – aller Wahrscheinlichkeit nach sehr kleine – germanischsprachige Bevölkerung schon immer im Küstengebiet ansässig war.[20]

16. Der Abschnitt über die Mundart von Västra Nyland ist eine erweiterte Fassung von Jørgensen 1994.
17. Gudrun Lundström (1902-1967) war seit 1928 Lehrerin für Schwedisch (bis 1941) und Deutsch an der Mittelschule in Karis. Sie war anscheinend sonst nicht als Forscherin tätig; zumindest ist uns nichts bekannt.
18. Ahlbäck 1956 S. 5 u. 61ff; Wessen 8. Ausg. 1967 S. 45.
19. Ahlbäck 1956 S. 12, 64ff.
20. Verschiedene Ansichten zu diesem Problem werden in Huldén 1987 vertreten. Dass in der Eisenzeit Germanen in Finnland ansässig waren, scheint unumstritten; vgl. auch Jutikkala 1992, bes. S. 15-20, und Häkkinen 1992, bes. S. 64-69. Fraglich ist vielmehr, ob diese Bevölkerung Anfang des Mittelalters noch existierte.

Der Zusammenhang der finnlandschwedischen Mundarten mit den heutigen reichsschwedischen Dialekten zeigt ein sehr komplexes Bild. Es galt früher als gesicherte Wahrheit, dass die finnlandschwedische Bevölkerung aus Mittelschweden, insbesondere aus Hälsingland, eingewandert war; aber schon lange wird darauf hingewiesen, dass die finnlandschwedischen Mundarten auch mit den nordschwedischen Ähnlichkeiten aufweisen.[21] Gewisse auffällige Ähnlichkeiten wie die Verbreitung des neutralen Pronomens *he* durch Nordschweden und Finnland sind in der Tat gemeinsame Reliktformen;[22] dagegen dürfte die auffällige Verwendung der bestimmten Form in Verbindung mit diskursiv unbestimmten Massenbegriffen ("Vill du ha öringen?" [Möchtest Du Forelle?]) eine gemeinsame Innovation sein.[23] Durch den gesamten nordskandinavischen Raum von Norwegen bis Karelien findet man die Möglichkeit, die Reihenfolge von Possessivpronomen und Substantiv zu vertauschen und dadurch semantische Unterschiede zu signalisieren.[24] Solche Zusammenhänge machen das Gesamtbild sehr komplex.

Die schwedischen Mundarten in Finnland sind deutlich so gegliedert, dass die Ålandsinseln, die ja eine Art Landbrücke nach Schweden bilden, das wichtigste Innovationsgebiet ausmachen. Von dort aus verbreiten sich viele Innovationen über die benachbarten Gebiete. Je weiter weg von den Ålandsinseln, um so stärker tritt der konservative Charakter zutage.[25]

Wir besprechen in diesem Zusammenhang nur die genuinen Mundarten, nicht die normierte finnlandschwedische Sprache, so wie sie bei Bergroth 1917, 2. Ausg. 1928 festgelegt wurde. Daher wird auch auf eine genauere Charakterisierung des Finnlandschwedischen im Allgemeinen verzichtet, eben weil die bodenständigen Mundarten nicht immer mit der Normierung konform gehen. Nehmen wir zwei häufig angeführte Hauptmerkmale des Finnlandschwedischen, wie z.B. die Aussprache der Hinterzungenvokalphoneme oder den fehlenden Gegensatz zwischen den Akut- und Grav-Akzent, so zeigt sich, dass die Mundarten nicht immer übereinstimmen. Besonders die Mundart von Västra Nyland ist in dieser Hinsicht viel "schwedischer" als die genormte Sprache; z.B. hat Selenius 1972 durch ein experimentalphonetisches Verfahren nachgewiesen, dass der Gegensatz zwischen den Akzenten in der Tat vorhanden ist. Die Entwicklung des alten /u/-Phonems zum Mittelzungenvokal hat auch

---

21. Siehe die Zusammenfassung der Debatte am Anfang des vorigen Jahrhunderts bei Thors 1981 S. 41.
22. Reinhammar 1975 S. 184f.
23. Holm 1987 S. 134; Jörgensen 1970 S. 24 u. 35.
24. Jörgensen 1970 S. 44f; Lundström 1939 S. 61.
25. Ahlbäck 1956 S. 5 u. 61f; Harling-Kranck 1981 S. 78f.

teilweise in der Mundart von Västra Nyland Fuß gefasst. Dass gerade dieses Gebiet an der Küste zwischen den beiden großen Städten Turku/Åbo und Helsinki/Helsingfors einen viel lebendigeren Verkehr mit der Umwelt gehabt hat, liegt auf der Hand.

8.3.2. Die syntaktische Neutralisation in Västra Nyland

Gudrun Lundströms Untersuchung der nyländischen Mundarten in Bezug auf die Syntax ist eine ziemlich allein dastehende Arbeit. Sie erschien 1939 und baut auf Feldarbeiten, die ab 1928 ausgeführt wurden, auf; bei diesen Feldarbeiten wurden hauptsächlich ältere Sprecher berücksichtigt.[26] Es gibt keine vergleichbare Untersuchung, und die Angaben im Buch müssen daher sowohl in methodologischer als auch in empirischer Hinsicht kritisch bewertet werden. Die sonstige ältere Literatur zum västra-nyländischen Dialekt erwähnt das Phänomen nicht, was allerdings beim üblichen Aufbau einer Mundartuntersuchung nicht verwundern darf. Die Syntax wird in solchen Arbeiten normalerweise ausgeklammert, und auch die Darstellung der Morphologie ist meistens sehr knapp gehalten. Erst Nyholm 1986 bestätigt die Existenz wenigstens einiger der Neutralisationskonstruktionen.

Um zu zeigen, dass das Phänomen der Kasusneutralisation bzw. Kasusinkongruenz wirklich eine gewisse Basis hat bzw. gehabt hat, wurden zwei Methoden angewendet. Die eine ist die Exzerpierung von mundartlichen Quellen. Es gibt Volkssagenaufzeichnungen aus dem vorigen Jahrhundert sowie auch etliche Erinnerungen und andere Aufzeichnungen, in denen vereinzelt konkrete Äußerungen in der Mundart festgehalten werden, wenn sie nicht direkt in einer mehr oder weniger angepassten Form des Dialekts abgefasst worden sind. Svenska Litteratursällskapet in Helsingfors hat einige transskribierte Tonbandaufnahmen in ihrem Archiv; diese wurden auch exzerpiert, allerdings mit relativ mageren Ergebnissen. Es wurde unter den Exzerpten kein Beispiel gefunden, das die Verwendung der obliquen Kasusformen gemäß der Neutralisations- und Inkongruenzregeln bestätigt, zumindest nicht in der Weise, wie diese Regeln für das Dänische beschrieben wurden; hingegen war regelmäßig ein Kasusgebrauch zu beobachten, der dem Hochschwedischen entspricht. Dass das nicht als Beweis gegen Lundström gelten kann, versteht sich von selbst. Es gibt genug Anlässe für einen Aufzeichner, gerade solche Beispiele auszumerzen. Auch wenn eine gewisse mundartliche Fassung festgehalten

---

26. Lundström 1939 S. 3 gibt das Alter der Informanten mit "60-102 år" an. Unklar bleibt hier, ob hier vom Anfang ihrer Feldarbeit 1928 (ebd.) oder vom Erscheinungszeitpunkt des Buches an gerechnet wird.

wurde, haben die Herausgeber der Verständlichkeit wegen häufig gerade die Formen geändert. Was die Tonbandaufnahmen betrifft, ist es sehr wohl möglich, dass einschlägige Äußerungen bei der Aufzeichnung gar nicht festgehalten wurden. Man kann endlose Reihen untersuchen, ohne jemals ein ordentliches Beispiel zu finden. Der Grund liegt auf der Hand: die einschlägigen Konstruktionen (vgl. unten) kommen gar nicht vor. Dialektinterviews befassen sich oft mit Realia: wie die Häuser eingerichtet waren, welche Gebräuche damals geläufig waren usw. Pronomina kommen sehr selten vor; meistens nur die 1. und 3. Person und das indefinite *man*. Es kann u.U. sogar schwierig sein, die richtigen Formen der 3. Person nachzuweisen, wenn der Sprecher statt *han/hón/he den/det* (und. evt. *he* als allgemeine Nebenform) benutzt.

Ergiebig sind dagegen Interviews, in welchen der Sprecher über sich selbst berichtet und dabei z.B. Anekdoten erzählt, Äußerungen in direkter Rede wiedergibt, usw. Leider kann man auch in solchen – nicht allzu häufigen – Interviews keine massive Fülle von Beispielen nachweisen. Hier – bloß um die Probleme klarzumachen – ein typisches Beispiel (der Sprecher ist 1878 geboren und dürfte somit der ersten Generation nach Lundströms Gewährsleuten angehören):

(64)   ... de va *hann* såmm ja ta:lt åmm såmm va: tri: å:r nä:r hann kåmm ti ska-
         tahålm (SLS 1543)
         '... er war es, den ich erwähnt habe, der drei Jahre alt war, als er nach
         Skataholm kam'

Die Verwendung des Nominativs hier entspricht einerseits nicht der reichsschwedischen Normierung, vgl. Abschn. 8.1. oben, es sei denn, dass erst der zweite Relativsatz den Kasus regiert(!). Andererseits: In nur einem anderen Fall ergibt sich innerhalb des Textes die Möglichkeit zu sehen, wie die 3. Pers. Sing. mask. aussehen würde; hier kommt ein enklitisches *'ann* vor. Eine Interpretation ist unter diesen Umständen nicht möglich. Die Exzerpierung trägt insofern wenig zur Klärung des Problems bei.

Da die Exzerpierungsarbeit so wenig ergiebig war, wurde auch eine zweite Methode zur Überprüfung von Lundströms Angaben eingesetzt. Der Verfasser dieser Zeilen hat im Sommer 1994 zwei Interviews mit älteren Sprechern, sowie eine Anzahl Informantenbefragungen durchgeführt. Keiner der beiden Sprecher benutzte selbst die Kasusneutralisation; nur die (morphologischen) Neutralformen *(h)an* und *(h)on* (vgl. unten!) kamen sporadisch vor. Dagegen äußerten sie sich häufig positiv zu einer Auswahl von Beispielen aus Lundströms Darstellung, die um einige zum Zweck der Untersuchung konstruierte Beispiele erweitert wurde, die die Analogie mit dem Dänischen abgrenzen soll-

ten. Die Probanden waren bei vielen, aber keineswegs allen, Beispielen überzeugt, dass sie in der Generation vor ihnen hätten vorkommen können. Zum
Teil erinnerten sie sich an wörtliche Zitate älterer Leute, die den Beispielen von
Lundström entsprachen.

Außer den beiden alten Mundartsprechern wurden 4 akademisch ausgebildete Personen aus der gleichen Generation sowie 2 jüngere Akademiker und
eine 15-jährige Gymnasiastin befragt. Sie haben alle eine sehr enge Beziehung
zu Västra Nyland, sind meistens auch dort aufgewachsen oder haben familiäre
Beziehungen dorthin. Sie wurden explizit nicht zum eigenen Sprachgebrauch
befragt, sondern zur Wahrscheinlichkeit des Vorkommens der Beispiele, so wie
sie die Mundart kennen, bzw. gekannt haben. Ihre Meinungen können natürlich nicht unkritisch hingenommen werden, aber im Prinzip war die Grundlage der Befragung nicht viel anders als bei den genuinen Dialektsprechern, da
in dieser ersten Gruppe die Neutralisationsphänomene ja auch nicht mehr lebendig waren. Es ist deutlich, dass die ältere Gruppe weit mehr Beispiele anerkannte als die jüngere. Die Gymnasiastin anerkannte nur mehr eine Kasusverwendung, die mit der hochsprachlichen Normierung konform ging, während
die beiden jüngeren Informantinnen an einigen Punkten sehr uneinig waren.
Die Ergebnisse dieser Befragung werden unten bei der Analyse von Lundströms Beispielen mitgeteilt.

Das morphologische Inventar der Mundart haben wir schon im Kap. 6,
Abschn. 6.2., Tabelle 6.7. aufgestellt. In den Texten ab der Mitte dieses Jahrhunderts kommt auch regelmäßig *den* (genus commune) vor, auch auf Personen bezogen, was als Interferenz der Hochsprache gewertet werden muss.[27]

Hier sind die synkretistischen Kasusformen für 3. Pers. sing. mask. bzw.
fem. *han (an)* und *un (hu)* wichtig. Den gleichen Synkretismus findet man in
sehr vielen norwegischen und den meisten nordschwedischen Mundarten.[28]
Gudrun Lundström hat für das Nyländische den Synkretismus bemerkt, sie
nimmt aber an, dass es sich um ein syntaktisches Phänomen handelt,[29] was
nicht ganz der Situation entsprechen dürfte. Die Volkssagenaufzeichnungen
aus Västra Nyland kennen fast nur synkretistische Formen dieser Pronomina,[30] und im heutigen Sprachgebrauch sind nach eigenen Beobachtungen

---

27. So schon bei Lundström 1939 S. 56.
28. Vgl. Eklund 1982; Holmberg 1986; Jørgensen 1993.
29. Lundström 1939 S. 54f.
30. Im Sammelband *Nyland* Bd. 2/1887. Auch wenn solche Aufzeichnungen nicht immer
    zuverlässig sind, dürfen sehr deutliche Tendenzen (wie es hier der Fall ist) als klare Indizien gewertet werden. Obwohl eine statistische Untersuchung nicht durchgeführt
    wurde, lässt sich feststellen, dass die Neutralformen in der Sammlung die Hauptregel
    ausmachen.

Neutralformen der 3. Pers. sing. mask. und fem. (ähnlich den bei Lundström aufgezeichneten) bei den älteren, noch stark mundartlich geprägten Sprechern gar nicht selten. Gerade in einer Mundart, die die drei geschlechtsbezeichnenden Pronomina ohne Rücksicht auf den Unterschied 'belebt | unbelebt' benutzt hat, ist die Wahrscheinlichkeit groß, dass die gesamte 3. Person neutralisiert ist.

Rein syntaktisch dagegen ist die Tatsache, dass der Gebrauch des Nominativs in Funktionen als Nicht-Subjekt den nordschwedischen Verhältnissen entsprechend (vgl. Abschn. 8.2. oben) hier vorkommt. Zunächst zwei Beispiele mit der 3. Pers. sing. (die Orthographie ist Lundströms quasi-phonetische; etliche Sonderzeichen wurden vereinfacht und die Längenangaben durch ":" ersetzt):

(65)   O min pappa, som sö:p so, vi add ett sont kors me: **an**.
       'Und mein Vater, der so trunksüchtig war, wir hatten solche Probleme
       mit ihm [N/O].'
(66)   Alla add dom vari o gro:tt so efter ωn.
       'Alle kamen sie und weinten ihr [N] heftig nach.'

– dann zwei Beispiele mit anderen Pronominalformen:

(67)   Je: ot **ja:g** de där
       'Gib mir [N] das da'
(68)   Hon var it me **vi:** den da:gen
       'Sie war den ganzen Tag über nicht bei uns [N]'
       (vgl. Lundström 1939 S. 55)

Es ist in diesen Fällen fraglich, ob wir es hier mit einem regelrechten syntaktischen Phänomen zu tun haben oder ob die Beispiele auf andere Weise zu erklären sind. Unserer Auffassung nach ist das Verhältnis bei der 3. Pers. sing. mask. u. fem. sicherlich ein morphologischer Synkretismus, weil die beiden synkretistischen Formen unter den verschiedensten Verhältnissen vorkommen können. Nur in prädikativischer Funktion gibt es Andeutungen, die es wahrscheinlich machen, dass der Synkretismus nicht völlig durchgeführt ist, vgl. unten zur Konstruktion B3. Nichtsdestoweniger ist es sinnvoll, ständig mit Synkretismen zu rechnen, damit die Beispiele nicht mehr beweisen müssen, als sie wirklich hergeben.

Dagegen scheint es sich nach unserer Untersuchung des Nordschwedischen so zu verhalten, dass die synkretistischen Formen in den anderen Personen vorgezogen werden, wenn das Pronomen besonders hervorgehoben wird, m.a.W. wenn eine kontrastive Betonung vorhanden ist.[31] Da Lundströms Beispiele alle deutlich betont sind (der Vokal wird in allen Fällen als lang angegeben), spricht nichts gegen diese Interpretation. Allerdings gibt es nur vier davon, weswegen die empirische Grundlage als etwas mager bewertet werden muss. Bei der Untersuchung vor Ort im Sommer 1994 wurden entsprechende Beispiele von den Befragten kaum anerkannt, besonders nicht, wenn sie unbetont waren. Sie wurden von einer pensionierten Lehrerin als "Kindersprache" eingestuft. Am ehesten waren sie akzeptabel, wenn sie betont waren, was natürlich eine Interpretation in Analogie zu den nordschwedischen Beispielen unterstützt. Keiner der Informanten meinte aber, dass solche Beispiele zu seinem Sprachgebrauch gehören; fast keiner äußerte die Ansicht, dass ältere Generationen solche Beispiele hätten benutzen können, und da auch kein Beispiel in den Tonbandaufnahmen zu finden war, kann nichts Sicheres gesagt werden, bis neue Belege vorgelegt werden können.

Es gibt aber auch die umgekehrte Situation im Västra-Nyländischen; u.U. ersetzt die oblique Form den Nominativ auf einer Art und Weise, die mit den Verhältnissen im Dänischen deutlich verwandt ist. Hier folgt eine Aufgliederung der Beispiele in Übereinstimmung mit der allgemeinen Übersicht in Kap. 5:

Konstruktion B1: als Subjekt in einem Satzknoten

Den Satzknoten gibt es im Westnyländischen, aber das einzige Beispiel bei Lundström gibt keine Auskunft über die Kasusverhältnisse:

(69) I juːni moːnan veːt ja an kommer. (Lundström 1939 S. 200)
      'Ich weiß, dass er im Juni kommt.'

Eine weitere Durchsicht hat auch hier kein brauchbares Beispiel erbracht. Die Konstruktion an sich wird von allen Informanten als völlig idiomatisch anerkannt, aber die (konstruierten) Beispiele mit Pronomina in der obliquen Form im Vorfeld, dänischen Mustern entsprechend, stoßen bei allen Informantengruppen auf Ablehnung. Ein Dialektsprecher ist doch nicht ganz abgeneigt, Beispiele wie dieses anzuerkennen:

(70) **Dej** vet jag får inte stanna hos oss (konstruiert)
      'Ich weiß, dass du bei uns nicht wohnen darfst'

31. Vgl. oben Abschn. 8.2.

Da er die Mundart in fast klassischer Form spricht, und da es keinen Grund dazu gibt zu bezweifeln, dass er den Sinn und Zweck der Untersuchung voll verstanden hat, kann nicht ganz ausgeschlossen werden, dass diese Konstruktion dem Dänischen entsprechend in Västra Nyland einmal vorhanden war. Wesentlich ist, dass ein analoger Kasusgebrauch in der Mundart von Närpes vorhanden war, vgl. unten. Beweise gibt es aber keine.

Konstruktion B2: Subjekt in einer Ellipse

Lundström bietet kein Beispiel dafür. Die Antworten zu den Befragungen waren sehr zögernd und klangen nicht überzeugend. Auch ein Beispiel wie dieses fand wenig Anklang:

(71)   Vem är det? – **Mej**!
       'Wer ist da? – Ich [O]!'

Hier ist es ja sogar so, dass die Antwort nicht notwendigerweise als elliptisches Subjekt verstanden werden muss; eine Interpretation als Subjektsprädikativ (das regelmäßig in der obliquen Form steht, vgl. unten Konstruktion B3) ist ebenfalls möglich. Trotzdem wird das Beispiel kaum als mit der Mundart konform anerkannt.

Konstruktion B3: Als Prädikativ zum Subjekt

(72)   Ä dc **dej**, vo:r I:da, E:vals mω:ra? (Lundström 1939 S. 55)
       'Bist du es, unsere Ida, Evalds Mutter?'
(73)   An (katten) trω:dd väl, att det var **henna** (matmodern), o so ga: an se i ʃakk med ωn. (Lundström 1939 S. 57)
       'Die Katze [mask.] glaubte wohl, dass es sie [O] wäre, und ließ sich mit ihr [O] ein.'

Alle derartigen Beispiele in Lundströms Buch, einschließlich solcher, die mit einem Relativsatz verbunden sind (vgl. unten Konstruktion B8a), haben mit einer Ausnahme die oblique Form, auch wenn die Neutralisation, wie bei *han* und *hun*, sonst die Regel ist. Die Ausnahme betrifft ein Beispiel mit der 1. Pers. sing.:

(74)   … men den, som int föld me:, de var **ja**. (Lundström 1939 S. 126)
       '… wer aber nicht mitgekommen ist, das bin ich [N]'

Dieses Beispiel entspricht der schwedischen Normsprache und könnte daher als hochsprachliche Interferenz aufgefasst werden.

Keine anderen Quellen zur Mundart halten solche Beispiele fest; wenn diese Konstruktion hier vorkommt, entspricht der Kasusgebrauch ausnahmslos der schwedischen Normsprache. Bei den Informantenbefragungen anerkannten die meisten, jedoch nicht alle Informanten, Konstruktionen wie "Är det dej, Oskar?". Einer von zwei genuinen Dialektsprechern anerkannte z.B. diese Konstruktion nicht, während alle älteren Personen und eine jüngere sie kannten. In Anbetracht eines solchen Ergebnisses sollte die Beschreibung bei Lundström als gesichert gelten können.

Konstruktion B4: Syntaktisches Subjekt in einer Existenzkonstruktion

Das syntaktische Subjekt in einer Existenzkonstruktion ist (wie schon im Abschn. 8.1. erwähnt) im Schwedischen (und im Norwegischen) homonym mit der Prädikativkonstruktion oder es wird mit dem Verb *finnas* konstruiert, d.h. als Passivsubjekt, weswegen eine Analogie kaum zu ziehen ist. Es wurde kein relevantes Beispiel gefunden; die Konstruktion wurde bei den Informantenbefragungen auch nicht berücksichtigt.

Konstruktion B5: Betonende Rechtskopierung vom Subjekt

Diese Konstruktion ist vor allem aus der norwegischen Umgangssprache bekannt, aber sie ist auch im Schwedischen möglich, allerdings in beiden Sprachen meist mit Kasuskongruenz. Sie kommt nur sehr marginal vor; dafür gibt es im Dänischen regelmäßig die – sozusagen – spiegelverkehrte Konstruktion, bei welcher ein Pronomen im Satzzusammenhang durch ein rechts angehängtes Substantiv ergänzt wird. Das Interessante ist, dass diese Konstruktion zwar auch von Lundström (S. 56) mit dem Vermerk erwähnt wird, dass hier der Gebrauch der obliquen Form statt des Nominativs üblich wäre; wenn man jedoch ihre Beispiele anderswo im Buch untersucht, ist die Fülle von Beispielen mit der "korrekten" Kongruenz überwältigend. Zunächst ein paar Beispiele mit einer obliquen Form:

(75)   Tω ä tω:koger, **dej**.
       'Du bist wahnsinnig, du [O].'
(76)   Nu lä:r ωn a vari so vilder, **henna**.
       'Nun soll sie so wild gewesen sein, sie [O].' (Nun soll die da so wild gewesen sein)
(77)   Dω most ωgg o: an li:te ot me, **dej**, Valter.

'Du musst ein bisschen davon für mich hauen, du [O] Valter.'
(vgl. Lundström 1939 S. 56)

Dann einige Normalfälle mit dem Nominativ, die in Bezug auf mögliche Synkretismen sicher sind:

(78) Ja läter an komma, **ja**. (Lundström 1939 S. 120)
      'Ich lasse ihn kommen, ich [N].' (Ich lasse ihn da kommen)
(79) Vi va o spro:ka li:te, **vi:**. (Lundström 1939 S. 131)
      'Wir haben ein bißchen miteinander geredet, wir [N].' (Wir haben ein
      bisschen miteinander geredet, haben wir)
(80) Ja a vari so fast me hu:vω, **ja**. (Lundström 1939 S. 139)
      'Ich habe so viel zu tun gehabt, ich [N].' (Ich habe so viel zu tun gehabt)

– und letzten Endes nach dem Motto "Doppelt hält besser":

(81) Dω kom ti E:knäs, **dω dej**, i da. (Lundström 1939 S. 56)
      'Du kamst nach Ekenäs, du [N] dich [O], heute.' (Du – du kamst heute
      nach Ekenäs)

Bei den Befragungen wurden entsprechende Beispiele vorgelegt; sowohl Beispiele mit einer obliquen Form als auch mit dem Nominativ wurden ausnahmslos angenommen. Auch das seltsam anmutende Beispiel mit "du dej" war spontan einigen bekannt, sogar als Sprichwort:

(82) "Du dej" sa karisbon.
      '"Du dej" sagte der Mann von Karis.'

Andere kannten es freilich nicht, aber an der Existenz solcher Beispiele an sich kann nicht gezweifelt werden. Auch Nyholm kann nachweisen, dass gerade die Verbindung "du dej" recht geläufig sein muss,[32] auch wenn er selbst meint, dass er – obwohl selber Einwohner des Dialektgebiets – die Konstruktion nie selbst in spontaner Rede gehört hat. Da die Konstellation nur für die 2. Pers. sing. belegt ist und offensichtlich nur innerhalb Västra Nylands lokale Verbreitung hatte, ist sie fast mit Sicherheit kein Ergebnis eines produktiven Sprachgebrauchs, sondern eher eine Art Idiom.[33]

---

32. 1986 S. 210f; eine Untersuchung, die wir bedauerlicherweise erst nach den Befragungen
     kennengelernt haben.

Die Konstruktion B5 ist interessant, weil sie offensichtlich viel resistenter gegen den Trend in Richtung der obliquen Form ist. Wenn auch die Einwohner von Västra Nyland in sehr großem Umfang die Kasuskongruenz abgebaut haben, sieht man an dieser Konstruktion deutlich, dass es sich in dieser Mundart um ein syntaktisches Phänomen handelt. Die hier behandelten Konstruktionen, in welchen pronominale Formen, die mit dem Subjekt koreferent (mit gleichem Bezug) sind, isoliert vom Satzzusammenhang auftreten, werden deutlich verschieden behandelt, obwohl sie an und für sich analog sind.

Konstruktion B6: Vergleiche

(83)   Ja:, an ä li:ka gamal som **mej**.
       'Ja, er ist eben so alt wie ich [O].'
(84)   Ja ä länger som **dej**.
       'Ich bin größer als du [O].'
(85)   Nω ä Gre:ta större som **henna**.
       'Jetzt ist Greta größer als sie [O].'
       (vgl. Lundström 1939 S. 56)

Lundström führt selbst an (S. 56), dass die oblique Form der Normalfall ist. Hier gibt es *ein* Gegenbeispiel in ihrem Material:

(86)   Ja ä ri:kari som **ni:**. (Lundström 1939 S. 43)
       'Ich bin reicher als ihr [N].'

Mit Ausnahme der Gymnasiastin waren solche Beispiele allen Probanden sehr vertraut, und sie wurden als sehr typisch für die Mundart der ältesten Generation gewertet. Wir können also feststellen, dass Lundströms Beschreibung der Mundart hier absolut einwandfrei ist.

Konstruktion B7: In parataktischer Verbindung

Lundström äußert sich zu diesem Fall nicht explizit; Beispiele für diese Konstruktion kommen nichtsdestoweniger in ihrem Buch häufig vor und zeigen normalerweise eine starke Vermischung der Kasus:

33. Es dürfte kein Zufall sein, dass gerade die Einwohner von Karis hier durch das Sprichwort an den Pranger gestellt werden. Die umliegenden Dörfer schieben den Einwohnern von Karis alle sprachliche Sonderheiten der Mundart zu, auch wenn sie im ganzen Gebiet verbreitet sind, vgl. Selenius 1974 S. 205.

(87)   Ja ä so jä:vlit bikanter me-ddom, bodi **an o enna**.
       'Ich kenne die beiden verdammt gut, sowohl ihn [N/O] als auch sie [O].'
(88)   Dom add komi övere:ns sä:kert, **Linde:n o honon**.
       'Sie hatten sich sicherlich geeinigt, Lindén und er [O].'
(89)   Dom va i mitt i si:stes, **kantorn o an**.
       'Sie waren neulich bei mir, der Kantor und er [N/O].'
       (vgl. Lundström 1939 S. 211)

Wir sehen hier neben den mutmaßlich neutralen Formen die deutlich obliquen
Formen der 3. Person in Verwendung. Das trifft in gleicher Weise auf die 1. Person zu:

(90)   **Hanses mamma o vi:**, vi va myki övere:nskomande, vi:.
       'Seine Mutter und wir [N], wir waren uns immer einig, wir [N].'
(91)   O alla mornar skω **syster min o mej** ti kolaskω:jin.
       'Und jeden Morgen sollten meine Schwester und ich [O] zum Meiler-
       wald [gehen].'
(92)   Vi va så gω: vännar, **Siggavärdinnan o me**.
       'Wir waren so gute Freunde, die Frau von Sigga und ich [O].'
       (vgl. Lundström 1939 S. 61 u. 192)

Die Mundart kann aber auch mit den konventionellen Kongruenzregeln konform gehen:

(93)   Vi va e:n older, **ω:n o ja**. (Lundström 1939 S. 50)
       'Wir waren gleich alt, sie [N] und ich [N].'

Die Befragungen zu diesem Punkt erbrachten sehr uneinheitliche Ergebnisse.
Die Dialektsprecher bezeichnen (90) und (92) als authentisch; (91) wird dagegen von einem abgelehnt, während der andere den Satz nur mit Zweifel
anerkennt. Die älteren nicht-dialektsprechenden Befragten neigen in die gleiche Richtung: auch hier finden (90) und (92) Anklang, während (91) von
zweien als gängig eingestuft und von zweien als zweifelhaft bezeichnet wird.
Die jüngeren Befragten halten alle drei Beispiele für möglich, während die
Gymnasiastin ohne Zögern die beiden ablehnt, die mit der Normsprache nicht
konform gehen, nämlich (91) und (92).
      Eine wahrscheinliche Interpretation ist, dass der Dialekt von Västra Nyland
– noch deutlicher als im gesprochenen Dänischen – keine absolute Regel für
koordinierte Glieder hatte. Wenn die Verwendung der obliquen Formen in der
Koordination von der Funktion des koordinierten Gliedes zumindest beein-

flusst, wenn nicht gleich geregelt wurde, könnte man die oben angeführten Sätze so verstehen, dass oblique Formen in einer direkten Subjektposition (wie 91) weniger wahrscheinlich sind. In der Funktion als betonende Rechtskopierung (wie 92), wo die oblique Form gängig ist, vgl. Konstruktion B5, wird die Verwendung der obliquen Form dann naheliegender. Es muss allerdings gesagt werden, dass eine solche Theorie nur anhand eines größeren authentischen Korpus von Beispielen überprüft werden könnte; hier reichen die wenigen Beispiele bei Lundström nicht aus, und Befragungen von Informanten noch weniger. Ob es aber jemals gelingen wird, ein solches Korpus zusammenzustellen, ist leider äußerst zweifelhaft.

Konstruktion B8: Das Pronomen als Kern einer Konstruktion
Konstruktion B8a: Mit einem Relativsatz

Auch hier nimmt Lundström nicht direkt Stellung; bei isoliertem Pronomen scheint die nominativische Kongruenz der Regelfall zu sein, wenn auch mit dem Vorbehalt, dass gerade bei der 3. Pers. sing, mask. Formen von *han* in obliquer Funktion viel häufiger als Formen wie *onon* sind; Beispiele wie diese lassen sich daher nicht eindeutig zuordnen:

(94) An e:tt Tennström, **an** som va ägare för Sɷnnsbacka. (Lundström 1939 S. 192)
      'Er hieß Tennström, er [N], der Besitzer von Sunnsbacka war.'
(95) **Han**, som skɷ begri:p se po de häran, han skɷ minst bɷ:dd va prɷfessor. (Lundström 1939 S. 70)
      'Er [N], der so etwas verstehen kann, sollte mindestens Professor werden.'

Wenn das Pronomen hingegen ein Prädikativ ausmacht, d.h. wenn wir eine Satzspaltung haben, ist die oblique Form offensichtlich üblich, auch dort, wo die Normsprache einen Nominativ fordert:

(96) Jɷ:, de va **henna**, som he:tt E:klundan
      'Ja, sie [O] war es, die Eklund hieß.' (Ja, *sie* hieß Eklund.)
(97) Ä de **e:r**, som ä dä:r på holmen o fiskar?
      'Seid ihr [O] es, die auf der Insel fischen?' (Habt *ihr* auf der Insel gefischt?)
      (vgl. Lundström 1939 S. 56)
(98) Det va **henna**, som sa: för me. (Lundström 1939 S. 157)
      'Sie [O] war es, die es mir gegenüber erwähnte.'

(99)   Ä de **e:r**, som ä dä:r på Dömban o bω:r?
       'Seid ihr [O] es, die auf Dömban wohnen?' (Wohnt *ihr* auf Dömban?)
(100) De ä **dej**, som ska slo:.
       '*Du* sollst schlagen.'
       (vgl. Lundström 1939 S. 56)

Die regelmäßige Verwendung einer eindeutig obliquen Form wie *henna* in (96) und (98) deutet an, dass Ansätze zu einer stabilen syntaktischen Funktion der beiden Kasusformen doch vorhanden sind.

Auch hier haben die gedruckten mundartlichen Texte sehr wenig ergeben. Bei den Informantenbefragungen gingen die Meinungen stark auseinander. Meistens waren sich die Dialektsprecher über die Beispiele uneinig. Interessanterweise waren auch Beispiele, die der Normsprache entsprechen, nicht über Zweifel erhaben. Die Folgerung muss dahingehend lauten, dass das Pronomen vor einem Relativsatz sicherlich nicht obligatorisch die oblique Form hat; es gab höchstens eine gewisse Neigung.

Konstruktion B8b: Mit einem Adverb oder einer nachgestellten Präpositionalverbindung

Für diese beiden Konstruktionen gibt bei Lundström keine Beispiele. Bei der Befragung wurden zwei verschiedene mögliche Ausformungen solcher Sätze untersucht; einerseits Beispiele, bei denen die Konstruktion direkt in der Subjektposition vorkommt, andererseits solche, bei denen die Konstruktion extraponiert links vorkommt:

(101) Oss på Domarebackan[34] har det rätt trevligt.
(102) Oss på Domarebackan, vi har det rätt trevligt.
       'Wir [O] am Domarebackan (wir [N]) haben es recht gemütlich.'
(103) Dej med dina talanger måste vara med.
(104) Dej med dina talanger, du måste vara med.
       'Du [O] mit deiner Begabung (du [N]) musst teilnehmen.'

(102), (103) und (104) wurden von den Dialektsprechern tatsächlich anerkannt; sie waren sich aber sehr uneinig über die anderen, ganz ähnlich gebauten Beispiele. Alle anderen Informanten verwarfen entweder die Beispiele oder aner-

---

34. *-backan* ist in der Tat die richtige Dialektform. In der Beispielsammlung stand wechselweise *-backen* und *-backan*; die erste Form wurde von fast allen Informanten außer der Gymnasiastin korrigiert.

kannten sie höchstens zögernd. Allerdings akzeptierten die älteren Befragten interessanterweise auch die Beispiele (103) und (104), wenn auch zögernd, und (104) wurde auch von den beiden jüngeren für möglich gehalten.

Nur *ein* (konstruiertes) Beispiel mit einem Adverb wurde getestet:

(105) **Dej där** får säga hur vi kommer dit.
　　　'Du da musst uns sagen, wie wir dahin gelangen.'

Hier sind alle Gruppen geteilter Meinung: Die eine Hälfte hält das Beispiel für möglich, die andere nicht.

Beispiele für diese Konstruktion mit einer obliquen Form in einer direkten Subjektposition müssen daher als sehr marginal eingeschätzt werden.

Konstruktion B8c: Mit einer Apposition danach

Es gibt zwei Varianten in dieser Gruppe: eine mit Appellativ und eine mit Proprium.

Lundström bietet kein Beispiel mit Appellativ. Zwei in Anlehnung an dänische Vorbilder konstruierte Beispiele wurden auf die gleiche Weise wie bei der Konstruktion mit Präpositionalverbindung getestet; solche Beispiele stossen meistens auf glatte Ablehnung. Die Beispiele sahen folgendermaßen aus:

(106) * Dej tokiger karl(, du) får inte stanna på krogen
　　　'Du [O] verrückte Person(, du [N]) darfst nicht im Wirtshaus wohnen'
(107) * Er snälla barn(, ni) ska få godis
　　　'Ihr [O] netten Kinder(, ihr [N]) werdet Bonbons bekommen'

Der eine Dialektsprecher lehnt die Beispiele vollkommen ab; der andere hält das eine, aber nicht das andere – und zwar in beiden syntaktischen Varianten, sowohl mit der Konstruktion in einer direkten Subjektposition als auch in Extraposition rechts – für möglich. Die befragten Nicht-Dialektsprechenden lehnen fast ohne Ausnahmen solche Beispiele ab.

Die Konstruktion mit einem Personennamen nach dem Pronomen ist aber bei Lundström nur einmal belegt; hier mit einem Nominativ:[35]

35. Das ist allerdings kein Wunder, da die syntaktische Verbindung von Personennamen und Pronomen kaum woanders als bei der 3. Pers. vorkommt und somit nur in Verbindung mit neutralisierten Pronomina. Auch wenn die Mundart von Västra Nyland gelegentlich die obliquen Formen der 3. Pers. sing. benutzt, vgl. oben Konstruktion B3 und B8a, kommen diese Formen kaum unbetont vor, und sind somit in dieser Konstruktion sehr unwahrscheinlich.

(108) **Han, Bärglωnd**, čö:fft en die:l i de där Krωokas čärre.
       'Er, der Bärglund, kaufte ziemlich viel am Krokas Kärr.'
       (vgl. Lundström 1939 S. 85)

Die nordschwedische Verwendung der Pronomina als eine Art Artikel bei Personennamen ist zwar bei Freudenthal für Nyland allgemein (aber eben nicht spezifisch für Västra Nyland) belegt,[36] kommt aber offensichtlich in Lundströms Epoche nicht mehr vor.[37] Die Konstruktion als solche wurde bei den Befragungen nicht getestet. Auch diese Konstruktion scheint in der Mundart kaum mehr möglich zu sein.

Erwähnenswert sind zwei Beispiele, in welchen die oblique Form der sonst neutralisierten 3. Pers. sing. fem. als Subjekt auftritt:

(109) Henna fωr u:t, när ωn va sju: o:r. (Lundström 1939 S. 56)
       'Sie [O] reise weg, als sie sieben Jahre alt war.'
(110) När de fatas mjölkare, far henna o mjölkar. (Lundström 1939 S. 169)
       'Wenn sie keine Melker haben, geht sie [O] melken.'

Solche Konstruktionen sind an und für sich im Dänischen, außer bei starker Kontrastbetonung, nicht möglich, was für das letzte Beispiel denkbar ist, kaum aber für das erste. Die aus dem Norwegischen bekannte Tatsache, dass (ursprünglich) oblique Formen enklitisch als Subjekte auftreten,[38] würde hier auch das zweite Beispiel erklären können, nicht jedoch das erste; es muss bei beiden Interpretationsmöglichkeiten rätselhaft bleiben. Die Möglichkeit, dass hier umgekehrte Formen vorliegen, die ja aufgrund des Synkretismus dem Nyländer naheliegen dürften, kann hier nicht ausgeschlossen werden.

Die Analogie zwischen der Mundart von Västra Nyland und dem gesprochenen Dänischen reicht, wie man sieht, sehr weit, obwohl viele Details nicht immer zusammenpassen. Zentral für das Verständnis der Situation ist, dass die Kasusrektion aus dem Nebensatz in Västra Nyland kaum eingehalten wird; da ein Großteil der tatsächlich vorkommenden Relativsätze, soweit beobachtet werden kann, das gemeinsame Glied als Subjekt hat, ist diese Veränderung der

---

36. Freudenthal 1870 S. 85 u. 102.
37. Belegt ist allerdings eine verwandte Konstruktion, bei der ein Familienname, wenn die erwähnte Person schon bekannt ist, in der bestimmten Form vorkommen kann, vgl. oben "Eklundan". Diese Konstruktion kommt auch in vielen schriftlichen Quellen in der Mundart aus der Mitte dieses Jahrhunderts vor und ist womöglich noch bei den ältesten Sprechern vorhanden.
38. Papazian 1978a S. 266.

Oberflächengrammatik sehr deutlich zu sehen. Sie entsteht nicht so leicht durch einfache Verwechslung der Formen. Ferner ist es wichtig, dass die typischen, im Dänischen normierten Neutralisationspositionen, vor allem B3, auch in Västra Nyland vorkommen. Ganz eindeutig ist auch die Auflösung der Kasusrektion in der Parataxe (B7).

Die heikle Frage, warum gerade Västra Nyland diese Entwicklung gemacht hat, lässt sich nicht in dieser Arbeit beantworten. Obwohl das südwestliche Finnland sicherlich den am wenigsten isolierten Teil des Landes darstellt, mutet es unwahrscheinlich an, dass gerade dieser Teil des schwedischsprachigen Gebiets nur aufgrund von Sprachkontakten, die sich wohl in den meisten anderen Teilen Schwedens ebenfalls angeboten hätten, die Entwicklung im Alleingang vollzogen haben soll. Da die Mundart auch sonst ganz gut in die nordskandinavischen Dialektmuster passt, ist die Antwort auf die Frage nach den Beweggründen äußerst unklar.

8.3.3. Zu den sonstigen finnlandschwedischen Mundarten, besonders der von Närpes

Schwankungen im Gebrauch der Kasus sind laut Lundström 1939 in Östra Nyland überhaupt nicht vorhanden. Eine Stichprobe aus Åboland[39] weist auch keine Beispiele für Inkongruenz auf, obwohl darin die einschlägigen Konstruktionen reichlich vertreten sind.

Dagegen kann man in Närpes einige Ähnlichkeiten finden. Die Informationen in Ann-Marie Ivars' Buch über die Mundart in den 80er Jahren[40] konnten wir noch dank Fr. Ivars' entgegenkommender Hilfe um Übersetzungen der Musterbeispiele aus der Untersuchung in Västra Nyland in die Närpesmundart ergänzen. Die Beispiele ohne Quellenangaben sind im folgenden Text alle solche Musterbeispiele.

Das Paradigma der Personalpronomina in Närpes ist vom üblichen nordskandinavischen Typus: ein Unterschied 'Nominativ | casus obliquus' ist in der 1. und 2. Pers. sing. und plur. vorhanden; die 3. Pers. ist völlig neutralisiert, mit Ausnahme von fem. sing., wo *henar* als (betonte) Alternativform zu *hon* belegt ist.[41] Pörtom und Töjby im Norden des Dialektgebiets haben in der 3. Pers. unterschiedliche unbetonte Pluralformen (aber betont gibt es nur eine Form, *täij*) für beide Kasus;[42] in den anderen Teilen ist, was die 3. Pers. plur. betrifft,

---

39. Exzerpiert wurde SLS 1161a.
40. Ivars 1988 S. 171-3.
41. Ivars 1988 S. 166.
42. Ivars 1988 S. 170; vgl. auch die Angaben bei Freudenthal 1878 S. 144f.

eine sehr komplizierte semantische Norm mit mehreren verschiedenen Formen zu beobachten, die aber in der Praxis keine Kasusunterschiede darstellt.[43]
    Interessanterweise ist die Konstruktion B1 – das Subjekt im Satzknoten –
eine von den Konstruktionen, in der die oblique Form in Erscheinung tritt:

(111) **Mie:g** tro:r an itt kan sloå: sko:lboånen.
       'Von mir glaubt er nicht, dass ich die Schulkinder schlagen kann.'
       (Wörtlich: "Ich [O] glaubt er nicht kann die Schulkinder schlagen")
(112) **Tie:g** väit ja foå:r itt lömn nie:r oå:s
       'Von dir weiß ich, dass du nicht bei uns bleiben darfst'

Die Konstruktionen B2 (Subjekt in einer Ellipse) und die homonymen B3 und
B4 (Prädikativ des Subjekts bzw. Existenzsubjekt) haben alle einen normalen
Nominativ. Die betonende Rechtskopierung (Konstruktion B5) kommt auch
hier vor; sie weist wie häufig in Västra Nyland strikte Kongruenz auf:

(113) no: väit tu kva on häitar **tu**
       'Jetzt weißt du, wie sie heißt, du'
(114) itt väit ja kva di lie:vd oå: **ja:g** i alla stugår åp Björknese itt
       'Nicht weiß ich, wovon sie lebten, ich, in den Hütten auf Björknese,
       nicht'[44] (Ich weiß nicht, wovon die Leute in den Hütten auf Björknese
       lebten.)

Vergleiche hingegen (Konstruktion B6) weisen im Närpes-Dialekt immer die
oblique Form auf:

(115) han e **såm mie:g** han
       'Er ist wie ich [O], er da'
(116) men så va e ju en flikk såm va li:k ga:mbel **såm mie:**
       'Dann gab es ja ein Mädchen, das ebenso alt war wie ich [O]'
(117) tå fie: vi ju in fo:stärbro:r tå såm va na lete ga:mblan **än oå:s**
       'Dann bekamen wir einen Stiefbruder, dann, der etwas älter war als wir
       [O]'[45]
(118) Ja je ri:kan **en edär**
       'Ich bin reicher als ihr [O]'

43. Ivars 1988 S. 170.
44. Im Finnlandschwedischen ist die Rechtskopierung der Negation ebenfalls sehr üblich.
45. Diese Beispiele sind Ivars 1988 S. 171 und 173 entnommen.

In parataktischen Verbindungen (B7) sind keine Schwankungen im Kasus vorhanden:

(119) Tå va e ju bare **Arne å ja:g**
      'Dann waren es ja nur Arne und ich [N]'[46]
(120) **Modren hans å vi**, vi kåmm bra: övärens.
      'Seine Mutter und wir [N], wir verstanden uns gut.'

Die Konstruktionen mit dem Pronomen als Kern (B8a-c) weisen in Subjektposition und auch in ähnlichen Stellungen immer einen Nominativ auf:

(121) **Vi** såm ha:r en fakku:tbildning, vi väit hör e ska jie:ras
      'Wir, die wir eine fachliche Ausbildung haben, wir wissen, wie es gemacht werden soll'
(122) **Tu tenn** foå:r säij hör vi ska kåm ti:t.
      'Du da musst uns sagen, wie wir dorthin gelangen'
(123) **Tu dett ka:rto:k**, tu foå:r itt lömn åp kro:jin
      'Du Dummkopf, du darfst nicht im Wirtshaus bleiben'

Bei Überschneidungen mehrerer solcher Konstruktionen, in diesem Fall B6, B7 und B8a, haben die Konstruktionen mit Kongruenz offensichtlich Vorrang vor Konstruktionen mit Neutralisation; in Freudenthals Sprachproben findet man innerhalb desselben Textes diese beiden Beispiele:

(124) Matt je meir næsynt **än még** (…)
      'Matt ist kurzsichtiger als ich (…)'
(125) He je int meir **än Matt o ja, som** je næsynt (…)
      'Nur Matt und ich sind kurzsichtig (…)'[47]

Schließlich kommt die Konstruktion B9, Pronomen + Personenname, häufig vor; sie gehört zu den regelmäßig wiederkehrenden nordskandinavischen Zügen. Soweit beobachtet werden kann, weist sie immer Kasuskongruenz auf:

(126) så vortt e **hon Juthborg**, va häitar on, Britta häitar on vel
      'Dann wurde es die Juhtborg, wie heißt sie, Britta heißt sie wohl'

46. Ivars 1988 S. 167.
47. Freudenthal 1878 S. 155.

(127) så soå: ja tå **han Gösta** kåmm tå[48]
    'Dann sah ich, dass der Gösta kam, dann'

Närpes bietet somit nur zwei Konstruktionen, die aber beide offensichtlich Kasusinkongruenz, nicht nur Kasusneutralisation, aufweisen. Ein eindeutiges
syntaktisches Muster für das Vorkommen der beiden Inkongruenzkonstruk-
tionen lässt sich nicht aufstellen; B1 ist ein Beispiel für eine Konstruktion mit
einem in relationeller Hinsicht eindeutigen Satzsubjekt, während gerade die
Vergleiche (B6) zu jenen Konstruktionen gehören, bei denen im Fall der Neutralisation der interne Bau der Konstruktion den Kasus bestimmt. Es ist fraglich, ob diese beiden Konstruktionen überhaupt durch syntaktische Eigenschaften miteinander verbunden werden, die nicht auch andere Konstruktionen miteinbeziehen würden. Für B1 spielt es wohl eine Rolle, dass das Subjekt
des Nebensatzes im Fundamentfeld eines Satzes steht, in welchem ein biva-
lentes Verb enthalten sein muss; insofern könnte die anscheinend vorhandene
Leerstelle am Verb, auch was den Kasus betrifft, das dislozierte Nominalglied
zu sich ziehen. Beim gänzlich isolierten Vorkommen der Konstruktion B6 wäre
es verlockender als sonst, eine Interpretation dieser Glieder als Präpositionen
vorzuschlagen; allerdings deuten andere Verhältnisse, wie eben die Möglichkeit, sehr unterschiedliche Arten der Regimen bei *som* und *än* zu verwenden,
nach wie vor darauf hin, dass diese Interpretation nicht stimmt.

    In den älteren Beschreibungen der Mundarten von Österbotten (Freuden-
thal 1889, Hagfors 1891, Vendell 1892) findet man leider keine syntaktischen
Angaben. In den Textproben kann man Beispiele finden, die meistens, wann
immer die hier untersuchten pronominalen Konstruktionen vorkommen, den
Nominativ in der Subjektskongruenz einhalten.

8.4. Folgerungen

Das Schwedische bildet innerhalb des festlandskandinavischen Sprachraums
den genauen Gegensatz zum Dänischen, zumindest, was die Hochsprache betrifft. Hier herrscht die Kasuskongruenz uneingeschränkt vor, außer in der
Konstruktion B6, die eindeutig – zumindest was den Kasus betrifft – neutralisiert ist.

    In den Mundarten gibt es dafür ganz andersartige Muster. Auffallend sind
hier vor allem die finnlandschwedischen Mundarten, die teilweise, in Västra
Nyland sogar fast vollständig, die gleichen Fälle von Kasusinkongruenz und
Kasusneutralisation entwickelt haben wie das Dänische.

---

48. Ivars 1988 S. 171

Für unsere Untersuchung ist es wichtig, dass gerade jene Mundarten aus dem entferntesten Winkel des schwedischen Sprachraums die Neutralisationen entwickelt haben. Wir kehren im Kap. 10 auf die areallinguistischen Fragen zur Kasusneutralisation zurück; hier begnügen wir uns mit der Feststellung, dass innerskandinavischer Sprachkontakt hier offenbar eine sehr kleine Rolle spielt.

KAPITEL 9

Syntaktische Neutralisation im Norwegischen

Wie schon in Verbindung mit den morphologischen Verhältnissen gesagt wurde, ist die Lage des Norwegischen aufgrund der komplizierten Normverhält-
nisse schwieriger zu beschreiben als die der anderen festlandskandinavischen
Sprachen. Die ideale Beschreibung dieser Sprache würde gründliche Exzerpte
aus den verschiedenen Mundarten sowie eine gründliche Sichtung der schön-
geistigen Literatur voraussetzen. Da eine solche Aufgabe zeitlich kaum zu
bewältigen wäre und andererseits die norwegische Sprachforschung viele
grundlegende Analysen geleistet hat, wird das ideale Ziel hier nicht verfolgt.
Stattdessen wird versucht, die vorhandenen Tatsachen möglichst komplett zusammenzustellen und daraus Schlussfolgerungen zu ziehen. Es soll jedoch
hier schon gesagt werden, dass die bisherigen Vorarbeiten unsere Fragen nicht
in jeder Hinsicht beantworten; die Suche nach fundierteren Antworten hätte
unweigerlich in die Exzerpierungsarbeit geführt. Da der jetzige Zustand in
vieler Hinsicht unmittelbar von der Sprachgeschichte abhängig ist, wird hier
ausnahmsweise eine diachrone Darstellungsform gewählt.

Zur Einleitung sei noch an die Ergebnisse der Untersuchung des Formen-
inventars in Kap. 6 erinnert. Die norwegischen Mundarten neigen offensichtlich stark dazu, den Kasusunterschied ganz aufzugeben, und das bleibt nicht
ohne Auswirkung auf die syntaktische Analyse. Vor allem stellt sich das Problem dort, wo eine morphologische Neutralisation zwar durchgeführt worden
ist, aber mit dem Ergebnis, dass sämtliche ehemalige Kasusformen – zumindest partiell – weiterleben, und zwar jetzt als Allomorphe einer Einkasusform.
Gegebenenfalls kommen sie nicht ganz willkürlich vor, denn sie unterscheiden
sich durch Stellung und Betonung. Ein vorzügliches Beispiel dafür wären die
Verhältnisse in der 3. Pers. fem sing. in Oslo, so wie sie von Eric Papazian
(1978a, b) und Kirsti Koch Christensen (1985) analysiert worden sind.

9.1. Kasusinkongruenz und Kasusneutralisation in den norwegischen Dialekten

Die Situation der norwegischen Sprache am Anfang des 19. Jahrhunderts war bekanntlich die, dass die einzige Schriftsprache in jeder Hinsicht an dänischen Vorbildern orientiert war, weswegen auch die spezifisch dänischen Erscheinungen hinsichtlich Kasusinkongruenz und Kasusneutralisation (vgl. oben Kap. 7) in der damaligen norwegischen Schriftsprache verbreitet waren, zumindest bis zu dem Punkt, der in der dänischen Normierung bis dahin zugelassen worden war. In der Praxis heißt das, dass Kasusinkongruenz in den Konstruktionen B1, B3 und B4 vorhanden war, während die Kongruenz in allen anderen eingehalten wurde. Im gesprochenen Dänisch waren viele der Neutralisationsphänomene, wie oben beobachtet, dabei, sich zu entwickeln. So weit man über die gesprochene Sprache in Norwegen Aufschluss finden kann, sieht das Bild aber vielfach anders aus. Wir verfolgen hier der Reihe nach die unterschiedlichen sprachlichen Sphären in Norwegen.

9.1.1. Zu den norwegischen Mundarten auf dem Land

Ivar Aasen stellt in der 2. Ausgabe seiner Grammatik[1] fest, dass die Verwendung von Inkongruenz und Neutralisation nur in den Stadtsprachen gängig war; in den klassischen norwegischen ländlichen Mundarten hingegen waren diese beiden Phänomene anscheinend kaum vorhanden. Zwar gehören Fragen, die sich darauf beziehen, zu den Standardfragen in den Mundartuntersuchungen von Johan Storm,[2] aber Neutralisationsprobleme werden, soweit bekannt ist, in seiner Untersuchung nirgendwo erwähnt. Interessant ist dagegen, dass die oben (Kap. 5, Abschn. 5.2.1.1., Pkt. 1 und Kap. 8, Abschn. 8.1.) erwähnte Rektion der Pronominalformen vor Relativsätzen aufgrund des Gliedwertes im Nebensatz offensichtlich stark verbreitet war (und ist). Sogar die sehr konservative Mundart von Setesdal kennt sie, und zwar mit einem zusätzlichen Raffinement: Da die Mundart von Setesdal selbständige Formen für Nominativ, Akkusativ und Dativ besitzt, werden die drei Kasus hier vom Nebensatz regiert. Die einschlägigen Beispiele bei Heggstad sehen so aus:[3]

1. Aasen 2. Ausg. 1899 § 313, Anm.
2. Vgl. Storm 1920 passim.
3. Heggstad (1916 S. 165) gibt leider nur Beispiele für Satzspaltung; es wäre aber interessant zu untersuchen, ob gerade diese Mundart außer in dieser (an sich schon recht "modernen") Konstruktion auch Kasusrektion aus dem Nebensatz kennt. Wenn das der Fall wäre, läge eine einmalige Situation vor, da gerade diese Art von Rektion wegen der Auflösung der Relationen des Obersatzes selbst als ein Symptom für die Auflösung der strikten Regelung des Kasussystems betrachtet werden kann.

(1)   de e eg som kjem'e
       '*Ich* bin gekommen'
(2)   de e meg du ser
       '*Mich* siehst du'
(3)   de va mi du va sjaa
       'Bei *mir* warst du'

Bei Heggstad findet man für das letzte Beispiel (3) den Vermerk, dass die Variante *de var sjaa mi du va* (mit der Präposition im Obersatz) besser sei. Dadurch entsteht der Verdacht, dass die Mundart von Setesdal die sonst im skandinavischen Raum sehr verbreitete Trennung von Präposition und Regimen (prepositional stranding) nicht kennt (was aber nicht nachgewiesen werden kann). Aus sprachtypologischer Sicht hat man gemeint, dass Sprachen mit einem Unterschied 'Akkusativ | Dativ' prepositional stranding nicht erlauben würden, was auf Deutsch und Französisch zutrifft, allerdings nicht auf Isländisch.[4] Wenn die Mundart von Setesdal in der Tat prepositional stranding nicht erlaubt (bzw. erlaubte), würde diese Erscheinung ganz gut in das Muster passen. Was die Rektion aus dem Nebensatz betrifft, kennt die Mundart aber auch Verben mit Dativrektion des Objekts; deswegen kann Heggstad ein mustergültiges Beispiel für eine dativische Kasusrektion vom Nebensatz aus anführen:

(4)   de va mi du møtte
       '*Mir* bist du begegnet'[5]

Indessen ist die Generalisierung Aasens nicht vollkommen stichhaltig: Etliche Beschreibungen der Landmundarten zeigen deutliche Tendenzen zur Neutralisation. So ist die Kasuswahl bei Vergleichen in Strinda (Süd-Trøndelag) anscheinend frei. Laut Tilset stehen Prädikationen im Nominativ, obwohl die relevanten Beispiele auch eine freie Kasuswahl andeuten; vor einem Relativsatz entscheidet die relativsatzinterne Kasusfunktion die Wahl zwischen den Kasusformen im Obersatz.[6]

Ein besonderes Phänomen ist die Verwendung der Dativformen der 3. Pers. sing. mask. u. fem. als betonte Formen; durch dieses Phänomen entstehen regelmäßig Beispiele, die, einer gewissen Analogie zu den obigen Fällen ungeachtet, nicht unmittelbar als Kasusneutralisation oder gar Inkongruenz zu interpretieren sind. Schon das Gutachten zur neunorwegischen Rechtschrei-

4. Hawkins 1986, bes. S. 110.
5. Vgl. Heggstad 1916 S. 165, Papazian 1978a S. 267; vgl. oben Kap. 6.
6. Tilset 1924 S. 21.

bungsreform um die Jahrhundertwende (Garborg, Hægstad und Flo 1899 S. 56) musste feststellen, dass die Verwendung von *honom* in der Aasen-Norm nicht glücklich war, da diese Form meistens als betont aufgefasst wurde; in der gleichen Weise ist wohl die Verwendung der alternierenden Formen der 3. Pers. sing. in der Mundart von Tønset zu verstehen.[7] Direkte Belege für *honom* und *henne* (oder dementsprechende Formen) mit normaler Hauptbetonung findet man bei Eric Papazian.[8] Damit übereinstimmend zitiert Beito die folgenden Beispiele mit der Bemerkung, dass diese Dativformen gelegentlich in der Konstruktion B3 mit starker Betonung vorkommen:

(5) Den unge mann er kanskje honom sjølv ein gong i kvorven forntid.[9]
'Der junge Mann ist vielleicht er {O} selbst einmal in irgendeiner Vergangenheit.'
(6) Det var henne
'Sie {O} war es'[10]

Etwas abweichend behauptet S. Eskeland, dass viele Sprecher die obliquen Formen *honom* und *henne* für Personen verwenden, während bei nicht-Personen *han* und *ho* als oblique Formen vorkommen.[11] Diese Bemerkung ist allerdings in der Auflage 1954 gestrichen. Sie steht auch sonst in den neunorwegischen Grammatiken alleine; dass sie mit den theoretischen Bemerkungen von Silverstein 1976 gut zusammenpasst, steht auf einem ganz anderen Blatt.

9.1.2. Zu den städtischen Regiolekten

In den älteren Beschreibungen der städtischen Regiolekte Norwegens zeigt sich ein recht buntes Bild. Einerseits nähern sie sich stark den dänischen Verhältnissen, andererseits weichen sie auch davon ab. Deutlich ist jedenfalls, dass die Neutralisationsphänomene nicht nur in dem durch die dänische Normierung abgesteckten Rahmen bleiben; es werden auch Neutralisationskonstruktionen benutzt, die mit den informellen, nicht-normierten dänischen Verhältnissen übereinstimmen bzw. ihnen stark ähnlich sind, auch wenn sie im Detail

7. Storm 1920 S. 44f.
8. Papazian 1978a S. 269f.
9. Es sei aber daran erinnert, dass laut Beito 1970 §294 *sjølv* immer mit der obliquen Form verbunden wird; das wäre auch eine Erklärung, warum in diesem Beispiel die oblique Form erscheint.
10. Beito 1970 §304.
11. Eskeland 1904 S. 7.

abweichen.[12] Ohne die dänische Herrschaft in Norwegen 1380-1814 (die sog. "dänische Nacht") wäre das sicherlich alles nicht passiert; aber die Danisierung Norwegens lief nicht nur über das Schulsystem und den administrativen Bereich. Andere Faktoren, wie z.B. Handel und Schiffahrt, fanden einen direkten Niederschlag in der norwegischen Bevölkerung. Sonst wäre es schwierig zu erklären, warum gewisse städtische Regiolekte sehr früh Kasusneutralisationen aufwiesen, die, wenn nicht schon früher, dann zumindest gleichzeitig mit ähnlichen Phänomenen im Dänischen nachgewiesen werden können.

Eine typische Stadtmundart ist z.B. Kristianssand in Südnorwegen. Hier verhalten sich die Neutralisationskonstruktionen folgendermaßen (nach Angaben aus Johnsen 1962 S. 160):

– Im Prädikativ (B3) steht im Allgemeinen die oblique Form:

(7)   viss(t) æ va dæ, så dræiv æ te' an
       'Wenn ich du {O} wäre, würde ich ihn anspornen'

– Auch in den Satzspaltungen ist die oblique Form normal:

(8)   de var mæ som så det först
       '*Ich* habe es zuerst gesehen'

– Bei Vergleichen (B6) kommt auch nur die oblique Form vor:

(9)   ho æ møe ber enn dæ
       'Sie ist viel besser als du'

– In parataktischer Stellung (B7) ist die oblique Form die Hauptregel, auch als Subjekt:

(10)   de va mæ å han som græide biffen åleine
       'Es waren *ich* {O} und *er* {N/O}, die das Steak alleine erledigten'

Zu den übrigen Konstruktionen macht Johnsen keine Angaben.

In dieser Mundart ist – Johnsen zufolge – die Neutralisation ebenso weit gediehen wie in den meisten dänischen Mundarten am Anfang des Jahrhunderts und womöglich noch weiter als z.B. in den seeländischen.

12. Vgl. Larsen 1902 S. 87.

9.2. Die Normierung im 19. Jahrhundert

Auch nachdem Norwegen 1814 autonomer Teil der schwedischen Monarchie geworden war, stand die Normierung unter starkem Einfluß der dänischen Sprachformen. So stellt Knud Knudsen (1856 S. 22) die Verwendung der obliquen Form in der Prädikation als eine absolut unkontroversielle Tatsache dar. Dass Knudsen auch die Verwendung des Nominativs in dieser Konstruktion kennt, geht aus Knudsen 1862 S. 89 hervor; hier wird die Verwendung des Nominativs in der prädikativischen Konstruktion als Norwegismus (!) aufgefasst. Gerade deswegen setzt Ivar Aasen sich auch stark gegen die Verwendung der obliquen Formen in dieser Konstruktion zur Wehr.[13] Knudsen protestiert dafür gegen die fehlende Kongruenz bei Vergleichen,[14] und ist damit vollständig auf einer Linie mit der damals gültigen dänischen Normierung. Während die dänische Normierung den Übergang zur obliquen Form in diesen Konstruktionen auf der Grundlage der gesprochenen Sprache hat annehmen müssen, kämpft die norwegische Schriftsprache im 19. Jahrhundert eher gegen Tendenzen zum Nominativ, die mit Sicherheit in den ländlichen Mundarten und nach den Bewertungen von Knudsen auch in den Stadtsprachen vorhanden waren.

Was die Norm betrifft, blieb die norwegische Schriftsprache bis in dieses Jahrhundert stark von den dänischen Vorbildern abhängig. Beispielhaft ist hier eine autoritative Schulgrammatik wie Hofgaard 1891, die in § 59 ein rein dänisches Pronominalparadigma und in § 114 die Verwendung der obliquen Form beim Prädikativ vorschreibt.

9.3. Aufbau der Normsprachen in diesem Jahrhundert

Diese Untersuchung muss sich auf drei Themen beschränken: die Prädikation (B3), die Vergleiche (B6) und die Stellung vor einem Relativsatz (B8a). Die mehr oder weniger normierenden Grammatiken des heutigen Norwegischen nehmen so gut wie überhaupt nicht Stellung zu den übrigen Konstruktionen, in denen O für N vorkommen könnte.

Entsprechend den Verhältnissen in den meisten Mundarten sind Kasusinkongruenz und Kasusneutralisation in der neunorwegischen Normierung nicht zugelassen, und die Grammatiker warnen auch davor. Aasen macht in der Grammatik von 1864[15] eine stark ironische Bemerkung dazu; desgleichen

---

13. Aasen 2. Ausg. 1899 §313 S. 285f.
14. Knudsen 1856 §§153 S. 66; vgl. Bleken S. 92.
15. Aasen. 2. Ausg. 1899 §313 S. 285f; auch als Motto dieser Arbeit zitiert.

S. Eskeland.[16] Dass dies jedoch in der Praxis ab und zu etwas anders aussieht, belegen Næs, Knudsen und Vinje.[17] In den jüngsten Angaben zur Norm, *Nynorskordboka*, wird bei *eg* und *du* die Kasuswahl bei den Vergleichen, aber nicht bei der Prädikation, freigestellt.

Bokmålgrammatiker lassen diese Frage meistens offen. Einmal – bei Ragnvald Iversen[18] – finden sich sehr deutliche Warnungen gegen jede Art der Inkongruenz und Neutralisation; solche Bemerkungen stehen sicherlich in Verbindung mit Iversens Position in der norwegischen Sprachpolitik als Verfechter eines gemeinsamen Norwegischen ("samnorsk"). Auch Western (1921 S. 439) sowie Dale und Sandvei (1953 S. 109) meinen, dass die Tendenz in Richtung einer strikten Kongruenz geht; inzwischen scheint diese Einschätzung überholt zu sein, da neuere Grammatiker eher in die entgegengesetzte Richtung gehen.[19] Neuere Grammatiken und Wörterbücher lassen hier in beiden Konstruktionen die Wahl für Bokmål frei.[20] Wie angedeutet muss die Frage offen bleiben, ob die anscheinend paradigmatischen Formen wirklich in syntaktisch/morphologischer Hinsicht systematisch sind, oder ob sich das Einkasussystem so weit durchgesetzt hat, dass die Formen mehr oder weniger wahllos vorkommen.

Da Inkongruenz und Neutralisation in der Öffentlichkeit häufig als Zeichen fehlender Bildung aufgefasst werden,[21] ist es vielleicht nicht verwunderlich, dass konservative Sprachpolitiker wie André Bjerke[22] oder Gorgus Coward[23] mit diesen Phänomenen Schwierigkeiten haben. Einerseits sind einige der Neutralisationsphänomene in der konservativen Schriftsprache stark verwurzelt, wenn sie von dänischen Modellen abhängig ist; das gilt besonders für das Prädikativ, das in der norwegischen Belletristik des 19. Jahrhunderts die dänischen Verhältnisse übernommen hatte. Andererseits sind die Neutralisationspositionen innerhalb des normalen Erklärungsrahmens der Sprachpolitiker kaum konsequent zu verteidigen, was Coward (1969 S. 94) auch zugibt. In diesem Fall nimmt Nynorsk der Bokmål-Praxis gegenüber die stärkere Position ein, was in konservativen, anti-neunorwegischen Kreisen ungern gesehen

16. Eskeland 1904 S. 14; 1954 S. 5-7. Allerdings bekommt die Warnung in der letzten Fassung einen etwas wehleidigen Ton: "Enno må ein helst rekna det for målslurv ..." [Noch muss man es am ehesten als Sprachschlamperei auffassen ...]
17. Næs 1965 S. 287, Knudsen 1967a I S. 62, Vinje 1987 S. 213.
18. Iversen 1939a S. 26f u. 63; 1939b S. 21f u. 54.
19. Vgl. Vinje 1976 S. 169.
20. So z.B. Fossestøl, Lundeby & Torvik 3. Ausg.1966 S. 93f. und 139.
21. Vgl. Hansen 1972, 1988.
22. Bjerke 1962 S. 86-9; 1966 S. 82ff.
23. Vgl. Coward 3. Ausg.1969 S. 93f.

wird. Das Hauptargument bei Coward ist daher auch die Verwurzelung in der Tradition und die etablierte Praxis.[24]

Wir wenden uns jetzt einigen einschlägigen Detailuntersuchungen zu.

9.4. Zum Stand der Neutralisationspositionen im heutigen Norwegischen

B1 – Subjekt im Satzknoten

Diese Konstruktion hat laut Lie den Nominativ (was man allerdings erst an seinen Beispielen sieht).[25] Homme (1917) belegt die Verwendung in Setesdal, auch hier mit dem Subjekt des Nebensatzes im Nominativ:

(11)   Han va de dei sa at va komen
       'Er war es, von dem sie sagten, dass er gekommen war'

Ein Fall von offenbar obliquer Form wird von Vinje (1976 S. 167) belegt, allerdings mit dem Vermerk, dass hier eigentlich ein Nominativ angebracht wäre:

(12)   Dem kjenner jeg nok til hvem er.
       'Ich weiß wohl, wer sie sind.' ("Sie {O} weiß ich wohl wer sind")

In der Ausgabe von 1987 wird die Ablehnung dann zurückgenommen; stattdessen besteht laut Vinje in dieser Konstruktion Wahlfreiheit zwischen beiden Kasus bei allen Numerus- und Personenformen.[26] In der Konstruktion B1 gibt es also – anders als im Dänischen – keine feste Norm, da beide Kasus vorkommen können. Einen Unterschied zwischen Bokmål und Nynorsk scheint es nicht zu geben.

B2 – Subjekt in elliptischen Zusammenhängen

Hierzu wurden (erstaunlicherweise) keine Angaben gefunden.

---

24. "Men både i tale og i litteratur er *det er meg* (og også *det er henne, det er oss* etc.) blitt så utbredt at det ikke kan forkastes, men må godtas som korrekt riksmål." (Coward 1969 S. 94) ('Aber in der gesprochenen Sprache und in der Literatur sind Formulierungen wie *ich* O *bin es* (und auch *sie* O *ist es, wir* O *sind es* etc.) so weit verbreitet, dass sie nicht zurückgewiesen werden können, sondern als korrektes Riksmaal angenommen werden müssen.')
25. Lie, 4. Ausg. 1991 S. 111.
26. Vinje 1987 S. 210f.

B3 – Prädikativ zum Subjekt

Wie wir schon gesehen haben, ist diese Konstruktion in der Normierung sehr umstritten. Wenn sie Teil einer Satzspaltung (B8a) ist, gehört sie hinsichtlich der Kasusverhältnisse dorthin, vgl. unten. An sich wird die oblique Form akzeptiert, aber ein Nominativ ist durchaus möglich. Nynorsk ist hier strikter als Bokmål.

Die Verhältnisse in den städtischen Regiolekten waren sehr bunt, und sind daher kaum richtungsweisend. In Arendal,[27], Flekkefjord,[28] Kristianssand[29] und Stavanger[30] steht die Prädikation normalerweise in der obliquen Form; ähnliche Verhältnisse können angeblich im ganzen südostnorwegischen Raum gefunden werden.[31] In Bergen herrscht Unsicherheit,[32] während Tromsø den Nominativ aufweist.[33]

B4 – Existenzsubjekt

In dieser Konstruktion gibt es – wie im Schwedischen – in den Normsprachen zwei Möglichkeiten:

*1: Die Konstruktion ist mit der vorigen Konstruktion (B3) homonym
*2: Die Konstruktion wird mit Objekt konstruiert (*Det finnes* = Es gibt)

Eine Konstruktion von der gleichen Art wie im Dänischen kommt in westnorwegischen Dialekten vor.[34] Nur der letzte Fall wäre für diese Untersuchung interessant; Belege dafür haben wir leider nicht.

B5 – Subjekt in einer betonenden Rechtskopierung

Diese Konstruktion weist im Norwegischen normalerweise volle Kasuskongruenz auf:[35]

---

27. Voss 1940 S. 97.
28. Larsen 1970 S. 60.
29. Johnsen 1942/54 S. 160.
30. Berntsen & Larsen 1925 S. 268; Svendsen (1931 S. 10) ist in diesem Punkt doch nicht ganz ohne Vorbehalte.
31. Papazian 1978b S. 74.
32. Larsen & Stoltz 1912 S. 138.
33. Iversen 1918 §1 S. 8.
34. Vgl. Sandøy 1987 S. 101.
35. Beispiele aus Askedal 1987, S. 93 u. 95.

(13) Jeg skal nok passe på deg, jeg.
      'Ich werde schon auf dich aufpassen(, ich).'
(14) Hun stod ute på gårdsplassen, hun.
      'Sie stand auf dem Hof(, sie).'
(15) Fine hunden! Vi skal sette oss i kurven din, vi. (…)
      'Feiner Hund! Wir setzen uns in deinen Korb, (wir). (…)'

Aus einer langen Reihe von älteren Mundartaufzeichnungen ist aber belegt, dass die Wiederholung des Subjekts rechts vom Satzrahmen u.U. auch in der obliquen Form steht. Solche Belege gibt es für Oslo;[36] allerdings ist es fraglich, ob nicht eine genauere Analyse, wie sie von Eric Papazian durchgeführt worden ist,[37] feststellen müsste, dass die zitierten Beispiele doch auf einer morphologischen Neutralisation beruhen, die neben den alten Nominativformen auch etliche ehemalige oblique Formen als reine Allomorphe einer vereinheitlichten Kasusform weiterleben lässt. Aus einer Landmundart sind derartige Beispiele für Singsås belegt:[38]

(16) Ha de vøri her før dokk?
      'Wart ihr früher hier (, ihr {O}?)'
(17) Ska de åt kjørkjen dokk
      'Fahrt ihr zur Kirche (, ihr {O})'

Allerdings zitiert Hovstad auch Beispiele für die oblique Form *dokk* in eigentlicher Subjektsposition:

(18) Ska dokk gå på fest i kveld?
      'Geht ihr {O} heute Abend zur Gesellschaft?'

Die Neigung des Norwegischen zur gänzlichen Vereinfachung der Paradigmata, die wir schon in Kap. 6 behandelt haben, scheint auch syntaktische Auswirkungen zu haben, was man an solchen Beispielen erkennen kann. Der in Erscheinung tretende Wechsel von nominativischer zur obliquen Form beruht nicht, wie im Dänischen, darauf, dass die Formen gut etabliert sind und gegenseitig ihre Bedeutungsbereiche ändern, um funktionelle Zusammenhänge deutlicher darzustellen. Der Wechsel setzt sich in diesem Fall durch, weil der

36. Larsen 1907 S. 110 u. 112; Bull 1980 S. 55.
37. Papazian 1978a, b.
38. Hovstad 1943 S. 26.

Kasusunterschied ganz wegfällt. Gewisse Positionen – offenbar tendentiell die betonten – erhalten mit Vorliebe eine ehemalige oblique Form; aber der Unterschied hat keine semantische Funktion und fällt bald wieder weg. Interessant ist auf jeden Fall, welche Form gewinnt; in Singsås offensichtlich die oblique Form, aber in anderen Zusammenhängen auch die nominativische.[39]

B6 – Vergleiche

In beiden Normsprachen stehen sowohl der Nominativ als auch die oblique Form zur Auswahl, ungeachtet der Kongruenz. In den Vergleichen findet sich in den Stadtmundarten Flekkefjord,[40] Kristianssand[41] und Stavanger[42] regelmäßig die oblique Form, auch beim Subjekt. In Bergen dagegen kommen beide Kasus vor.[43] Es ist deswegen kein Wunder, dass Knudsen 1967a und Vinje 1976, 1987 die Verwendung beider Kasus in allen möglichen Konstellationen nachweisen können. In struktureller Hinsicht unterscheidet die norwegische Sprachsituation sich nicht von der dänischen; da auch das Schwedische hier freie Kasuswahl hat, unterscheiden sich die Vergleiche deutlich von allen anderen Neutralisationskonstruktionen.

B7 – Pronomen in parataktischer Verbindung

Hier besteht hinsichtlich der Normierungen auch kein Zweifel: Kongruenz muss sein; Dieser Punkt ist so selbstverständlich, dass er in der Literatur nicht einmal erwähnt wird. Die Subnormen verhalten sich aber mitunter recht anarchistisch. Eine ganz eigene Erscheinung ist die parataktische Verbindung zweier Pronomina, wovon das erste regelmäßig im Nominativ steht, das zweite dagegen ebenso regelmäßig in der obliquen Form. Dieses Phänomen ist für Flekkefjord[44] und Stavanger[45] belegt; allerdings wird häufig der Reim zwischen den Formen als Grund für diese Verwendung angegeben:

(19)   'eg å 'deg (Flekkefjord)
       'ich [N] und dich [O]'

39. Vgl. hierzu Papazian 1978 a, b, wo dieses Thema sehr ausführlich behandelt wird.
40. Larsen 1970 S. 60.
41. Johnsen 1942/54 S. 160.
42. Svendsen 1931 S. 10.
43. Larsen & Stoltz 1912 S. 138.
44. Larsen 1970 S. 60.
45. Berntsen & Larsen 1925 S. 268, Svendsen 1931 S. 10f.

In Tromsø herrscht Unsicherheit hinsichtlich des Kasusgebrauchs in dieser Konstruktion.[46] Im Dänischen kommen solche Verbindungen (vgl. oben Kap. 7, Abschn 7.3.) auch vor, aber keineswegs als dominantes Muster. Die in Dänemark übliche Form, beide Pronomina in obliquer Form, egal welche Funktion das Satzglied auch haben möge, findet man wie oben erwähnt in Kristianssand.[47] In Bergen gibt es bei dieser Konstruktion keine deutliche Tendenz; beide Kasus erscheinen willkürlich.[48]

B8 – *Pronomen als Kern einer Konstruktion*

Kasusrektion aus dem Relativsatz (B8a) gibt es in Flekkefjord[49] und Stavanger;[50] des weiteren auch in Tromsø, wo das Pronomen in der Prädikation im Nominativ steht.[51] Gelegentlich stehen in Tromsø auch Objekte im Vorfeld im Nominativ:

(20) du som e' så stærk tør vi væl ikkje å ta
      'dich {N}, der du so stark bist, trauen wir uns wohl nicht zu nehmen'[52]

Vinje behandelt diese Konstruktion sehr eingehend. Was Satzspaltungen sowie auch andere Positionen vor einem Relativsatz[53] betrifft, kann man allerdings an seinen zahllosen Vorschlägen zur Verbesserung ablesen, dass nicht alles tadellos funktioniert.[54]

B9 – *Pronomen als Determinativ einer Nominalphrase*

Auch diese Konstruktion ist im Norwegischen sehr gut bekannt; die hierhin gehörenden Konstruktionen sind den dänischen und schwedischen recht ähnlich. Eine norwegische (oder eigentlich eher nordskandinavische) Besonderheit ist die Verwendung von Kasusformen vor Personennamen und Familienbezeichnungen. Diese Konstruktion, die seit dem Altnorwegischen belegt wer-

46. Iversen 1918 §1 S. 8.
47. Johnsen 1942/54 S. 160.
48. Larsen & Stoltz 1912 S. 138.
49. Larsen 1970 S. 60.
50. Berntsen & Larsen 1925 S. 268.
51. Iversen 1918 § 1 S. 8.
52. Iversen 1918 §1 S. 8.
53. Vinje 1976 S. 164ff (1987 S. 207-210).
54. Vinje 1976 S. 169.

den kann,[55] ist im Allgemeinen deswegen interessant, weil sie offenbar pleo-
nastisch ist. Die Bedeutung der Pronominalformen kommt einem bestimmten
Artikel gleich, aber gerade die Personennamen und Familienbezeichnungen
verlangen ja aus semantischer Sicht nicht nach diskursiver Determination. Im
Gegenteil gehören sie zur gegebenen diskursiven Welt. Wesentlich ist, was u.a.
Severin Eskeland hervorhebt, dass Namen historischer Personen und desgl.
nicht mit dem Artikel verwendet werden können.[56] Während "Ho mor" akzeptabel ist, wäre "Han Garborg" seltsam und "Han Napoleon" geradezu unmöglich.

Das Vorhandensein der Determination in dieser Sonderkonstruktion könnte aber auch eine andere Funktion haben, nämlich die, Kasus anzuzeigen.[57] Wie
wir von den silversteinschen Hierarchien wissen, sind Personennamen und Familienbezeichnungen die erste substantivische Gruppe direkt nach den Pronominalformen; darin könnte man sehr leicht eine Begründung dafür sehen, die
Kasus durch die proklitischen Pronomina anzugeben.Der Kasus ist aber sicherlich nicht der einzige Grund; sonst hätte diese Konstruktion sich z.B. nicht
in den schwedischen Dialekten von Österbotten oder in weiten Teilen Norwegens halten können, da in diesen Gebieten kein Kasusunterschied mehr in der
3. Pers. sing. vorhanden ist.

9.5. Abschließende Bemerkungen

Die norwegische Situation erscheint auf dem Hintergrund der beiden anderen
festlandskandinavischen Sprachen wenig eindeutig. Die Variation innerhalb
des Sprachgebiets ist zwar in ihrer Fülle beeindruckend, aber die rein syntaktischen Verhältnisse innerhalb des Landes stimmen meistens entweder mit
dem einen Extrem, dem Dänischen, oder mit dem anderen, dem Schwedischen, überein; entweder neigen die Kasus zur Neutralisierung nach dänischen
Mustern, oder sie bleiben innerhalb der Rahmen von strenger Kongruenz. Das
ganz Besondere an der norwegischen Situation liegt nicht in der Syntax, sondern in der Morphologie, wie man deutlich an der Behandlung der morphologischen Verhältnisse in Kap. 6 sieht. Gerade deswegen ist die Unsicherheit bei
der Einschätzung der syntaktischen Verwendung der Formen ziemlich groß.

In Bezug auf die Normierung ist es eine interessante Frage, inwieweit sie
sich wirklich durchsetzen kann. Am Anfang des Jahrhunderts war die Kon-

---

55. Hanssen 1976, Papazian 1978a S. 248.
56. Eskeland 1904 S. 11f.
57. Vgl. Papazian 1978a S. 242.

gruenz offensichtlich auf dem Vormarsch, aber die letzten Zeichen deuten darauf hin, dass sie wieder im Rückzug begriffen ist. Möglich ist aber auch, dass die streng puristische Normierung nach ländlichen Mustern einer weniger strengen Haltung gewichen ist. Das könnte man erst anhand einer Längenuntersuchung dieser Konstruktionen, z.B. in Schulaufsätzen, feststellen.

Die strukturellen Zusammenhänge der Kasusneutralisation in den festlandskandinavischen Sprachen

10.1. Kasusneutralisation bei den Nachbarn der festlandskandinavischen Sprachen

Kasusneutralisation und Kasusinkongruenz sind innerhalb der romanischen und germanischen Sprachen verbreitet, und zwar so, dass Französisch, Englisch und Dänisch die meisten dieser Konstruktionen aufweisen. Wir werden einen kurzen Überblick über die benachbarten Sprachen geben.

10.1.1. Französisch

Das Französische hat sehr früh ein System entwickelt, in welchem die anaphorischen Pronomina voll flektierte proklitische Formen haben, wogegen die sog. "tonischen" oder "ungebundenen", informationstragenden Pronomina nicht-flektiert sind und syntaktisch-prosodisch mit anderen Satzgliedern gleich gestellt werden. Zentral ist hier die Tatsache, dass die ungebundenen Formen etymologisch mit den Akkusativformen verwandt sind; ferner, dass die ungebundenen Formen in vielen der im Kap. 5 aufgezählten Konstruktionen vorkommen. Vorhanden sind die folgenden:

B2 – Isoliertes Subjekt außerhalb des Satzzusammenhanges und B3 – Prädikativ zum Subjekt

Diese Konstruktionen sind klassische Beispiele für die Verwendung der ungebundenen Formen, d.h. für Inkongruenz im Französischen. Es gibt sowohl isolierte Pronomina als auch Pronomina in einer Satzspaltung in der Konstruktion B3:

(1)   "Qui va lá?" – "**Lui**".
(2)   L'état, c'est **moi**.
(3)   C'est **moi** qui vous le dis.[1]

Auch längere Ellipsen haben die ungebundene Form:

(4)   Je serai son maître de lyre, Dit le blond et docte Apollon, – Et **moi**, reprit Hercule à la peau de lion, Son maître à surmonter les vices.[2]

In der Anrede werden die ungebundenen Formen aber ebenfalls verwendet; darin liegt ein entscheidender Unterschied zum Dänischen:[3]

(5)   Quoi? **Toi** ici!
(6)   **Toi** là-bas!

Anzumerken ist hier, dass die gebundenen Formen auch als Prädikative erscheinen können. Die 3. Pers. sing. und plur. kann u. U. auch unbetont, aber nach wie vor in der obliquen Form in solchen Konstruktionen erscheinen:

(7)   La reine, ja $_{\circ}$**la** suis la
(8)   Êtes-vous les juges? – Nous $_{\circ}$**les** sommes.
(9)   Êtes-vous chrétienne? – Je $_{\circ}$**le** suis.[4]

B5 – Betonende Rechtskopierung

Die ungebundenen Pronomina können gemäß dem Inhalt dieser Konstruktion das Satzsubjekt (aber wie in den festlandskandinavischen Sprachen auch andere nominale Glieder) hervorheben, allerdings ohne besondere positionelle Bindung. Es gibt pronominale Positionen:

1° vor dem Satz

2° direkt nach dem hervorzuhebenden Glied

3° nach dem Satz.

Die letzte Position dürfte allerdings kaum so zahlreich vorhanden sein wie die beiden anderen. Beispiele:

1. Malraux, zit. nach Pedersen et al. 1975.
2. La Fontaine, zit. nach Gougenheim o.J. S. 154.
3. Gougenheim o.J. S. 154.
4. Grevisse 1969 S. 117, vgl. auch Gougenheim o. J. S. 154. Grevisses Beispiele wurden mit Betonungsangaben versehen.

(10)   **Moi**, je le connais.[5]
(11)   Patricia, **elle**, avait haussé les épaules avec indulgence.[6]
(12)   Je le sais bien, **moi**.[7]

B6 – Vergleiche

Auch in Vergleichen sind die ungebundenen Formen Norm:

(13)   Il est plus grand que **moi**.

Man muss aber bemerken, dass die ungebundenen Formen auch nach Präpositionen verwendet werden, allerdings selten mit Nicht-Personen als Referenten,[8] und Subjekte in einer Ellipse müssen ohnehin ungebunden sein. Man könnte daher die Frage stellen, ob die Vergleichskonstruktion im Französischen wirklich der in den festlandskandinavischen Sprachen vergleichbar ist. Es scheint jedoch schwierig zu sein, auf die Vergleichskonstruktion ganz zu verzichten. Insofern wird die Kategorie hier aufrechterhalten.[9]

B7 – Pronomen in parataktischer Verbindung

Auch hier verwendet man die ungebundenen Formen:
(14)   Oronte et lui se sont tantôt bravés.[10]
(15)   Marie et moi, nous sommes sortis aussi.[11]

Es ist deutlich, dass die Konstruktion sowohl direkt auf dem Subjektplatz als auch als Extraposition rechts vorkommen kann.

B8 – vor einem Komplement

Diese Konstruktion kommt nur mit starken Beschränkungen vor. Vor einem Relativsatz oder einer Präpositionalverbindung ist z.B. das demonstrative *celui* obligatorisch.[12] Vor einer Apposition dagegen kommen die ungebundenen Formen vor:

5.   Dubois & Lagane 1973 S. 91.
6.   Pedersen et al. 1975 S. 167.
7.   Grevisse 1969 S. 114.
8.   Pedersen et al. 1975 S. 168f.
9.   Diesen Hinweis verdanken wir Per Aage Brandt.
10. Molière, zit. nach Gougenheim o.J. S. 155.
11. Pedersen et al. 1975 S. 168.

(16)   Nous, préfet de la Seine, ordonnons (…)[13]

B1 – Subjekt im Satzknoten
B4 – Existenzsubjekt
B9 – als Determinativ bei einem Personennamen

Da diese Konstruktionen als solche nicht vorhanden sind bzw. anders realisiert werden (das sog. Existenzsubjekt in *Il y a …* kann, trotz klassischer Analysen, als Objekt des Verbs *avoir* betrachtet werden[14]), entfallen sie hier.

Wie man indirekt aus den vielen Beispielen der klassischen Literatur sieht, waren die Inkongruenzregeln des Französischen schon im 17. Jahrhundert gut etabliert. Eine andere Frage ist, ob die Ähnlichkeit zwischen Französisch und den skandinavischen Sprachen so groß ist, wie es seit Aasen häufig bemerkt worden ist. Im Großen und Ganzen halten sich die Konstruktionen an dieselben Muster. Das Nicht-Vorhandensein der Konstruktionen B1, B4 und B9 ist hier weniger wichtig; dagegen sind die Beschränkungen in Bezug auf die Konstruktion B8 äußerst rigoros. Hier geht das Französische wirklich eigene Wege. Dafür ist die Kasusmarkierung in den unbetonten Beispielen der Konstruktion B3 wichtig. Ähnliche Beispiele sind in den festlandskandinavischen Sprachen marginal vorhanden und haben im Dänischen durchweg auch die oblique Form, wenn der Kasus überhaupt nachgewiesen werden kann; meist ist das Prädikativ nämlich das unflektierte *det*. An solchen Beispielen sieht man, dass die oblique Form an sich mit dem Prädikativ verbunden ist; hier handelt es sich eindeutig nicht um eine Neutralform unter Betonung, sondern der Kasus wird hier regiert. Ob das Pronomen dann betont oder unbetont ist, hängt vom Kontext ab.

10.1.2. Englisch

Für das Englische sind Kasusneutralisationsphänomene seit der frühen Neuzeit nachgewiesen; die Konstruktionen und Muster sind dem Dänischen sehr ähnlich. Auf eine eingehende Behandlung muss hier verzichtet werden. Jespersen 1891 bringt Beispiele für viele der hier behandelten Konstruktionen, meistens aus dem 17. Jahrhundert; bei ihm findet man auch eine lange Auflistung von möglichen grammatisch-psychologischen Erklärungen, die aller-

12. Pedersen et al. 1975 S. 168f.
13. Gougenheim o.J. S. 155; hier werden auch sporadische Ausnahmen angeführt.
14. Grevisse 1969 S. 114.

dings kaum gegeneinander abgewogen, geschweige denn theoretisch in Bezug gesetzt werden. Obwohl solche Beispiele sehr früh belegt sind, wurden sie – anders als im Französischen – von der Normsprache meistens nicht akzeptiert. Konstruktionen wie "It is me" wurden schon im vorigen Jahrhundert von namhaften Grammatikern wie Sweet als gutes Englisch bezeichnet,[15] und dennoch werden sie heute noch nur zögernd als korrekt anerkannt.[16]

10.1.3. Die sonstigen neueren germanischen Sprachen

Während Hochdeutsch, Niederländisch,[17] Isländisch und Färöisch von der Kasusneutralisation fast nicht berührt sind, scheint es, als ob das Niederdeutsche diese Entwicklung teilweise mitgemacht hat. Da das Niederdeutsche im historischen Kontext der festlandskandinavischen Sprachen eine wichtige Rolle gespielt hat, wollen wir hier auf ein paar Beispiele aus dieser Sprache hinweisen (nach Saltveit 1983, 1989).[18] Zunächst die prädikative Konstruktion (B3); hier ist zwar eine ganz andersartige Konstruktion mit Nominativ (analog dem Hochdeutschen) üblich:

(17)   Ick bün dat (vgl. hdt. *Ich bin es*)

Saltveit kennt aber auch eine Konstruktion, die mit der dänischen analog ist, allerdings nur für Schleswig-Holstein belegt:

(18)   Dat is mi (vgl. Saltveit 1983 S. 308; 1989 S. 41)

In diesem Fall könnte man den Verdacht haben, dass es sich ebenso gut um Niederdeutsch auf dänischem Substrat handeln könnte. Der Verdacht wird dadurch unterstützt, dass auch Karl Bock[19] unter vielen Belegen genau das gleiche Beispiel anführt.

Bei der Adjektivflexion ist etwas Ähnliches zu finden, und hier sind die

---

15. Jespersen 1891 S. 151f.
16. Vgl. hierzu eine namhafte normierende Grammatik wie *The King's English* (Fowler & Fowler 1993 S. 69-73), wo Abweichungen von der strikten Kongruenz hart verurteilt werden.
17. Die Vermutung einer Kollegin in Wien, dass Phänomene ähnlich den französischen oder skandinavischen Neutralisationserscheinungen in gewissen niederländischen Dialekten vorhanden sind, wurde nicht weiter verfolgt. Sie erscheint allerdings aufgrund des Nachbarverhältnisses zum französischen Sprachgebiet recht wahrscheinlich.
18. Die Angaben zum Niederdeutschen wurden zuerst in Jørgensen 1994 veröffentlicht.
19. Bock 1933 S. 87.

morphologischen Verhältnisse so sehr anders, dass das Substratproblem nicht auftaucht, denn keine skandinavische Sprache würde ja an dieser Stelle Akkusativ aufweisen können:

(19) He is en goodn Kirl (Saltveit 1983 S. 307)

Sehr interessant ist, dass ein hervorgehobenes Subjekt u. U. auch im Akkusativ steht:

(20) Nikolaus, denn hillgen Mann, trock sienen besten Tappert an
(21) Warmen April giff schlechten Mai
      (vgl. Saltveit 1983 S. 309)

Saltveit erklärt den sprachgeschichtlich nachweisbaren Wandel des skandinavischen Artikels von *the* in *thæn* durch eine Analogie mit dem niederdeutschen Phänomen (Saltveit 1989 S. 41f). Insofern gibt es reichlichen Hintergrund für die hier besprochenen Phänomene, obwohl die Reihe von potentiell neutralisierten Pronominalkonstruktionen nicht vollständig nachgewiesen ist.

Erwähnenswert ist endlich, dass Angaben zum Nordfriesischen aus dem vorigen Jahrhundert die Verwendung der obliquen Form in der Konstruktion B3 belegen:

(22) Da:t ás mé

Alternativ lässt sich aber auch eine Konstruktion ähnlich dem Hochdeutschen verwenden, die aber als nicht ganz genuin aufgefasst wird:

(23) Ick bán't[20]

Auch hier ist die Möglichkeit des Substrats nicht ausgeschlossen. Den beiden anderen Dialekten des Friesischen scheint diese Inkongruenz fremd zu sein; zumindest findet man keine Angaben dazu in Tiersma 1985, und die dänische Formenlehre im dänisch-friesischen Wörterbuch muss die dänische Inkongruenz als eine ausgefallene Tatsache erklären.[21]

Die Frage stellt sich, ob wir es hier mit einer Wellenbewegung vom Französischen weg oder mit einer prinzipiell unabhängigen Innovation zu tun haben,

20. Bendsen (1860) 1973 S. 217f.
21. Hoekema & Tams Jørgensen 1968 S. 162.

die sich aus strukturellen Gründen in verschiedenen Sprachen durchsetzt, wenn gewisse andere typologische Änderungen sich vollzogen haben. Wir kehren unten in Verbindung mit der areallinguistischen Darstellung der skandinavischen Verhältnisse auf dieses Problem zurück.

10.2. Das Verhältnis zwischen Morphologie und Syntax in Bezug auf die Kasusneutralisation

Die Grundlage unserer Darstellung ist die Auffassung von den nominalen Gliedern in den festlandskandinavischen Sprachen als kasusbedingte Glieder, nicht im Sinne einer flexivischen Markierung, sondern im Sinne einer positionellen Markierung, die durch die Linearisierung und durch die Verbalstämme erfolgt (und später durch die Ausdrucksgestaltung des Satzes umgeformt wird). Das heißt aber zugleich, dass Kasus und syntaktische Funktion nicht voneinander getrennt werden können, denn aufgrund der nicht vorhandenen Morphologie gibt es im Grunde genommen keine Variationsmöglichkeiten, die Kasus und syntaktische Funktion als voneinander unabhängig erscheinen lassen würden.

Der Kasus ist in unserer Darstellung ein funktioneller Begriff, nicht nur auf die Verbalvalenz bezogen, sondern ebensosehr auf eine semantische Verbindung zwischen verschiedenen Bedeutungsbereichen. Der Kasus besteht immer als semantische Relation zwischen nominalen Gliedern und dem Verb und ist in dieser Hinsicht mit *l'énoncé* im semiotischen Aufbau des Satzes verbunden; an sich jedoch ist der Kasus auch mit der kommunikativen Satzfunktion (*l'énonciation*) verbunden, und zwar insofern, als Nominativ mit dem topischen und Akkusativ (allgemein betrachtet) mit dem fokussierten Bedeutungsbereich verbunden ist. Wir nehmen an, dass die abstrakten Kasusverhältnisse ein relationelles Rückgrat im syntaktischen Aufbau der Sprache bilden; dieses Rückgrat ist aber in Bezug auf die kommunikative, interpersonelle Gestaltung des Satzes teilweise redundant, weil die unmarkierte, für die Perzeption der Umwelt maßgebliche Vorstellung vom Ablauf einer Handlung sich mit der Darstellung durch die Kasusverhältnisse vollkommen deckt. Die Kasusverhältnisse müssen daher nicht unbedingt einen formellen Ausdruck finden. Wenn sie zum Vorschein kommen, dann aus zwei unterschiedlichen Gründen:

1° Das Kasussystem in der Sprache kann von so komplizierter Natur sein, dass eine synkretistische Ausdrucksform semiotisch intransparent wird, z.B., wenn mehr als vier Kasusfunktionen vorhanden sind. Nicht ohne Grund meinte Hjelmslev, dass die kleinstmögliche Zahl der Kasusformen vier wäre. Bei weniger als vier Formen können auch andere Ausdrucksformen semiotisch transparent sein; bei mehr als vier Formen dürfte der Bedeutung mit transparenter Morphosyntax gut gedient sein.

2° Das Kasussystem ist relativ einfach; die Kasus werden nur dann markiert, wenn sie von der Normalverteilung abweichen.

Was die skandinavischen pronominalen Kasus betrifft, befinden sie sich in der Mitte zwischen den beiden oben angeführten Punkten. Einerseits gibt es, wie wir nachgewiesen haben, das lineare Kasussystem mit seinen drei Kasus, andererseits das pronominale Kasussystem mit seinen pseudoflektierenden Formen (vgl. unten 10.2.2.). Es ist anzunehmen, dass die pronominalen Kasusformen in systematischer Hinsicht äußerst komplex gegliedert sind:

1° Einerseits gibt es bei dieser Wortklasse (und in etlichen konservativen Dialekten auch bei gewissen Personenbezeichnungen, vgl. unten) den Kasusunterschied; hier wirken mehrere Bedingungen zusammen, wie z.B. die semantische Hierarchisierung, die den Kasus an stark topischen Ausdruckselementen länger leben lässt, und die Tatsache, dass die Pronomina aufgrund der prinzipiell klitischen Syntax außerhalb der normalen Reihenfolgemarkierungsmöglichkeiten stehen. Der Kasusunterschied bringt in diesen Zusammenhängen nicht nur relationelle Inhalte zum Ausdruck, sondern auch parallel aufgebaute diskursive Werte, die mit der inhärenten Semantik der Wortklasse eng verflochten sind.

2° Andererseits gibt es Konstruktionen, in denen die Pronomina aus semantisch-diskursiven Gründen wie die normalen nominalen Glieder – Substantive und Propria – auftreten. Hier ist dann die (Pseudo-)Flexion nicht mehr notwendig.

Dieser Punkt der Darstellung baut auf der Theorie Michael Silversteins über die semantische Hierarchisierung bei partieller Kasusmarkierung auf, und wurde an einigen Punkten um Ergänzungen, vor allem durch Barry Blake, ausgeweitet. Die Theorie Silversteins bezieht sich zwar explizit auf den morphologischen Kasus, setzt aber in der Tat auch das Vorhandensein abstrakter Kasusrelationen voraus, die gegebenenfalls auch ihren Ausdruck im Bereich der Morphologie finden, sofern ein solcher Ausdruck kommunikativ sinnvoll ist.

Das übergeordnete System für alle nominalen Glieder der festlandskandinavischen Sprachen, egal ob sie einen nominalen oder pronominalen Kern haben, ist demnach die relationell-syntaktische Funktion des Gliedes. Der primäre Ausdruck dafür ist die Linearität, die sowohl die nominalen als auch einen Teil der pronominalen Glieder umfasst. Der sekundäre Ausdruck ist dann die Kasusmorphologie der Pronomina.

Die Form dieser Kasusmorphologie der festlandskandinavischen Normsprachen unterscheidet nur zwei morphologische Kasus, obwohl wir im Prinzip mit drei relationellen Kasus rechnen müssen. In der Tat gibt es in den neueren festlandskandinavischen Mundarten kein Beispiel für eine morphologische Markierung aller drei Kasus, außer in gewissen sehr konservativen Mundarten des Norwegischen, und auch dort ist die morphologische Markierung – anders als z.B. im Lateinischen – bei weitem nicht vollständig; es sind sehr viele Formen von vornherein neutralisiert. Die beiden Kasus, die im südlichen festlandskandinavischen Raum unterschieden werden, haben wir hier in Anlehnung an eine lange Tradition als 'Nominativ' und 'obliquen Kasus' bezeichnet.[22] Im nördlichen festlandskandinavischen Raum sind diese beiden Kasus meist auch bei der 1. und 2. Pers. sing. und plur. vorhanden; dagegen sind sie regelmäßig in der 3. Pers. vollständig neutralisiert. Der funktionelle Aspekt des Kasusunterschieds hat sicherlich zwei Seiten: einerseits markiert die oblique Kasusform eine Bedeutung des Pronomens, die aus dem übergeordneten Zusammenhang zwischen dem topischen und dem agentivischen herausfällt; anderseits ist sie mit der reflexiven Verwendung der persönlichen Pronomina verbunden. Deswegen ist es vielleicht nicht so verwunderlich, dass gerade die dritte Person, bei der die reflexive Bedeutung durch eigene Pronomina übernommen wird, den Kasusunterschied entbehren kann; eine Neutralform kann hier die nicht-reflexive oblique Bedeutung übernehmen.

Hier ist es aber von wesentlicher Bedeutung festzustellen, dass viele Mundarten sowohl im primären (nominalen) als auch im sekundären (pronominalen) System andersartig gestaltet sind. In Bezug auf das primäre (nominale) System sei daran erinnert, dass noch heute ein morphologischer Unterschied zwischen Nominativ und Dativ in etlichen norwegischen Dialekten vorhanden ist. Im sekundären (pronominalen) System sollte man der Tatsache Aufmerksamkeit schenken, dass auch vollständig neutralisierte Paradigmata gefunden werden können; hierfür bieten vor allem die norwegischen Mundarten Beispiele, wie wir in Kap. 6 gesehen haben. Besonders bedeutungsvoll ist die Tatsache, dass das enklitische Pronomen sehr viele Allomorphe haben kann, darunter etliche, die in etymologischer Hinsicht oblique Formen sind. Eric Papazian hat vorgeschlagen, dass die Flexion in der enklitischen Position früher

---

22. Wir haben den Terminus 'Akkusativ' gemieden, außer im allgemein-linguistischen Zusammenhang, wo sich der Term – auch als Bezeichnung für einen Kasus, der im Gegensatz zu einem Nominativ allein steht – eingebürgert hat, vgl. Blake 1994.

aufgegeben wird als in der nicht-enklitischen.[23] Verglichen mit den dänischen Verhältnissen scheint diese These im Allgemeinen sehr wenig stichhaltig zu sein, obwohl Papazians Belege zur 3. Pers. im Norwegischen so interpretiert werden müssen.

Endlich kennen wir auch aus den mundartlichen Bereichen ein Beispiel dafür, dass die unbetonten Formen tendentiell durch einen Unterschied 'N | O' geprägt sind, während die betonten Formen durch einen Unterschied 'N | D' gestaltet werden, nämlich die Mundart von Nederkalix (Nordschweden).[24] Hier werden die betonten Formen in Analogie zu den Substantiven gestaltet, die unbetonten dagegen wie das sekundäre System der Pronomina in anderen Mundarten. Eine ähnliche Teilung kennen wir aus vielen norwegischen Mundarten; hier ist es so, dass der Gegensatz 'N | O' in der 1. und 2. Pers. vorkommt, der Gegensatz 'N | D' in der 3., ungeachtet der prosodischen Verhältnisse. Der Sinn dieser Verteilung ist nicht ganz einfach zu durchschauen. Eine Interpretation wäre, dass die 3. Pers. in gleicher Weise organisiert ist wie die Substantive, während die 1. und 2. Pers. mit der unbetonten obliquen Form eine reflexive Form ersetzen und gleichzeitig eine Verschiebung aus dem topischen Bereich markieren.

Was nun die syntaktische Verwendung der Formen betrifft, kann sie sich nach zwei verschiedenen Mustern richten. In den Hochsprachen wird der Kasus strikt nach der Zugehörigkeit des Pronomens zu einem bestimmten relationell definierten Platz im Satzschema verteilt. Auf ähnliche Weise verhalten sich auch die Pronomina in vielen konservativen Dialekten in ganz Skandinavien. Nur die Vergleiche (B6) sind recht häufig neutralisiert. In der Umgangssprache des Dänischen und zumindest teilweise auch des Norwegischen wird aber die Kasusmorphologie nur eingesetzt, wenn ein Pronomen aus semantisch/prosodischen Gründen nicht mehr an jenem Platz steht, der als Ausdruck für seine ursprüngliche syntaktische Funktion dient, sondern eine klitische Position bei einem anderen (beliebigen) Satzglied einnimmt. Wenn das Pronomen (entgegen seiner semantischen Natur) eine diskursive Funktion ähnlich der der Substantive ausübt, fällt die Flexion weg. Das gleiche System ist bzw. war in den finnlandschwedischen Mundarten von Västra Nyland und (zumindest teilweise) von Närpes vorhanden. Wenn dies der Fall ist, kommt auch regelmäßig Inkongruenz vor; betroffen sind hier die Konstruktionen B3, B4 (soweit vorhanden) und B6, in denen dann die oblique Form ganz regelmä-

23. Papazian 1978a S. 278 et passim.
24. Vgl. Rutberg 1924-31.

ßig vorkommt. U.U. gehören auch die Konstruktionen B1 und B2 (wenn sie überhaupt nachgewiesen werden können) dazu.

Diese Verhältnisse verlangen nach einer semantischen Erklärung. Wir haben oben die Möglichkeit angedeutet, dass der Gegensatz zu den reflexiven Pronomina eine Erklärung sein könnte. Eine andere, die die Erklärung nicht an die reflexiven Funktionen binden würde, ist, dass nur Pronomina, die eine Person bezeichnen, flektiert werden. Wir erinnern an Severin Eskeland (1904), der auf Nynorsk *han* und *ho* nur dann flektieren wollte, wenn sie wirkliche Personen bezeichnen, dagegen nicht, wenn sie sich auf Gegenstände beziehen. Der synchrone Zustand des Dänischen oder Schwedischen, wo die personenbezeichnenden Pronomina *han* und *hun/hon* flektiert werden, die nicht-personenbezeichnenden *den* und *det* jedoch nicht, könnte ebenfalls zur Erklärung herangezogen werden. Problematisch hierbei ist jedoch, dass *den* bis in die jüngste Zeit auch für Personen verwendet werden konnte; deswegen wird fraglich, warum die Flexion sich dann hier nicht entwickelt hat. Hier bietet die (neu entwickelte) suppletive Flexion '*man* | *en*' den Beweis, dass eine solche Entwicklung nicht von vornherein ausgeschlossen wäre.

Zu guter Letzt besteht die Möglichkeit, dass der Kasusunterschied 'N | O' in der Tat in allen festlandskandinavischen Sprachen auf die 1. und 2. Pers. beschränkt ist; wenn die 3. Pers. noch flektiert vorkommt, dann nur in jenen Gebieten, wo Pronomina der 3. Pers. als Anredeformen verwendet worden sind und dadurch bis in eine stark normierende Gegenwart "gerettet" werden konnten, die mehr oder weniger "künstlich" die Norm aufrechterhält. Dadurch könnte man die partielle Flexion der 3. Pers. im Dänischen und (Süd-) Schwedischen erklären: *han*, *hun* und *De* waren bzw. sind noch Anredeformen des Dänischen, aber das kaum mehr flektierbare schwedische *dom* hat nie diese Funktion gehabt, geschweige denn *den*. Norwegisch '*De* | *Dem*' hat auch Anredefunktion, aber hier scheint die Flexion auf dem Hintergrund der nicht-flektierenden Mundarten auf große Schwierigkeiten gestoßen zu sein. Internstrukturell hätte man mit der norwegischen 2. Pers. plur. *dere* bei einer solchen Vermutung große Schwierigkeiten; auch erscheint es gewagt, die Flexion der 3. Pers. als sprachpuristisches Artefakt zu bezeichnen, denn sie erscheint im heutigen Dänischen und Schwedischen in jeder Hinsicht strukturell gut fundiert, zumindest im Singular. Da das dänische Normzentrum Kopenhagen mit ziemlicher Sicherheit Neutralisation von *han* gehabt hat, müsste man, um die jetzige eindeutige Flexion dieses Pronomens zu erklären, eine bisher unerhörte Effizienz der Sprachpädagogik voraussetzen. Hier können auch die flexionellen Verhältnisse der englischen Personalpronomina herangezogen werden; dort werden die Pronomina der 1. und 3. Pers. alle voll flektiert, mit *it* als Ausnahme, parallel zu den festlandskandinavischen Pronomina *den* und *det*. Die 2.

Pers. hingegen hat nur eine gemeinsame Form für beide Kasus und für den Numerusunterschied: *you*. Daher wäre es absurd anzunehmen, dass die Beschränkung der Flexion auf die 1. und 2. Pers. allgemeine Gültigkeit haben könnte.

10.2.1. Zur Rektion aus dem Relativsatz

Es ist interessant zu beobachten, dass die Sprachen und Mundarten, die noch volle Kasuskongruenz haben, sehr häufig auch eine ganz besondere Art der Kongruenz aufweisen, nämlich Kasusrektion aus einem angeknüpften Relativsatz. Dieses Phänomen ist sicherlich eng mit der Satzspaltung verbunden; in dieser Konstruktion ist der relationelle Wert im Obersatz aufgrund der stereotypen Konstruktion mit Sicherheit weniger semiotisch bedeutungsvoll als der relationelle Wert im Untersatz. Obwohl das Phänomen ab und zu als unlogisch verschrien wird,[25] hat es in einem sprachlichen Zusammenhang, in dem der pronominale Kasus noch in allen syntaktisch/prosodischen Positionen strikt verteilt ist, eindeutig einen Sinn. Eine Parallele ist übrigens im Persischen vorhanden. Hier werden alle Substantive mit einem angehängten Relativsatz, in welchem das gemeinsame Glied Objekt ist, um jene enklitische Partikel ergänzt, die auch an bestimmte Objekte angefügt wird.[26]

Meistens verschwindet diese Rektion aus dem Relativsatz in jenen Mundarten wieder, die das Gesamtrepertoire von Inkongruenz- und Neutralisationspositionen in Anspruch nehmen; sie lässt sich auf jeden Fall weder im Dänischen noch in der Mundart von Västra Nyland nachweisen. Wir haben in Kap. 7 untersucht, ob die 3. Pers. plur. *de* im Dänischen durch die Subjektfunktion im Relativsatz ausgelöst wird. Statistisch gesehen könnte man hier so verallgemeinern, aber strukturell ist eine solche Vermutung kaum zu rechtfertigen, da Beispiele mit *de* vor einem Relativsatz, in welchem das gemeinsame Glied Nicht-Subjekt ist, nicht ungrammatisch erscheinen.

10.2.2. Zum Charakter der Flexion der Pronomina

Obwohl wir hier durchgehend von Flexion geredet haben, ist das im Grunde nicht der richtige Terminus. Die pronominalen Paradigmata haben mit der

---

25. So z.B. von André Bjerke (1962 S. 88f), vgl. Kap. 9.
26. Boyle 1966 §§8, 64, 98, vgl. auch Comrie 2. Ausg. 1989 S. 153f. Comries Darstellung geht aber offensichtlich weiter als die Boyles, indem er behauptet, dass ein Objektpartikel auch vor einem Relativsatz, in welchem das gemeinsame Glied Subjekt ist, weggelassen wird.

Flexion im herkömmlichen Sinne wenig gemeinsam, denn es ist kaum möglich, Stamm und Flexiv zu unterscheiden. Die eigentliche Eigenschaft der Paradigmata kann eher als Suppletion beschrieben werden, d.h. eine Gruppe von
Stämmen, die sich in bestimmten syntaktischen Positionen gegenseitig aus-
schließen. In diesem Sinne ist das Muster der Pronomina auch an sich aufgelöst; geblieben ist nur Suppletion.[27]

Für das Dänische kann man nachweisen, dass das gleiche Verhältnis auch
anderswo im Sprachsystem vorhanden ist, nämlich zwischen *man* und *en*.[28] Die
anderen festlandskandinavischen Hochsprachen kennen diesen Unterschied
auch, wogegen die Mundarten – auch auf dänischem Sprachgebiet – im Regelfall nicht den Stamm *man* kennen. Überhaupt scheint es, als ob die Teilsynony-
mie zwischen diesen beiden Wörtern, wann immer sie vorkommt, als ein flex-
ibler Unterschied zwischen einer unmarkierten, topischen Bedeutung (*man*)
und einer markierten, stärker individualisierten, fokusnahen (*en*) beschrieben
werden könnte.

10.2.3. Zu den Markierungsverhältnissen

Es ist seit langem umstritten, welcher Kasus in den festlandskandinavischen
Sprachen eigentlich der unmarkierte ist. Aufgrund der Verhältnisse in eng verwandten Sprachen wird meistens der Nominativ als unmarkiert beschrieben;
aber sowohl im historischen[29] als auch im synchronen Kontext gilt der oblique
Kasus zumindest seit Jespersens Habilschrift über die englischen Kasus (1891)
als ein unmarkierter Kasus mit allen jenen strukturellen Eigenschaften, die einen solchen Kasus kennzeichnen würden: breite, allgemeine Verwendung,
Substitution in vielen syntaktischen Positionen und regelmäßiges Überleben
bei Kasusvereinfachungen. Eine solche Auffassung hat besonders in der Etymologie eine breite Basis; bekanntlich ist die überlebende Form in den späteren romanischen Sprachen häufig eben die Akkusativform. Das Gleiche gilt für
die festlandskandinavischen Sprachen. In diesem Sinne scheint die Theorie gerechtfertigt.

Man kann aber eines an der Theorie einer generell besseren Überlebensfä-
higkeit der Akkusativform bemängeln: sie nimmt zwar auf den syntaktischen

---

27. So schon bei Knudsen 1967b S. 3.
28. Jørgensen 1991 S. 20.
29. Das Altnordische besaß bekanntlich eine ziemlich eindeutige Nominativendung, *-r*. Ak-
    kusativ war in vielen Paradigmen formell unmarkiert. Blake (1994 S. 31) macht darauf
    aufmerksam, dass ähnliche Verhältnisse auch in anderen indogermanischen Sprachen
    nachgewiesen werden können.

Gebrauch Rücksicht, aber in einer relativ stereotypen Art und Weise. Das pro-
totypisch verwendete Beispiel ist eben die Reduktion in den romanischen
Sprachen. Wir haben oben (Kap. 5, Abschn. 5.3.1.) die Reduktion im Französischen des Mittelalters anhand Schøslers Beschreibung (1984) dargestellt; hier
war die Situation bekanntlich, dass die am meisten verwendeten Endungen einen Chiasmus darstellen: *-s* für nom. sing. und obl. plur., *-Ø* für obl. sing. und
nom. plur. Hier hat die Verteilung im obliquen Kasus überall überlebt, aber im
Lichte einer Theorie der ikonischen Natürlichkeit der sprachlichen Semiotik ist
das an und für sich kein Wunder. Die umgekehrte Verteilung hätte ein System
ergeben, in welchem die Singularisform gegenüber der Pluralform einen Zu-
satz aufweisen würde – was, vorausgesetzt, dass das Verhältnis 'sing. | plur.'
zu einer ikonischen Abbildung neigt – kaum als natürlich aufgefasst werden
könnte.

Die endgültige Reduktion der französischen Kasus des Mittelalters ist in
dieser Hinsicht nur mittelbar ein Ergebnis einer eventuellen "Überlegenheit"
der obliquen Formen. Auch andere, ebenso wichtige Kräfte sind am Werk, in
diesem Fall die Tendenz zur "natürlichen" Semiotik der Sprache.[30]

Anstatt weiterhin das Problem nur von einer syntaktischen Sicht zu betrachten, möchten wir unter Verwendung der semantischen Aspekte der Wort-
klassentheorie Brøndals einige Fragen aufwerfen. Brøndal benutzt, wie wir in
Kap. 2 dargestellt haben, für die Substantive die Formel 'dR', d.h. 'descriptor'
und '(diskursiv unbekannter) Gegenstand'. So wie Brøndal die Semantik der
Wortklasse zusammenfasst, betont er die Affinität der Substantive zu den informationstragenden Teilen des Satzes; sie vertreten diskursiv unbekannte Gegenstände, die durch das beschreibende Element auseinander gehalten werden
können. Außerdem sind die beiden Elemente mit dem Ende des Satzes verbunden. In diesem Sinne sind die Substantive innerhalb einer brøndalschen
Semantik mit dem Fokus assoziiert, und die Affinität zum Akkusativ ist durch
den übergeordneten diskursiven Zugang zur Syntax und zur Wortklassenlehre
gegeben.

Das heißt aber, dass die Theorie zur Überlegenheit der Akkusativform mit
Hilfe der brøndalschen Semantik modifiziert werden kann. Diese Überlegenheit ist keine allgemeine Eigenschaft der Akkusativform, sondern sie beruht
auf einem Zusammenspiel zwischen der Wortklassensemantik und der diskursiven Gestaltung der Syntax. Die persönlichen Pronomina etwa, die bei
Brøndal mit der Formel 'Dd' beschrieben werden, hätten nach dieser Auffassung eher einen Bezug zu den topischen Elementen des Satzes, die, wie wir

---

30. Vgl. auch Schøsler 1984 S. 240-7.

wissen, der Formel 'D' zuzurechnen sind.[31] Hier würde man dann eher erwarten, dass die Nominativform wegen der schon besprochenen Affinitäten überlegen wäre. Das scheint ja auch in mancher Hinsicht der Fall zu sein.

Wie schon bei der Behandlung der Formenwelt in den festlandskandinavischen Sprachen bemerkt, gibt es eindeutige Verwendungen der Personalpronomina, besonders außerhalb des Satzzusammenhanges, die ohne Zweifel den Nominativ verlangen. Wir haben oben dieses Verhältnis schon mit den Eigenschaften des Topischen in Verbindung gebracht; die persönlichen Pronomina gestalten eben topische Bedeutungselemente, und deswegen besteht wenig Zweifel, dass der Nominativ ihre Grundform ist.

Hier stellt sich die Frage, warum die Personalpronomina in jenen festlandskandinavischen Mundarten, die viele Beispiele für Kasusneutralisation aufweisen, regelmäßig auf die oblique Form ausweichen. Diderichsen hat hier die bewährte Theorie der überlegenen Akkusativform wieder aufgegriffen;[32] aber, wie wir oben bemerkt haben, dürfte diese Theorie an sich nur auf Umwegen wirksam sein, denn aufgrund der Semantik müsste sie eigentlich gerade für die Personalpronomina ungültig sein.

Die Antwort auf dieses Dilemma wäre, dass die syntaktischen Positionen, die wir in Kap. 5, Abschn. 5.2. als besondere Neutralisationspositionen aufgestellt haben und dann in Kap. 7 bis 9 durch unterschiedliche festlandskandinavische Hochsprachen und Mundarten verfolgt haben, eben durch eine Affinität zum Fokus gekennzeichnet sind. Dadurch sieht man auch, dass die syntaktische Situation in den festlandskandinavischen Sprachen eine Gratwanderung wird. Es gibt semantisch-syntaktische Kräfte, die sowohl zum Nominativ als auch zur obliquen Form ziehen: Einerseits haben wir die Position des Nominativs als unmarkierte Form, die in allen Zweifelsfällen verwendet werden müsste; andererseits haben wir die Verwendung der pronominalen Formen in syntaktischen Positionen, die in starkem Widerspruch mit der üblichen Semantik der Wortklasse stehen und deswegen diese Wortklasse in den Bereich der Substantive ziehen würden.

Die Theorie der überlegenen Akkusativform erfährt somit eine entscheidende Einschränkung, indem sie auf bestimmte diskursiv-syntaktische Positionen beschränkt wird. Gleichzeitig kann man aber auch das übliche Verhältnis zwischen Nominativ und Akkusativ mit dem Nominativ als unmarkierte

---

31. Wie wir auch schon wissen (s. Kap. 2, Abschn. 2.2.1.), unterscheidet Brøndal zwischen den persönlichen Pronomina ("Reflexiva") und anderen Pronomina. Auch hierin steckt eine semantische Überlegung, die mit den diskursiven Normwerten der Wortklassen verbunden werden kann.
32. Diderichsen 1946 §47, Till. 3.

und dem Akkusativ (= oblique Form) als markierte Form[33] gelten lassen, was ohne diese Beschränkung gar nicht möglich gewesen wäre.[34] So gesehen lösen sich dadurch mehrere Schwierigkeiten auf einmal.

10.3. Zur Funktion der semantischen Hierarchien Silversteins in den festlandskandinavischen Sprachen

Die semantischen Hierarchien Silversteins (vgl. oben Kap. 5, Abschn. 5.3.2.) haben in einer Analyse der festlandskandinavischen Sprachen mehrere Aufgaben:

1° Sie ermöglichen eine Interpretation der komplizierten Situation der nominalen Glieder, indem die Topizität eines Gliedes als Maßstab funktionieren muss, inwiefern eine Kasusmarkierung notwendig ist oder nicht. Wie wir gesehen haben, ist der Nominativ in Bezug auf topische Satzfunktionen ein unmarkierter Kasus, ein obliquer Kasus dagegen ist unmarkiert in Bezug auf fokussierte Satzfunktionen. Je nach Wortklasse ist entweder der eine oder der andere Kasus unmarkiert. Anhand der Hierarchien Silversteins können wir nun die Situation so auslegen, dass die Pronomina aufgrund der semantischen Affinität zum topischen Bereich dazu neigen, einen markierten Kasus aufzuweisen, wenn sie eine Funktion im fokussierten Teil des Satzes übernehmen müssen.

2° Sie ermöglichen aber auch eine Differenzierung innerhalb der Wortklasse der persönlichen Pronomina an sich. Wir haben gesehen, dass gerade die 3. Pers. häufig morphologisch neutralisiert ist bzw. die gleiche Kasusverteilung wie die Substantive – nämlich 'N | D' – aufweist. In der Tat gibt es in allen festlandskandinavischen Sprachen morphologische Neutralisationen, die unerklärlich bleiben müssen, wenn man die Kasusflexion als Eigenschaft der Wortklasse auffassen würde. Dänisch und Schwedisch – die beiden formenreichsten "Mundarten" im festlandskandinavischen Raum – haben, wie wir schon bemerkt haben, neutralisierte Formen für die 3. Pers. sing. unbelebt – eine Tatsache, die auch bei einer vollständig Analyse berücksichtigt werden muss. Wenn

---

33. Blake 1994 S. 31 et passim.
34. Es ist anzunehmen, dass die Vorschläge Togebys und Heltofts zur Interpretation der Kasusneutralisation im Dänischen, die wir im Kap. 7 kurz erwähnt haben, darauf abzielen, die oblique Form als allgemeine Neutralform mit dem Nominativ als syntaktischem Sonderfall aufzustellen. Wie wir gesehen haben, entstehen erhebliche Schwierigkeiten bei einer solchen Theorie.

man von einer morphologischen Analyse ausgehen würde, wäre das eine un-
mögliche Situation, denn in einem solchen Fall müsste man fragen, warum
auch innerhalb der Wortklasse solch merkwürdige Unterschiede vorhanden
sind. Wenn man aber semantische Maßstäbe benutzt, kann man Grenzlinien
durch die Wortklasse ziehen, wodurch die Verhältnisse wieder begreiflich werden. Einerseits ist die Abtrennung der 3. Pers. überhaupt wegen der semantischen Affinität zu den Nomina an sich – auch aus morphologischer Sicht –
begreiflich; die Nomina sind ja inhärent dritte Person. Andererseits ist die
Neutralisation im Plural oder für Größen, die inhärent Unbelebtes bezeichnen,
auch anhand der semantischen Hierarchien begreiflich; hier wiederholen sich
semantische Grenzlinien aus anderen Klassen innerhalb der Gruppe der Pronomina.

Dass die Hierarchien Silversteins auch anderswo in den festlandskandinavischen Sprachen wirksam sind, sehen wir an einer Konstruktion, die uns mehrmals, sowohl im Norwegischen als auch in der Dialektsyntax, begegnet ist,
nämlich die Verwendung eines Pronomens der 3. Pers. in Verbindung mit
einem Personennamen oder einer Familienbezeichnung: *han Olav, ho Kari, han
far*. Diese Konstruktion ist schon im Altnordischen bezeugt,[35] kann (wenn auch
spärlich) im Mittelalter belegt werden[36] und ist in der Neuzeit sowohl für die
meisten norwegischen wie auch für viele nordschwedische und finnlandschwedische Mundarten belegt. Sie hat eindeutig zwei Funktionen:

1° Einerseits bezeichnet sie die besprochene Person als bekannt, als zum deiktischen Kreis um den Sprecher zugehörig; diese Funktion war wahrscheinlich
die erste und hat sich in den Mundarten gehalten, auch nachdem der Kasus
verlorengegangen war. Etliche Dialekte kennen diese Konstruktion nicht; dafür können u.U. Personenbezeichnungen, die sich auf den näheren Bekannt-
kreis des Sprechers beziehen, den bestimmten (enklitischen) Artikel bekommen.[37]

2° Andererseits bezeichnet diese Konstruktion auch den Kasus, solange die
Pronomina der 3. Person einen Kasus aufweisen.[38] Diese Funktion kann se-

---

35. Wessen 1967 S. 58; Papazian 1978a S. 241 mit weiteren Hinweisen.
36. Hanssen 1976, Papazian 1978a S. 248.
37. Papazian 1978a S. 242. Beispiele für den bestimmten Artikel in dieser Verwendung sind
    bei Bellmann nicht selten; auch unter den Beispielen aus Västra Nyland bei Lundström
    (1939) kommen sie vor.
38. Vgl. Papazian 1978a S. 242.

kundär gewesen sein, aber sie hatte eindeutig ein längeres Leben als die sonstigen morphologischen Kasuskennzeichen in den festlandskandinavischen Sprachen.[39]

Das Wichtige an der Konstruktion ist in unserem Zusammenhang, dass sie eine Seite des Kasusabbaus exemplifiziert, die sonst meist von der Forschung übersehen worden ist. Für die silversteinsche Hierarchietheorie selbst ist das Beispiel auch an sich wesentlich dadurch, dass nicht alle Personennamen von der Konstruktion betroffen sind. Diese Konstruktion gibt es nur bei Namen, die für den Sprecher zum unmittelbaren deiktischen Umfeld gehören, während z.B. historische Personen nicht vorkommen können; ihnen würde das Vertraute fehlen. Da dieser Unterschied mit Sicherheit nicht in einer Beziehung zu einer 'Agens | Patiens'-Distinktion liegen kann, bestätigt dieses Beispiel die Interpretation der Hierarchie in Übereinstimmung mit einem Unterschied zwischen Topik und Fokus. Auf diese Weise leistet dieses Phänomen des Nordskandinavischen einen Beitrag zur Debatte zwischen Comrie einerseits und Mallinson und Blake andererseits.

10.4. Bemerkungen zur Dialektgeographie

Die dialektgeographischen Übersichten sind vom Verfasser aufgestellt; sie geben den mutmaßlichen Zustand in den festlandskandinavischen Dialekten zu Beginn des 20. Jahrhunderts wieder.

Wenn wir hier versuchen, die dialektgeographische Verteilung der Neutralisations- und Inkongruenzphänomene aufzuzeichnen, so geschieht dies mit vielen Fragezeichen und Vorbehalten. Noch einmal muss darauf hingewiesen werden, dass die Beschreibung des Schwedischen eigentlich keine Sicherheit gewährt; es ist durchaus denkbar, dass Kasusneutralisation und Kasusinkongruenz irgendwo im schwedischen Sprachraum vorhanden waren, ohne dass es von der Forschung bemerkt wurde. Es gibt zu denken, dass die Kasusneutralisation in Västra Nyland wahrscheinlich unbemerkt geblieben wäre, hätte nicht die Untersuchung von Gudrun Lundström stattgefunden. Diese Mundart gehört sogar zu den ziemlich gut erforschten; um so merkwürdiger ist es, dass die Quellen zur Syntax so spärlich fließen.

39. [Korrekturnote] In diesem Zusammenhang sind die Beispiele für Kasusflexion bei Eigennamen und Bezeichnungen für lebenden Wesen bei Schagerström 1882 auch bedeutungsvoll; sie bezeugen, dass ein obliquer Kasus in diesem Bedeutungsbereich einen Sinn hatte.

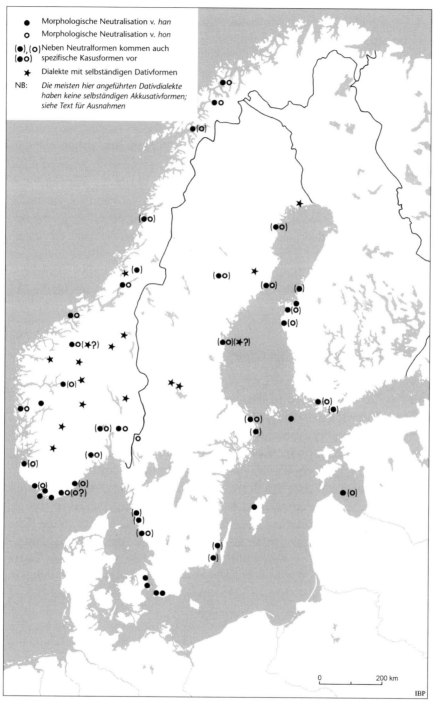

Legend:

- ● Morphologische Neutralisation v. *han*
- ○ Morphologische Neutralisation v. *hon*
- (●), (○) Neben Neutralformen kommen auch
- (●○) spezifische Kasusformen vor
- ✴ Dialekte mit selbständigen Dativformen
- NB: *Die meisten hier angeführten Dativdialekte haben keine selbständigen Akkusativformen; siehe Text für Ausnahmen*

Karte I: Morphologische Neutralisation von *han* und *hon* in den festlandskandina-vischen Dialekten

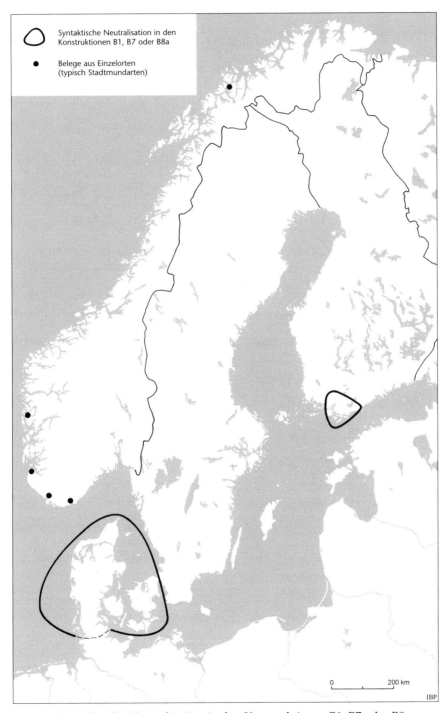

Karte II: Syntaktische Neutralisation in den Konstruktionen B1, B7 oder B8a

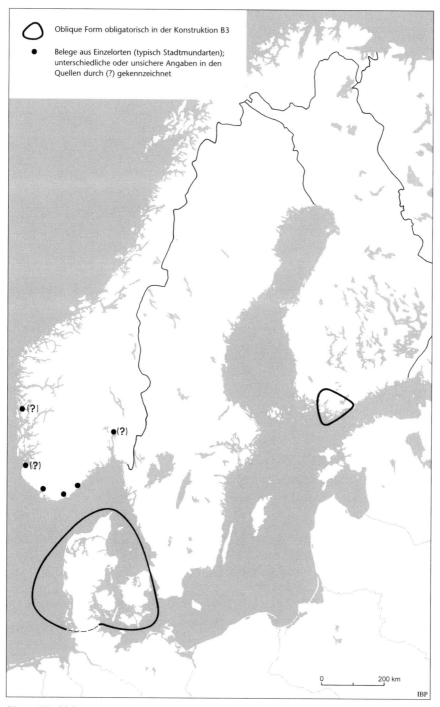

Karte III: Oblique Form obligatorisch in der Konstruktion B3

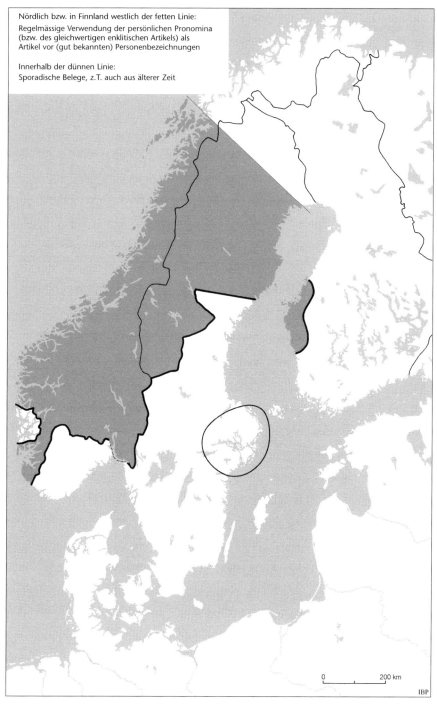

Nördlich bzw. in Finnland westlich der fetten Linie:

Regelmässige Verwendung der persönlichen Pronomina
(bzw. des gleichwertigen enklitischen Artikels) als
Artikel vor (gut bekannten) Personenbezeichnungen

Innerhalb der dünnen Linie:
Sporadische Belege, z.T. auch aus älterer Zeit

0   200 km

IBP

Karte IV: Verwendung unbetonter Pronomina der 3. Person vor Personennamen
in der Konstruktion B9

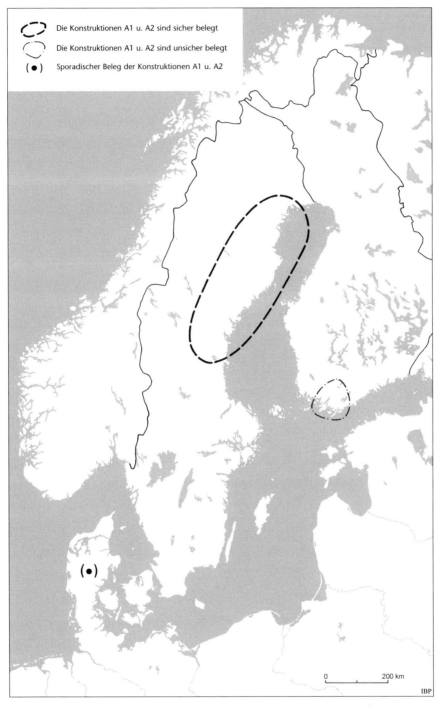

Karte V: Verwendung des Nominativs in den Konstruktionen A1 und A2

Eine Interpretation der Karten I und IV zeigt uns zunächst eine Trennlinie zwischen Norden und Süden. Es ist deutlich, dass die Neutralisation in der 3. Pers. ein nordskandinavisches Phänomen ist und dass die Isoglosse, soweit eruiert werden kann, das Sprachzentrum Oslo, aber nicht die beiden anderen Sprachzentren der Neuzeit, Stockholm und Kopenhagen, umfasst. Die hochsprachlichen Verhältnisse tragen dem Rechnung. Bemerkenswert ist allerdings, dass die morphologische Neutralisation von *han* und vermutlich auch von *hun* in den seeländischen Küstendialekten, einschließlich des frühen Kopenhagenerischen, nachgewiesen werden kann. Hier ist eine morphologische Neutralisation wieder aufgegeben worden, wahrscheinlich unter dem Druck einer überregionalen Norm und der sonstigen Mundarten. Da morphologische Neutralisationen sonst nicht so leicht aufgegeben werden, vgl. die 3. Pers. plur. im Schwedischen und Norwegischen, ist diese Tatsache bemerkenswert.

Was nun die Neutralisation der obliquen Form zum Nominativ angeht, sieht man eindeutig, dass sie eine Innovation sein muss, und noch dazu eine in geographischer Hinsicht isolierte. Über den Hintergrund solcher Formen in einer früheren Verwendung der Dativformen haben wir im Kap. 8, Abschn. 8.2. gesprochen. Interessant ist, dass entsprechende Beispiele mit einem stark betonten Nominativ auch sehr sporadisch in den anderen festlandskandinavischen Sprachen gefunden werden können.[40]

Wenden wir uns nun den verwandten Neutralisationsphänomenen zu, durch die der Nominativ durch die oblique Form ersetzt wird. Eine Form davon, nämlich die Neutralisation bei den Vergleichen, ist im ganzen festlandskandinavischen Raum verbreitet und somit für die dialektgeographische Untersuchung von wenig Interesse. Die Verbreitung der (inkongruenten) Konstruktion B3 und der neutralisierten oder inkongruenten Konstruktionen B1, B7 und B8a zeigt ein komplizierteres Bild. Die Inkongruenz in der Konstruktion B3 hat ungefähr die gleiche Verbreitung wie die neutralisierten Konstruktionen, hat sich aber viel früher durchgesetzt. Für Dänemark sieht es aus, als ob eine Verbreitung der Neutralisation in den drei Konstruktionen B1, B7 und B8a von Jütland aus über Fünen bis Seeland und bis zu den norwegischen Küstenstädten nachgewiesen werden kann. Das Rätsel bleibt Västra Nyland; auch wenn eine gewisse Unterstützung in der Mundart von Närpes gefunden werden kann, scheinen die Innovationen hier viel verbreiteter und stärker zu sein. Da in dialektgeographischer Hinsicht keine Brücke oder Beziehung nachgewiesen werden kann, gibt es eigentlich nur zwei mögliche Lösungen: Sprachkontakt mit anderen Sprachen oder strukturell bedingte Innovation.

40. Vgl. Lundström 1939 S. 55; Skautrup 1970 Art. "IV a".

Die Diskussion über die Sprachkontakte scheint aber ebenfalls wenig sinnvoll zu sein.[41] Das Dänische kommt keineswegs in Frage, da die einzigen engeren Beziehungen in die Zeit vor 1346 fallen, als das Dänische mit Sicherheit noch nicht die Neutralisation entwickelt hatte; die Scheren von Västra Nyland waren in jener Zeit Teil der üblichen Segelstrecke von Dänemark nach Estland.[42] Das Niederdeutsche wäre eine weitere Möglichkeit, aber hier stellen sich zwei Probleme: Erstens war das Niederdeutsche an so vielen Stellen im skandinavischen Raum präsent, dass man noch nach einer zusätzlichen Erklärung fragen müsste, warum die Neutralisation gerade in Västra Nyland gegriffen haben sollte, und zweitens ist, nachdem, was uns bekannt ist, nicht einmal sicher, dass die Kasusneutralisation im Niederdeutschen ein besonders hohes Alter hat.

Eine mögliche Erklärung durch Sprachkontakte könnte man in der Tatsache sehen, dass sich die von der Entwicklung betroffenen Teile von Västra Nyland ab 1630 zu einem frühen Industriebezirk entwickelten. Aus merkantilistischen Gründen bauten die schwedischen Könige in diesen Gebieten unter der Führung von eingewanderten Wallonen und Engländern eine Eisenindustrie auf. Da sowohl das Englische als auch das Französische sehr früh Neutralisation und Inkongruenz kannten, vgl. Abschn. 10.1. oben, hätten die eingewanderten Eisenarbeiter als Substrat ihrer Muttersprachen die Neutralisation mit sich bringen können.

Es bleibt, wenn man nicht an diese letzte Möglichkeit glauben will, eigentlich nur eine Erklärung übrig: Die Innovation beruht auf gemeinsamen Innovationstendenzen, die zu verschiedenen Zeiten spontan zum Vorschein kommen, sonst jedoch überall eine im Prinzip strukturell gleiche Entwicklung ausgelöst haben. Die areallinguistischen Zusammenhänge in ganz Europa in Bezug auf diese Konstruktionen unterstützen eher eine strukturelle Lösung.

Wir wollen versuchen, uns mit dieser strukturell gleichen Entwicklung etwas genauer auseinanderzusetzen.

10.5. Zur Frage der strukturellen Verhältnisse

Die strukturelle Veränderung, die sich in den festlandskandinavischen Sprachen durchsetzt, bedeutet, dass u. a. das Prädikativ eine oblique Form erhält, entweder obligatorisch oder fakultativ. Diese Situation hat verschiedene Deutungen erfahren.

---

41. Jørgensen 1994 gibt eine genauere Ausführung der Frage nach Sprachkontakten mit dem Dänischen und dem Niederdeutschen in Västra Nyland.
42. Cederlöf 1994 S. 97ff.

Die eine Deutungstradition geht auf Knud Knudsen zurück. Hier wird die Analogie zu den Objekten der transitiven Verben hervorgehoben. Die Frage ist aber, wie tief diese Analogie wirklich geht. Ganz grob könnte man meinen, dass die Verben mit Prädikativ einfach transitiv geworden wären; damit hätte man eine formale Lösung, aber keine Antwort auf die Fragen "Wie?"und "Warum?". Wenn eine solche Veränderung in einer Sprache sich durchsetzen soll, muss einerseits eine funktionelle Gleichartigkeit, andererseits ein funktioneller Unterschied vorhanden sein. Solange der funktionelle Unterschied die Oberhand behält, bleiben beide Kasus erhalten; wenn aber die Ähnlichkeit an Bedeutung gewinnt, verändern sie sich.

Nebenbei sei noch bemerkt, dass niemand auf die Idee gekommen ist, dass die Begründung nicht im Verhältnis zwischen den nicht-subjekthaften Satzgliedern liegen könnte, sondern in einer Spaltung des Nominativs; der Nominativ verbliebe dann mit dem topischen Bedeutungsbereich verbunden, bzw. diese Verbindung wird stärker und drängt den Bedeutungsbereich "Nominativ als unmarkierter Mitspieler des Verbs" zurück; die normal fokussierten Bedeutungsbereiche dagegen werden ausgesondert. Eine solche Spaltung könnte in der Tat mit der Spaltung des ursprünglichen Substratbegriffes in der Philosophie verglichen werden, und eine solche Theorie könnte auch mit der diskursiven Semantik bei Brøndal verbunden werden. Insofern wäre die Theorie sinnvoll genug; die Frage ist, ob sie nicht einfach komplementär zur Theorie Knudsens steht.

Hjelmslev hat das Problem anders gedeutet:

Un système qui comporte un *nominatif* dans le sens indo-européen, c'est-à-dire un cas qui désigne à la fois le "sujet" et le "prédicat", à la fois éloignement et rapprochement, ne peut pas être exprimé par la position de l'élément. Le système casuel doit, pour recevoir l'expression par position, répartir les signification autrement: il doit comporter un cas *subjectif*, qui marque le sujet grammatical et qui ne comporte aucune autre signification, et un cas *translatif*, qui est à la fois le cas de l'objet et celui du prédicat.[43]

Im Gegensatz zu Knudsen sieht Hjelmslev die Erklärung nicht in der Semantik, sondern in der praktischen Tatsache, dass die Gestaltung der Reihenfolgemorpheme nur aufgrund des Ausdrucks, nicht aufgrund einer inhaltlichen Parallele, Objekt und Prädikativ gleichsetzen muss. Hjelmslevs Theorie gilt wahrscheinlich nur für die nominalen Glieder; eine Theorie zur Verteilung der Kasusflexion lässt sich daraus nicht ableiten. Würde man dies tun, so stieße man auf große Schwierigkeiten mit dem Schwedischen und Norwegischen. Be-

43. Hjelmslev 1972a S. 69.

sonders das Norwegische wäre ein Paradebeispiel für diese Schwierigkeit; obwohl die norwegische Normierung während der ganzen Zeit der dänischen Hegemonie hindurch die oblique Form vorgesehen hat, haben die Mundarten häufig an den einschlägigen Stellen am Nominativ festgehalten. Wenn die Strukturregel uneingeschränkt herrschen würde, hätte das Norwegische die nominativische Form nicht unangetastet behalten können; dann hätte sich die durch das Dänische eingeleitete Veränderung, unterstützt sowohl durch die Sprachstruktur als auch durch die Normierung, überall durchgesetzt.

Nun sind die Verhältnisse, wie wir wissen, etwas komplizierter, als die beiden Theorien besagen. Hjelmslevs Einsicht stimmt, aber sie ist nicht vollständig. Es kann kein Zufall sein, dass auch die unbestimmten Subjekte in der Existenzkonstruktion am Objektplatz stehen. Das tiefere Muster dahinter hat mit dem diskursiven Wert der beiden positionellen Kasus zu tun, in Übereinstimmung mit der Affinität der beiden Satzglieder zum Topik und zum Fokus. Außerdem spielt die inhärente Semantik der Wortklassen mit herein. Ferner ist die Tatsache zu berücksichtigen, dass nicht nur das Prädikativ, sondern eine ganze Reihe anderer Konstruktionen mit vergleichbaren semantischen Eigenschaften von der Entwicklung betroffen sind.

Je weniger differenziert das Kasussystem ist, um so anfälliger wird es für Subsumierungen unter andere semantische Kategorien. Sobald der durch Flexion gekennzeichnete Nominativ regelmäßig auch den thematischen Platz im Vorfeld einnimmt und die anderen Kasus nicht mehr systematische Unterschiede zum Ausdruck bringen – und das war anscheinend schon lange Zeit in den festlandskandinavischen Sprachen der Fall, vgl. was wir oben zu einem möglichen Wechsel zwischen Akkusativ und Dativ gesagt haben –, ist der Weg für den vollständigen Wegfall der morphologischen Kasus geebnet. Im morphologischen Bereich bleibt dann nur die pronominale Kasusflexion erhalten, eben weil sie an sprachliche Elemente gebunden ist, die schlecht in die Sequentialität eingebunden sind und die außerdem durch ihre Semantik andere Bedeutungsschattierungen haben als die Hauptmasse der nominalen Glieder. Sehr bemerkenswert ist aber die Tatsache, dass drei lineare Kasus weiterleben, obwohl die Unterstützung der Morphologie weggefallen ist.

10.6. Zum Begriff Struktur

Der Begriff Struktur in einer sprachlichen Analyse wie dieser sieht sich mit weit größeren Aufgaben konfrontiert als in einer klassisch-strukturalistischen Darstellung. Im klassischen Strukturalismus ist es die Aufgabe des sprachlichen Systems, eine strukturelle Intersubjektivität zu gewährleisten. Das System ist homogen und lässt sich als Ganzes behandeln; der individuelle Sprecher spielt keine Rolle in solchen Zusammenhängen und die Sprachforschung kann restlos von Sprechern abstrahieren. Laut Hjelmslev sind Sprachsysteme ohne Sprecher und ohne Sprachausübung keine Absurdität.

Die Erkenntnis der Schwierigkeiten bei der praktischen, philologisch orientierten Analyse der sprachlichen Variation kann eine solche maßlose Abstraktion sehr wohl rechtfertigen; dennoch verzichtet sie auf eine anregende, aber auch sehr schwierige Aufgabe, denn gerade bei der Betrachtung des Verhältnisses zwischen psychischer Realität und kommunikativer Verwendung wird der Begriff Struktur ernsthaft auf die Probe gestellt. Hier liefern die festlandskandinavischen Sprachen ein Paradebeispiel, denn einerseits sind die grammatischen und lexikalischen Ähnlichkeiten sehr groß, in der Tat so groß, dass man sie als **ein** Dialektgebiet mit mehreren schriftsprachlichen Modalitäten auffassen könnte, andererseits gibt es auch gerade im Bereich der Kasusverhältnisse gravierende Unterschiede, sogar zwischen einer schriftlichen und einer mündlichen Form im gleichen Gebiet, so wie es im Dänischen der Fall ist. Am Beispiel der festlandskandinavischen Sprachen sieht man, dass eine Semikommunikation trotz etlicher Schwierigkeiten mit der systemischen Gestaltung grundsätzlich möglich ist.

Außerhalb der Sprachwissenschaft besitzt der Begriff Struktur häufig Konnotationen, die mit dem klassischen abstrakten Strukturalismus schwer vereinbar sind.[44] Der Begriff ist in dieser Variante eindeutig dialektisch; er fasst Situationen zusammen, in welchen ein Gleichgewicht zwischen entgegengesetzten Kräften herrscht. "Struktur" in diesem alltäglichen – aber auch wissenschaftlichen, bloß nicht sprachwissenschaftlichen – Sinn ist ein dynamischer Begriff; es besteht eine Wechselwirkung zwischen dem Ganzen und den Elementen. Das Verhältnis kann unverändert bleiben, aber nur, weil das Ganze imstande ist, einen Zustand des Gleichgewichts aufrechtzuerhalten. Das Verhältnis kann sich aber auch ändern, dann jedoch nur in eine Richtung, die vom Ganzen im Voraus determiniert ist. Ein "System" ist in diesem Sinn nicht statisch oder erstarrt, sondern ein eventueller Ruhezustand beruht darauf, dass die gegeneinander wirkenden Kräfte sich im Moment gegenseitig aufheben.

Wenn man versuchen will, die festlandskandinavischen Sprachen als **ein** System zu verstehen, wird sofort klar, dass wir es hier nicht mit einem System im klassischen strukturalistischen Sinn zu tun haben. Dazu sind die Einzelele-

---

44. Wir beziehen uns hier auf Jean Petitots Darstellung des Begriffes Struktur (Petitot 1992). Überhaupt verdankt die Darstellung in diesem Abschnitt den neueren katastrophentheoretischen Auseinandersetzungen mit dem Strukturalismus die wesentlichsten Gedanken, vgl. auch Brandt 1995 und Stjernfelt 1992.

mente zu heterogen. Ein abstraktes, homogenes, überindividuelles System lässt sich zwar erdenken; es wäre jedoch so abstrakt und die einzelnen Manifestationsregeln so kompliziert und teilweise widersprüchlich, dass die Frage gestellt werden müsste, ob nicht auch alle anderen germanischen Sprachen und sogar das Französische dazugehören würden, auch wenn diese Sprachen aufgrund des etymologisch überlieferten Materials auf der lexikalischen Ebene nicht transparent sind. Gerade die Art und Weise, wie wir die Reihenfolgemorphologie aufgestellt haben, kann sicherlich auch mit gewissen, nicht allzu komplizierten Modifikationen auf das Französische und Englische übertragen werden. Liegt die Intransparenz des Englischen für einen Skandinavier wirklich nur im Wortschatz (bzw. auch in der lautlichen Gestaltung desselben)?

Die große Schwierigkeit bei der Übertragung einer dynamischen Systemauffassung auf die Sprachwissenschaft besteht darin, das Verhältnis zwischen den Kräften festzuhalten und vernünftig zu ermessen. "Sprachliche Kraft" zu ermessen ist aber keine empirische Aufgabe, sondern eine spekulative. Die sprachlichen Kräfte, die wir annehmen können, obwohl sie nie empirisch zutage treten, sind kognitive Prozesse; wir haben nur einen einzigen Zugang dazu, und dieser besteht darin, sie so gut wie möglich zu simulieren. Man kann annehmen, dass eine gewisse Anzahl an Elementen vorhanden ist, und man kann Vermutungen aufstellen, in welcher Beziehung sie zueinander stehen. Hierzu können sowohl Begriffe aus der Kommunikationstheorie als auch semantische Begriffe beitragen. Mit ihrer Hilfe wird es möglich, das Innere der "black box" zu simulieren; aber eine solche Simulation wird nur dadurch ermöglicht, dass sie aufgrund ihres funktionellen Charakters sowohl als inhaltlich bestimmt als auch als richtungsbestimmt aufgefasst werden kann. Die funktionelle Ausrichtung eines Elements macht es auch möglich, eine Balance der semantischen Kräfte innerhalb der "black box" zu simulieren.

In diesem Sinne ist es in der Folge dann möglich, eine Vorstellung von einer Struktur aufzubauen, die vom erstarrten klassischen Strukturalismus weg, zurück zu den Anfängen des Strukturalismus führt. Hier sei an die Anfänge Louis Hjelmslevs erinnert; wie wir nachgewiesen haben, war sein ursprünglicher Begriff des Systems weit dynamischer und "semantischer" als in der klassischen Phase.[45] Wir haben damals angedeutet, dass ihm darin eine Katastrophentheorie gefehlt hat; denn eben eine Katastrophentheorie würde eine formale Beschreibung der dynamischen Strukturen ermöglichen.

Auch diese Arbeit lehnt sich an die epistemologischen Errungenschaften der Katastrophentheorie an, auch wenn die strikte Formalisierung hier unter-

---

45. Vgl. Jørgensen 1988b.

bleiben muss. Die Formalisierung der allgemeinen strukturellen Eigenschaften des Sprachsystems ist mittlerweile so gründlich aufgearbeitet, dass auch Nicht-Mathematiker wie der Verfasser dieser Zeilen vom rein ideenmäßigen Gut zehren können.

Wir haben in dieser Abhandlung mit einem sehr abstrakten Systembegriff gearbeitet; ein Beispiel für ein Element auf der abstraktesten Ebene ist die Transitivität an sich. Sie ist von so allgemeiner Natur, dass der Gedanke, dass sie in irgendeiner Sprache fehlen könnte, absurd erscheint. Diese Konzeption des Begriffes System ist aber gleichzeitig ein Ergebnis verschiedener semiotischer Kräfte, die anhand einer kommunikativen Analyse festgehalten werden können; die gleichen semiotischen Kräfte liefern auch bei der tatsächlichen Umsetzung des Systems in eine diskursive Entfaltung die Bestimmungen, die teils analytisch, teils realistisch hineingebracht werden. In diesem Sinn ist die Darstellung sowohl sehr oberflächennah als auch sehr abstrakt. Eine solche Darstellungsart ermöglicht einerseits eine Abstraktionsebene, die es uns erlaubt, das Gemeinsame in mehreren Sprachsituationen darzustellen, andererseits erlaubt sie uns auch eine genaue Beschreibung der Oberflächenstrukturen.

Durch eine solche Denkart in der Sprachwissenschaft müsste es möglich sein, die Dichotomie zwischen System und Gebrauch zu überwinden. Es müsste möglich sein, die individuelle Variation festzuhalten, ohne auf der anderen Seite den Begriff Struktur als Medium der Intersubjektivität preiszugeben. Sprache hat sowohl eine expressive Seite, die die Individualität des Einzelnen zum Ausdruck bringt, als auch eine intersubjektive Seite, die imstande ist, Inhalt zu vermitteln. Gerade durch das Studium der Variation in eng verwandten Sprachzuständen, die noch dazu mehr oder weniger problemlos semikommunikativ miteinander verbunden sind, wird klar, dass die Struktur kein erstarrtes Phänomen sein kann. Die sprachliche Struktur muss imstande sein, sowohl einen Inhalt kommunikativ zu gestalten als auch eine gemachte Äußerung adäquat zu interpretieren. Das Interessante an der festlandskandinavischen Kommunikationssituation ist, dass sie nicht nur systemische, gleichbleibende Reserven ins Spiel bringt, sondern auch Elemente, die offen sind und restrukturiert werden können. Auf diese Weise führt die konkrete sprachliche Beschreibung auch weiter über sich selbst hinaus und zur Einsicht in die Natur der semiotischen Gestaltung.

Literaturverzeichnis

Aasen, Ivar: *Norsk Grammmatik*. 2. Ausg. von *Det norske Folkesprogs Grammatik*. Kristiania: Alb. Cammermeyers Forlag 2. Ausg. 1899.

Aasen, Ivar: *Søndmørsk Grammatik*. Eegsæt: Mauritz A. Aarflot 1851.

Ács, Péter & Henrik Jørgensen: "På afgrundens rand? Nogle bemærkninger om konsekvenserne af en morfofonologisk udviklingstendens i moderne dansk". In Sooman, Imbi (Hg.): *Vänbok. Festgabe für Otto Gschwantler zum 60. Geburtstag*. Wien: Verein der wissenschaftlichen Gesellschaften Österreichs 1990 S. 1-10.

Ahlbäck, Olav: *Svenskan i Finland = Skrifter utgivna av Nämnden för svensk språkvård* 15. Stockholm: Svenska Bokförlaget Norstedts 1956.

Andersen, Einer og Erik Rehling: *Modersmaalet* I. Kopenhagen: J.H. Schultz Forlag 1936.

Andersen, Per Durst & Michael Herslund: "Prepositional Objects in Danish". In Heltoft, Lars & Hartmut Haberland (Hgg.): *Proceedings of the 13th Scandinavian Conference of Linguistics*). Roskilde: Department of Languages and Culture, Roskilde University 1996 S. 93-108.

Aristoteles: *Categories and De Interpretatione* (Hg. J.L. Ackrill). Oxford: Clarendon Press 1963.

Askedal, John Ole: "Topologisk feltanalyse, koderingssystemer og pragmatiske funksjoner". In *Nydanske Studier* 16-17, 1986 S. 18-55.

Askedal, John Ole: "On the Morphosyntactic properties and pragmatic functions of correlative right dislocation (right copying) in modern colloquial Norwegian". In Lilius, Pirkko und Mirja Saari (Hgg.): *The Nordic Languages and Modern Linguistics* 6. Helsinki: Helsinki University Press 1987 S. 93-110.

Åström, P.: *Degerforsmålets formlära jämte exkurser till ljudläran = Bidrag till kännedom om de svenska landsmålen ock svenskt folkliv* XIII.2. Stockholm: P.A. Norstedt & Söner 1893.

Basbøll, Hans: "Når genstande bliver så lette at de flyver". In *Profiler*. Odense: Odense Universitetsforlag 1986 S. 171-182.

Basbøll, Hans: "Dansk talesprog, systembeskrivelser. Dansk fonologi i de sidste femogtyve år". In Holmberg, Bente, Britta Olrik Frederiksen & Hanne Ruus (Hgg.): *Forskningsprofiler*. Kopenhagen: Gyldendal 1989 S. 91-134.

Beito, Olav T.: *Nynorsk grammatikk*. Oslo: Det Norske Samlaget 1970, 2. Ausg. 1986.

Beito, Olav T. & Ingeborg Hoff: *Frå norsk målføregranskning*. Oslo – Bergen – Tromsø: Universitetsforlaget 1973.

Bendsen, Bende: *Die nordfriesische Sprache*, hrgs. v. Dr. M. de Vries, [Leiden: E. J. Brill 1860], zit. nach der unveränderten Neuauflage Walluf bei Wiesbaden: Dr. Martin Sändig oHG 1973.

Bennike, Valdemar & Marius Kristensen: *Kort over de danske Folkemaal med Forklaringer*. Kopenhagen: Det Schubotheske Forlag, Gyldendalske Boghandel & Nordisk Forlag 1898-1912.

Bergroth, Hugo: *Finlandssvenska*. Helsingfors 1917, 2. erw. Ausg. 1928.

Berntsen, M. & Amund B. Larsen: *Stavanger Bymål*. Oslo: Bymålslaget i kommisjon hos H. Aschehoug & Co. 1925.

Bertelsen, Henrik (Hg.): *Danske Grammatikere fra Midten af det syttende til Midten af det attende Aarhundrede*, Bd. I-VI. Kopenhagen: Gyldendalske Boghandel, Nordisk Forlag 1915-29.

Berulfsen, Bjarne: *Norsk grammatikk*. Oslo: H. Aschehoug & Co. (W. Nygaard) 1967.

Bjerke, André: *Hva er godt riksmål?* Oslo: Riksmålsforbundet 1962.

Bjerke, André: *Dannet talesprog*. Oslo: Riksmålsforbundet 1966.

Bjørkum, Andreas: *Årdalsmålet hjå eldre og yngre = Skrifter frå norsk målførearkiv* XX. [O.O.] Universitetsforlaget 1968.

Bjørkum, Andreas: *Generationsskilnad i Indresognsmål = Skrifter frå norsk målførearkiv* XXX. Oslo – Bergen – Tromsø: Universitetsforlaget 1974.

Bjørset, Karl: "Syd-Lesje- og Nord-Dovremålets lyd- og formlære". *Aarsberetning for skoleaaret 1899-1900. Drammen offentlige skole for den høiere almendannelse*. Drammen: O. Steens Bogtrykkeri 1900.

Blake, Barry J.: *Case*. Cambridge: Cambridge University Press 1994.

Bleken, Brynjulf: *Studier i Knud Knudsens grammatiske arbejder = Bidrag til nordisk filologi av studerende ved universitetet i Oslo* XIV. Oslo: Aschehoug & Co. 1956.

Bleken, Brynjulf: *Om setningsskjemaet*. Oslo – Bergen – Tromsø: Universitetsforlaget 1971.

Bock, Karl Nielsen: *Niederdeutsch auf dänischem Substrat = Deutsche Dialektgeographie* Heft XXXIV = *Universitets-Jubilæets danske Samfund* Nr. 299. Kopenhagen: Levin & Munksgaard u. Marburg: N. G. Elwert'sche Verlagsbuchhandlung 1933. [Habilitationsschrift]

Boyle, John Andrew: *Grammar of Modern Persian = Porta linguarum orientalium*. Neue Serie IX. Wiesbaden: Otto Harrasowitz 1966.

Brandt, Per Aage: *Morphologies of Meaning*. Århus: Aarhus University Press 1995.

Brandt, Søren: "Two Problems of Danish Verb Syntax". In *Nordic Journal of Linguistics* 1992.

Brink, Lars & Jørn Lund: *Udtaleforskelle i Danmark*. Kopenhagen: Gjellerup 1974.

Brink, Lars & Jørn Lund: *Dansk Rigsmål 1-2*. Kopenhagen: Gyldendal 1975.

Brodda, Benny: *(K)Overta kasus i svenskan = Papers from the Institute of Linguistics at the University of Stockholm (PILUS)* 18. Stockholm 1973.

Brøndal, Viggo: *Ordklasserne*. Kopenhagen: G.E.C.Gad 1928.

Brøndal, Viggo: *Morfologi og Syntax = Festskrift udgivet af Københavns Universitet i Anledning af Universitetets Aarsfest November 1932*. [ohne Verlag]

Brøndal, Viggo: "Langage et logique". 1937 geschrieben, hier zit. nach Viggo Brøndal: *Essais de linguistique générale*. Kopenhagen: Einar Munksgaaard 1943 S. 49-71.

Brøndal, Viggo: *Præpositionernes Theori = Festskrift udgivet af Københavns Universitet i Anledning af Universitetets Aarsfest November 1940*. [ohne Verlag]

Brøndum-Nielsen, Johannes: *Gammeldansk Grammatik Bd. V: Pronominer*. Kopenhagen: Akademisk Forlag 1965.

Bruaas, Einar: *Elementær metodikk i eksperimentell-analytisk lingvistikk for dansk og norsk setningsmorfologi*. Oslo – Bergen – Tromsø: Universitetsforlaget 1971.

Bull, Edv. et al. (Hgg.): *Norsk biografisk leksikon* I-XIX. Oslo: H. Aschehoug & Co. (W. Nygaard) 1923-33.

Bull, Trygve: *Språket i Oslo*. Oslo: Gyldendal 1980.

Byskov, Jens: "Om nogle sætninger med der som foreløbigt grundled". In *Danske Studier* 1912 S. 135-138.

Byskov, Jens: "Om Begrebet Grundled". In *Danske Studier* 1914 S. 129-144.

Byskov, Jens: *Dansk Sproglære*. 5. Ausg. Kopenhagen: Det Schønbergske Forlag 1955 (1. Ausg. 1910).

Cederlöf, Henrik: *Skärgård*. Ekenäs: Ekenäs Tryckeri Aktiebolags Förlag 1994.

Christensen, Balthasar: *Lollandsk Grammatik – Radstedmaalet = Udvalg for Folkemaal's Publikationer* Serie A Nr. 1. Kopenhagen: J.H. Schultz Forlag 1936.

Christensen, Kirsti Koch: "Subject Clitics and A'-Bound Traces". In *Nordic Journal of Linguistics* 8, 1985 S. 1-23.

Christiansen, Hallfrid: "Me – vi i nynorsk". In Aakjær, Svend, Kristian Hald, Aage Hansen & Niels Åge Nielsen (Hgg.): *Festskrift til Peter Skautrup*. Århus: Universitetsforlaget i Aarhus 1956 S. 175-181.

Christiansen, Hallfrid: *Norske dialektar*. Oslo: Tanum – Norli (1946) 1976.

Collinder, Björn: *Svenska*. Stockholm: P.A. Norstedt & Söners Förlag 1971.

Comrie, Bernard: *Language Universals and Linguistic Typology*. Oxford: Basil Blackwell 2. Ausg. 1989.

Coward, Gorgus: *Kortfattet riksmålsgrammatikk = Skrifter utgitt av Det norske akademi for sprog og litteratur* II. Oslo: Universitetsforlaget 3. Ausg. 1969.

Dahl, B.T.: *Bidrag til dansk Sætningslære*. Kopenhagen: J.H. Schubothes Boghandel 1884.

Dahl, Östen: "Case Grammar and Prototypes". In Dirwen, René & Günter Radden (Hgg.): *Concepts of Case = Studien zur englischen Grammatik* 4. Tübingen: Günther Narr Verlag 1987.

Dale, Johannes A. & Marius Sandvei: *God norsk*. [O.O.] Norsk Rikskringkastning 1953.

Daneš, Fr. (Hg.): *Papers on Functional Sentence Perspective = Janua linguarum, Series minor* 147. Prag: Academia & The Hague & Paris: Mouton 1974.

Dansk sprognævn: *Årsberetning* 1963-4 & 1978. Kopenhagen: Gyldendal 1963-4 & 1978.

Diderichsen, Paul: "Prolegomena til en metodisk dansk Syntax". In Spang-Hanssen, E., Viggo Brøndal & Johannes Brøndum-Nielsen (Hgg.): *Forhandlinger paa det ottende nordiske Filologmøde i København den 12-14 August 1935*. Kopenhagen: J.H. Schultz Forlag 1936 S. 41-46.

Diderichsen, Paul: "Om pronominerne 'sig' og 'sin'". *Acta philologica scandinavica* XIII, 1939 S. 1-95.

Diderichsen, Paul: *Sætningsbygningen i skaanske Lov. = Universitets-Jubilæets danske Samfunds Skrifter* Nr. 327. Kopenhagen: Ejnar Munksgaard 1941. [Habilitationsschrift]

Diderichsen, Paul: "Mindeord over professor Viggo Brøndal". *Selskab for nordisk Filologis Årsberetning for 1942*. Kopenhagen 1943a S. 3-4.

Diderichsen, Paul: "Viggo Brøndal. 1887-1942". *Gads danske Magasin* 37, 1943b S. 82-97.

Diderichsen, Paul: *Elementær dansk Grammatik*. Kopenhagen: Gyldendal 1946, 3. Ausg. 1962 zit. nach der Neuauflage 1971.

Diderichsen, Paul: "Synspunkter for dansk sproglære i det 20. århundrede". In Larsen, Jørgen, Christian Lisse und Karl Martin Nielsen (Hgg.): *Det danske sprogs udforskning i det 20. århundrede*. Kopenhagen: Gyldendal 1965 S. 142-211.

Diderichsen, Paul: *Helhed og struktur*. Kopenhagen: G.E.C. Gads Forlag 1966.

Dubois, Jean & René Lagane: *La nouvelle grammaire du français*. Paris: Librairie Larousse 1973.

Eklund, Britt: "'Jag såg han' Om objektsformer av personliga pronomen i nordsvenskan". In Elert, Carl-Christian & Sigurd Fries: *Nordsvenska. Språkdrag i övre Norrlands tätorter = Acta Universitatis Umensis* 49. Stockholm: Almqvist & Wiksell International 1982 S. 161-173.

Endresen, Øyalf: "Om trøndsk talemålssyntaks: midtfeltsstrukturen i hovudsetningar, med særleg vekt på den innbyrdes plasseringa av setningsadverbialet *ikkje* og trykklett pronomen". In *Motskrift. Arbeidsskrift for språk og litteratur* (Univ. i Trondheim) 1985 Nr. 2 S. 1-62.

Eskeland, Severin: *Reglar og rettleidingar i norsk maalbruk*. Oslo: Sendestad: Norsk maalkontor 1904.

Eskeland, Severin: *Reglar og rettleiingar i norsk målbruk*. 6. Ausgabe. Oslo: Fonna forlag 1954.

Falk, Hjalmar & Alf Torp: *Dansk-norskens syntaks i historisk fremstilling*. Christiania 1900.

Fillmore, Charles: "Towards a modern theory of case". In *The Ohio State University project on linguistic analysis*. Report No. 13, 1966 S. 1-24.

Fillmore, Charles: "The Case for Case". In Bach, Emmon & Robert T. Harms (Hgg.): *Universals in Linguistic Theory*. New York: Holt, Rinehart & Winston, Inc. 1968 S. 1-88.

Fischer-Jørgensen, Eli: "The Commutation Test and its Application to Phonemic Analysis". In Halle, Morris, Horace G. Lunt, Hugh McLean & Cornelis H. van Schooneveld (Hgg.): *For Roman Jakobson*. Der Haag: Mouton 1956 S. 140-151.

Fischer-Jørgensen, Eli: "Form and Substance in Glossematics". In *Acta Linguistica Hafniensia* Vol. X, No. 1. Kopenhagen: Nordisk Sprog- og Kulturforlag 1966a S. 1-33.

Fischer-Jørgensen, Eli: "Paul Diderichsen 16. august 1905-9. oktober 1964". In Paul Diderichsen: *Helhed og struktur* (Hgg. Bjerrum, Anders, Eli Fischer-Jørgensen, Henning Spang-Hanssen & Knud Togeby). Kopenhagen: G.E.C. Gads Forlag 1966b S. 11-19.

Fischer-Jørgensen, Eli: "Introduction". In der 2. Auflage Kopenhagen 1967: Nordisk Sprog- og Kulturforlag von Uldall 1957 S. I-XXII.

Fossestøl, Berndt, Einar Lundeby & Ingvald Torvik: *Morsmålet*. Oslo: J.W. Cappelens Forlag 4. Ausg. 1966.

Foucault, Michel: *L'archéologie du savoir*. Paris: Éditions Gallimard ([1966] hier zit. nach der Ausgabe Jänner 1976).

Fowler, H.W. & F.G. Fowler: *The King's English*. Faksimileausgabe einer Ausgabe ungef. 1930. Ware: Wordsworth Editions Ltd. 1993.

Framlegg til lærenoksnormal 1957 fra Norsk språknemnd. Oslo: Kirke- og undervisningsdepartementet 1957.

Fretheim, Thorstein: "'Utbrytning av setningsledd' set fra transformasjonsgrammatisk synspunkt". In Hanssen, Eskil (Hg.): *Studier i norsk språkstruktur*. Oslo – Bergen – Tromsø: Universitetsforlaget 1970 S. 53-80.

Fretheim, Thorstein & Per-Kristian Halvorsen: "Norwegian Clitic Placement". In *Working Papers in Linguistics* 3. University of Oslo 1972 S. 1-44.

Fretheim, Thorstein & Per-Kristian Halvorsen: "Norwegian Cliticization". In Dahlstedt, Karl-Hampus (Hg.): *The Nordic Languages and Modern Linguistics* 2 = *Kungl. Skytteanska Samfundets Handlingar* Nr. 13. Stockholm: Almqvist & Wiksell International 1975 S. 446-465.

Freudenthal, A.O.: *Om Svenska Allmogemålet i Nyland* = *Bidrag till Kännedom af Finlands Natur och Folk utgifna af Finska Vetenskaps-Societeten*. 15. Heft. Helsingfors: Finska Litteratursällskapets tryckeri 1870.

Freudenthal, A.O.: *Ueber den Närpesdialect*. Helsingfors: J.C. Frenckell & Sohn 1878. [Habilitationsschrift]

Freudenthal, A.O.: *Vöråmålet* = *Skrifter utgifna af svenska literatursällskapet i Finland* XII. Helsingfors 1889.

Gabelentz, Georg v.d.: *Die Sprachwissenschaft*. 2. Ausg. Leipzig: Chr. Hermann Tauchnitz 1901; zit. nach der Faksimileausgabe, Hgg. Günter Narr & Uwe Petersen = *Tübinger Beiträge zur Linguistik*. 2. Aufl. Tübingen: Günter Narr 1972.

Gjelsvik, Nicolaus: *Von og veg*. Oslo: Olaf Norlis forlag 1938.

Gjerden, Knut: "Byklemålet". In *Bykle Bygdesoge: Kultursoga*. Kristianssand [ohne Verlag] 1974.

Götzsche, Hans: *Deviational Syntactic Structures. A Contrastive Linguistic Study in the Syntax of Danish and Swedish*. Göteborgs Universitet, Institutionen för svenska språket 1994. [Habilitationsschrift]

Gougenheim, Georges: *Système grammatical de la langue française*. Paris: Editions D'Artrey o.J. [1966]

Granlund, Åke & Kurt Zilliacus: *Svenska ortnamn i Finland med finska motsvarigheter*. 3. Aufl. Helsingfors [ohne Verlag] 1963.

Gregersen, Frans: "Paul Diderichsen og Louis Hjelmslev". In *Nydanske Studier* 16-17, 1986 S. 186-209.

Gregersen, Frans: *Sociolingvistikkens (U)Mulighed* I-II. Kopenhagen: Tiderne Skifter 1991. [Habilitationsschrift]

Grevisse, Maurice: *Précis de grammaire française*. Gembloux: Éditions J. Duculot 28. Ausg. 1969.

Grünbaum, Catharina: "Språknämndens enkät till svensklärare". In *Språkvård, Tidskrift utg. av Svenska språknämnden* 4, 1976 S. 3-23.

Hagfors, K.J.: *Gamlakarlebymålet* = *Svenska Landsmål* XII, 2. Helsingfors 1891.

Hægstad, Kristian M.: *Norsk maallæra elder grammatik i landsmaalet*. Bergen: Fr. Nygaards forlag 1886.

Hægstad, Kristian M., Arne Garborg & Rasmus Flo: *Framlegg til skrivereglar for landsmaale i skularne*. Kristiania: A.W. Brøggers bogtrykkeri 1899.

Häkkinen, Kaisa: "De tidligste kontakter mellem finnerne og skandinaviernes forfædre som set af en fennougrist". In Lind, John & Olli Nuutinen (Hgg.): *Det finske sprogs rødder* = *Finsk afdelings skrifter*. Kopenhagen: Finsk afdeling ved Københavns Universitet 1992 S. 50-69.

Halliday, Michael A.K.: "Notes on Transitivity and Theme in English". In *Journal of Linguistics* 1, 1967 S. 37-81; 2, 1967 S. 199-244 u. 1, 1968 S. 179-215.

Hammerich, Louis L.: *Indledning til tysk Grammatik*. Kopenhagen: G.E.C. Gads Forlag 1935.

Hannaas, Torleiv: "Sætesdals-målet". In *Norske Bygder I: Setesdalen*. Kristiania: Alb. Cammermeyers Forlag. Lars Swanström 1921 S. 22-29.

Hansen, Aage: *Vort vanskelige sprog*. Kopenhagen: Grafisk Forlag 2. Ausg. 1965.

Hansen, Aage: *Moderne Dansk* I-III. Kopenhagen: Grafisk Forlag 1967.

Hansen, Elisabeth: *Syntaksen i børnesprog* = *Faglig-pædagogiske småskrifter om dansk sprog* 4. Kopenhagen: Gyldendal 1975.

Hansen, Erik: "Sætningsskema og verbalskemaer". In *Nydanske Studier* 2, 1970 S. 116-141.

Hansen, Erik: "Dr. Jekyll og mr. Hyde i dansk Grammatik". In *Papir*, Bunke I, 4, 1972. [unpag.]

Hansen, Erik: "Bestemt og ubestemt Sætning". In *Nydanske Studier* 7, 1973 S. 130-150.

Hansen, Erik: *Dæmonernes Port*. 3. Ausg. Kopenhagen: Hans Reitzel 1984.

Hansen, Erik: "Grammatik: Bøjning og syntaks". In *Sproget her og nu* = *Dansk sprognævns skrifter* 14. Kopenhagen: Gyldendal 1988 S. 113-135.

Hansen, Erik & Jørn Lund: *Sæt tryk på*. Kopenhagen: Lærerforeningens Materialeudvalg 1983.

Hanssen, Eskil: "Nominalsyntagme av typen *Han Asbjørn* i Mellomnorsk". In *Norskrift* 1976 S. 1-8.

Harling-Kranck, Gunilla: "De finlandssvenska dialekternas regionala indelning-förslag till gränsdragningar". In Loman 1981, S. 65-80.

Haugen, Einar: *Riksspråk og folkemål*. Oslo: Universitetsforlaget 1968.

Hawkins, John A.: *A Comparative Typology of English and German Unifying the Contrasts*. London & Sydney: Chrom Helm 1986.

Heger, Steffen: *Halløj i operaen. Noter til dansk grammatik*. Vervielfältigt, Kopenhagens Universitet, Inst. for nordisk filologi 1984.

Heggstad, Leiv: "Ymist or syntaksen i Sæbyggjemaalet". In *Maal og Minne* 1916 S. 159-166.

Heggstad, Leiv: "Um ordleiding og setningsbygning i norske maalføre". In *Maal og Minne* 1920 S. 81-93.

Heggstad, Leiv: *Norsk grammatikk. Større utgåve*. Oslo: Olaf Norlis Forlag 1931.

Hellberg, Staffan: *On Existential Sentences = Gothenburg Papers in Theretical Linguistics*. Vervielfältigt, Universität Göteborg 1970.

Heltoft, Lars: "Topologi og Syntaks". In *Nydanske Studier* 16-17, 1986a S. 105-130.

Heltoft, Lars: "The V/2 Analysis – A Reply from the Diderichsen Tradition". In Dahl, Östen & Anders Holmberg (Hgg.): *Scandinavian Syntax*. Stockholm: Institute of Linguistics, University of Stockholm 1986b S. 50-66.

Heltoft, Lars: "The pragmatic syntax of Danish der-constructions". In Lilius, Pirkko & Maija Saari (Hg.): *The Nordic Languages and Modern Linguistics* 6, 1987 S. 177-192.

Heltoft, Lars: "En plads til sprogvidenskabens hittebørn. Om talesprog og sætningsskema". In Galberg Jacobsen, Henrik (Hg.): *Selskab for Nordisk Filologi, København, Årsberetning 1987-1989*. Kopenhagen 1990 S. 26-45.

Heltoft, Lars: "Talesprogets tale". In Kunøe, Mette & Erik Vive Larsen (Hgg.): *3. Møde om Udforskningen af Dansk Sprog*. Århus: Aarhus Universitet 1991 S. 126-143.

Heltoft, Lars: "Topologiens plads i en sprogteori". In Gregersen, Frans (Hg.): *Lingvistisk Festival = Sprogvidenskabelige Arbejdspapirer fra Kopenhagens Universitet* 2, 1992a S. 67-98.

Heltoft, Lars: "The Topology of Verb Second and SVO Languages. A Study in the Sign Function of Word Order". In Herslund, Michael (Hg.): *Word Order = Copenhagen Studies in Language* 15. Kopenhagen: Handelshøjskolens Forlag & Nyt Nordisk Forlag Arnold Busck 1992b S. 13-64.

Henriksen, Carol: "Socialrigtighed, sprogrigtighed og skriftsprogsnormering – i almindelighed og i Danmark". In *Språk og samfunn i Norden etter 1945 = Nordisk språksekretariats rapporter* 5. Oslo: Nordisk Språksekretariat 1985 S. 161-179.

Henriksen, Carol: "Sætningsleddene og deres stilling – nogle år før – og flere år efter". In *Nydanske Studier* 16-17, 1986 S. 210-228.

Hermann, Jesper: "En kritisk gennemgang of glossematikkens indholdsanalyse". Diss. Kopenhagen 1967.

Herslund, Michael: "The Double Object Construction in Danish". In Hellan, Lars & Kirsti Koch Christensen (Hgg.): *Topics in Scandinavian Syntax*. Dordrecht: D. Reidel Publishing Company 1986 S. 125-147.

Herslund, Michael & Finn Sørensen: "Syntaks og leksikologi". In *SAML (Skrifter om Matematisk og Anvendt Lingvistik)* 9, 1982 S. 33-83.

Hjelmslev, Louis: *Omkring Sprogteoriens Grundlæggelse = Festskrift udgivet af Københavns Universitet i Anledning af Universitetets Aarsfest 1943*; hier zit. nach der Ausgabe Kopenhagen 1966: Akademisk Forlag. Dt. Übersetzung: *Prolegomena zu einer Sprachtheorie = Linguistische Reihe* 91. München: Max Hueber Verlag 1974.

Hjelmslev, Louis: "La stratification du langage". Urspr. in *Word* 1954, später auch in *Essais Linguistiques* I (1959); hier zit. nach Hjelmslev 1974a S. 76-104.

Hjelmslev, Louis: *La categorie de cas*. Urspr. = *Acta Jutlandica* VII,1, 1935 und IX,2, 1937; hier zit. nach der Ausgabe München: Wilhelm Fink Verlag 1972a.

Hjelmslev, Louis: *Sprogsystem og Sprogforandring = Travaux de Cercle linguistique de Copenhague* Vol. XV. Kopenhagen: Nordisk Sprog- og Kulturforlag 1972b.

Hjelmslev, Louis: "Structure générale des corrélations linguistiques". In *Essais Linguistiques* II. Kopenhagen: Nordisk Sprog- og Kulturforlag 1973 S. 57-98.

Hjelmslev, Louis: *Aufsätze zur Sprachwissenschaft* (Hg. Erhard Barth). Stuttgart: Ernst Klett 1974a.

Hjelmslev, Louis: *Prolegomena zu einer Sprachtheorie = Linguistische Reihe* 9. München: Max Hueber Verlag 1974b (Übersetzung von Hjelmslev 1943).

Hjelmslev, Louis: *Resume of a Theory of Language*. Kopenhagen: Naturmetodens Sproginstitut: Nordisk sprog- og kulturforlag 1975.

Hjelmslev, Louis & Hans Jørgen Uldall: "Synopsis of an Outline of Glossematics"; 1936 hier zit. nach Hjelmslev 1974a S. 1-6.

Hjelmslev, Louis & Hans Jørgen Uldall: *Outline of Glossematics* I = *Travaux du cercle linguistique de Copenhague* Vol. X$_1$. Kopenhagen: Nordisk Sprog- og Kulturforlag 1957.

Hoekema, Teake & V. Tams Jørgensen: *Deensk-frysk Wurdboek*. Groningen: Wolters-Noordhoff N.V. 1968.

Hofgaard, S.W.: *Norsk grammatik til skolebrug*. Kristiania: H. Aschehoug & Co. 1891.

Holmberg, Anders: "The Distribution of Case-Neutral Pronouns in a Swedish Dialect". In Dahl, Östen & Anders Holmberg (Hgg.): *Scandinavian Syntax*. Stockholm: Institute of Linguistics, University of Stockholm 1986 S. 88-100.

Homme, Thorleif: "Um Sætesdalsmaalet". In *Maal og Minne* 1917 S. 73.

Hovdenak, Marit u.a.: *Nynorskordboka*. Oslo: Det norske Samlaget 1986.

Hovstad, Johan: "Pronomenskifte i Singsåsmålet". In *Gauldalsminne* 1943 1. Heft 2. Band S. 26-28.

Hulden, Lars: *Klassiska problem inom finlandssvensk ortsnamnsforskning = Studier i nordisk filologi* bd. 67 = *Skrifter utgivna av svenska litteratursällskapet i Finland* nr. 539, 1987.

Ingers, Ingemar: *Språket i Lund = Skrifter utgivna av Nämnden för svensk språkvård* 17. Stockholm: Läromedelsförlagen Svenska Bokförlaget 1957, 2. Ausg. 1970.

Ivars, Anne-Marie: *Närpesdialekten på 1980-talet = Studier i nordisk filologi* 70 = *Skrifter utgivna av svenska litteratursällskapet i Finland* nr. 552. Helsingfors: Svenska litteratursällskapet i Finland 1988.

Iversen, Ragnvald: *Syntaksen i Tromsø Bymål*. Kristiania: Bymaals-lagets forlag 1918.

Iversen, Ragnvald: *Rett – greit – norsk*. Oslo: H. Aschehoug & Co. (W. Nygaard) 1939a.

Iversen, Ragnvald: *Norsk stillære i grunndrag*. Oslo: H. Aschehoug & Co. (W. Nygaard) 2. Ausg. 1939b.

Jacobsen, Henrik Galberg & Peter Stray Jørgensen: *Håndbog i nudansk*. Kopenhagen: Politikens Forlag 1988.

Jacobsen, Lisbeth Falster: "Grammatik tror jeg ikke jeg kan finde ud af". In *Sprint* 3, 1980 S. 27-31.

Jacobsen, Lisbeth Falster & Jørgen Olsen: "Subjekt – Sobjekt? Eine Diskussion der Subjektsdefinition im Dänischen". In *Nordic Journal of Linguistics* 7, 1984 S. 1-40.

Jahr, Ernst Håkon (Hg.): *Den store Dialektboka*. Oslo: Novus Forlag 1990.

Jensen, H.M.: *Brenderup-Målet* I-II. I = *Universitets-Jubilæets danske Samfund* nr. 241. Kopenhagen 1919; II = *Universitets-Jubilæets danske Samfund* nr. 272. Kopenhagen 1926.

Jensen, Ella: *Houlbjergmålets bøjningslære = Udvalg for Folkemaals Publikationer*. Serie A Nr. 12. Kopenhagen: J.H. Schultz Forlag 1956.

Jespersen, Otto: *Studier over engelske kasus*. Kopenhagen: Kleins Forlag 1891. [Habilitationsschrift]

Jespersen, Otto: *Sprogets Logik = Festskrift fra Københavns Universitet*. Kopenhagen 1914.

Jespersen, Otto: "Gruppegenitiv på dansk". In *Studier tilegnede Verner Dahlerup paa Femoghalvfjerdsaarsdagen den 31. Oktober 1934 = Danske Folkemaal*, Zusatzband zum 8. Jahrgang. Århus & Kopenhagen: Universitetsforlaget i Aarhus & C.A. Reitzels Forlag 1934 S. 1-7.

Jessen, E[dwin]: *Dansk Grammatik*. Kopenhagen: Gyldendalske Boghandel (F. Hegel & Søn) 1891.

Johnsen, Arnulf: *Kristiansands Bymål*. Oslo: H. Aschehoug & Co. 1942 & 1954.

Johnsen, Arnulf: *Syntaksen i Kristiansands bymål*. Oslo: Bymålslaget 1962.

Jørgensen, Henrik: "The Aristotelian Maze: A Philosophical Problem in the Justification of FSP Structures". In Karlsson, Fred (Hg.): *Papers from the Seventh Scandinavian Conference of Linguistics = Publications No. 9*. Helsinki: Department of General Linguistics 1983 Bd. I S. 326-334.

Jørgensen, Henrik: "Udsigelsen eksisterer sgu ikke". In *Litteratur og Samfund* 43, 1988a S. 164-185.

Jørgensen, Henrik: "Louis Hjelmslev som Historiefilosof". In Dinesen, Anne Marie & Keld Gall Jørgensen (Hgg.): *Subjektivitet og Intersubjektivitet = Arbejdspapirer fra Nordisk Sommeruniversitet* 28. Ålborg: NSU 1988b S. 77-96.

Jørgensen, Henrik: "Aspects of Aspects in Danish". In Niemi, Jussi (Hg.): *Papers from the Eleventh Scandinavian Conference of Linguistics = Kielitieteellisiä tutkimuksia* Vol. 14. Joensuu: Joensuun yliopisto, Humanistinen tiedekunta 1989, Vol. I S. 45-58.

Jørgensen, Henrik: "On some Mysterious Conjunctions in Danish and Their Syntactic Features". In *Skandinavisztikai Füzetek (Papers in Scandinavian Studies)* 4. Budapest: Inst. f. Romanistik und Germanistik 1990 S. 284-298.

Jørgensen, Henrik: "Om de danske personlige pronominer". In *Danske Studier* 1991 S. 5-28.

Jørgensen, Henrik: "Kasusneutralisation im Dänischen und in einer nordschwedischen Mundart". In *Skandinavisztikai Füzetek (Papers in Scandinavian Studies)* 5, 1992 S. 7-23.

Jørgensen, Henrik: "Paul Diderichsen's Sentence Scheme Interpreted as a Glossematic Construct". In Rasmussen, Michael (Hg.): *Hjelmslev et la sémiotique contemporaine = Travaux de cercle linguistique de Copenhague* vol. 24. Kopenhagen: C.A. Reitzel 1993 S. 36-51.

Jørgensen, Henrik: "Kasusneutralisation in der finnlandsschwedischen Mundart von Västra Nyland". In *Skandinavisztikai Füzetek (Papers in Scandinavian Studies)* 6, 1994 S. 195-218.

Jörgensen, Nils: *Syntaktiska drag i svenska dialekter = Lundastudier i nordisk språkvetenskap* Serie C nr. 2. Lund: Studentlitteratur 1970.

Jutikkala, Eino: "Finlands befolkning og dens sammensætning". In Lind, John & Olli Nuutinen (Hgg.): *Det finske sprogs rødder = Finsk afdelings skrifter*. Kopenhagen: Finsk afdeling ved Københavns Universitet 1992 S. 13-23.

Kirke- og undervisningsdepartementet: *Ny rettskrivning 1938. Bokmål*. Nynorsk Oslo: Olaf Norlis forlag 1938.

Knudsen, Trygve: *Kasuslære* I-II. Oslo: Universitetsforlaget 1967a.

Knudsen, Trygve: *Pronominer*. Oslo-Bergen: Universitetsforlaget 1967b.

Knudsen, Knud: *Haandbog i dansk-norsk Sproglære*. Kristiania: J. Chr. Abelsted 1856.

Knudsen, Knud: *Lærebog i dansk-norsk sproglære*. Kristiania: J.Chr. Abelsted 1863.

Kuen, Heinrich: "Die Gewohnheit der mehrfachen Bezeichnung des Subjekts in der Romania und die Gründe ihres Aufkommens". In *Syntactica et stilistica. Festschrift für Ernst Gamillschek zum 70. Geburtstag 28. Oktober 1957*. Tübingen: Max Niemeyer Verlag S. 293-326.

Landrø, Marit I. & Boye Wangensteen: *Bokmålsordboka*. Bergen – Oslo – Stavanger – Tromsø: Universitetforlaget AS 1986.

Larsen, Amund B.: [Rezension von Hjalmar Falk & Alf Torp: *Dansk-norskens syntax i historisk fremstilling*. Kristiania 1900]. In *Arkiv för Nordisk Filologi* 1902 S. 83-92.

Larsen, Amund B.: *Kristiania Bymål*. Kristiania: Cammermeyers Boghandel 1907.

Larsen, Amund B. & Gerhard Stoltz: *Bergens bymål*. Kristiania: H. Aschehoug & Co. 1912.

Larsen, Erling Georg: *Formverket i Flekkefjord bymål = Skrifter frå norsk målførearkiv* XXIV. Oslo: Universitetsforlaget 1970.

Larsen, Svend Erik: "Aspekter af Viggo Brøndals Sprogfilosofi". In *Exil* 2, 1972 S. 1-27.

Larsen, Svend Erik: "Les maillons du langage". In *Langage* 86, 1987 S. 95-110.

Lech, Gillis: *Skånemålens böjningslära*. Lund: Carl Bloms Boktryckeri 1925. [Habilitationsschrift]

Lefolii, H.H.: *Sproglærens Grundbegreber, som de komme til Udtryk i Modersmaalets Sprogform, Bidrag til dansk Sproglære*. Kopenhagen: C.A. Reitzels Forlag 1871.

Lie, Svein: *Innføring i norsk syntaks*. 2. Ausg. Oslo – Bergen – Tromsø: Universitetsforlaget 1977 u. 1991 (1. Ausg. 1976).

Lindberg, Ebba: *Studentsvenska*. Stockholm: Språkförlaget Skriptor 1973. [Habilitationsschrift]

Lødrup, Helge: "*De* og *dem* i dialekten på Oslos vestkant". In *Norskrift* 37, 1982 S. 54-58.

Lødrup, Helge: "Enda mer om *de* og *dem* i dialekten på Oslos vestkant". In *Norskrift* 42, 1984 S. 69-76.

Loman, Bengt (Hg.): *De finlandssvenska dialekterna i forskning och funktion = Meddelanden från stiftelsen för Åbo Akademi Forskningsinstitut* Nr. 64. Åbo: Åbo Akademi 1981.

Lundeby, Einar: "Utbrytning av setningsledd i norsk – og i andre språk". In *Språk og språkundervisning* 3, nr. 1, 1967 S. 2-15.

Lundström, Gudrun: *Studier i nyländsk syntax*. Stockholm: Norstedt och Söner 1939. [Habilitationsschrift]

Maegaard, Bente & Hanne Ruus: *Hyppige Ord i Danske Børnebøger*. Kopenhagen: Gyldendal 1981a.

Maegaard, Bente & Hanne Ruus: *Hyppige Ord i Danske Romaner*. Kopenhagen: Gyldendal 1981b.

Mallinson, Graham & Blake, Barry J.: *Language Typology* (= *North-Holland Linguistic Series* 46). Amsterdam, New York & Oxford: North-Holland Publishing Company 1981.

Mathesius, Vilém: *A Functional Analysis of Present Day English On A General Linguistic Basis* (Hg. Josef Vachek) = *Janua linguarum, Series practica* 208. Der Haag & Paris: Mouton & Prague Academia 1975.

Meinander, Carl Fredrik: "De arkeologiska förutsättningarna". In Huldén 1987 S. 17-21.

Mikkelsen, Kristian: *Dansk Ordføjningslære*. Kopenhagen: Lehmann og Stage 1911, 2. Ausg. Kopenhagen: Hans Reitzel 1975.

Mørck, Endre: *Sammenlikningssetninger og sammenlikningsledd = Agder Distrikshøgskole. Norsksektionen. Skrifter* 1983:1. [Agder] [1983]

Næs, Olav: *Norsk grammatikk*. Oslo: Fabritius og Sønners Forlag 2. Ausg. 1965.

Nyholm, Leif: "Svansdubbleringen den västnylänska". *Xenia Huldeniana* (Hgg. Saari, Mirja, Anne-Marie Londen & Kim Nilsson) = *Meddelanden från institutionen för nordiska språk och nordisk litteratur vid Helsingfors Universitet* Serie B Nr. 10, 1986 S. 205-217.

Ordbog over det danske Sprog 1-27. Kopenhagen: Det danske Sprog- og Litteraturselskab 1918-1956.

Orešnik, Janez: "The Obligatorium of Unemphatic Pronoun Subjects in Germanic Languages". In *Filologija*, knjiga 14. Zagreb 1986.

Östergren, Olof: *Nusvensk ordbok*. Stockholm: Wahlström & Widstrand 1915-1972, Bd. I-X.

Oxenvad, Erik: "Om nogle upersonlige Konstruktioner i Dansk". In *Studier tilegnede Verner Dahlerup paa Femoghalvfjerdsaarsdagen den 31. Oktober 1934 = Danske Folkemaal*, Zusatzband zum 8. Jahrgang. Århus & Kopenhagen: Universitetsforlaget i Aarhus & C.A. Reitzels Forlag 1934, S. 135-140.

Oxenvad, Erik: *Bedre dansk.* Kopenhagen: Hans Reitzels Forlag 1951, 3. Ausg. Kopenhagen: Hans Reitzels Forlag 1962 (beide Ausgaben benutzt).

Papazian, Eric: "Han og ho". In Hoff, Ingeborg (Hg.): *På leit etter ord = Skrifter frå norsk mål-førearkiv* 33. Oslo, Bergen & Tromsø: Universitetsforlaget 1978a S. 235-281.
Papazian, Eric: "*Hu* sa at aldri hadde *a* sett *henner* så sinna". In *Norskrift* 19, 1978b S. 54-78.
Papazian, Eric: "Mer om *de* og *dem* som ikke-subjekt i normalisert Oslo-mål". In *Norskrift* 39, 1983 S. 20-47.
Papazian, Eric: "Hvordan har Dem det?"In *Norskrift* 1985 S. 39-75.
Paul, Hermann: *Prinzipien der Sprachwissenschaft.* 2. Ausg. Halle a. d. Saale: Max Niemeyer 1886.
Pedersen, Karen Margrethe: "Letledsreglen og lighedsreglen". In Pedersen, Karen Margrethe & Inge Lise Pedersen (Hgg.): *Jyske Studier.* Kopenhagen: Institut for dansk dialektforskning 1993 S. 199-218.
Pedersen, John, Ebbe Spang-Hanssen & Carl Vikner: *Fransk syntaks.* Kopenhagen: Akademisk Forlag 1975.
Petitot, Jean: "Structure". In Sebeok, Thomas (Hg.): *Encyclopedic Dictionary of Semiotics* I-III. = *Approaches to Semiotics* 73. Berlin: Mouton de Gruyter 1986 S. 991-1022
Platzack, Christer: "Existential Sentences in English, German, Icelandic and Swedish". In Karlsson, Fred (Hg.): *Papers from the Seventh Scandinavian Conference of Linguistics = Publications No. 9.* Helsinki: Department of General Linguistics 1983 Bd. I S. 80-101.

Rasmussen, Michael: "Hjelmslev et Brøndal; Rapport sur un différend". In *Langage* 86, 1987 S. 41-58.
Rehling, Erik: *Det danske Sprog.* Kopenhagen: J.H. Schultz Forlag 1932.
Rehling, Erik: *Skriftlig Form.* Kopenhagen: J.H. Schultz Forlag 1965.
Reinhammar, Maj: *Om dativ i svenska och norska dialekter = Studier till en svensk dialektgeografisk atlas* 6. Uppsala: Almquist och Wiksell 1973. [Habilitationsschrift]
Reinhammar, Vidar: *Pronomenstudier = Studier till en svensk dialektgeografisk atlas* 7. Uppsala: Almquist och Wiksell 1975. [Habilitationsschrift]
Reitan, Jørgen: *Aalens Maalføre = Videnskabs-Selskabets Skrifter* II. Hist. Filos. Klasse 1906 Nr. 4. Christiania: Jacob Dybwad 1906.
Ross, Hans: *Norske Bygdemaal* I-XVII. *Videnskapsselskapets Skrifter* II. Hist.-Filos. Klasse 1905 Nr. 2, 1906 Nr. 3, 1907 Nr. 5, 1908 Nr. 4 og 1909. Christiania: Jacob Dybwad 1905, 1906, 1908, 1909 & 1910.
Rutberg, Hulda: *Folkmålet i Nederkalix ock Töre socknar = Svenska landsmål ock svenskt folkliv* B. 28 Stockholm: P. A. Norstedt & Söner 1924-31.
Ruus, Hanne: "Sproglig betydningsanalyse. Semantiske roller i teksten". In *Nydanske Studier* 10-11, 1978 S. 161-197.

Saltveit, Laurits: "Syntax". In Cordes, Gerhard u. Dieter Möhn (Hg): *Handbuch zur niederdeutschen Sprach- und Literaturwissenschaft.* Berlin: Erich Schmidt Verlag 1983 S. 279-333.
Saltveit, Laurits: "Parallelerscheinungen zwischen dem Niederdeutschen und den skandinavischen Sprachen im syntaktischen Bereich". In *Niederdeutsch in Skandinavien* II = *Beiheft zur Zeitschrift für deutsche Philologie* 5. Berlin: Erich Schmidt Verlag 1989 S. 30-43.
Sandøy, Helge: *Norsk dialektkunnskap.* Oslo: Novus Forlag 1987.
Sandøy, Helge & Per Arvid Ølmheim: "Pronomenformerne me og vi". In *Språknytt* 4, 1976 S. 2-5.
Schøsler, Lene: *La déclinaison bicasuelle de l'ancien français = Études romanes de l'université d'Odense* vol. 19. Odense: Odense University Press 1984. [Habilitationsschrift]

Searle, John R.: *Speech Acts*. Cambridge University Press 1969.

Seip, Didrik Arup: "Om pronomenet *dere* i norsk". In *Festskrift til Hjalmar Falk 30. desember 1927 fra elever, venner og kolleger*. Oslo: H. Aschehoug & Co. 1927 S. 205-214.

Selenius, Ebba: *Västnyländsk ordaccent = Studier i nordisk filologi 59 = Skrifter utgivna av svenska litteratursällskapet i Finland* nr. 451. Helsingfors: Svenska litteratursällskapet i Finland 1972. [Habilitationsschrift]

Selenius, Ebba: "Den västnyländska dialekten av i dag". In *Brages Årsskrift 1958-1973*. Helsinki 1974 S. 197-206.

Sgall, Petr, Eva Hajičová & Eva Benešová: *Topic, Focus and Generative Semantics*. Kronberg Taunus: Scriptor Verlag 1973.

Silverstein, Michael: "Hierarchy of features and ergativity". In Dixon, R.M.W. (Hg.): *Grammatical Categories in Australian Languages = Australian Institute of Aboriginal Studies Linguistic Series* No. 22. New Jersey: Humanities Press Inc. 1976 S. 112-171.

Skautrup, Peter: *Det danske Sprogs Historie* I-V. Kopenhagen: Gyldendal 1944-1970.

Skautrup, Peter: *Jysk ordbog*. Bd. I, Hæfte 1. (Prøvehæfte). Århus: Universitetsforlaget i Aarhus 1970.

Skjekkeland, Martin: *Målføre og skriftmål*. Oslo – Bergen – Tromsø: Universitetsforlaget 1977.

Stjernfelt, Frederik: *Formens betydning. Katastrofeteori og semiotik*. Kopenhagen: Akademisk Forlag 1992.

Stjernfelt, Frederik & Henrik Jørgensen: "Substance Substrat Structure". In *Langage* 86, 1987 S. 79-94.

Stjernfelt, Frederik & Henrik Jørgensen: "A Closer Analysis Always Reveals A Difference". In Brandt 1989 (Hg.) *Linguistique et Sémiotique: Actualité de Viggo Brøndal = Travaux du cercle linguistique* vol. XXII. Kopenhagen: Cercle linguistique de Copenhague 1989 S. 119-136.

Storm, Johan Olai Skulerud (Hg.): *Ordlister over lyd- og formlæren i norske bygdemaal = Videnskapsselskapets skrifter*. II Hist.-filos. klasse 1919 no. 3. Kristiania: Jacob Dybwad 1920.

Svendsen, Martin: *Syntaksen i Stavanger Bymål*. Oslo: Bymålslaget & H. Aschehoug & Co. (W. Nygaard) 1931.

Swenning, Julius: *Folkmålet i Listers Här[ad] i Blekinge = Svenska landsmål ock svenskt folkliv*. B. 36 Stockholm: P.A. Norstedt & Söner 1917-37.

Thorell, Olof: *Svensk grammatik*. Stockholm: Esselte Studium 2. Ausg. 1973.

Thors, Carl-Erik: "En översikt över den finlandssvenska dialektforskningen under etthundra år". In Loman 1981 S. 39-44.

Tiersma, Pieter Meijes: *Frisian Reference Grammar*. Dordrecht & Cinnaminson: Foris Publications 1985.

Tilråding om ny rettskrivning. Trondheim: Centraltrykkeriet Ellewsen & Co. 1935.

Tilset, Arne: *Målet i Strinda i Sør-Trøndelag = Norske Maalføre* IX. Oslo: Studentmållaget 1924.

Togeby, Ole: "Kommentar". In Gregersen, Frans (Hg.): *Lingvistisk Festival = Sprogvidenskabelige Arbejdspapirer fra Københavns Universitet* 2, 1992 S. 99-106.

Tylden, Per: "Kring me og vi". Urspr. in *Fram då frendar* 1951; hier zit. nach Beito & Hoff 1973 S. 127-135.

Uldall, Hans Jørgen: "General Principles". In Hjelmslev & Uldall 1957 S. 1-90.

Varming, Ludvig: *Det jyske Folkesprog grammatisk fremstillet*. Kopenhagen: H. Hagerups Forlag 1862.

Venås, Kjell: "Om posisjonen for neksusadverbialet 'ikkje'". In *Maal og Minne* 1971 S. 124-173.

Venås, Kjell: *Norsk grammatikk. Nynorsk.* Oslo: Universitetsforlaget 1990.

Vendell, Herman: *Pedersöre-Purmo-Målet = Bidrag till kännedom af Finlands natur och folk* 52. Helsingfors: Finska Litteratursällskapets Tryckeri 1892.

Vikner, Carl: *Quelques réflections sur les phrases clivées en français moderne = RIDS (Romansk Instituts Duplikerede Småskrifter)* 12. Vervielfältigt, Københavns Universitet, Romansk Institut 1970.

Vinje, Finn-Erik: *Moderne Norsk.* Oslo: Universitetsforlaget 1976 und 4. Ausg. 1987 (Beide Ausgaben werden zitiert.)

Voss, Fridtjof: "Arendals bymål". In *Maal og Minne* 1940 S. 49-101.

Walton, Stephen: "Innleiding". In Walton, Stephen: *Om grunnlaget for norsk maalreising.* Seks artiklar av Ivar Aasen med innleiding av Stephen J. Walton. Voss: Vestanbok Forlag 1984 S. 7-51.

Wegener, Philip: *Untersuchungen ueber die Grundfragen des Sprachlebens.* Halle a. d. Saale: Max Niemeyer 1885.

Weinreich, Uriel: "Is a structural dialectology possible?"In *Word* 10, 1954 S. 388-400.

Wellander, Erik: *Riktig svenska.* Stockholm: Läromedelsförlagen Svenska Bokförlaget 3. Ausg. 1970. (Auch die vollständig umgearbeitete 4. Ausg. 1973 wird zitiert.)

Welte, Werner: "On the Concept of Case in Traditional Grammar". In Dirwen, René & Günter Radden (Hgg.): *Concepts of Case = Studien zur englischen Grammatik* 4. Tübingen: Günther Narr Verlag 1987 S. 15-27.

Wessen, Elias: *Svensk språkhistoria* III: *Grundlinjer till en historisk syntax.* Stockholm: Almqvist & Wiksell 1956.

Wessen, Elias: *Våra folkmål.* Lund: Fritzes 8. Ausg. 1967.

Western, August: *Norsk riksmåls-grammatikk for studerende og lærere.* Kristiania: H. Aschehoug & Co. (W. Nygaard) 1921.

Wiwel, Hylling Georg: *Synspunkter for dansk Sproglære.* Kopenhagen: Det nordiske Forlag 1901.

Zilberberg, Claude: "Relecture de Brøndal". In Brandt 1989 (Hg.) *Linguistique et Sémiotique: Actualité de Viggo Brøndal = Travaux du cercle linguistique* vol. XXII. Kopenhagen: Cercle linguistique de Copenhague 1989 S. 15-38.

Quellennachweis

a. Ungedruckte Quellen

Div. Mundartstexten im Archiv von "Svenska Literatursällskapet i Finland" (Abk. 'SLS')

DK87-90: Allgemein-sprachliches Korpus, zusammengestellt von Henning Bergenholz, Handelshøjskolen i Århus.

Zettelsammlung des Institut for dansk dialektologi, Universität Kopenhagen.

b. Gedruckte Quellen

Fröding, Gustaf: *Samlade dikter*. Stockholm: Wahlström und Widstrand 1984.

Lidman, Sara: *Gruva*. 3. Aufl. Stockholm: Bonniers 1970.

Lundell, Ulf: *Jack*. Stockholm: Wahlström und Widstrand 1976, 1983.

Olsen, Ernst Bruun: *Bal i den Borgerlige*. Kopenhagen: Gyldendal 1966.

Panduro, Leif: *Bella & Et godt Liv*. Kopenhagen: Gyldendals Tranebøger 3. Ausg. 1971.

Rifbjerg, Klaus: *Marts 1970*. Kopenhagen. Gyldendals Bogklub 1970.

Simonsen, Niels: *Verdslig Barok*. Kopenhagen: Borgen 1982.

Sommer, Karsten: *... det var bare det jeg ville sige, hej!* Kopenhagen: Københavns Bogforlag 1985.

Studien zur Morphologie und Syntax der festlandskandinavischen Personalpronomina

Dansk resumé

Afhandlingen beskæftiger sig, væsentligst ud fra et synkront synspunkt, med de fastlandsskandinaviske personlige pronominer, deres morfologi og syntaks. Som bekendt er denne ordklasse den eneste i de moderne fastlandsskandinaviske dialekter hvor der findes rester af en kasusbøjning i nominativiske og ikke-nominativiske former. I dansk og i enkelte svenske og norske dialekter ser man desuden at de oblikke former under forskellige forhold optræder i funktioner som ud fra et relationelt synspunkt snarere burde have været besat med nominativiske former. I dansk gælder det f.eks. funktionen som prædikativ og funktionen som subjekt i knudesætning:

(1)   Det er *mig*.
(2)   *Ham* tror jeg ikke kan klare problemet.

I uformelt sprog gælder det desuden en lang række andre kontekster, f.eks. i forbindelse af to elementer eller foran tunge adled:

(3)   *Mig* og Jens har altid holdt sammen.
(4)   *Ham* i midten er gift med min tante.
(5)   *Dig* der har rejst så meget, har du ikke været der?

Afhandlingens formål er at undersøge følgende forhold:

* Hvilke konstruktioner rammes af kasusforskydninger i de forskellige fastlandsskandinaviske dialekter?
* Hvilke muligheder er der for at forklare disse fænomener ud fra et funktionelt synspunkt?

Før disse forhold kan belyses, er der imidlertid en række forhold som behøver overvejelse:

* Hvordan kan man fastlægge forholdet mellem kasusformerne og deres syntaktiske funktion i de fastlandsskandinaviske sprog?
* Hvilket morfologisk inventar råder sprogene over?

Afhandlingen er opbygget sådan at forudsætningerne for undersøgelsen behandles i de 5 første kapitler, der samtidig opridser det teoretiske grundlag for analysen. Kapitel 6 redegør for de morfologiske forhold, og kapitlerne 7 til 9 redegør for de syntaktiske forhold. Kapitel 10 rummer konkluderende bemærkninger og videre udblik. De enkelte kapitler kan resumeres således:

Kapitel 1
Die Grundlage des syntaktischen Denkens bei Paul Diderichsen

Afhandlingens grundlag i henseende til teoretisk syntaks er en gennemarbejdelse af Paul Diderichsens feltskema. Udgangspunktet er ikke blot fremstillingen i den første udgave af "Elementær dansk Grammatik" fra 1946, men også de væsentlige forløbere i foredraget "Prolegomena til en metodisk dansk Syntax" fra 1935 og disputatsen om Skånske Lov fra 1941, hvor Diderichsens interesse for funktionelle og semantiske aspekter af syntaksen kommer langt klarere frem end i EDG. Afsnittet har derfor til formål at fremdrage de vigtigste funktionelle og semantiske træk i Diderichsens tænkning og at fastholde dem af dem der kan holde stand for en teoretisk refleksion ud fra nyere sprogvidenskabelig erkendelse; det drejer sig her dels om valenssyntaks, dels om en perspektivering i retning af semiotikkens udsigelsesanalyse. Konklusionen bliver at man kan skelne mellem sætningsled der specifikt er tilknyttet til udsigelsen (såsom sætningsadverbialerne) og led der er tilknyttet udsagnsniveauet (f.eks. infinit hovedverbum og objekterne). Mellem disse to kategorier befinder sig subjekt og finit verbum, som i kraft af deres semantiske egenskaber griber ind i begge semantiske sfærer.

Kapitel 2
Die erkenntnistheoretischen Kontroversen in der Kopenhagener Schule der Linguistik

I dette afsnit diskuteres Brøndals og Hjelmslevs sprogtænkning i lyset af to erkendelsesteoretiske temaer: realismen og empirismen. Denne diskussion er vigtig for forståelsen af syntaksen hos Diderichsen af to grunde: Dels er Brøndals opfattelse af sprogets formelle side som baseret på hans kategoriale netværk (DrdR) central for mange sider af Diderichsen-skemaets funktionelle aspekter, dels er Hjelmslevs opfattelse af sproget som et mere eller mindre selvhenvisende netværk uden relation til omverden væsentlig som et syns-punkt der korrellerer med en funktionel betragtning og bringer det systema-tiske synspunkt i centrum. Der ligger i selve denne min organisation af teorien en forestilling om at en analyse af et sprogligt forhold på den ene side må tage hensyn til sprogets funktion som medium for kommunikation overhovedet i en (nødvendigvis) meget abstrakt forstand, og på den anden side til sprogets systemiske økonomi i henseende til intern organisation og kognitiv funktion; uden systemisk økonomi ville sproget bestå af en uorganiseret, uhierarkisk masse af erindringer om tidligere sprogbrugssituationer, en forestilling som set i lyset af den sproglige kommunikations faktiske funktion ville være kognitivt umulig.

Afsnittet afsluttes med opstillingen af tre centrale projekter for en "reali-stisk grammatik", som projektet bliver døbt:

* Det første projekt er en redegørelse for den funktion som udsigelsen har for sprogets formelle udformning. Her er det specielt den funktionelle interpre-tation af de brøndalske kategorier som Frederik Stjernfelt og jeg udarbejdede i 1989, der kommer til udfoldelse. Antagelsen her er at de funktionelle ka-tegorier som kan udskilles af de brøndalske kategorier, udgør et centralt og i sig selv tilstrækkeligt sæt af funktioner til en forståelse af sprogets iboende kommunikative funktion.

* Det andet projekt er redegørelsen for sprogets systemkarakter, hvor specielt Hjelmslevs tænkning forsøges rehabiliteret så langt som dette er muligt, uden at de funktionelle pointer dog skal sættes over styr.

* Det tredje projekt handler om sprogets indplacering i en videre videnskabelig kontekst som en del af menneskets udveksling med naturen opfattet som en tegngivningsproces.

Kapitel 3
Kasus in den festlandskandinavischen Sprachen

I Diderichsens opstilling af sætningsskemaet spiller det en stor rolle for argu-mentationen at rækkefølgen i overfladen opfattes som noget væsensforskelligt fra den relationelle struktur. De argumenter som Diderichsen præsterer for dette område, kan imidlertid diskuteres. Diderichsen argumenterer ud fra tre "rækkefølgemorfemer" (et begreb som han overtager fra L.L. Hammerich, uden at det dog skal anvendes i hans systematiske tænkning), hvis reelle funk-tion i sprogets opbygning Diderichsen betvivler:

*1: indirekte objekt altid foran direkte
*2: inverteret subjekt altid foran objekt
*3: verbets stilling i sætningen som signal for forskellige modaliteter: fremsæt-
   tende, spørgende, bydende.

Diderichsen godkender det tredje 'rækkefølgemorfem', uden at han dog accepterer dets teoretiske status; de to andre derimod benægter han ud fra forskellige argumenter eksistensen af. Jeg viser i kapitlets første afsnit at de sproglige forhold som Diderichsen argumenterer med, må opfattes som marginale
fænomener, som regel udløst af enkelte verbers helt specielle konstruktions-
mønster. Det vises tillige hvordan man kan opfatte de centrale ledfunktioner
som direkte projiceret på overfladerækkefølgen i de umarkerede tilfælde.

Herudfra opstilles en typologi over sætningsleddene og deres markering af
deres relationelle værdi i de fastlandsskandinaviske sprog. Endelig beskrives
sætningsskemaet som "et maximalt rækkefølgemorfem". Det sætningsskema
der opstilles gennem denne operation, adskiller sig naturligvis ikke fra
Diderichsens, hvad angår de enkelte leds indbyrdes følge. Derimod er det et
spørgsmål om selve organisationen af felter. Hvor Diderichsen opererer med
en tredeling der i den oprindelige version har stærkt funktionelt, retorisk
prægede betegnelser: fundamentfelt – aktualfelt – indholdsfelt, opererer min
opstilling med et "kernemorfem" opbygget af syntaktisk centrale led som i
umarkerede situationer viser deres indbyrdes relation *alene* gennem række-
følge:

S (subjekt) – a (sætningsadverbial) – V (indholdsverbum) – IO (indirekte objekt) –
DO (direkte objekt)

Betegnelsen "kernemorfem" vælges for at understrege den funktionelle analo-
gi med morfologisk kasusmarkering. Denne opfattelse af lineariseringen som
en erstatning for morfologisk kasus er hentet fra Louis Hjelmslev.

Foran kernemorfemet – i et felt der her betegnes 'forfelt' – finder man kon-
junktionelle størrelser og andre størrelser der er afgørende for sætningens
indordning i teksten som helhed; det gælder således konjunktionerne *(k)*, Diderichsens "fundamentfelt" *(F)* og det finitte verbum *(m,* tidl. *v)* når dette markerer sætningen som fremsættende. Efter kernemorfemet findes Diderichsens
felt *A*, her betegnet 'slutfelt'. Det bliver i denne sammenhæng ikke underkastet
en grundigere analyse, uanset hvor påtrængende denne opgave kan siges at
være. Feltet udskilles *en bloc* som en særlig lineær position, hvor leddene – med
undtagelse af enkelte ord der i kraft af semantik og/eller paradigmatisk karak-
ter har en indlysende relationel status – viser deres relation til helheden gen-

nem samstillingen af en forbindende element (typisk en præposition) og kernens semantik.

Denne opstilling er på den ene side i pagt med den ledtypologi som opstilles, og som gør det muligt at skelne mellem centrale og perifere led i sætningen; på den anden side reflekterer den også en fordeling af leddenes semantiske funktioner i forhold til semiotikkens distinktion mellem udsagn og udsigelse. Udsagnet – det abstrakte, situationelt ubundne indhold af sætningen – er i første række placeret inden for kernemorfemet, mens de sproglige elementer der markerer udsigelsens semantiske aspekter, er placeret i forfeltet. Slutfeltet er klart nok en mulig placering for led af alle arter.

Kapitel 4
Leichte Glieder in der festlandskandinavischen Syntax

Dette kapitel giver et overblik over letledsfænomener i de fastlandsskandinaviske sprog. Det vises hvorledes ubetonede pronominale led i alle sprogene kan flytte frem; tillige inddrages kort forholdene vedr. enklitisk negation i norsk og svensk. Det er en central egenskab ved disse led at de rent rytmisk og lineært ikke har samme status som de sætningsled der defineres ud fra kernemorfemskemaet. Med udgangspunkt i Fretheim & Halvorsen 1975 opstilles et begreb om syntaktisk enklise til at beskrive samspillet mellem pronominalformer, adverbialer og øvrige sætningsled i de fastlandsskandinaviske sprog. Herudfra opstilles en analysepraksis for disse ledtyper, hvor de rytmisk og lineært placeres på de pladser hvor det led som de rytmisk er afhængige af, i forvejen står:

F	m	S	a	V	IO	DO	A
Jeg	kender	-	ikke	-	-	Erik	-
Jeg	kender-ham	-	ikke	-	-	-	-

Den plads som de pronominale led rytmisk knytter sig til, vil altid være den der går umiddelbart forud for den plads som pronominet relationelt er defineret af. Visse ledtyper, nemlig sætningsadverbialerne på **a**, kan i almindelighed dog ikke påtage sig denne funktion.

Det er værd at erindre om at betonede pronominer bliver stående på de relationelt definerede pladser:

F	m	S	a	V	IO	DO	A
Jens	kender	-	ikke	-	-	'ham	-
Jeg	lånte	-	ikke	-	'ham-den	-	-

Letledsfæmonenerne er centrale for forståelsen af forholdet mellem substantivisk besatte og pronominalt besatte led i fastlandsskandinavisk syntaks. Afhandlingen argumenterer i kap. 3 for at de lineære funktioner, sådan som de kommer til udtryk i feltskemaet, kan ses som analogier til kasusfunktionerne. For at kunne redegøre for sammenhængen mellem kasusfunktioner og pronominalformer bliver det vigtigt at vise hvordan pronominernes overfladesyntaks hænger sammen med den syntaktiske grundstruktur.

Kapitel 5
Zur Kasusneutralisation in den festlandskandinavischen Sprachen

I dette afsnit gøres der først rede for to typer af kasusneutralisation: morfologisk og syntaktisk. Den morfologiske neutralisation findes i visse stillinger i bøjningsparadigmer, hvor andre elementer i paradigmet opviser en morfologisk distinktion. På dansk er "den" og "det" således eksempler på morfologisk neutralisation af distinktionen 'nominativ | oblik', som jo ellers findes ved alle andre elementer af de personlige pronominers paradigme. Syntaktisk neutralisation derimod optræder hvor en morfologisk forskel kunne have været realiseret, men ikke bliver det på grund af visse givne syntaktiske forhold. Man kan her skelne mellem på den ene side neutralisation i egentlig forstand, hvor begge elementer af et paradigme optræder uden at opvise den normale kommutation, og på den anden side inkongruens, hvor en syntaktisk position i princippet forlanger én bestemt kasus, men under visse yderligere forhold forlanger den anden; i uprætentiøst dansk talesprog forlanger subjektet således nominativ, men i koordinationer ("Peter og mig") m.v. oblik form. Af praktiske hensyn anvendes begrebet "neutralisation" som fællesnævner for de to forhold.

I det næste afsnit gennemgås de syntaktiske positioner som i de fastlandsskandinaviske sprog opviser neutralisation. Det drejer sig om følgende to grupper:

A. Oblik form erstattes af nominativ:

A1.   som objekt for et verbum
A2.   som objekt for en præposition

B. Nominativ erstattes af oblik form:

B1.   som subjekt i sætningsknuder
B2.   som subjekt i en elliptisk sætning
B3.   som prædikativ til subjekt
B4.   som "indholdssubjekt" eller "eksistenssubjekt" i en eksistenskonstruktion
B5.   kongruerende med subjekt i en betonende gentagelse til højre
B6.   i sammenlignings- el. bindeordsled ("Vergleich")
B7.   i parataktiske konstruktioner
B8.   med et tilføjet underordnet led:
      a. i form af en relativsætning
      b. i form af et adverbial eller en præpositionsforbindelse
      c. i form af en apposition (appellativ ell. proprium)
B9.   som bestemmer i en nominalhelhed

Desuden gennemgås – nærmest i ekskursens form – nogle særlige forhold vedrørende sætningskløvningen, samt det syntaktisk/semantiske grundlag for begrebet "sammenligningsled" ("Vergleich"). Sætningskløvningen bliver i denne sammenhæng behandlet som alle andre tilfælde af kat. B8a, selv om konstruktionen afgjort *ikke* kan opfattes som en "normal" forbindelse af kerne og relativsætning. Hvad angår sammenligningsleddene, vises det at denne ledtype, sådan som den forekommer i de fastlandsskandinaviske sprog, har egenskaber der gør de traditionelle analyser af disse konstruktioner umulige: de kan ikke identificeres med reducerede ledsætninger da de tydeligvis ikke har selvstændig sætningsstatus, men på den anden side kan de heller ikke uden videre siges at svare til normale præpositionsforbindelser, først og fremmest fordi deres kerner kan være af typer der normalt ikke kan forbindes med præpositioner. Siden begge forslag til en eliminering af kategorien er tvivlsomme, opretholdes den her som særlig kategori; det berettigede heri ses derved at ledtypens særlige egenskaber mht. kasus viser sig i stort set alle dialekter der har vaklende kasusbrug.

    Kapitlets tredje afsnit er viet en gennemgang af de semantiske forhold som kasusadskillelsen er knyttet til. Lene Schøslers analyse af kasus i middelalderfransk refereres med henblik på at vise hvilke formelle muligheder for fremstilling af semantikken i subjekt/objekt-distinktionen der foreligger inden for sprog, hvor morfologisk kasus og rækkefølge stadig i nogen udstrækning optræder side om side. Herudover diskuteres de semantiske og diskursive aspekter af kasusdistinktionen, specielt set i lyset af Barry Blakes fremstilling af kasuskategorien (Blake 1994). Blake argumenterer grundigt for at der i semantisk

og diskursiv henseende består en tydelig affinitet (om end ikke nogen iden-
titet) mellem på den ene side subjektet og sætningens psykologisk/diskursive
grundlag ('topic') og på den anden side objektet og sætningens indholdsmæs-
sige mål ('focus'). De to begreber 'topic' og 'focus' anvendes her i en betydning
som først og fremmest bygger på Pragerskolens opfattelse: *topic* er den allerede
kendte, kontekstuelt bundne genstand for udsagnet og *focus* er kernen i udsagnet om *topic*.

I afhandlingen skelnes der mellem fire trin af kontekstuel funktion som en
nominalhelhed kan indtage i en tekst:

*1 rent anaforisk, dvs. besat med et ubetonet personligt pronomen;
*2 kontekstuelt bundet, men betonet; leddet bliver her besat med et demon-
    strativt pronomen, et betonet personligt pronomen eller lignende;
*3 kontekstuelt bundet, men alligevel under sådanne omstændigheder at led-
    dets semantiske indhold må fremhæves. Leddet bliver her besat med et
    bestemt substantiv;
*4 kontekstuelt ubundet, dvs. besat med et ubestemt substantiv.

Alle fire trin kan desuden i tilfælde hvor det egentligt focuserede er en bestemt
konstellation af elementer der allerede er integreret i diskursverden, indgå i
focus.

Denne klassifikation kan nu forbindes med Michael Silversteins teorier om
partiel kasusmarkering. Silversteins teorier er opstillet ud fra en sammenlig-
nende analyse af australiske og indianske sprog; her drejer det sig om fordelin-
gen af kasusmarkering i sprog hvor der både forekommer ergativ- og akku-
sativmarkering ved de nominale led. Her anføres en noget forenklet version,
opstillet af Barry Blake (Blake 1994, 138):

* 1. person
* 2. person
* 3. person pronominal
* personnavne, betegnelser for familiemedlemmer
* menneskelig
* levende
* ikke-levende

Silversteins teori går ud på at de typer af nominale led der har partiel akku-
sativmarkering, vil forekomme ovenfra og ned; partiel ergativmarkering derimod forekommer nedefra og op. Silverstein har selv fortolket skalaen således
at de øverste elementer har en større semantisk affinitet til funktionen som
agens, hvorfor funktioner som patiens bliver markerede og derfor får en særlig

formmæssig behandling; omvendt skulle de nedre elementer have semantisk affinitet til patiensfunktionen, hvorfor netop ergativfunktionen (en funktion som transitivt subjekt) er markeret. Denne fortolkning støttes også af Comrie (1989, 197ff), men afvises med interessante og brugbare argumenter af Mallinson & Blake (1981, 80-96). I afhandlingen fastholdes en fortolkning af hierarkierne som funderet på 1. person sing. som et "relativt centrum for interessen" (Mallinson & Blake 1981, 86), idet det dog er tydeligt, når man sammenligner med de eksotiske sprog som Silverstein behandler, at den orden som Blake tildeler elementerne, på ingen måde er universel, tværtimod.

Det skal tilføjes at hierarkierne også kan ses som ordnede grupper af modsætningspar. Hvis man går frem på den måde, bliver det muligt at inddrage forholdet mellem singularis og pluralis, noget som i de fastlandsskandinaviske sprog spiller en væsentlig rolle.

Derefter diskuteres antallet af kasus i de fastlandsskandinaviske pronominer. Ud fra moderne standardsprog ville man være tilbøjelig til at mene at der er to, men ved sammenligning med den analyse der blev givet af de substantiviske led som fordelt over tre distinkte lineære funktioner, vil det være rimeligt at antage at pronominerne også adskiller tre funktioner. Da funktionerne IO-DO i alle standardsprogene kan bringes til udtryk med en sekvens af pronominalformer, kan man hævde at der også her er tre kasus: to morfologiske, hvoraf den ene så gennem linearisering deles i to.

Det er her væsentligt at stille spørgsmålet om hvorfor pronominerne tidligt styrer i retning af en deling mellem nominativ og oblik kasus, mens substantiverne, for så vidt de stadig bøjes i kasus, opretholder en deling mellem en fælles nominativisk og akkusativisk form på den ene side og en dativisk form på den anden. Der argumenteres for at man ganske vist kan genkende de samme tre valensorganiserende ledfunktioner i begge ordklasser, men at de pga. følgende forhold antager forskellige neutralisationer:

*1 Inden for den prosodiske syntaks kan substantiverne anvende verbalpladsen som delelinje mellem subjekt og objekt, hvilket pronominerne pga. letledsfunktionerne ikke kan.
*2 I hvert fald 1. og 2. persons pronominerne skal kunne markere refleksiv funktion, dvs. en formmæssig distinktion mellem nominativisk og oblik funktion er nødvendig her.
*3 En pronominal dativform vil ikke uden videre have de samme diskursive muligheder som en substantivisk, i hvert fald ikke i 1. og 2. person.

I kapitlets fjerde hovedafsnit diskuteres den typiske tekstuelle funktion som de syntaktiske neutralisationspositioner har. Der argumenteres for at den mest typiske (om end næppe den eneste mulige) funktion for disse led er funktionen som focus i ytringen. Denne ledtypernes affinitet til focus er for det meste ganske tydelig; den må dog nok anses for mindre markant i tilfældet B7 (parataktisk konstruktion), om end man også her kan påpege at selve forbindelsen af to pronominer udgør noget mere end den blotte sum af de to enkeltelementer. Helt uden for dette system falder gruppe B9 (pronomen som bestemmer i et nominalt led) hvor pronominet ikke kan opfattes som konstruktionens kerne. Det fælles for alle disse konstruktioner er at de gennem deres affinitet til 'focus' giver de pronominale kerner en diskursiv funktion som deres semantiske indhold ikke uden videre er på højde med.

Kapitel 6
Morphologische Neutralisation in den festlandskandinavischen Sprachen

I dette afsnit opstilles de pronominale paradigmer i dansk, svensk og norsk standardsprog. Desuden inddrages materiale fra de pågældende landes dialekter som kontrast. Det vises hvorledes *dansk* (tabel 6.1.) i kraft af det store antal distinkte former for hhv. nominativ og oblik form opviser en tydelig skelnen mellem disse pronominale funktioner. De oplysninger der har kunnet findes om danske dialekter, viser at denne skelnen er til stede her i samme omfang; kun Nordsjælland (inkl. København) har tidligere kendt en morfologisk neutralisation i 3. pers. sing. mask.

I *svensk* er kasusdistinktionen lidt mindre udtalt, da 3. pers. plur. i talesproget er tydeligt neutraliseret (tabel 6.2.). Sydsvenske dialekter i deres klassiske form kender ikke denne neutralisation; derimod findes der i nord- og østsvensk paradigmer der er mere udtyndede. Moderne nordsvensk (tabel 6.3.) kender f.eks. heller ikke oblikke former af 3. pers. sing. De moderne nordsvenske paradigmer skal ses på baggrund af de klassiske dialektparadigmer. De er i princippet trekasusskemaer, men ligner norske trekasusdialekter ved kun at have separat dativ i 3. pers. sing., mens 1. og 2. person i stedet har nominativ vs. oblik form. Denne type paradigmer bliver meget formfattige når dativen falder væk. Såvidt vides er dativ aldrig observeret i Finlandssvensk, men tendensen til gennemgående neutralisation af 3. pers. findes også her.

Muligvis pga. en speciel beskrivelsestradition i rigssvensk dialektologi (men tilsyneladende ikke finlandssvensk) skelner svenske dialektoptegnere strengere mellem ubetonede og betonede former end f.eks. norske optegnere. Derfor må det være et åbent spørgsmål om de tilfælde der kan noteres fra svensk område, hvor kasusbøjningen af de ubetonede former er tydeligt mindre markeret end de betonedes, er specielle for svensk område, eller om tilsvarende forhold skjuler sig som alternativformer i de norske optegnelser. Ét sådant tilfælde kan anføres: Rutbergs optegnelse af dialekten fra Nederkalix og Töre (i Norrbotten), sml. tabel 6.5. Her har visse betonede former i 3. person en særlig dativform, mens de tilsvarende ubetonede har en særlig oblik form.

I begge former af normeret *norsk* findes der separate kasusformer i næsten samme omfang som i dansk og svensk. Nynorsk (tabel 6.18.) har dog ingen separat oblik form i 3. pers. plur; bokmål (tabel 6.19.) har ligeledes en morfologisk neutralisation mere end svensk og dansk, men den falder på 2. pers. plur. Generelt er der mange muligheder for at operere med flere neutralisationer i norsk skriftsprog, dels i 3. pers. sing. mask., men også til dels i 3. pers. sing. fem. Dette har sin baggrund i de norske dialekter.

Adskillige norske dialekter, især i mere isolerede områder, har dativ bevaret; det skal dog siges at det normale mønster, ligesom i de svenske dativdialekter, er at 1. og 2. person har en forskel N | A+D (= N | O), mens 3. person (sing.) har en forskel N+A | D. Særskilte former for alle tre kasus rapporteres kun fra et mindre område i det indre Sydnorge, og her er det endda kun ét område, nl. Setesdal, hvor dialektforskerne har haft lejlighed til at høre et entydigt trekasussystem (tabel 6.8.). Selv i Setesdal er 3. pers. plur. ifølge alle optegnere iøvrigt neutraliseret for alle tre kasus. Inden for områderne med tre kasus viser det sig at specielt flertal ofte er præget af gennemgående neutralisationer. Der findes dialekter hvor hele flertal er kasusneutralt, samtidig med at 1. og 2. pers. sing. har separate oblikke former og 3. pers. sing. separate dativformer, f.eks. Lom i Oppland (tabel 6.11.).

I adskillige norske og svenske dialekter findes der stor overlapning, således at funktionen 'akkusativ' i 3. pers. sing. ikke sjældent kan varetages af begge forhåndenværende former. I en sådan sprogtilstand er det i realiteten kun eksistensen af positioner der kun kan besættes med dativformen, der sikrer at der er tale om en virkelig dativdialekt. Hvis fællesformen for nominativ og akkusativ trænger ind på de dativiske formers brugsområde, ville man have en situation som i normeret norsk, hvor den oblikke form har to konkurrerende former: én der kun er oblik, og én der tillige er nominativ.

Det billede der her tegner sig, viser hvordan de norske trekasusdialekter forholdsvis let kan struktureres om. I det øjeblik hvor dativ falder væk, bliver der forholdsvis få regulære kasusformer tilbage, specielt i de mange dialekter hvor kasusformerne i pluralis allerede mangler helt eller delvis. Dialekter af denne type er ikke sjældne; her findes kasusformer kun i 1. og 2. pers. sing., samt i 1. pers. plur. De støttes t.o.m. af bokmåls neutralisation af 2. pers. plur. Mere specielle er de tilfælde som lejlighedsvis rapporteres, hvor de ellers resistente tilbageværende kasusformer også neutraliseres. Der findes således ganske mange rapporter om igangværende opløsning af kasusforskellen i 2. pers. sing. Om 1. pers. plur. er der knap så mange; her findes til gengæld gamle dialektområder med 'oss' som eneste form. Endelig findes sporadiske oplysninger om neutralisation af 1. pers. sing. På baggrund af disse tilfælde kan man vove den påstand at norsk talesprog tendentielt nærmer sig en tilstand hvor pronominal kasus er morfologisk neutraliseret overalt.

Kapitel 7
Syntaktische Neutralisation im Dänischen

Det er lejlighedsvis blevet diskuteret – først og fremmest af Lars Heltoft – om en relationel analyse af kasusafvigelserne i dansk overhovedet er nødvendig. De to muligheder som han har foreslået, nl. nominativ som bundet til kontaktstilling og kasusbøjningen som frisat i syntaktiske positioner der ikke er ledkerner, kan imidlertid vises at være ufuldstændige.

Kasusneutralisationens historie i dansk er lang; den sætter sig igennem fra ca. 1500 og er i vore dage gennemført i visse konstruktioner i skriftsproget; i talt sprog er kasusneutralisation desuden dominerende i adskillige andre konstruktioner. I dialektmateriale ses det at mens nørrejyske og til dels fynske dialekter allerede ret tidligt og næsten uden solide modeksempler skifter over til brug af oblik form, fastholder sjællandsk og sønderjysk kasuskongruens op i dette århundrede. Konstruktion B9 får specielt i nørrejysk en sælsom udformning, idet nominativ – også i Jylland – er normal i pluralis:

(6)   Kom her hen til vi to gamle.[1]

– mens til gengæld oblik form er normal i singularis:

(7)   Hvad skal mig arme kvindfolk gøre?[2]

Mens talesproget i de allerfleste af de ovenfor (kap. 5) opstillede B-konstruktioner tenderer stærkt mod oblik form, har skriftsproget i visse konstruktioner ganske vist optaget oblik form som obligatorisk, mens til gengæld andre konstruktioner fortsat beholder den stærke kongruens med nominativ. Forholdene er som følger:

---

1. Efter Ella Jensen, ortografi normaliseret.
2. Efter Jysk Ordbog 1970, ortografi normaliseret.

B1 – *subjektet i sætningsknuden*

Oblik form er skriftsprogets eneste mulighed:

(8)   Dem kunne jeg ikke huske hvor var.
(9)   Ham mener jeg ikke var i stand til at nære en sådan interesse.

Det skal dog siges at der er en stærk tendens til at undgå konstruktioner hvor subjektet fra undersætningen sættes op i oversætningens forfelt.

B2 – *subjekt i elliptiske sætninger*

Subjektet i elliptiske sætninger er regelmæssigt i oblik form i dagligt talesprog:

(10)   "Hvad gjorde du så" – "Mig?"[3]

– men det kan stadig findes i skriftsproget i nominativ, også i mere informel stil:

(11)   "… jeg kan måske hjælpe dig." "Du?"[4]

Det kan ske at kasusbrugen i denne konstruktion skifter inden for den samme passage:

(12)   "(…) er du pludselig gået hen og blevet parlamentariker?" – "Hvem, jeg?" – "Ja, dig!"[5]

På grænsen til den egentlige elliptiske sætning findes et par konteksttyper hvor nominativ er den eneste mulighed. Det drejer sig dels om tiltaleformer, dels om anvendelsen som deciderede kønsbetegnelser:

(13)   Joh du, sådan noget skal man ikke indvi medarbejderne i.[6]
(14)   … to skruer – en 'han' og en 'hun'…

3. Efter Leif Panduro.
4. Fra korpusset DK87-90.
5. Fra Klaus Rifbjerg: "Marts 1970", 18.
6. Fra Klaus Rifbjerg: "Marts 1970", 90.

B3 – subjektsprædikativ

Oblik form er den eneste brugelige mulighed i denne konstruktion:

(15)   Ophavsmændene til bogen er os

Nominativ udgik af denne konstruktion i bibeloversættelserne i sidste halvdel af forrige århundrede. Der findes også enkelte spredte citater fra det 19. århundrede, men allerede sidst i det 17. århundrede var oblik form helt almindelig.

B4 – indholdssubjekt i eksistenssætning

Denne konstruktion, hvor affiniteten til focus i sætningen er meget stærk, har i nutidssproget alene oblik form:

(16)   Og så er der mig selv.[7]

Også her kunne nominativ anvendes indtil midten af forrige århundrede.

Konstruktionen har det særlige ved sig at den angiver eksistensen af en diskursiv størrelse. Dette vil normalt være pragmatisk umuligt med pronominerne, i og med de jo har absolut anaforisk indhold, således at det ikke skulle være nødvendigt at erklære deres eksistens. Lars Heltoft (1987) har givet en detaljeret redegørelse for denne konstruktions pragmatiske aspekter.

B5 – led kongruerende med subjekt i betonende højrekopiering

Denne konstruktion findes ganske vist i de danske dialekter, men næppe i moderne rigssprog. Hvis pronominer benyttes i en sådan konstruktion, vil det normalt altid dreje sig om en variant af kategori B8 (se nedenfor).

B6 – sammenligningsled

Kongruens efter 'end' og 'som' er stadigvæk reglen i skriftsproget; det kan man konstatere ved at gennemgå materialet i korpusset DK-87-90. Talt sprog derimod har normalt oblik form i alle situationer. Vanskeligheden er gammel i sproget; det ses af de ikke helt få eksempler på falsk kasusanvendelse fra det 19. århundrede eller begyndelsen af det 20. århundrede som ODS kan bringe.

7.   Fra korpusset DK87-90.

Normerende fremstillinger fra midten af dette århundrede advarer gerne stærkt imod kasusfejl i denne konstruktion, hvilket meget klart viser at der er vanskeligheder med konstruktionen.

B7 – parataktisk stilling

Anvendelsen af oblik form, også i funktion som subjekt, har gammel borgerret i talt sprog. Det ses af de ikke få eksempler der citeres i ODS. Også her viser en gennemgang af materialet i korpusset DK87-90 imidlertid at kongruens stadig har en ganske stærk stilling i skriftsproget. Der er altså tale om et klart skisma også i denne konstruktion.

B8 – pronominet som kerne i en konstruktion

Også i denne type af konstruktioner kan skismaet spores: talt sprog har en tydelig tendens til oblik form, mens skriftsproget tenderer mod nominativ. Man kan skelne tre hovedtyper af konstruktion:

B8a – foran relativsætning

I denne konstruktion samler vi både eksempler på sætningskløvning og på relativsætning ved pronomen i øvrigt, da tenderserne i vid udstrækning går i samme retning.

I sætningskløvningen er der praktisk talt aldrig usikkerhed mht. kasusbrugen: oblik form dominerer, sml. konstr. B3. Lejlighedsvise forekomster af den sjældne konstr. B4 i forb. med relativsætning har også altid oblik form.

Uden for disse dobbeltbestemte konstruktioner er nominativ mulig, men ikke specielt hyppig. Hyppigst er formen når relativsætningen tenderer mod at være parentetisk.

I forbindelse med 3. pers. plur. kan man tit stille spørgsmålet om det fra svensk og norsk kendte fænomen at kasus styres fra relativsætningen, gør sig gældende her. For at svare på dette spørgsmål kan man opstille følgende skema:

	Subjekt i undersætning	Ikke-subjekt i undersætning
Subjekt i oversætning	*1	*2
Ikke-subjekt i oversætning	*3	*4

Ved 'klassisk kongruens' er konstellationerne *1 og *2 nominativiske, mens konstellationerne *3 og *4 har oblik form. Ved rektion fra undersætningen vil *1 og *3 være nominativiske, mens *2 og *4 har oblik form.

Ved en gennemgang af eksemplerne på 3. pers. plur. i korpusset DK-87-90 viser det sig at konstellationerne *1 og *3 med nominativ er særligt hyppige, men at de to andre nok forekommer mere sporadisk, uden at de dog virker "forkerte". Oblik form er fyldigt belagt for alle fire konstellationer. Der er en computerteknisk vanskelighed ved at søge eksempler på konstellationerne *2 og *4 med nominativ, nemlig homonynien med den bestemte flertalsartikel. På grund af den bliver det umuligt at finde ikke-indledte relativsætninger med søgeprogrammet; stikprøveundersøgelser var dog uden resultat.

Da det ser ud til at alle fire konstellationer er mulige, uanset at de udnyttes i stærkt varierende grad, må vi antage at der ikke foreligger styring fra relativsætningen på dansk.

B8b – med et adverbielt led tilføjet

Her er talesprogets tendens til oblik form i subjektsposition meget stærk:

(17)   … så kommer dem på yderpladserne i ubehagelig kontakt med over- gangskanten mellem loft og sæder …[8]

Konstruktionen regnes ofte for stilistisk uheldig; eksempler med nominativ er derfor relativ sjældne:

(18)   Vi på højrefløjen vil ha, at man skal kunne skabe sin egen fremtid …[9]

Efter præpositionerne 'blandt' og 'af' er nominativ af 3. pers. plur. i dag stærkt udbredt og regnes af en normerende håndbog som Galberg Jacobsen og Stray Jørgensen 1988 (s. 108) for alment accepteret.

B8c – med tilføjet apposition

Også i denne konstruktion er oblik form – i hvert fald i singularis – ved at være talesprogsnorm:

(19)   Ham Johnny sidder og sover, …

8.   Fra korpusset DK87-90.
9.   Sommer 1985, 177.

B9 – pronomen som determinant i et nominalled

Denne konstruktion forekommer kun i forbindelse med 1. og 2. person. I 3. person findes 'han' og 'hun' kun i konstr. B8c, dvs. et evt. nominalled må have en artikel ved siden af pronominet; der er altså tale om at 1. og 2. personspronominerne vikarierer for artikler. Tendensen til nominativ er i modsætning til de øvrige konstruktioner her ganske stærk, specielt i pluralis:

(20)   Vi danskere er ikke et hak bedre selv.[10]
(21)   Jeg synes det er meget værre for I andre.[11]
(22)   "Åh mig arme Mand." – "Jeg Fæhoved!"[12]

Særlige vanskeligheder byder eksempler med pronomen i pluralis foran 'alle' og 'begge'. Kasus anvendes her uden vaklen efter normale kongruensregler, uanset at pronominet står på den normale N-plads som objekt i en position som nærmest kunne opfattes som determinant af 'alle/begge'.

Det er værd at minde om at disse konstruktioner også er eksempler på stilistisk variation i sproget, således at skriftsprogets konsekvente anvendelse af kasusrektion har prestige overfor talesprogets kasusbrug. Bevidst vekslen mellem de to typer kasusbrug anvendes lejlighedsvis som stilmiddel.

Kapitel 8
Syntaktische Kasusneutralisation im Schwedischen

Dette afsnit bringer dels en oversigt over forholdene i normeret svensk, dels en nærmere analyse af forholdene i to dialekter hvor kasusanvendelsen med forskellige begrundelser er forskudt.

I normeret svensk bliver de 2 A-konstruktioner og de 9 B-konstruktioner i almindelighed behandlet således at A-konstruktionerne har oblik form og B-konstruktionerne nominativ. Der findes dog enkelte undtagelser.

Først og fremmest styres den pronominale kasus foran en relativsætning af ledværdien i relativsætningen; ledfunktionen i oversætningen er uden betydning. I sætningskløvningen (der jo kan opfattes som en kombination af B3 og B8b) forekommer således oblik form kun når fællesleddet er ikke-subjekt i undersætningen.

10. Sommer 1985, 169.
11. Jacob Knudsen efter ODS.
12. Begge efter ODS 'jeg'.

Enkelte konstruktioner er af noget perifer natur i svensk. Det gælder således sætningsknuden (B1), hvor teoretikerne er temmelig uenige om kasusforholdene. Det samme gælder konstruktionen B4, der enten konstrueres anderledes eller er homonym med B3.

Konstruktionen B6 – sammenligningsled – viser egentlig neutralisation. Her kan nominativ såvel som oblik form findes, både ved kongruens med subjekt og ikke-subjekt. Hvis der tilføjes en relativsætning, træder den ovenfor omtalte styringsregel i kraft; eksemplerne kan da blive meget kontroversielle for sprogfølelsen:

(23)   Jeg är klokare än han som alla tyckte om.
(24)   Ingen är så snäll som du som alla beundrar.

I *Norrland* hersker der i nogen udstrækning andre kasusforhold; her drejer det sig om konstruktionerne A1 og A2, hvor nominativ på en måde der synes at trodse formernes semantik, kan indtræde for oblik form under visse omstændigheder. (B-konstruktionerne afviger i disse dialekter ikke fra det normerede sprog.)

Den bedste hidtidige analyse stammer fra Anders Holmberg (1986); den er udarbejdet på basis af materiale fra en meddeler i Skellefteåområdet. Holmberg viser hvorledes en lang række konstruktioner er udelukkede for de kasusneutrale pronominer. Det drejer sig om *objekt for et refleksivt verbum*, *subjekt i en infinit sætning*, *indirekte objekt* og *enklitisk objekt*. Tilbage bliver således konstruktioner hvor pronominet befinder sig i en egentlig objektsposition, dvs. styret af verbum eller præposition.

Denne rent relationelle analyse synes imidlertid ikke at dække alle kendsgerninger. Ved nogle informantundersøgelser som jeg selv gennemførte i Umeåområdet i sommeren 1991, viste det sig at informanterne var utilbøjelige til at acceptere nominativ i A-konstruktionerne, *med mindre* særlige pragmatiske forhold gjorde sig gældende. Først og fremmest afvises nominativen regelmæssigt ved alle helt ubetonede pronominer. Dernæst viser det sig at nominativ først og fremmest er acceptabel når pronominet har særlig kontrastbetoning:

(25)   *Har dom också frågat $_o$du?
(26)   OK: Har dom också frågat "du – dom har frågat mej.

Dette gælder dog ikke helt uden undtagelser:

(27)   Åke, det är en klasskompis till jag

(28)   Då har vi parat ihop jag och Lennart, du och Dan, och sen dess.

Lejlighedsvis er nominativisk pronomen desuden acceptabelt som subjekt i infinit sætning, forudsat at en kontrastfortolkning af sætningssammenhængen er nærliggende:

(29)   *Fick han du att göra det?
(30)   OK: Fick han "du att göra det, inte den andra grabban?

Det besynderlige ved disse konstruktioner er at nominativen, der jo ellers er udtryk for det topiske i sætningen, her bliver formudtryk for det focuserede. Der er her grund til at minde om de sporadiske eksempler fra norsk, hvor dativ anvendes til særlige kontrastbetoninger (Knudsen 1967a I, 58). Det var tænkeligt at nominativen efter dativens bortfald stik imod sin semantik ville kunne komme til at bruges til at betegne kontrast i forhold til normal oblik funktion.

I Gudrun Lundströms disputats om syntaksen i dialekten fra *Västra Nyland* (svensksproget landsdel i Finland) findes der temmelig omfattende belæg for syntaktisk neutralisation efter mønstre der ligner de danske stærkt. Ifølge Nils Jörgensens oversigt over svensk dialektsyntaks fra 1970 er fænomenerne her enestående for det svenske sprogområde. Det må dog samtidig siges at netop dialektsyntaks er et forholdsvis mangelfuldt behandlet område, og der findes monografier fra forrige århundrede om netop dialekten i Västra Nyland hvor de særlige syntaktiske forhold end ikke antydes, uanset at disse forhold, allerede da disse monografier blev udarbejdet, må have været gangbare. Det er derfor muligt at fænomenet kan have haft en betydelig større spredning, uden at det er blevet noteret af forskningen.

For at bekræfte Gudrun Lundströms analyse har jeg dels undersøgt forskelligt udskrevet materiale om dialekten (optegnede folkeeventyr, båndoptagelser), dels foretaget direkte informantundersøgelser. Ud over båndoptagelser og interviews med to dialekttalende informanter (hhv. 76 og 67 år gamle) har jeg interviewet fire ældre lærere fra egnen, samt tre yngre personer (alle med studentereksamen eller i gymnasiet). Mens det skriftlige materiale ingenting bød på, var interviews med gamle dialekttalende og andre stedkendte ret givende.

Alle – med undtagelse af den yngste interviewede – kendte til den brug af kasusformerne som Lundström beskriver, men heller ikke de gamle dialekttalende benyttede formerne sådan mere. Undersøgelsen må derfor benyttes med stor forsigtighed.

Enkelte eksempler hos Gudrun Lundström antyder at nominativ lejlighedsvis har været anvendt for oblik form i A-konstruktionerne efter regler der ligner de nordsvenske.[13] Da eksemplerne bliver givet uden kontekst, er dette forhold imidlertid meget vanskeligt at konstatere med sikkerhed. Informanterne afviste stort set uden undtagelser at eksempler af denne type skulle være dem bekendte.

Om B-konstruktionerne gælder der følgende:

B1 – sætningsknude

Denne konstruktion er som sådan velkendt i dialekten, og alle informanter bekræfter at den er i brug. Eksempler med subjektet fra undersætningen i oblik kasus har imidlertid ikke kunnet excerperes af nogen kilde; oven i købet bliver de afvist af stort set alle informanter, undtagen én af de dialekttalende som tøvende accepterer dette eks.:

(31)   Dej vet jag får inte stanna hos oss (konstrueret)

B2 – subjekt i elliptisk sætning

Heller ikke denne konstruktion har kunnet belægges ud fra det skriftlige materiale. Eksempler som dette anerkendes næppe:

(32)   Vem är det? – **Mej**!

B3 – subjektsprædikativ

Konstruktionen kan excerperes hos Lundström med oblik form i pronominet:

(33)   Ä de **dej**, vo:r I:da, E:vals mω:ra? (Lundström 1939, 55)
(34)   An (katten) trω:dd väl, att det var **henna** (matmodern), o so ga: an se i Rakk med ωn. (Lundström 1939, 57)

Eksempler af denne type hos Lundström har altid pronominet i oblik form; det gælder også **han** og **hon**, der ellers let kunne opfattes som morfologiske neutralisationer. Der findes ét modeksempel:

(35)   … men den, som int föld me:, de var **ja**. (Lundström 1939, 126)

13. Lundström 1939, 55.

Informanterne anerkender – dog ikke helt uden undtagelser – et eksempel som "Är det dej, Oscar?". På det grundlag må Lundströms beskrivelse gælde som bekræftet.

B4 – indholdssubjekt i eksistenskonstruktion

Denne danske konstruktion har ingen nøjagtig parallel i Västra Nyland og falder derfor ud af undersøgelsen.

B5 – kongruerende med subjekt i betonende højrekopiering

Denne konstruktion, som er velkendt i dagligdags norsk og svensk, forekommer også i Västra Nylandsk. Lundström angiver (s. 56) at oblik form er det almindelige, men eksemplerne i hendes bog viser at kongruens med nominativ er langt hyppigere. Eks. med oblik form (efter Lundström):

(36) Tω ä tω:koger, **dej**.
(37) Nu lä:r ωn a vari so vilder, **henna**.
(38) Dù most ωgg o: an li:te ot me, **dej**, Valter.
       (vgl. Lundström 1939, 56)

– og eksempler med nominativ:

(39) Ja läter an komma, **ja**. (Lundström 1939, 120)
(40) Vi va o spro:ka li:te, **vi:**. (Lundström 1939, 131)

For informanterne var brugen af begge kasus i denne konstruktion acceptabel.

B6 – sammenligningsled

Oblik form er ifølge Lundström (s. 56) normal i dialekten:

(41) Ja:, an ä li:ka gamal som **mej**.
(42) Ja ä länger som **dej**.

Dette bekræftes entydigt af informanterne.

B7 – parataktisk stilling

Konstruktionen beskrives ikke af Lundström, men der kan findes eksempler

på den i anden sammenhæng i hendes bog. Kasusbrugen synes her at være
temmelig vilkårlig:

(43)   **Hanses mamma o vi:**, vi va myki övere:nskomande, vi:.
(44)   O alla mornar skω **syster min o mej** ti kolaskω:jin.
(45)   Vi va så gω: vännar, **Siggavärdinnan o me**.
       (vgl. Lundström 1939, 61 u. 192)

Informanterne var også temmelig delte. Det viste sig at eksemplet med de ko-
ordinerede led i direkte subjektsposition (44) blev afvist af mange, mens de to
eksempler (43 og 45) hvor koordinationen reelt også er en gentagelse til højre
(B5), langt snarere blev accepteret. Dette er muligvis en signifikant tendens,
men det ville kun kunne bekræftes gennem et meget større materiale.

B8 – som kerne i en konstruktion
B8a – foran relativsætning

Her synes forholdene i normeret svensk at gælde, undtagen i sætningskløvningen, hvor oblik form er den eneste mulige, uanset leddets funktion i undersætningen. I denne sammenhæng finder man hos Lundström kun den
oblikke form af 3. pers. sing. – tilsyneladende en antydning af at den morfologiske neutralisation ikke har sat sig fuldstændigt igennem:

(46)   Jω:, de va **henna**, som he:tt E:klundan
(47)   Ä de **e:r**, som ä dä:r på holmen o fiskar?
       (vgl. Lundström 1939, 56)
(48)   De ä **dej**, som ska slo:.
       (vgl. Lundström 1939, 56)

Informanternes opfattelser af disse eksempler var meget spredte; brugen af
oblik form er dog ganske sikker.

B8b – foran adverialled

Typen kan ikke belægges hos Lundström eller i andre skriftlige kilder. Mine
konstruerede eksempler blev kun anerkendt meget tøvende:

(49)   Oss på Domarebackan har det rätt trevligt
(50)   Oss på Domarebackan, vi har det rätt trevligt
(51)   Dej med dina talanger måste vara med

(52) Dej med dina talanger, du måste vara med
(53) Dej där får säga hur vi kommer dit

B8c – med apposition

Denne konstruktion kan ikke belægges skriftligt; konstruerede eksempler bliver for det meste afvist af informanterne.

Lundström anfører at disse vaklende kasusforhold er specifikke for Västra Nyland og ikke findes i nabodialekten mod øst. Jeg har undersøgt en båndprøve fra Åboland, hvor de fleste relevante konstruktioner var repræsenteret rigeligt, men hvor kasuskongruens svarende til rigssvensk norm ikke desto mindre var fuldstændig tilstede. Derimod opviser dialekten fra Närpes i Österbotten (altså væsentligt længere mod nord) enkelte ligheder. Her er pronominet i konstruktionerne B1 og B6 regelmæssigt oblikke, uanset at de øvrige konstruktioner normalt overholder kongruensreglerne.

Kapitel 9
Syntaktische Neutralisation im Norwegischen

Forholdene i Norge er vanskeligere at analysere end i de øvrige fastlandsskandinaviske sprog. Dels er normforholdene mere flydende, dels er det morfologiske inventar mere rudimentært. Så længe dansk var officielt skriftsprog i Norge, var de særlige danske neutralisationsfænomener i konstruktionerne B1, B3 og B4 gældende norm. De anbefales derfor hos f.eks. Knud Knudsen (1856, 66; 1862, 89) og overholdes også i ældre litteratur, men forekommer sjældent i gamle dialekter. Generelt gælder det at flere af de strukturelle forhold som er behandlet i forbindelse med dansk og svensk, også forekommer i norsk. Det gælder således styringen af kasus foran relativsætning fra ledsætningen. Et særligt forhold er at entydige dativformer lejlighedsvis bliver anvendt som kontrasterende former.

Entydige belæg for kasusneutralisation findes ganske vist i enkelte norske landdialekter, men det er først og fremmest bymålene der tidligt og til dels ganske radikalt trækker i samme retning som dansk. I normeringssammenhæng insisterede Ivar Aasen og hans efterfølgere stærkt på kongruensen i dens klassiske form og afviste neutralisation som en danisme. Denne holdning kan også findes blandt mange bokmåltilhængere; neutralisationsfænomenerne forsvares kun blandt absolutte rigsmålstilhængere. Ikke desto mindre synes tendensen til syntaktisk neutralisation at have overlevet, at dømme efter nyere fremstillinger (Vinje, Trygve Knudsen). Selv i nynorsk skriftsprog viser den sig lejlighedsvis. Det skal dog fastslås at mange eksempler er meget tvetydige på grund af tendensen til morfologisk neutralisation.

Kapitel 10
Die strukturellen Zusammenhänge der Kasusneutralisation in den festlandskandinavischen Sprachen

Kasusneutralisation kendes også fra de nærmest beslægtede sprog uden for Skandinavien, først og fremmest engelsk og fransk. Vi kan fastslå følgende: *Fransk* adskiller, hvad morfologien angår, meget klart betonede og ubetonede former af pronominerne. De særlige betonede ("ubundne") former findes i konstruktioner som har stærke ligheder med B-konstruktioner som B2, B3 (med nogle få undtagelser), B5, B6 og B7. *Engelsk* kender også flere af disse konstruktioner, endda meget langt tilbage, men de gælder som ikke-tilhørende normen. *Nedertysk* har i konstruktioner med prædikativ en tydelig tendens til at sætte akkusativ her; den kan også påvises i brugen af artikler og adjektivisk kasus. Noget lignende er også omtalt i forbindelse med *nordfrisisk*. De øvrige frisiske dialekter derimod synes ikke at kende fænomenet overhovedet. Islandsk, færøsk, højtysk og hollandsk synes alle uberørt af kasusneutralisation.

Kasusneutralisationen i de fastlandsskandinaviske sprog må efter min opfattelse forstås ud fra den situation som kasusbegrebet i det hele taget indgår i. Afhandlingen fastlægger tre syntaktiske kasusfunktioner for de fastlandsskandinaviske sprog, men samtidig kan man konstatere at tre morfologiske kasus inden for det fastlandsskandinaviske sprogområde (med en enkelt notabel undtagelse) aldrig adskilles. De neutralisationer der forekommer, peger alle i retning af at skellet 'N | O' er dominerende for de pronominale paradigmers vedkommende, mens morfologisk kasus ved substantiver, for så vidt den overhovedet længere findes, går efter et skel 'N + A | D'. Dette sidste skel er også væsentligt ved 3. person i dativdialekter. Endelig er det vigtigt at bemærke at pluralis som hovedregel har færre kasusformer, og at sågar dativdialekter kan have fuldstændig neutralisation af pluralis.

Denne situation kan kun forstås hvis man formoder at der kan gives en semantisk forklaring på forholdene. Når neutralisationsmønsteret inden for ordklassen er så broget, er en ren grammatisk-relationel forklaring utilstrækkelig. En sådan semantisk forklaring kan gives hvis man inddrager de forhold vedrørende bortfald af kasusmarkering i eksotiske sprog som først Michael - Silverstein og siden Comrie og Blake har skitseret. Her var pointen jo at kasus kun markeres dersom ordets diskursivt-semantiske brug stod i kontrast til ordklassens 'inhærente' semantik.

Det bliver derfor vigtigt at fastslå hvordan markeringsforholdene for kasus i de fastlandsskandinaviske sprog er. Normalt opfattes akkusativ – eller, som den rettere burde kaldes, 'oblik form' – som umarkeret; det er jo netop en kasus som har en bred anvendelse og som tilsyneladende dukker op i neutraliserede sammenhænge. Sådan ser f.eks. Jespersen på det i sin disputats om engelske kasus fra 1891, og i sproghistorien henviser man til den hyppighed hvormed etymologiske akkusativformer overlever reduktion af morfologisk kasus. Dette synspunkt kan nu korrelleres med Viggo Brøndals opfattelse af pronominers og substantivers semantik. For Brøndal var pronominerne forbundet med sætningens forud givne del, den diskursivt givne genstand *descriptum* (D), mens substantiverne var forbundet med den genstand der inddrages i diskursen i og med ytringen, *relatum* (R). I Brøndals syntaks markerer disse to genstandsbegreber i henseende til positionelle forhold henholdsvis begyndelsen og slutningen af sætningen. Set ud fra dette synspunkt kan opfattelsen af markeringsforholdet mellem nominativ og akkusativ korrigeres, således at de to kasus ses som umarkerede, ikke blot i forhold til syntaktisk funktion, men også i forhold til diskursiv funktion. Nominativ er altså umarkeret i forhold til topiske funktioner, akkusativ i forhold til fokuseret funktion, og omvendt. Set ud fra dette perspektiv ville man altså kunne forvente at nominativen vil være den umarkerede form for pronominet, og vanskeligheden er da at forklare hvorfor den oblikke form alligevel forekommer som umarkeret form i visse sammenhænge. Set ud fra dette synspunkt er kasus heller ikke en død kategori i de fastlandsskandinaviske sprog, uanset at den i vidt omfang har opgivet sine morfologiske udtryk. Et argument for at se kasus som levende ligger i den udvikling af et kasusbøjet pronomen – 'man | én' – som har fundet sted i dansk og svensk, i hvert fald for de nuværende levende talesprogs vedkommende.

Man kan prøve at forklare dette med at de syntaktiske funktioner hvor oblik form for nominativ forekommer, har en funktionel affinitet til focus i sætningen. Vi har i kapitel 5 set at dette er tilfældet; ud fra denne model kan man ikke blot forklare hvorfor den oblikke form forekommer i disse konstruktioner, men man kan også – i hvert fald forsøgsvis – nærme sig en forståelse af de semantiske kræfter der i øvrigt styrer eksistensen af morfologiske neutralisationer.

Ser man på den geografiske fordeling af neutralisationsfænomenerne gennem Skandinavien, bliver det klart at syntaktisk neutralisation oblik > nominativ er en isoleret innovation, uanset at paralleltilfælde kan findes sporadisk også i jysk. Neutralisationen nominativ > oblik forekommer tilsyneladende i to isolerede områder (Danmark og Västra Nyland). Der kan ikke tænkes nogen fælles innovationstendens; altså bliver de eneste forklaringsmodeller sprogkontakt og strukturelt betinget innovation. En forklaring vha. sprogkontakt er imidlertid næppe heller tænkelig; højst kunne det tænkes at de franske og engelske metalarbejdere der var aktive i Västra Nyland fra det 17. århundrede, kan have medbragt fænomenet og indført det i deres intersprog som interferens fra det hjemlige substrat. Set i lyset af de tidsligt og geografisk ret spredte forekomster af fænomenet i hele Europa bliver det derfor mest sandsynligt at vi må regne med spontane, strukturelt ensartede innovationer.

De strukturelle forhold omkring kasuskategorien generelt viser sig i en omlægning af forholdet mellem relationel funktion og diskursiv funktion. I de fastlandsskandinaviske sprog kan man iagttage en reorganisation af kasusernes funktionsområde, hvorved akkusativ associeres med det fokuserede og nominativ med det topiske. Den viser sig ikke blot i pronominalformerne, men f.eks. også i de topologiske forhold omkring eksistenskonstruktioners subjekt, der i dansk altid står postverbalt. Samtidig bliver denne association anledning til at opgive morfologien, da denne alligevel er redundant over for rækkefølgen, undtagen ved elementer som f.eks. pronominer (og i nogen grad egennavne), som i kraft af deres semantik tenderer mod at tilhøre det diskursivt bundne område af teksten.

Afslutningsvis anlægges der nogle betragtninger over begrebet 'struktur', set i lyset af den klassiske strukturalisme. Interessant er her at de fastlandsskandinaviske sprog, uanset alle systemiske afvigelser indbyrdes, i almindelighed fungerer i semikommunikative forhold, og at det derfor kan betragtes som rimeligt at se dem som ét dialektområde med flere skriftsproglige modaliteter. Hvis man imidlertid skal kunne opfatte dem som tilhørende ét system, ser man sig konfronteret med den vanskelighed at der indgår heterogene og til dels selvmodsigende strukturelle aspekter. For at kunne tilvejebringe en adækvat beskrivelse af disse forhold må begrebet 'system' omtænkes. Det må udvides i retning af den dagligdags opfattelse af en ligevægt mellem kræfter. Dertil er et begreb om sproglige kræfter nødvendige – et begreb som imidlertid først kan vindes gennem en spekulativ tilgang. Den sproglige analyse bliver derved kompleksere, men fører samtidig til indsigt i sprogets semiotiske gestaltning.

Ortsregister

Sachregister